Osteologia 1

Osteologia 1

Aktuelle Ergebnisse der Osteologie

1. Jahrestagung der Deutschen Gesellschaft für Osteologie, Timmendorfer Strand, 21. bis 23. November 1985

Herausgegeben von
P. Dietsch · E. Keck · H.-P. Kruse
F. Kuhlencordt

Walter de Gruyter
Berlin · New York 1986

Herausgeber:

Dr. rer. nat. Peter Dietsch
Institut für Molekularbiologie und Biochemie
der Freien Universität Berlin
Arnimallee 22, D-1000 Berlin 33

Prof. Dr. rer. nat. Dr. med. Elmar Keck
Medizinische Klinik und Poliklinik C
der Universität Düsseldorf
Moorenstraße 5, D-4000 Düsseldorf 1

Prof. Dr. med. Hans-Peter Kruse
Abt. Klinische Osteologie der Universität Hamburg
Martinistraße 52, D-2000 Hamburg 20

Prof. Dr. med. Friedrich Kuhlencordt
Am Speersort 8, D-2000 Hamburg 1

Das Buch enthält 121 Abbildungen und 28 Tabellen.

CIP-Kurztitelaufnahme der Deutschen Bibliothek

Aktuelle Ergebnisse der Osteologie : Timmendorfer Strand,
21.–23. November 1985 / hrsg. von P. Dietsch ... –
Berlin ; New York : de Gruyter, 1986
(Osteologia ; 1) (... Jahrestagung der Deutschen Gesellschaft für
Osteologie ; 1)
ISBN 3-11-011148-0

NE: Dietsch, Peter [Hrsg.]; Deutsche Gesellschaft für Osteologie:
... Jahrestagung der ... ; 1. GT

Druck: Gerike GmbH, Berlin. – Bindung: Dieter Mikolai, Berlin. – Umschlagentwurf: Rudolf Hübler, Berlin.

Geleitwort

Am 11. September 1984 wurde die Deutsche Gesellschaft für Osteologie gegründet. Nach ihrer Bekanntgabe stieß diese Gründung auf ein bedeutend größeres Interesse als wir erwartet hatten. Das bekunden zahlreiche Briefe an uns ebenso wie die inzwischen erreichte Zahl von etwa 180 Mitgliedern. Bei den zehn Personen, die die Gründung der Gesellschaft vorbereiteten, handelt es sich um fünf Internisten mit ihren Spezialgebieten Endokrinologie, Gastroenterologie, Hämatologie und Klinische Osteologie, sowie um jeweils einen Biochemiker, Pädiater, Orthopäden, Physiker und Radiologen. Von Anfang an waren wir uns darüber im klaren, daß zahlreiche andere Kollegen aufgrund gleichartiger wissenschaftlicher Interessen ebensogut zu dieser Gesellschaftsgründung hätten aufgefordert werden können. Daß dies unterblieb - ich möchte das ausdrücklich betonen - lag einzig und allein in unserem Mißtrauen begründet, daß sich mit einem größeren Personenkreis die Gesellschaftsgründung, auf die es uns zunächst einmal ankam, eher verzögert als beschleunigt hätte. Wenn dieses Vorgehen auf heftige Kritik Einzelner stieß, so haben wir diese Kritik, allerdings mit Erstaunen, zur Kenntnis genommen.

Inzwischen gibt es eine große Zahl nationaler, europäischer, außereuropäischer und internationaler Gesellschaften, bzw. Konferenzen, die das Gebiet der kalziumregulierenden Hormone, des Knochenstoffwechsels und der Knochenerkrankungen in ein- oder zweijährigen Tagungen abhandeln. Als nationale Gesellschaften seien genannt: British Bone and Tooth Society, Dutch Society for Calcium and Bone Metabolism, Italian Society for Mineral Metabolism, Israeli Association of Calcified Tissues, Japanese Society for Bone Metabolism Research, American Society for Bone and Mineral Research, Argentine Association of Bone and Mineral Metabolism. Wenn zu diesen nationalen Gesellschaften die Deutsche Gesellschaft für Osteologie hinzukommt, so ist dies - dem Beispiel anderer Länder folgend - sicher berechtigt. Von den europäischen Gesellschaften nenne ich die European Calcified Tissue Society, deren Symposium vor zwölf Jahren erstmalig in der Bundesrepublik in Hamburg stattfand, und ich nenne ferner die European Society of Osteoarthrology, die 1984 zuletzt in Prag tagte. Internationale Gesellschaften sind die International Skeletal Society, deren erster deutschsprachiger Präsident in diesem Jahr Friedrich Heuck ist. Als weitere internationale Institution seien schließlich die International Conferences on Calcium Regulating Hormones and Bone Metabolism zitiert, die im Herbst 1986 in Frankreich tagt. Hier handelt es sich um die frühere Parathyroid Conference, die Sie vermutlich unter diesem Namen kennen.

In unserem ersten Anschreiben nach der Gesellschaftsgründung an Sie betonten wir, daß sich die Deutsche Gesellschaft für Osteologie als fachübergreifende Organisation versteht, die die Zusammenarbeit der in Wissenschaft und Praxis Tätigen und Interessierten fördern möchte, letztlich um verschiedene diesbezügliche Krankheitsbilder besser verstehen zu lernen und künftig eine noch differenziertere und erfolgreichere Therapie zu betreiben. Das beinhaltet die Pflege von Verbindungen zu osteologisch interessierten Gesellschaften, Arbeitsgruppen bzw. Sektionen auf nationaler und internationaler Ebene, wobei der Gedankenaustausch im Allgemeinen und mit anerkannten Forscherpersönlichkeiten im Speziellen in fachlicher und vielfach auch in menschlicher Beziehung wesentlich sein dürfte. Ich glaube, ich könnte unsere Ziele kaum besser und prägnanter definieren als mit den Worten von Friedrich-Theodor Frerichs, dem damaligen Direktor der Medizinischen Klinik in Breslau, der 1902 auf dem I. Kongreß für Innere Medizin in Wiesbaden in seiner Eröffnungsansprache sagte: "Wir wollen Erfahrungen austauschen, Ideen anregen und auch ausführen, wir wollen endlich auch unsere gemeinsamen berechtigten Interessen vertreten".

Wenn ich mich heute darüber beklage, daß in unserem Land die Osteologie von der Inneren Medizin immer noch stiefmütterlich behandelt wird, so ist dieser Vorwurf ernst gemeint. Sie alle wissen, daß sich in den letzten Jahren und Jahrzehnten zunehmend aus dem gesamten Komplex Innere Medizin Spezialabteilungen entwickelten, die - was Forschung, Lehre und Krankenversorgung betrifft - weitgehend unabhängig geworden sind. Ich denke an Fachabteilungen, wie Endokrinologie, Gastroenterologie, Hämatologie, Kardiologie, Nephrologie, Onkologie und Psychosomatik, um nur einige zu nennen. In diesem Zusammenhang sehe ich auch die Gründung meiner früheren Abteilung Klinische Osteologie in der Medizinischen Universitätsklinik in Hamburg 1965. Hier handelt es sich um die erste derartige Abteilung, in der die Osteologie auf der breiten Basis der Inneren Medizin betrieben werden kann. Seiner Zeit weit vorausblickend hatte Friedrich von Müller, der Münchner Kliniker auf dem Internistenkongreß in Wiesbaden einleitend bereits 1908 bekannt: "Es ist nicht zu leugnen: Das Gebiet der Inneren Medizin ist so groß geworden, daß keiner von uns mehr imstande ist, es in allen Einzelheiten gleichmäßig und gründlich zu beherrschen und jeder, der unser Fach durch eigene Forschung zu fördern bestrebt ist, wird sein Arbeitsgebiet auf einen Teil oder einige wenige Teile beschränken müssen".

Um etwa eine Vorstellung über die Forschungsaktivität und den Stellenwert der Osteologie in der Inneren Medizin bei uns zu gewinnen, habe ich die Verhandlungsbände dieser Gesellschaft durchgesehen, und zwar über einen Zeitraum nach dem zweiten Weltkrieg von 1948 an - da begann der erste Kongreß wieder - bis heute. Danach ist das Skelett innerhalb von 37 Jahren dreimal als ein Hauptthema aufgeführt, nämlich 1956, 1965 und 1979. Im Jahre 1956, also vor 30 Jahren, ging es um die Beziehung Nebenschilddrüse, Niere und Knochen. Im Jahre 1965, also vor etwa 20 Jahren, lediglich um die Osteoporose und 1979 um das

Thema Knochenstoffwechsel und Knochenerkrankungen aus internistischer Sicht. Erst 1979 zeichnet sich ein breiteres Interesse ab, in dem über das genannte Thema 15 Referate gehalten wurden, die zugleich die große Verflechtung der verschiedenen Organsysteme mit dem Skelett und Mineralstoffwechsel in der einen, wie auch in der umgekehrten Richtung zum Ausdruck bringen. Wenn wir für die Neubearbeitung des Handbuches der Inneren Medizin für unser Fachgebiet allein zwei Bände benötigten und damit 1980 erstmalig eine umfassende Darstellung der Klinischen Osteologie im Deutschen Schrifttum vorlegten, so sei nicht verschwiegen, daß daran 51 auf diesem Gebiet ausgewiesene Autoren des In- und Auslandes beteiligt waren. Die 26 Jahre ältere Darstellung dieses Handbuchkapitels konnte noch von zwei Autoren, nämlich von Schoen und Tischendorf in einem bescheidenen Teil eines Bandes abgehandelt werden, die heute für die Beurteilung der deutschen Osteologie zu jenem Zeitpunkt bereits historisches Interesse beanspruchen kann.

Für die diesjährige erste Tagung unserer Gesellschaft war von vornherein festgelegt worden, auf bestimmte Hauptthemen zu verzichten und alle uns eingereichten Vortragsanmeldungen anzunehmen, um sich gegenseitig in den wissenschaftlichen Arbeitsgebieten genauer kennenzulernen. Dieses Vorgehen dürfte geeignet sein, einen tieferen Einblick in unser Spezialgebiet im eigenen Land zu gewinnen, der in mehrfacher Beziehung von Interesse sein dürfte. Das wissenschaftliche Programm dieser Tagung ist dadurch zwangsläufig breitgefächert und erfuhr so eine Gliederung in neun Hauptthemen.

Sie mögen mir nachsehen, wenn ich als Internist und aus heutigem Anlaß eine internistische Osteologie skizzierte, bei der die Innere Medizin allerdings auch nur pars pro toto ist.
Heute kann ich auf dieser ersten Tagung mit besonderer Freude feststellen, daß sich das Ziel unserer Gesellschaft, nämlich die Integration der am Skelett und seinen Erkrankaungen interessierten verschiedenen Fachrichtungen, die hier vertreten sind, bereits deutlich abzeichnet.

Friedrich Kuhlencordt
(Präsident der Deutschen
Gesellschaft für Osteologie
e.V.)

Inhaltsverzeichnis

IV Entzündliche und degenerative Knochen- und Gelenkerkrankungen

V Untersuchungen der Knochenspongiosa

VI Knochentumoren

VII Knochendysplasien

VIII Knochenregeneration und Knochenersatzmittel

IX Osteosynthese - prothetischer Gelenkersatz

I Kalziumphosphat- und Knochenstoffwechsel

Zur Physiologie und Pathophysiologie der Knochenminerale

K.J. Münzenberg und M. Gebhardt

1968 wurde zum ersten Mal die Existenz von Brushit im Knochen röntgeninterferometrisch nachgewiesen, also von kristallinem Dikalziumphosphatdihydrat (Münzenberg 1968; Münzenberg und Gebhardt 1969 und 1973). Nach einer Zeit der Kontroverse wird das Vorkommen dieses Minerals im Knochen nun nicht mehr bestritten. Die Bildung von Brushit wird heute sogar für einen obligatorischen Schritt während der Bildung von Hydroxylapatit gehalten (Lehninger 1983), eine Annahme, die durch Bildungsversuche von Kalziumphosphaten in wässriger Lösung durchaus gestützt werden könnte (Kurmies 1953).

Dem entspricht, daß wir Brushit jeweils im Zusammenhang mit der Bildung neuen Knochens gefunden haben, in besonders ausgeprägtem Maße in der Metaphyse des wachsenden Knochens, also dort, wo die Keimbildung von Knochenmineral besonders groß ist (Münzenberg 1970). Das hat seinen Grund in der Tatsache, daß die Existenzbedingungen des Brushits im Sauren liegen (Newesely 1965).

Bei der Bildung von Hydroxylapatit nämlich fallen Wasserstoffionen an, wie die Bruttogleichung zum Ausdruck bringt (Wadkins und Luben 1974): $5\ Ca^{2+} + 3\ HPO_4^{2-} + H_2O = Ca_5(PO_4)_3OH + 4H^+$. Wenn also die Formation neuer Apatitkeime besonders groß ist, werden auch die Bildungs- und Existenzbedingungen des Brushits erleichtert.

Andererseits: bei erhöhten Fluoridkonzentrationen erfolgt die Umwandlung von Apatit fast momentan (Kurmies 1953). Diese erhöhte Reaktionsgeschwindigkeit ist darin begründet, daß nunmehr Brushit infolge des stärker alkalischen Milieus in der direkten Umgebung der in Bildung begriffenen Kalziumphosphate sehr schnell wieder aufgelöst wird.

Brushitkristalle überschreiten im Knochen kaum und selten ihre kritische Größe. Der Keim bleibt also instabil, und thermodynamisch ist seine Auflösung wahrscheinlicher als sein Weiterwachsen. Solche Keime nennt man Subkeime.

In dieser vermehrten Löslichkeit gegenüber anderen Kalziumphosphaten im Knochen liegt die wesentliche physiologische Bedeutung des Brushits. Wir sehen ihn deshalb in Übereinstimmung mit Neuman und Neuman (1982) als die Kalziumphosphatkomponente des Knochens an, welche als die am schnellsten reaktionsfähige in der Lage ist, die fein eingestellte Kalziumkonzentration im Plasma über kürzeste Zeiten zu justieren.

Bei bestimmten Erkrankungen, z.B. beim M. Cushing, ist das Brushitreservoir aufgebraucht und der Organismus gezwungen, über biologische Aktivitäten das Manko auszugleichen, im Falle des M. Cushing über die einzellige Osteoklasie (Vittali 1970).

Monetit, die nicht hydrierte Variante des Dikalziumphosphats, haben wir im Falle einer starken Knochensklerose bei einem parosallen Sarkom nachgewiesen (Münzenberg und Gebhardt 1971). Der relative Mangel an Wasser und an verfügbaren Kalziumionen erklärt hier Entstehung und Fortexistenz dieses Minerals. Eine physiologische Bedeutung dürfte dem Monetit nicht zukommen. Wahrscheinlich ist er nur der Ausdruck eines nicht mehr physiologischen Keimbildungsmilieus im lebenden Gewebe.

Dem Fluor kommt nicht nur eine thermodynamische Bedeutung bei der Bildung von Apatit über die Zwischenstufe Brushit zu, sondern auch eine für den Apatitkristall selbst; genauer: für seine Löslichkeit.

Die Fluorionen können im Kristallgitter die Hydroxylionen substituieren. Beide sind im Gitter in den sog. X-Ionenkanälen lokalisiert (Young 1975 und 1980). In diesen Ionenkanälen vollziehen sich in ganz bevorzugter Weise die kinetischen Kristallvorgänge, insbesondere Diffusion und Dissolution, wenn die Kanäle mit den polaren Hydroxylionen besetzt sind.

Wenn nun aber apolares Fluor diese Ionenstellen okkupiert, werden alle kinetischen Raten gebremst. So wird der Kristall auch weniger leicht löslich.

Das hat für die Kristallphysiologie so lange keine Bedeutung, wie die Umbauraten des Knochens durch quantitativ ausgeglichene Remodeling-Prozesse gewährleistet sind. Das wird aber mit einem Male anders, wenn diese Voraussetzungen nicht mehr gegeben sind, beispielsweise bei einer fortgeschrittenen low-turn-over-Osteoporose. Wenn in einem solchen Falle Fluor in höherer Dosierung über einen längeren Zeitraum verabreicht wurde, kann das deletäre Folgen haben. Der Knochen ist dann nämlich ab einer gewissen Flurkonzentration nicht mehr in der Lage, schnell Kalzium für die Homöostase in ausreichender Menge zur Verfügung zu stellen.

Und das auf doppelte Weise: Einmal, weil, wie bereits erwähnt, das Reservoir des leichter löslichen Brushits durch die erhöhte Fluorkonzentration aufgebraucht ist. Und zweitens, weil im Laufe der Zeit fast nur noch Fluorapatit im Knochen vorliegen kann. Die Folgen können dann beispielsweise tetanische Anfälle unter Bedingungen von Grenzsituationen sein.

Daß diese Überlegungen keine blassen Gedankenspielereien sind, haben wir in einem Falle erleben müssen, der unter geradezu dramatischen Umständen ablief.

Bei einer 63jährigen Frau, die 10 Jahre lang täglich mit 40 - 80 mg Natrium-Fluorid wegen einer schweren Osteoporose behandelt worden war, kam es eines Nachts im Bett allein durch den Zug der Muskulatur zu einer plötzlichen zentralen Luxation des linken Hüftkopfes ins Becken hinein. Nach weiteren 4 1/2 Monaten trat während unserer stationären Behandlung unter Hyperventilation ein plötzlicher Bewußtseinsverlust ein mit tetanieartigen Begleiterscheinungen. Bei diesem Anfall luxierte nun der Hüftkopf auf der Gegenseite ins Becken. Nach wiederum 4 Monaten ereignete sich eine erneute Tetanie im Bett, welche die Patientin nicht lebend überstand.

Die low-turn-over-Osteoporose war bereits histologisch gesichert (Kuhlencordt 1982). Die Obduktion deckte neben dieser Form von Osteoporose in ausgeprägtester Form multiple frische Wirbelkörper- und Rippenfrakturen auf mit unzähligen kleinen Fettembolien in den Lungen. Diese waren auch die pathologisch-anatomische Todesursache.

Pathophysiologisch aber müssen wir das in Fluorapatit umgewandelte Knochenmineral als die eigentliche Ursache des letalen Ausganges ansehen. Die Osteoblasten der Patientin reagierten auf Fluor nicht; neuer Knochen wurde also kaum gebildet. Physikochemisch aber wandelte sich im Laufe der Jahre das Mineral des immer geringer werdenden Knochenbestandes in Fluorapatit um. Die Reserven an leicht löslichem Brushit waren schon längst aufgebraucht, und die Kalziumhomöostase war von einem gewissen Zeitpunkt an nicht mehr voll gewährleistet.

Die Hyperventilation reichte, um tetanische Anfälle auszulösen, denen der stark osteoporotische Knochen mechanisch nicht mehr gewachsen war. Die Fettembolie war also nur die Folge einer pathologisch gewordenen Physiologie des Knochenminerals.

Literaturverzeichnis

Kuhlencordt F (1982) Histologische Befundbeschreibung

Kurmies B (1953) Über die Bildung von Calciumphosphaten in wäßriger Lösung und den Reaktionsablauf bei der Bildung von Hydroxal- und Fluorapatit. Tellus-Verlag Essen

Lehninger AL (1983) The possible role of mitochondria and phosphocitrate in biological calcification. In: Westbroek P, de Jong E.W. (Hrsg.) Biomineralization and Biological Metal Accumulation. D. Reidel Publishing Comp, Dordrecht Boston London S. 107-212

Münzenberger KJ (1968) Untersuchungen zur Kristallographie des Knochenminerals. Habilitationsschrift Bonn

Münzenberg KJ (1970) Untersuchungen zur Kristallographie der Knochenminerale. 1:67-100

Münzenberg KJ, Gebhardt M (1969) Kristallographische Untersuchung der Knochenminerale. Dtsch Med Wschr 94:1325-1330

Münzenberg KJ, Gebhardt M (1973) Brushite, Octacalcium Phosphate, and Carbonate-containing Apatite in Bone. Clin Orthop 90:271-273

Münzenberg KJ, Gebhardt M, Flajs G (1971) Das parossale Sarkom. Klinik, Histologie, Ultrastruktur und Mineralogie. Z Orthop 109:114-123

Neumann WF, Neuman MW, Diamond AG, Menanteu J, Gibbons WS (1982) Blood: Bone Disequilibrium VI. Calcif Tissue Int 34:149-157

Newesely H (1966) Umwandlungsvorgänge bei Calciumphosphaten. In: Fleisch H, u.a. (Hrsg.) Calcified Tissues 1965. Springer, Berlin Heidelberg New York, S. 136-138

Vittali HP (1970) Knochenerkrankungen. Sandoz

Wadkins CL, Luben R (1974) Physical Biochemistry of Calcification. Clin Orthop 99:246-266

Young RA (1975) Biological Apatite vs Hydroxyapatite at the Atomic Level. Clin Orthop 113:249-262

Young RA (1980) Large effects from small structural differences in apatites. In: Proceedings of the Second International Congress on Phosphorus Compounds. Boston, IMPHOS, Paris S. 77-88

Bildungskonstanten von Bisphosphonat-Metall-Komplexen und Einfluß von Methanbisphosphonat auf Aufnahme und Ausscheidung einiger Spurenmetalle

P. Dietsch, V. Wegner

Bisphosphonate sind Verbindungen mit P-C-P-Bindungen. Sie sind dem Pyrophosphat verwandt, werden aber unter physiologischen Bedingungen nicht hydrolytisch gespalten. Ihre starke Affinität zu Calciumphosphatkristallen erklärt ihre inhibitorische Wirkung sowohl auf die Bildung als auch die Auflösung von Knochenmineral in vitro (Jung et al. 1972). In vivo verhindern sie die Knochenresorption ebenso wie ektopische Mineralablagerungen (Plasmans et al. 1978). Sie haben eine breite Anwendung bei der Behandlung des Morbus Paget gefunden (Adami et al. 1984, Frazer et al. 1984, Basle 1984). Besonders bei hoher Dosierung, die in schweren Fällen notwendig erscheint, sind jedoch eine Reihe toxischer Nebenwirkungen beobachtet worden.

Das Komplexbildungsvermögen von Verbindungen wie dem Pyrophosphat ist seit langem bekannt (Anderegg 1965). Aufgrund der strukturellen Verwandtschaft der Bisphosphonate mit dem Pyrophosphat war zu erwarten, daß sie stabile Metallionenkomplexe bilden würden. Wir haben daher bereits früher die Säuredissoziations- und Komplexbildungskonstanten des Dichlormethanbisphosphonats (Cl_2MDP) und 1-Hydroxyäthan-1.1-Bisphosphonats (EHDP) für Ca^{2+}, Mg^{2+} und Zn^{2+} bestimmt und daraus das unterschiedliche pharmakologische Verhalten dieser beiden Verbindungen erklärt (Dietsch et al. 1976).

Diese Untersuchungen haben wir nun auf weitere Bisphosphonate und Metallionen ausgedehnt.

Bei der Therapie mit Bisphosphonaten werden dem Organismus erhebliche Mengen (bis 20 mg/kg/d) sei es oral oder (kritischer) i.v. zugeführt. Bedenkt man, daß die Stabilitätskonstanten von Spurenelementen wie Eisen, Mangan, Zink und

Kupfer, die wir nun ebenfalls bestimmt haben, in der Größenordnung von 10^7-10^9 M^{-1} liegen, so ergibt sich daraus ein erheblicher Eingriff in deren Resorption, Ausscheidung und Bioverfügbarkeit. Wir haben daher die Aufnahme und Ausscheidung dieser Metalle sowie des Calcium und Magnesium an Ratten vor und während oraler Applikation von 100 mg/kg/d Methanbisphosphonat (MDP) bestimmt.

METHODEN

Die untersuchten Bisphosphonate wurden uns freundlicherweise von Herrn Prof. Münzenberg (Bonn) und Dr. Schwarz (Fa. Hoechst, Frankfurt) zur Verfügung gestellt.

Die pH-Titrationskurven wurden mit dem pH-Meter 4d, Fa. Radiometer, aufgenommen, das eine Ablesung auf 0,001 pH-Einheiten erlaubt. Wir verwendeten die Glaselektrode G 200B und die diaphragmalose gesättigte Kalomelelektrode K 100. Jeweils 10 ml einer 1 mM Lösung der Bisphosphonate in 0,1 M KCl wurden mit 0,1 M KOH in 10 µl Schritten aus der Digitalbürette DV 11 der Fa. Mettler titriert. Die Lösungen wurden dabei auf 25,0 °C thermostatisiert und mit gereinigtem Stickstoff durchgast, um Störungen durch CO_2 zu eliminieren. Bei der Aufnahme der Überschußkurven waren die Lösungen außerdem 0,01 M an den entsprechenden Metallionen. Die Berechnung folgt den Angaben von Schwarzenbach (1950). Es wurde ein Rechenprogramm für einen Commodore PC erstellt.

Zur Untersuchung der Wirkung der Bisphosphonate wurden weibliche Wistarratten von ca. 170 g Gewicht 14 Tage lang in Stoffwechselkäfigen der Fa. Tecniplast (Buguggiate, Italien) gehalten. Sie erhielten bidest. Wasser und ssnif R Standarddiät für Ratten ad lib. Wasser und Futterverbrauch sowie Kot- und Harnmengen wurden täglich gemessen. An den Tagen 4-10 wurde den Tieren mit Hilfe einer Schlundsonde eine Lösung von 20 mg/ml MDP in bidest. Wasser zugeführt, entsprechend 100 mg/kg. Die Kot- und Harnproben wurden gefriergetrocknet und mit einem Tieftemperatur-Veraschungsgerät (Plasma Processor 200-E, Fa. Technics) verascht. Nach Aufnehmen in 0,1 M HCl wurde entsprechend dem weiteren Vorgehen mit Wasser aus einer Milli Q-Anlage (Fa. Millipore) verdünnt und die Metallionenkonzentration entweder mit Flammenanregung oder dem Graphitrohr mit Hilfe der Atomabsorptions-Spektrometrie bestimmt (Perkin-Elmer, Modell 3000 mit HGA 72). Auf die gleiche Weise wurden einige Futterproben untersucht.

Die Kreatininausscheidung im Harn wurde mit der Pikrat-Methode bestimmt.

ERGEBNISSE

Die aus den Titrationskurven berechneten pK_S-Werte der untersuchten Bisphosphonate sind in der Tabelle wiedergegeben.

Tabelle 1 pK_S-Werte von Bisphosphonaten bei 25 °C in 0,1 M KCl
PDP = Propan-2.2-bisphosphonsäure
DPP = 3.3-Bisphosphonopimelinsäure

	pK_1	pK_2	pK_3	pK_4	pK_5	pK_6
MDP	2	2,02	6,47	9,30	-	-
Cl_2MDP	2	2,30	5,82	8,84	-	-
EHDP	2	2,50	6,89	10,60	-	-
PDP	2	2,45	7,84	10,88	-	-
DPP	2	2,96	4,19	6,05	7,27	10,09

Bei allen diesen Verbindungen werden zwei Protonen schon im stark Sauren abgegeben, während die weiteren H^+-Ionen denen von schwachen bis sehr schwachen Säuren entsprechen. Diese schwach sauren Protonen dissoziieren in Gegenwart von Metallionen sehr viel stärker und aus dieser scheinbaren Erniedrigung des pK_S-Wertes können die Stabilitätskonstanten der gebildeten Komplexe berechnet werden. Die Logarithmen sind in Tabelle 2 für MDP, Cl_2MDP und EHDP, als den wichtigsten Vertretern, wiedergegeben. In der ersten Spalte sind jeweils auch Angaben für die einfach protonierten Komplexe gemacht. Die Stabilität der Komplexe wird hierbei zum Teil durch die Bildung von Ringsystemen bedingt (Chelateffekt).

Tabelle 2 Logarithmen der Komplexbildungskonstanten einiger Bisphosphonate

	MDP		Cl_2MDP		EHDP	
Me^{2+}	$\log K^M_{HMZ}$	$\log K^M_{MZ}$	$\log K^M_{HMZ}$	$\log K^M_{MZ}$	$\log K^M_{HMZ}$	$\log K^M_{MZ}$
Ca^{2+}	3,36	5,19	2,86	4,71	3,0	6,0
Mg^{2+}	3,17	5,71	2,92	4,75	3,03	6,17
Mn^{2+}	3,11	5,632	3,23	8,77	5,03	9,14
Fe^{2+}	3,35	8,67	2,85	7,77	4,74	8,51
Cu^{2+}	2,97	9,72	2,82	9,67	3,73	8,89
Zn^{2+}	4,86	7,66	4,61	6,70	5,00	8,19

Es ist demnach zu erwarten, daß die Therapie mit diesen Bisphosphonaten einen starken Einfluß auf die Verfügbarkeit von Metallionen haben wird, wobei besonders Spurenelemente betroffen sein werden. In den Abbildungen 1a und 1b wird der Verlauf der Ausscheidung in Harn und Faeces jeweils am Beispiel eines Erdalkalimetalls und eines Spurenmetalls wiedergegeben. Die anderen untersuchten Metalle verhalten sich entsprechend. Unter der Behandlung mit MDP erhöht sich die Ausscheidung beträchtlich. Sie normalisiert sich nach dem Absetzen des Bisphosphonats. Im Unterschied zur Calciumausscheidung, die unter der Behandlung kontinuierlich ansteigt (wobei der Anstieg im Harn verzögert ist), fällt die Konzentration des Kupfers im Harn nach 5 Tagen wieder ab, um unter den Ausgangswert zu sinken. Daraus kann geschlossen werden, daß im Falle des Kupfers offenbar schon nach dieser kurzen Zeit Reserven erschöpft werden, während dies für das Calcium noch nicht gilt. Dies ist um so bemerkenswerter, da die Tiere noch keine negative Bilanz für alle untersuchten Metalle zeigten, sondern die Ausscheidung durch erhöhten Futterverbrauch kompensierten.

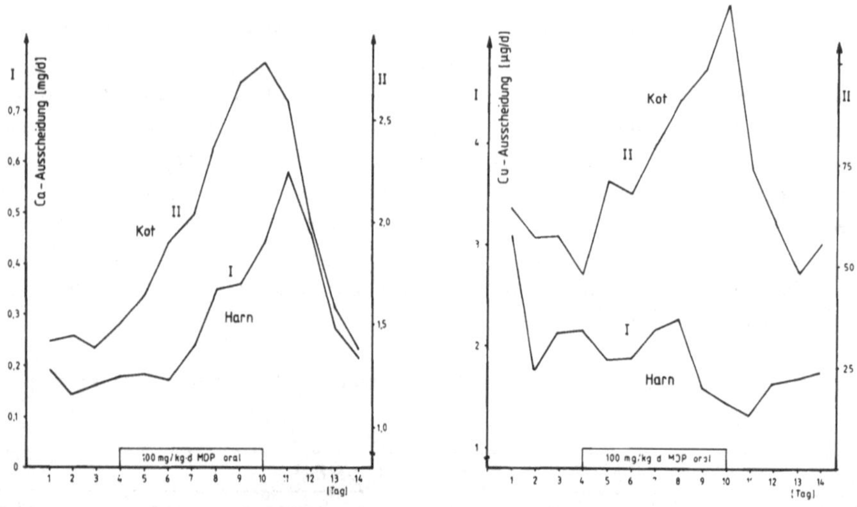

Abb. 1 Ausscheidung von Calcium und Kupfer in Harn und Kot von mit Methanbisphosphonat behandelten Ratten

Die Veränderung der Kreatininausscheidung während der Behandlung mit MDP gibt die Abbildung 2 wieder. Bemerkenswert ist, daß sich die Situation nach Absetzen des Bisphosphonats bis zum Ende der Untersuchung nicht wieder normalisiert.

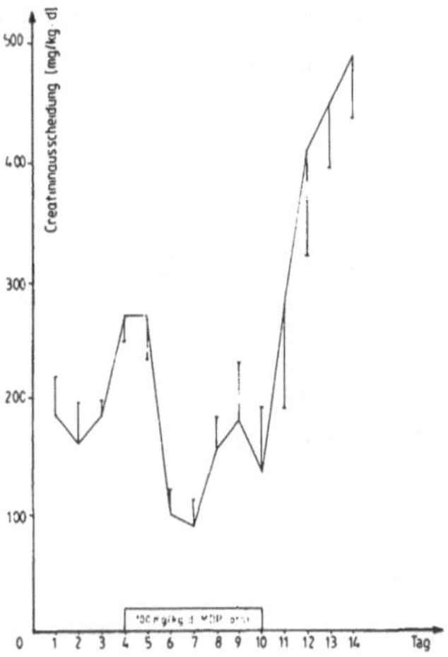

Abb. 2 Einfluß von Methanbisphosphonat auf die Kreatininausscheidung bei Ratten

DISKUSSION

Aus dem Vergleich der pK_S-Werte der Bisphosphonate läßt sich eine Erklärung für ihr unterschiedliches pharmakologisches Verhalten ableiten: Um an die Apatitkristalle adsorbiert zu werden, müssen sie als Anionen vorliegen. Da schwächere Säuren wie das EHDP bei physiologischen pH-Werten stärker protoniert werden, können sie leichter vom Kristall abgelöst werden. Cl_2MDP als stärkere Säure bindet demnach fester, da die H^+-Ionenkonzentration an der aktiven Seite des Osteoklasten nicht ausreicht, um es genügend zu protonieren. MDP nimmt eine Mittelstellung ein. Für die Knochenszintigraphie hat sich das DPP als besonders günstig erwiesen. Da es weitere saure Gruppen mit pK_S-Werten unter 7 enthält, ist es auch stärker geladen und bindet daher besonders gut.

Es ist bekannt und unsere Versuche bestätigen, daß Bisphosphonate relativ schlecht aus dem Darmlumen resorbiert werden. Die Hautpmenge wird ausgeschieden und nimmt aufgrund ihrer Komplexbildung erhebliche Mengen von Metallionen mit, die damit dem Organismus entzogen werden. Aber auch die resorbierte Fraktion bindet Metallionen und entfernt sie aus dem Organismus über die Niere. Im Falle von Spurenelementen kann dabei eine negative Bilanz auftreten, da die Behandlung über lange Zeiträume erfolgt. Eine Kompensation über vermehrte Futteraufnahme, wie wir sie bei unseren kurzfristigen Versuchen bei Ratten beobachtet haben, kann beim Menschen unter langdauernder Behandlung kaum angenommen werden. Die Folgen ergeben sich aus der großen Bedeutung der Spurenmetalle für den Stoffwechsel. Unsere Arbeit mag daher als Anregung dienen, über deren Verfügbarkeit und gegebenenfalls Substitution während der Bisphosphonat-Therapie nachzudenken.

Literaturverzeichnis

Adami S, Guarrera G, Salvagno G, Spiazzi G, Marini G, Rosini S, LoCascio V (1984) Sequential Treatment of Paget's Disease with Human Calcitonin and Dichloromethylene Diphosphonate (Cl_2MDP). Metab Bone Dis & Rel Res 5:265-267

Anderegg G (1965) Entropiebedingte Komplexbildung. Thermodynamische Daten der Komplexbildung mit dem Tripolyphosphation. Helv chim Acta 48:1712-1717

Basle MF (1984) Bone Tissue in Paget's Disease Treated by Ethane-1-hydroxy-1,1-diphosphonate (EHDP). Clin Orthopaed 184:281-288

Dietsch P, Günther T, Röhnelt M (1976) Dissociation Constants of Ethane-1-hydroxy-1,1-diphosphonate (EHDP) and Dichloromethylenediphosphonate (Cl_2MDP) for H^+, Ca^{2+}, Mg^{2+} and Zn^{2+}. Z Naturforsch 31c:661-663

Fraser TRC, Ibbertson HK, Holdaway IM, Rutland M, King A, Dodd G, Wattie DJ (1984) Effective oral treatment of severe Paget's disease of bone with APD (3-amino-1-hydroxypropylidene-1,1-bisphosphonate); a comparison with combined calcitonin + EHDP (1-hydroxyethylidene-1,1-bisphosphonate). Aust NZ J Med 14:811-818

Jung A, Bisaz S, Fleisch H (1972) The Binding of Pyrosphosphate and Two Diphosphonates by Hydroxyapatite Crystals. Calc if Tiss Res 11:269-280

Plasmans CMT, Kuypers W, Sloof TJJH (1978) The effect of ethane-1-hydroxy-1,1-diphosphonic acid (EHDP) on matrix induced ectopic bone formation. Clin Orthop Relat Res 132:233

Schwarzenbach G (1950) Metallkomplexe mit Polyaminen I. Allgemeines. Helv chim Acta 33:947-963

Spezifischer Nachweis intrazellulärer Glykosaminoglykane in Blut- und Knochenmarkzellen

H.J. Suschke, D. Kunze

Mucopolysaccharidosen sind Speicherkrankheiten, bei denen ein Mangel lysosomaler Enzyme vorliegt, die am Abbau der Glykosaminoglykane beteiligt sind. Bisher sind 8 verschiedene Typen bekannt. 1938 wurde von Alder (1938) erstmals auf eine Granulationsanomalie bei 2 Geschwistern mit Mucopolysaccharidose hingewiesen. Seitdem liegt eine Fülle von Literatur über abnorme Einschlüsse in Leukozyten bei Patienten mit Mucopolysaccharid-Speicherkrankheiten vor (Übersicht bei Spranger 1972). Die Färbung der Blut- und Knochenmarkausstriche wurden überwiegend nach May-Grünwald-Giemsa durchgeführt, jedoch wurden auch metachromatische Farbstoffe wie Toluidinblau benutzt. Mit keiner der erwähnten Färbungen konnte aber ein spezifischer Nachweis von Glykosaminoglykanen in Blut-und Knochenmarkzellen erbracht werden. Mit einer Methode, bei der im Zellplasma nur Glykosaminoglykane gefärbt werden, wurden im Verlauf der letzten Jahre 23 Patienten mit verschiedenen Mucopolysaccharidoseformen untersucht. Über die Ergebnisse wird im Folgenden berichtet. Ebenso werden Untersuchungen über 5 Patienten mit sogenannter Basophilen-Leukämie angeführt.

METHODIK

Luftgetrocknete Blut- oder Knochenmarkausstriche werden mit einer 0,4 %igen 9-Aminoacridin-hydrochlorid-Lösung (Merck) 20 Minuten lang gefärbt. Der Farbstoff wird in 50 %igem Äthanol gelöst. Anschließend gründliches Abspülen mit

70 %igem Äthanol. Trocknen der Objektträger. Erneutes Färben der Ausstriche mit einer 5 x 10^{-4}M Pseudoisocyaninchloridlösung (Riedel-de Haen) für 30 Minuten.

Der Farbstoff wird im Verhältnis 1:1 mit Standardacetatpuffer pH 4,2, 0.2 M (Merck) gemischt. Trocknen der Ausstriche nach der Färbung. Die Auswertung erfolgt am Färbetag mit dem Fluoreszenzmikroskop Ortholux II (Leitz) mit dem Ölimmersionsobjektiv 100/1.30.

Untersuchung der Präparate in Auflichtfluoreszenz mit einer Xenon Hochdrucklampe 75 in Verbindung mit dem Blauerregerfilter BG 12 (Leitz) und dem Sperrfilter TK 510 (Leitz). Photographische Aufnahme mit Ectachrome Highspeed (Tageslicht), Belichtungszeit 15 Sekunden.

ERGEBNISSE

Bei insgesamt 23 Patienten mit Mucopolysaccharidose wurden Untersuchungen im peripheren Blut durchgeführt. Davon entfielen 5 auf den Mucopolysaccharidose-Typ I-H, 4 auf Typ II, 10 auf Typ III, 2 auf Typ I-S und 2 auf Typ IV.

Bei den Typen I-H, II und III, deren Erkrankung mit einer schweren Demenz einhergeht, konnten Glykosaminoglykane fast ausschließlich in mononukleären Blutzellen nachgewiesen werden. Der Anteil von Speicherzellen lag zwischen 1 und 15 % mononukleärer Zellen (Abb. 1). Bei den Typen I-S und IV, die im Regelfall eine normale Intelligenz aufweisen, wurden Glykosaminoglykan-Einschlußkörper vorwiegend in Granulozyten nachgewiesen. Der Anteil von Speicherzellen lag zwischen 1 und 9 % ausgezählter Granulozyten. Bei 3 Patienten mit den Typen I-H, II und III wurden anläßlich der Narkose bei Adenotomie Knochenmarkpunktionen durchgeführt. Glykosaminoglykan-Einschlußkörper ließen sich nachweisen in mononukleären Zellen, retikulären Zellen und erstmals auch in Erythroblasten (Abb. 2).

In 5 Knochenmarkpräparaten von Patienten, bei denen aufgrund der Pappenheimfärbung eine Basophilen-Leukämie vermutet wurde, ließ sich der Befund nicht bestätigen, d.h. im Vergleich zu Kontrollen konnte keine Vermehrung von Basophilen nachgewiesen werden.

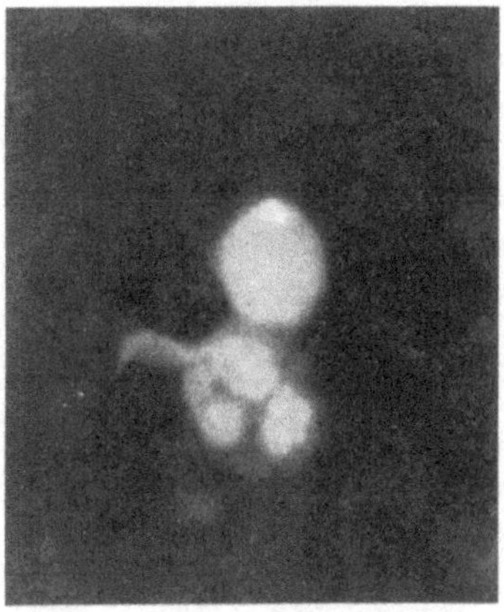

Abb. 1 Lymphozyt mit Glykosaminoglykan-Einschlußkörper

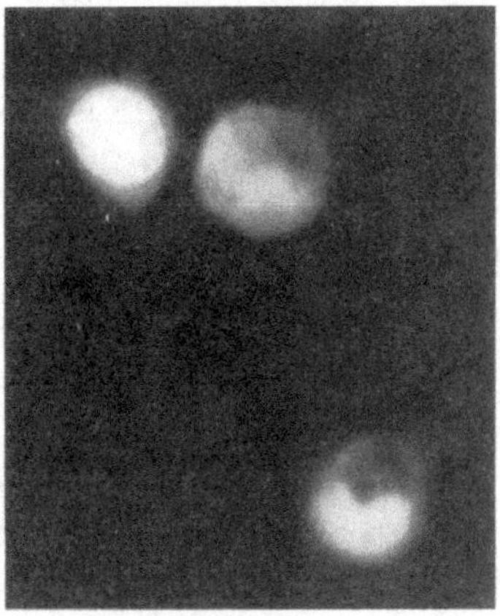

Abb. 2 Erythroblast mit Glykosaminoglykan-Einschlußkörper

DISKUSSION

Mit herkömmlichen Färbemethoden ist die Deutung von Granulationsanomalien bei Patienten mit Mucopolysaccharidosen mehrdeutig. Veränderungen der Granula bezüglich Größe und feiner Farbnuancierungen können bei verschiedenen Infekten auftreten und selbst bei Gesunden nachweisbar sein. Obwohl bei einiger Übung auch mit der Pappenheim-Färbung Glykosaminoglykan-Einschlußkörper zu sehen sind, bleibt die Methode unspezifisch. Ein spezifischer Nachweis von Glykosaminoglykan-Einschlußkörpern in Blut- und Knochenmarkzellen gelang

1. durch die Doppelfluoreszenzfärbung mit 9-Aminoacridin-Hydrochlorid und Pseudoisocyanin und
2. durch die Pufferung von Pseudoisocyanin auf einen pH von 4,2. In diesem pH-Bereich liegen lediglich die Sulfatgruppen und die Phosphatgruppen noch dissoziiert vor und können mit dem kationischen Farbstoff reagieren.

Als Folge davon fluoresziert bei gesunden Menschen nur der Zellkern, während das Zytoplasma degranuliert erscheint. Gelb fluoreszierende Granula werden nur bei Patienten mit Mucopolysaccharidosen gefunden, außerdem werden natürlich auch basophile Granulozyten und im Knochenmark Mastzellen spezifisch nachgewiesen. Seit der Entwicklung der Methode (Suschke et al. 1976) konnten 23 Patienten mit Mucopolysaccharidose untersucht werden. Dabei fiel bei Bewertung der Blutausstriche auf, daß Patienten mit den Mucopolysaccharidose-Typen, die mit einer Demenz einhergehen (I-H, II, III), Glykosaminoglykan-Einschlußkörper fast ausschließlich in mononukleären Zellen aufweisen, während Patienten mit den Mucopolysaccharidose-Typen IV und I-S, die normal intelligent sind, Glykosaminoglykane vorwiegend in Granulozyten speicherten. Bei 3 Patienten konnte das Knochenmark untersucht werden. Dabei ließen sich Glykosaminoglykan-Einschlußkörper in mononukleären Zellen, retikulären Zellen und Erythroblasten nachweisen. Mit der May-Grünwald-Färbung gelang bisher keinem Untersucher der Nachweis von Glykosaminoglykan-Einschlußkörpern in Eryhtrozyten (Alder 1938, Grasser 1950, Griffith und Findlay 1958, Jerman et al. 1960, Larry et al. 1958, Pearson und Lorincz 1964, Zampini und Adant 1964, Reilly 1941, Royer 1959). 5 Knochenmarkausstriche von Patienten, bei denen aufgrund der Pappenheim-Färbung die Diagnose Basophilen-Leukämie gestellt wurde, weisen im Vergleich zu Gesunden keine erhöhte Anzahl von basophilen Granulozyten oder Mastzellen auf.

Mit der hier geschilderten Methode ist es möglich, Glykosaminoglykane intrazellulär spezifisch darzustellen. Weitere Untersuchungen sollen klären, ob die Methode auch für andere Fragestellungen (Knorpel bei Arthritis und Arhtrose) geeignet ist.

Literaturverzeichnis

Alder A (1938) Über konstitutionell bedingte Granulationsveränderungen der Leukozyten. Dtsch Arch klin Med 183:372-378

Gasser C (1950) Diskussionsbemerkung. Schweiz Med Wschr 80:1097-1098

Griffith S B, Findlay M (1958) Gargoylism: Clinical radiological and haematological features in two sibblings. Arch Dis Child 33:229-235

Jermain L F, Rohn R J, Bond W H (1960) Studies of the role of the reticuloendothelial system in Hurler disease. Amer J Med Sci 239:612-621

Larry M, Bader J P, Maroteaux P (1958) La maladie de Hurler. Sem Höp Paris 34:407-411

Pearson H A, Lorincz A E (1964) A characteristic bone marrow finding in the Hurler syndrome. Paediatrics 34:281-283

Rampini S, Adank W (1964) Hämatologische Befunde bei Patienten mit Gargoylismus und heterozygoten Genträgern. Helv Paediatr Acta 19:101-120

Reilly W A (1941) The granules in the leucozytes in gargoylism. Amer J Dis 62:489-491

Royer P (1959) La cellule de Buhot et le diagnostic du gargoylisme. Sang 30:37-40

Spranger J C (1972) The systemic mucopolysaccharidoses. Ergebn inn Med Kinderheilk 32:165-265

Suschke J, Gschwind K, Rode G (1976) Fluoreszenzmikroskopischer Nachweis saurer Mucopolysaccharide in menschlichen Blut- und Knochenmarkzellen. Klin Wschr 54:289-290

Tracerkinetische Untersuchungen zum Kalziumstoffwechsel des Menschen

E. Werner, P. Roth

Schon kleine Änderungen in der Kalziumbilanz oder in den inneren Kalziumflüssen zwischen den Organen können langfristig erhebliche Störungen und damit manifeste Schäden im Organismus hervorrufen. Solche krankhaften Veränderungen in den Stoffwechselgrößen lassen sich bereits in einem frühen Stadium durch tracerkinetische Untersuchungen erkennen. In diesem Beitrag soll dargestellt werden, daß tracerkinetische Untersuchungen zur Diagnostik von Kalziumstoffwechselstörungen und Knochenerkrankungen beitragen können.

Störungen der intestinalen Absorption von Kalzium sind nicht selten. Die Kalziumaufnahme im Darm hängt von einer Reihe von Faktoren ab wie z.B. Menge des Nahrungskalziums, Löslichkeit der darin vorliegenden Verbindungen, Beeinflussung durch andere Inhaltsstoffe der Nahrung und aktive Steuerung des Transports durch die Darmmucosa durch verschiedene Hormone. Die Erfassung der intestinalen Kalziumabsorption durch Bilanzuntersuchungen ist sehr aufwendig und damit auf wenige Zentren beschränkt. Damit kann auch nur die "Netto"-Absorption, d.h. die Differenz von mit der Nahrung aufgenommenem und im Stuhl ausgeschiedenen Kalzium bestimmt werden. Die Bestimmung der "wahren" Absorption, d.h. des Bruchteils des Nahrungskalziums, der die Darmschranke passiert, erfordert des Einsatz von Tracern. Für ihre Ermittlung sind eine Reihe von Methoden entwickelt worden, die nur zum Teil übereinstimmende Ergebnisse liefern (Roth und Werner 1985). Dies hat bei der Beurteilung von Absorptionsmessungen bei verschiedenen Erkrankungen wie z.B. der Osteoporose zu teilweise widersprüchlichen Aussagen geführt (Montz 1979, Riggs und Nelson 1985).

In Abbildung 1 sind in der Literatur vorliegende quantitative Daten der fraktionellen intestinalen Absorption von Kalzium bei Gesunden dargestellt. Dabei zeigt

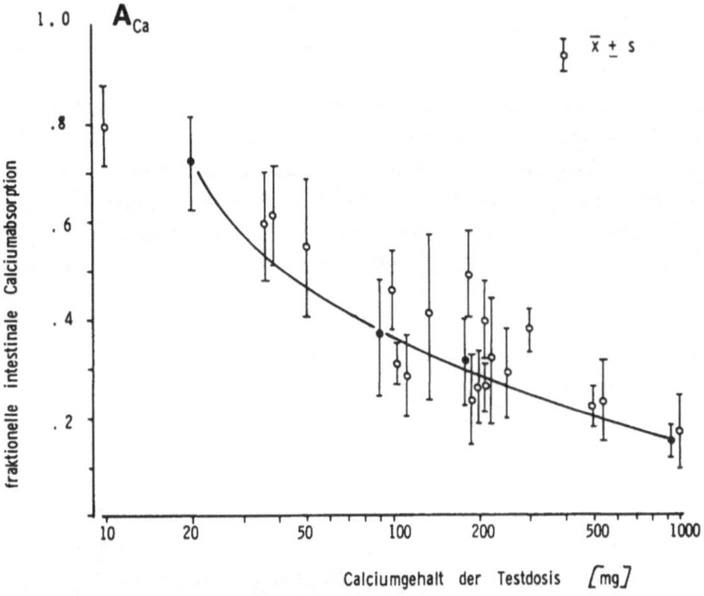

Abb. 1 Beziehung zwischen fraktioneller intestinaler Kalziumabsorption und Kalziumgehalt der Testdosis: Zusammenstellung von Literaturdaten (Mittelwerte und Standardabweichungen). Die ausgefüllten Kreise stellen eigene Untersuchungsergebnisse dar.

sich eine deutliche Abhängigkeit vom Kalziumgehalt der Testdosis, wobei bei kleineren Dosen ein Transportmechanismus mit Sättigungskinetik, bei hohen Dosen dagegen die Diffusionskomponente überwiegt. Dementsprechend sollte bei einer Messung der Kalziumgehalt der Testdosis dem diagnostischen Problem angepaßt werden, je nachdem ob eine Störung der Absorption im Sinne einer Erhöhung oder Verminderung untersucht werden soll. Abbildung 1 zeigt, daß auch für eine bestimmte Kalziumdosis voneinander abweichende, nicht überlappende Bereiche gefunden wurden. Dies kann teilweise auf die unterschiedliche Zusammensetzung der Testdosis und das Vorgehen bei der Untersuchung zurückgeführt werden.

Im Körper steht das Kalzium des intravasalen bzw. extrazellulären Raumes in einem raschen Austausch mit dem intrazellulären Kalzium und dem sogenannten schnell austauschbaren Knochenkalzium. Dieser innere Kalziumumsatz kann nach intravenöser Injektion von Spurenmengen ^{47}Ca oder ^{45}Ca näher untersucht werden (siehe auch Beitrag Floren et al.). Dazu wird die Tracerkonzentration im Blutplasma über etwa 10 Tage sowie die Ausscheidung in Urin und Stuhl gemessen. Unter Zugrundelegen eines Kompartmentmodells können aus diesen Meßdaten die Größen der Verteilungsräume und die Flußraten zwischen ihnen quantitativ bestimmt werden.

In die Berechnung von Kompartmentmodellen geht die im Körper retinierte Tracermenge ein. Mit dem Ganzkörperzähler kann nach intravenöser Applikation von 4 uCi ^{47}Ca dessen Gesamtkörper-Retention über 4 Wochen gemessen werden. In Abbildung 2 sind die Streubereiche (x $\pm$ s) des Verlaufs der Gesamtkörper-Retention für gesunde erwachsene Frauen und Männer dargestellt. Die Retentionswerte am 28. Tag nach Injektion des Tracers variieren für die Frauen (37 $\pm$ 6%, x $\pm$ s) und die Männer (43 $\pm$ 5%) nur in einem engen Bereich. Für die untersuchten 29 Männer und 15 Frauen ist der Unterschied zwischen diesen Werten signifikant (P 0,01). Außerdem sind in Abbildung 2 vier Kurven von

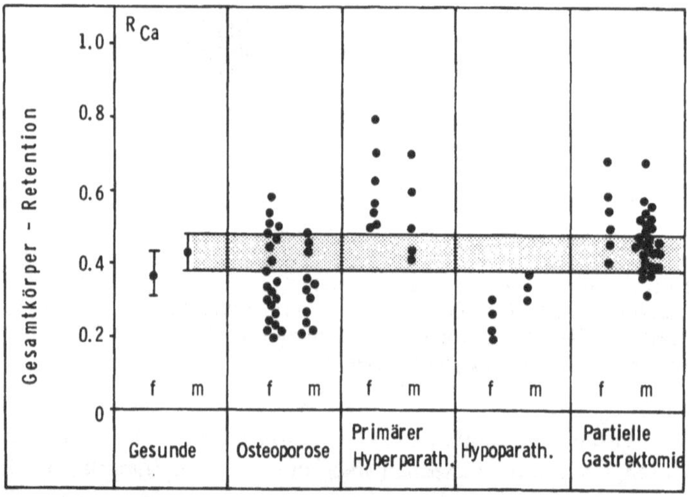

Abb. 2 Verlauf der Gesamtkörper-Retention von Kalzium (x $\pm$ s) bei gesunden Frauen und Männern sowie vier ausgewählten Patienten (siehe Text).

Patienten zur Verdeutlichung der Abweichungen bei pathologischen Zuständen eingezeichnet. Kurve 1) wurde bei einer Patientin mit ausgeprägtem sekundärem Hyperparathyreoidismus und Kurve 2) bei einem Patienten mit primärem Hyperparathyreoidismus gemessen. Kurve 3) stellt den Verlauf der Gesamtkörper-Retention bei einem Patienten mit juveniler Osteoporose und Kurve 4) bei einer Patientin mit postklimakterischer Osteoporose dar. Anhand dieser Kurven ist erkennbar, daß ihre Verläufe deutlich aus den Normbereichen herausfallen, und zwar werden die Unterschiede um so größer, je länger man mißt. Eine Ausdehnung der Rententionsmessungen über den Zeitraum von 4 Wochen nach der Applikation hinaus ist jedoch wegen der physikalischen Halbwertszeit des angewendeten ^{47}Ca (4,5 Tage) nicht möglich. Zu beachten ist, daß sowohl beim Hyperparathyreoidismus als auch bei der Osteoporose die Kalzium-Skelettbilanz negativ ist. Der Verlauf der Retention sagt also nichts über die Bilanz aus, sondern stellt ein Maß für den internen Kalziumumsatz am Skelett dar. Diese Deutung wird durch signifikante Korrelationen zur Parathormonkonzentration und mikromorphometrischen Parametern des Knochenanbaus belegt (Malluche et al. 1978).

Wichtig für die Beurteilung des gemessenen Verlaufs der Gesamtkörper-Retention ist, daß sie außer vom Geschlecht auch vom Alter abhängig ist. Bei einzelnen Säuglingen wurden Retentionswerte um 90 % am 28. Tag nach der Tracerinjektion festgestellt. Danach nimmt die Retention bis etwa zum 20. Lebensjahr steil ab (Werner et al. 1981). Nach dem 30. Lebensjahr streben die Bereiche für Männer und Frauen auseinander. Man könnte hierin einen Hinweis auf die höhere Anfälligkeit von Frauen für die Osteoporose sehen.

Aus den gemessenen Werten der Gesamtkörper-Retention lassen sich auch ohne Annahme eines Kompartmentmodells diagnostische Schlüsse ziehen. Der 4 Wochen nach der Applikation im Körper retinierte Anteil des Tracerkalziums ist nahezu vollständig im Skelett enthalten und stellt ein Maß für die Mineralisationsrate dar. In Abb. 3 sind gemessene Werte der Gesamtkörper-Retention am 28. Tag

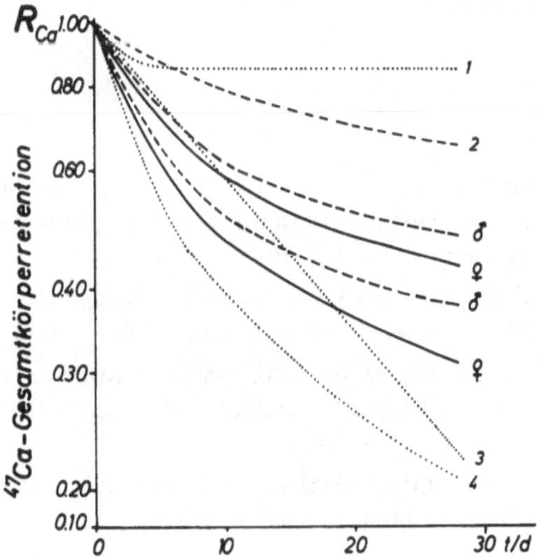

Abb. 3: Werte der Gesamtkörper-Retention von Kalzium am 28. Tag nach intravenöser Injektion einer Tracermenge ^{47}Ca für verschiedene Patientengruppen.

nach ^{47}Ca-Injektion für einige Erkrankungen dargestellt. Bei Patienten mit Osteoporose werden sowohl erhöhte als auch verminderte Retentionswerte gefunden. Daraus läßt sich eine Differenzierung in Patienten mit erhöhtem ("high turnover"-Osteoporose) bzw. vermindertem Knochenumsatz ("low turnover"-Osteoporose) ableiten.

Beim primären Hyperparathyreoidismus wird bei nahezu allen Patienten ein vermehrter, bei Hypoparathyreoidismus ein reduzierter Knochenumsatz beobachtet. Bei einer Gruppe von 29 Patienten, die 10 bis 15 Jahre nach partieller Gastrektomie (Billroth II) untersucht wurden (Siebert et al. 1981), ergab sich im Mittel eine nahezu normale Gesamtkörper-Retention. Die Patienten mit erhöhten Retentionswerten wiesen auch gesteigerte Parathormonkonzentrationen auf. Da gleichzeitig eine erhöhte intestinale Absorption aus einer Testdosis (18 mg Ca^{++} als Ca-Gluconat in 100 ml H_2O) gemessen wurde, kann bei diesen Patienten von einem sekundären Hyperparathyreoidismus infolge Maldigestion von Nahrungskalzium ausgegangen werden. Dementsprechend führte auch eine achtwöchige Kalziumsubstitution zu einer weitgehenden Normalisierung der vorher erhöhten Parathormonwerte (Siebert et al. 1981).

Diese Befunde zeigen, daß aus tracerkinetischen Untersuchungen, auch ohne komplizierte Berechnungen von Kompartmentmodellen, differentialdiagnostische Aussagen bei Knochenerkrankungen abgeleitet werden können. Darüber hinaus kann anhand der Veränderungen dieser Parameter die therapeutische Wirkung einer Behandlung frühzeitig beurteilt werden.

Literaturverzeichnis

Mallauche HH, Werner E, Ritz E (1978) Intestinal Absorption of Calcium and Whole-Body Calcium Retention in Incipient and Advanced Renal Failure. Mineral Electrolyte Metab. 1: 263-270

Montz R (1979) Kalziumstoffwechsel. In: Emrich D (Hrsg) Nuklearmedizin, Funktionsdiagnostik und Therapie. Thieme, Stuttgart 2. Aufl.

Riggs BL, Nelson KI (1985) Effect of Long Term Treatment with Calcitriol on Calcium Absorption and Mineral Metabolism in Postmenopausal Osteoporosis. J Clin Endocrinol Metab 61: 457-461

Roth P, Werner E (1985) Interrelations of Radiocalcium Absorption Tests and Their Clinical Relevance. Mineral Electrolyte Metab. 11:351-357

Siebert H, Werner E, Konold P, Pannike A (1981) Kalzium- und Phosphatstoffwechsel nach Magenresektion. Med Welt 32:1822-1827

Werner E, Roth P, Malluche HH (1981) Anwendung des Ganzkörperzählers bei Untersuchungen zum Calciumstoffwechsel. In: Bunde E (Hrsg) Medizinische Physik 1981. Hüthig, Heidelberg

Untersuchung des Kalzium-Stoffwechsels mittels stabiler Isotope

Th. Floren, Ch. Römer, G. Wilhelm, E. Werner

Untersuchungen der Kalzium-Kinetik werden üblicherweise mit radioaktiven Isotopen durchgeführt (Comar und Bronner 1964). Wegen der damit verbundenen Strahlenbelastung ist diese Methode nicht bei Kindern und Schwangeren anwendbar.

Eine Alternative zu den radioaktiven Isotopen stellen die in der Natur vorkommenden stabilen Isotope dar, die in hochangereicherter Form als Tracer eingesetzt werden können. In Tab. 1. sind die Kalzium-Isotope mit ihren natürlichen

Tab. 1: Die Isotope des Kalziums

stabile Isotope	^{40}Ca	^{42}Ca	^{43}Ca	^{44}Ca	^{46}Ca	^{48}Ca
natürliche Häufigkeit	96.94 $*10^{-2}$	6.47 $*10^{-3}$	1.35 $*10^{-3}$	2.08 $*10^{-2}$	3.5 $*10^{-5}$	1.87 $*10^{-3}$

radioaktive Isotope	^{41}Ca	^{45}Ca	^{47}Ca	^{49}Ca
Halbwertszeit	10^5 a	163 d	4.54 d	8.72 m
Art des Zerfalls	EC	ß⁻	ß⁻	ß⁻

Häufigkeiten angegeben (Moore und Machlan 1972). Als Tracer lassen sich wegen ihres seltenen Vorkommens die Isotope ^{42}Ca, ^{43}Ca, ^{46}Ca und ^{48}Ca verwenden. Im folgenden soll die Anwendbarkeit des stabilen ^{48}Ca in einem intraindividuellen Vergleich mit dem radioaktiven ^{47}Ca gezeigt werden. Außerdem werden erste Ergebnisse zum internen Kalziumumsatz im Kindesalter vorgelegt.

Anwendung stabiler Kalzium-Isotope als Tracer

Nach Applikation eines seltenen stabilen Isotopes wird seine Konzentration erhöht. Diese Konzentrationsänderung kann massenspektrometrisch bestimmt werden. Für die Messung werden weniger als 100 µl Blut benötigt. Für die Richtigkeit der Messung ist eine sorgfältige Probenpräparation notwendig. Das Kalzium muß möglichst rein aus den biologischen Proben gewonnen werden. Als Trennverfahren kommen zum Beispiel Ionenaustausch-Chromatographie oder Abtrennung durch kalziumbindende Proteine in Frage. Da mit sehr kleinen Kalziummengen gearbeitet wird, können schon geringe Kontaminationen durch Fremd-Kalzium den Meßwert verfälschen. Die Probenaufarbeitung erfordert daher reinste Reagenzien (Reinstwasser, ultrareine Chemikalien), sowie die Durchführung der Arbeiten unter Reinraumbedingungen.

Vergleichsmessung der Kalzium-Kinetik bei Erwachsenen

Bei einer Untersuchung der Kalzium-Kinetik bei 9 Patienten wurden intraindividuell die Resultate aus der gammaspektrometrischen ^{47}Ca- und der massenspektrometrischen ^{48}Ca-Bestimmung verglichen. In Abb. 1 ist ein Beispiel hierfür gegeben. Den Patienten wurde eine Dosis von 1 mg ^{48}Ca und 150 kBq ^{47}Ca intravenös appliziert. Im Verlauf der folgenden 24 Stunden wurden 7 Blutproben entnommen. Bei dem radioaktiven Isotop besitzen die Meßpunkte eine Genauigkeit von 1 %, während sie für das stabile Isotop mit 3 bis 10 % anzugeben ist. Die enge Korrelation der Meßpunkte zeigt die gute Übereinstimmung beider Methoden. Zwischen den mit radioaktiven und stabilen Isotopen gewonnenen Meßwerten ergaben sich für jeden Patienten Korrelationskoeffizienten (r^2) zwischen 0,94 und 0,99.

Interner Kalziumumsatz im Kindesalter

Nachdem mit dieser Untersuchung die gute Übereinstimmung der Methoden gezeigt war, wurden Untersuchungen mit Kindern begonnen. Dabei sollte der interne Kalziumumsatz in Abhängigkeit vom Alter bestimmt werden.

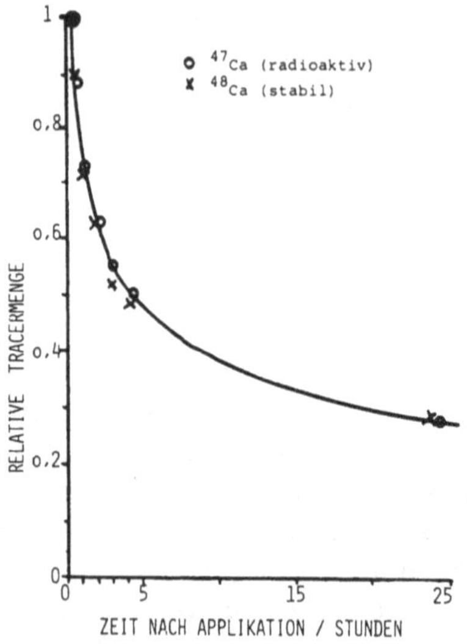

Abb. 1 Intraindividueller Vergleich der Kalzium-Kinetik eines Patienten

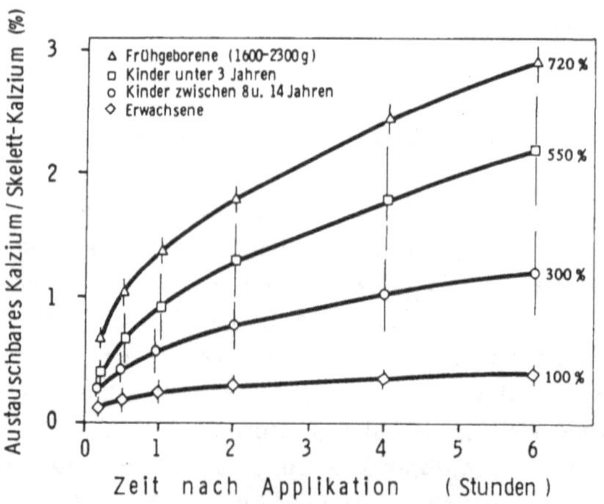

Abb. 2 Repräsentative Kurven des auf das Skelett-Kalzium bezogenen austauschbaren Kalziums für verschiedene Altersgruppen

Hierzu wurden 1,2 mg ^{42}Ca intravenös injiziert. Nach 15, 30, 60, 120 und 360 Minuten erfolgten Blutabnahmen zu je 1 ml.

Aus den bisherigen Untersuchungen geht hervor, daß der interne Kalziumumsatz des Kindes gegenüber dem des Erwachsenen im Absolutbetrag interessanterweise kaum verändert ist. Dies bedeutet jedoch, daß der Kalziumumsatz je Gramm

Skelett-Kalzium im Kindesalter erheblich erhöht ist. Die Abb. 2 zeigt repräsentative Kurven für verschiedene Altersgruppen.

Die Menge des ausgetauschten Kalziums wurde dabei auf die Kalziummenge im Skelett bezogen (Snyder et al. 1974). Für den 6-Stunden-Wert nach Applikation zeigt sich der deutliche Anstieg vom Erwachsenen (: = 100 %) über Jugendliche (300 %), weiter zu Kleinkindern (550 %) bis hin zu Frühgeborenen (700 %).

Bei Erwachsenen ist nach 6 Stunden eine Kalziummenge ausgetauscht, die etwa 0,4 % des Skelett-Kalziums entspricht, während beim Kind bis zu 3 % ausgetauscht werden.

Der interne Kalziumumsatz ist kein direktes Maß für die Mineralisation. Diese kann, als gegenüber dem internen Kalziumumsatz langsam verlaufender Vorgang, nur mit Messungen über mehrere Tage erfaßt werden.

Zusammenfassung

Die Methode, tracerkinetische Untersuchungen mit stabilen Kalzium-Isotopen durchzuführen, ist mit ausreichender Genauigkeit anwendbar. Der Einsatz der stabilen Isotope ermöglicht die risikofreie Untersuchung von Kindern, Schwangeren und gesunden Erwachsenen.

Literaturverzeichnis

Comar CL, Bronner F (1964) Mineral Metabolism. Academic Press, New York London

Moore LJ, Machlan LA (1972) High accuracy Determination of Calcium in Blood Serum by Isotope Dilution Mass Spectrometry. Analytical Chemistry 44:2291

Snyder WS, Cook MJ, Nasset ES, Karhausen LR, Howells CP, Tipton IH (1974) Report of the Task group on Reference Man. Pergamon Press, Oxford New York Toronto Sydney Braunschweig

Untersuchungen zur Kalziumbilanztechnik mit standardisierter bilanzierter Normalkost

H.-P. Kruse, B. Stepanek

Die Erstellung einer Kalziumbilanz ist die einzige Methode, um den Gesamtkalziumgehalt eines Organismus bilanztechnisch zu erfassen. Unter der Voraussetzung eines Stoffwechselzustandes im steady state ist es aufgrund der engen Verknüpfung von Kalzium- und Knochenstoffwechsel möglich, letztlich die Knochenbilanz zu messen. Diese ist von großer Bedeutung für alle generalisierten endokrinen und metabolischen Osteopathien, die mit einer Änderung der Knochenmasse oder des Mineralgehaltes einhergehen können, sowie bei Erkrankungen, bei denen diese Größen therapeutisch beeinflußt werden. Das Bilanzergebnis ist Indikator für den Schweregrad einer Erkrankung und erlaubt eine quantitative Aussage über Spontanverlauf oder therapeutischen Effekt bei dieser Erkrankung.

Es gibt mehrere Methoden, einen Einblick in den Kalziumhaushalt des Patienten zu gewinnen, vgl. Hodgkinson und Knowles, 1976. Von der konventionellen Bilanztechnik gibt es zwei Varianten:

1) Die Kalziumstoffwechselbilanz, bei der dem Patienten eine flüssige Bilanzkost (FBK) verabreicht wird (Lentner et al, 1980).
2) Die Verabreichung einer standardisierten bilanzierten Normalkost (SBN) während der Bilanzuntersuchung.

Die vorliegende Arbeit untersucht die unter 2) genannte Diät im Hinblick auf ihre Bedeutung als Hauptfehlerquelle der konventionellen Bilanztechnik und ihre Vergleichbarkeit mit der FBK.

UNTERSUCHUNGSMETHODEN

Die 12-tägige Bilanzuntersuchung ist nach Albright und Reifenstein, 1948, in drei Bilanzperioden à vier Tage aufgeteilt (Kruse et al., 1981; Abb. 1). Während dieser Zeit bekommt der Patient eine konstante Diät; Stuhl und Urin werden gesammelt.

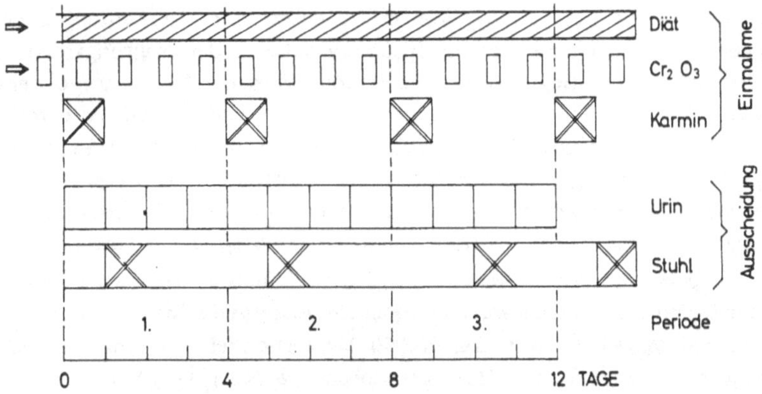

Abb. 1 Schema der Bilanzuntersuchung

Durch Vergleich der ersten und dritten Bilanzperiode läßt sich feststellen, ob sich der Patient im steady state befunden hat. Bei einer Abweichung von mehr als 10% ist die Bilanz nicht interpretierbar.

Während der Untersuchung wohnt der Patient in einer "Stoffwechseleinheit" aus einem Einzelzimmer mit dazugehörigem Sanitärbereich und separater Diätküche, die nur Bilanzpatienten versorgt.

1. Patientenuntersuchung und Anamnese

Der Bilanzuntersuchung geht eine detaillierte Diätenanamnese voraus, auf deren Grundlage eine Test-Diät zusammengestellt wird. Diese muß zur Beibehaltung eines steady state der durchschnittlichen täglichen Kalziumzufuhr des Patienten entsprechen. Nährwerttabellen, z.B. von Cremer, 1982, deren Nahrungskalziumwerte nach der in der vorliegenden Arbeit angewandten Methode ermittelt werden, bieten eine gute Grundlage für die Berechnung des Kalziumgehaltes der häuslichen Normalkost. Weitere Kriterien für die Aufstellung des Diätplanes sind der durchschnittliche Protein- und Säuregehalt sowie die Anzahl der Mahlzeiten und die Ernährungsgewohnheiten des Patienten.

2. Diätuntersuchung

Während der Bilanzuntersuchung werden Produkte einer Herstellung oder Großpackung verwendet, um eine gleiche Zusammensetzung der Nahrungsbestandteile zu gewährleisten. Vor Beginn der Bilanzstudie werden einfrierbare Lebensmittel portionsweise auf 0,1g genau abgewogen und separat eingefroren. Alle Mahlzeiten werden täglich in gleicher Weise zubereitet. Dabei, wie beim Servieren, muß sehr sorgfältig vorgegangen werden, um keine Substanz zu verlieren. Der Patient ist angehalten, sein Eßgeschirr gründlich zu leeren, um eine durch Substanzverlust bei der Einnahme falsch positive Bilanzberechnung zu vermeiden.

Mit den Portionen für den Patienten und für die Analyse des Kalziumgehalts der Speisen wird identisch verfahren. Die gesamte Analysenration eines Bilanztages wird in einem Mixer 10 min bei 20.000 Messerumdrehungen/min homogenisiert und gewogen. Es werden drei Homogenatproben à 5,0 g (± 10 mg) in Porzellantiegel eingewogen, 24 h bei 100°C im Trockenschrank getrocknet und 40 - 48 h bei 600 °C im Muffelofen verascht. Das Veraschungsprodukt wird nach Abkühlen mit 25% HCl gelöst und rückstandsfrei in einen Meßkolben gegeben, der mit aqua bidest, auf 50 ml aufgefüllt wird. Zur Kalziumbestimmung wird ein Teil der Probe mit 0,25% Strontiumchlorid ($SrCl_2$) im Verhältnis 1:55 verdünnt, der Kalziumgehalt mit dem Atomabsorptionsspektrophotometer (AAS) gemessen und auf die gesamte Diäthomogenatmenge eines Bilanztages umgerechnet.

ERGEBNISSE

Die Analyse des Kalziumgehalts einer Testdiät ergab einen Fehler von ± 0,91%, wobei die jeweils doppelten $SrCl_2$-Ansätze um 0,51% voneinander abwichen, der Gesamtfehler betrug ± 1,68%. Der Kalziumgehalt derselben Testdiät sank nach einmaligem 24-stündigem Einfrieren gegenüber den frischanalysierten Proben um 1,73% und nach enreutem 5-tägigem Einfrieren um 5,25%.

Nach 24stündigem Entmischen durch Stehen wurde im Satz der Proben ein 24,3% höherer Ca-Gehalt als im Überstand gefunden. Nach Zentrifugieren des Homogenats lag der Ca-Gehalt des Satzes um 32,6% höher.

Die jeweils dreifache Analyse einer Testdiät ergab einen mittleren Ca-Gehalt von 733 mg (± 5,15%), ohne Mittagessen betrug der Ca-Gehalt 625 mg (± 3,62%); der Kalziumgehalt des Gesamtmenues beträgt gemäß Nährwerttabelle 675,25 mg. Die Analyse der Einzelmahlzeiten dieser Testdiät zeigte eine besonders hohe Schwankungsbreite des Ca-Gehaltes bei Mahlzeiten mit vielen Zubereitungsschritten wie dem Mittagessen (± 5,26%) im Vergleich zu einfach zuzubereitenden Mahlzeiten wie dem zweiten Frühstück (± 1,09%).

Zur Normalwertbestimmung wurden Kalziumkarbonatlösungen mit Ca-Konzentrationen in der Größenordnung der untersuchten Nahrung hergestellt und sowohl direkt als auch nach Veraschen analysiert. Bei Veraschung in neuen Porzellantiegeln wichen die Proben um - 1,35%, in mehrfach benutzten Porzellantiegeln um + 0,63% und in Glastiegeln um + 0,49% vom rechnerischen Ca-Gehalt ab; die direkte AAS-Analyse ergab eine Abweichung von + 0,20%.

DISKUSSION

1. Methoden

Konventionelle Bilanzierungsmethoden geben durch Gegenüberstellung von Kalziumzufuhr und fäkaler und renaler Ausscheidung einen Hinweis auf das Organsystem, das ursächlich mit der Kalziumstoffwechselstörung im Zusammenhang steht.

Im Vergleich der beiden Diätformen der konventionellen Bilanztechnik geben Lentner et al. (1980) der FBK den Vorzug, wobei unseres Erachtens der Einfluß der gegenüber Normalbedingungen wesentlich veränderten physiologischen (Kauen, Sekretion von Verdauungssäften) und psychischen Faktoren so wie die Frage, in welchen Verbindungen Kalzium mit der FBK angeboten werden kann, offen bleiben.

2. Untersuchungsergebnisse

Bei dem Vergleich von je zwei identischen $SrCl_2$-Ansätzen pro Veraschungsprodukt ergab sich eine gute Reproduzierbarkeit. Die Kalziumwerte der einzelnen Wiegeportionen der Gesamthomogenatmenge wiesen keine signifikanten Differenzen auf. Anhand der Meßergebnisse der neun Tagesrationen einer Testdiät wurden unter der Annahme, daß die Werte χ^2-verteilt sind, exemplarisch die 95%-Vertrauensgrenzen der Kalziumbestimmung für n = 3 bis n = 8 errechnet und gefunden, daß so bei einer Analysenzahl von n = 4 Tagesrationen die Vertrauensgrenzen ausreichend gut übereinstimmen, während bei höherer Analysenanzahl Mehraufwand und Zuverlässigkeitsgewinn in keinem vertretbaren Verhältnis zueinander stehen. Die Analyse von vier Gesamttagesrationen erreicht eine Präzision von maximal $\pm$ 47 mg Ca Abweichung von der täglichen Kalziumzufuhr.

Es konnte ein Absinken des gemessenen Kalziumgehalts der Proben in positiver Korrelation zur Einfrierzeit und Auftauhäufigkeit festgestellt werden. Die Kalziumkonzentration innerhalb der Homogenatprobe korreliert positiv mit der Verteilung der Schwebeteilchen, daher ist in allen Analyseschritten ein Entmischen der Proben zu vermeiden.

Schwankungen der täglichen Kalziumzufuhr bei konstanter Diät ergeben sich bei Mahlzeiten mit hohem Zubereitungsaufwand. Es sollten daher möglichst Mahlzeiten mit wenigen Zubereitungsschritten verabreicht werden. Molkereiprodukte sind aufgrund ihres hohen Ca-Gehaltes besonders sorgfältig zu verabfolgen.

Bei der Analyse definierter Kalziumkarbonatlösungen wurde die Abweichung vom errechneten Ca-Gehalt bei veraschten Lösungen etwa doppelt so hoch wie bei direkt analysierten gefunden. Als zusätzliche Kalziumquelle konnte die Tiegelglasur identifiziert werden, die durch Ionenaustauschprozesse Kalzium freisetzt. Um diese schwer quantifizierbare Fehlerquelle auszuschalten, sollten unglasierte Tiegel benutzt werden.

Die Berücksichtigung der aufgeführten Punkte ergibt Folgendes:
Die dreifache Analyse pro Homogenat eines Bilanztages gibt die zugeführte Nahrungskalziummenge ausreichend genau wieder. Bei der Analyse von vier Diäten pro 12-tägiger Bilanzstudie wird der Kalziumgehalt der Diät mit einer Präzision von $\pm$ 47 mg Abweichung vom Tagesmittel festgestellt. Bei gleicher Größenordnung der Präzision erfordert die Verabreichung einer standardisierten bilanzierten Normalkost gegenüber der flüssigen Bilanzkost zwar einen Mehraufwand, ist aber mit den Vorteilen der physiologischen Nahrungszufuhr und der besseren Akzeptanz durch den Patienten verbunden.

Literaturverzeichnis

Albright F, Reifenstein EC (1948) The parathyroid glands and metabolic bone disease. Williams & Wilkins, Baltimore

Cremer HD (1982) Die große Nährwerttabelle. Gräfe und Unzer, München

Hodgkinson A, Knowles CF (1976) Laboratory methods. In: Nordin BEC (Hrsg) Calcium, Phosphate and Magnesium Metabolism. Churchill Livingstone, Edinburgh London New York, S. 525-570

Kruse H-P, Kuhlencordt F, Montz R, Ringe JD, Koch G (1981) Kalzium- und Knochenstoffwechsel nach Dünndarmbypass-Operationen wegen alimentärer Adipositas. Dtsch med Wschr 106:1219-1223

Lentner Ch, Lauffenburger Th, Haas HG (1980) Die Stoffwechselbilanz, Untersuchungstechnik und Auswertung. In: Kuhlencordt F, Bartelheimer H (Hrsg.) Handbuch der Inneren Medizin. Springer, Berlin Heidelberg New York, Bd VI/1A S. 505-531

Nordin BEC (1976) Calcium, Phosphate and Magnesium Metabolism. Churchill Livingstone, Edinburgh London New York

Reifenstein EC, Albright F (1945) The accumulation, interpretation and presentation of data pertaining to metabolic balances J clin Endocrin 5:367-395

II Kalziumregulierende Hormone

Biologische Aktivität natürlicher und synthetischer Vitamin D-Metabolite am Darm und am Knochen

W.A. Rambeck, R. Goralczyk, M. Kopp, B.R. Giles und K.M.L. Morris

Die Funktion von Vitamin D und seinen Metaboliten ist in den letzten zwanzig Jahren weitgehend aufgeklärt worden. Danach wird das mit der Nahrung aufgenommene oder in der Haut unter dem Einfluß von UV-Licht synthetisierte Vitamin D_3 in der Leber zu $25(OH)D_3$ und in der Niere anschließend zu $1,25(OH)_2D_3$ hydroxyliert. Dieses Steroidhormon $1,25(OH)_2D_3$ wird zu den drei Zielorganen Knochen, Darm und Niere transportiert, wo es seine Wirkung entfaltet (Henry und Norman 1984).

Schädigungen der Niere und Störungen der Regulation der Nierenhydroxylierung führen zu verringerter $1,25(OH)_2D_3$-Bildung und folglich zu Mineralisationsstörungen des Knochens. In diesen Fällen renaler Osteopathien kann chemisch synthetisiertes $1,25(OH)_2D_3$ oder $1\alpha(OH)D_3$ therapeutisch eingesetzt werden. Dabei besteht jedoch die Gefahr von Hypercalcämie, extraossäre Verkalkungen können auftreten, z.T. findet sich eine Reduktion des Knochenumbaus (Flury und Haldimann 1981). Wegen dieser schmalen therapeutischen Breite von Vitamin D-Metaboliten ist man auf der Suche nach $1,25(OH)_2D_3$-Analogen mit eventuell günstigeren Eigenschaften (Ikekawa 1983).

Ziel der vorliegenden Arbeit war es, die biologische Aktivität von synthetischen Vitamin D-Metabolit-Analogen am Darm und am Knochen zu bestimmen. Untersucht wurden dabei in verschiedenen in vivo und in vitro Assays an Küken, Wachteln und Mäusen drei Glucoside von $1,25(OH)_2D_3$, die kürzlich synthetisiert wurden (Fürst et al. 1983, Rambeck et al. 1985) sowie ein fluorsubstituiertes Analoges von $1,25(OH)_2D_3$. Weiter wurden synergistische Effekte von $1,25(OH)_2D_3$ und $24,25(OH)_2D_3$ auf die Calciumabsorption im Darm untersucht.

MATERIAL UND METHODEN

Die Vitamin D-Verbindungen wurden uns freundlicherweise von Dr. W. Meier, Hoffmann-La Roche, Basel zur Verfügung gestellt.

Kurativer Kükentest

Männliche Broiler Eintagsküken erhielten 10 Tage eine rachitogene Diät (1,0% Ca, 0,5% P). In den folgenden 6 Tagen wurden die verschiedenen Vitamin D-Metabolite der Diät zugesetzt. Danach wurden die Tiere getötet und das Calcium binding protein (CaBP) in der Darmmucosa mit der Ionenaustauschmethode nach Wasserman bestimmt. In den Ergebnissen wird CaBP in Prozent Radioaktivität im Überstand, bezogen auf die Gesamtradioaktivität pro mg Protein, angegeben.

Wachteleischalentest

Die Bestimmung der Vitamin D-Aktivität an der japanischen Wachtel erfolgte nach Zucker und Gropp (1968). Dabei besteht zwischen der Calciumausscheidung über die Eischale und der Vitamin D-Aufnahme eine lineare Beziehung.

In vitro Knochencalciummobilisierungstest

Einen Tag alten Mäusen wurden subcutan 5 µCi ^{45}Ca injiziert. Nach 5 Tagen wurden die zu untersuchenden Vitamin D-Metabolite verabreicht. 20 Stunden später wurden die Tiere getötet, das Schädeldach entnommen und die Knochen einzeln in ein Zellkulturmedium gegeben (Reynolds und Dingle 1970). Danach wurden sie 45 Stunden inkubiert und das vom Knochen ins Medium freigesetzte ^{45}Ca gemessen.

ERGEBNISSE UND DISKUSSION

Unter den Vitamin D-Analogen sind die Glucoside von Vitamin D-Metaboliten von besonderem Interesse. Diese erst kürzlich synthetisierten Verbindungen (Fürst et al. 1983) zeichnen sich im Gegensatz zu $1,25(OH)_2D_3$ durch ihre Löslichkeit in polaren Lösungsmitteln aus. Ihre antirachitische Aktivität im kurativen Hühnerkükentest ist sehr unterschiedlich. Wie aus Tabelle 1 hervorgeht, besitzen das C(1)-Glucosid und das C(3)-Glucosid von $1,25(OH)_2D_3$ in der verabreichten Konzentration keine Wirksamkeit. Das $1,25(OH)_2D_3$-C(25)-Glucosid hingegen läßt die Gewichtszunahme und das duodenale CaBP, das als Maß für die Calciumabsorption im Darm gilt, in ähnlicher Weise ansteigen wie bei Gabe von $1,25(OH)_2D_3$. Auch im Wachteleischalentest besitzt lediglich das C(25)-Glucosid merkliche Aktivität (Rambeck et al. 1985). Eine mögliche Erklärung für diese so unterschiedliche Wirksamkeit der drei Glucoside von $1,25(OH)_2D_3$ bietet der Befund,

Tab. 1 Antirachitische Wirksamkeit von $1,25(OH)_2D_3$ und seinen 3 Monoglucosiden beim Hühnerküken (n = 15)

Zusatz von 5,2 nMol pro kg Diät	Gew. Zunahme (g/Tag)	CaBP $\bar{x}\pm s$
(neg. Kontrolle)	10.8	0.80±0.18
$1,25(OH)_2D_3$	16.4	3.40±0.30
$1,25(OH)D_3$-C(1)-Gluc	11.4	0.78±0.12
$1,25(OH)_2D_3$-C(3)-Gluc	10.2	0.96±0.17
$1,25(OH)_2D_3$-C(25)-Gluc	16.2	2.36±0.61

daß das C(25)-Glucosid um ein bis zwei Zehnerpotenzen besser an den intestinalen $1,25(OH)_2D_3$-Rezeptor bindet als die beiden anderen Glucoside (Rambeck et al. 1984). Auch bei in vitro Calciumfreisetzung aus Mäuseknochen (Abb. 1) in Zellkulturen ist die Wirksamkeit der drei Glucoside von $1,25(OH)_2D_3$ sehr unterschiedlich. Aus dem Vergleich der Regressionsgeraden sieht man, daß das C(1)-Glucosid praktisch kein Calcium aus dem Knochen freisetzt und das C(3)-Glucosid um eine Zehnerpotenz weniger als das $1,25(OH)_2D_3$-C(25)-Glucosid. Wegen seiner hohen antirachitischen Aktivität und der Löslichkeit in polaren Lösungsmitteln könnte diese Verbindung von therapeutischem Interesse sein.

Die antirachitische Wirkung von fluorierten Derivaten von $1,25(OH)_2D_3$ geht aus Tabelle 2 hervor. Danach ist $24,25'$-F_2-$1,25(OH)_2D_3$ etwa doppelt so wirksam wie

Tab. 2 Antirachitische Wirksamkeit von fluorierten Analogen von $1,25(OH)_2D_3$ beim Hühnerküken (n = 10)

Diätzusatz pro g Futter	CaBP	alk. Phosphatase U/100 ml	% Knochenasche
(neg. Kontrolle)	1,1	541	24,1
1,3 nMol $1,25(OH)_2D_3$	2,4	469	28,2
2,6 nMol "	5,0	405	33,2
5,2 nMol "	10,1	440	35,9
0,65 nMol $24,24$-F_2-$1,25(OH)_2D_3$	3,0	412	29,2
1,3 nMol "	5,4	440	-
2,6 nMol "	9,1	331	34,8

$1,25(OH)_2D_3$. Dies gilt, wie der Parameter CaBP zeigt, sowohl für die Wirkung auf die Calciumabsorption am Darm als auch für die Knochenmineralisation, wie aus dem prozentualen Knochenascheanteil hervorgeht. Mit $24,24'$-F_2-$1,25(OH)_2D_3$ liegt damit eine Verbindung vor, die eine höhere biologische Wirksamkeit als das natürliche Steroidhormon $1,25(OH)_2D_3$ aufweist.

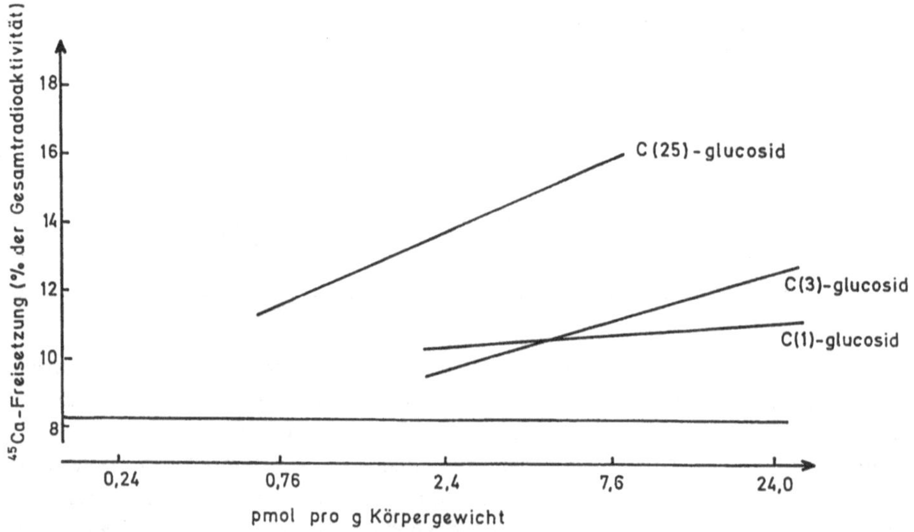

Abb. 1 In vitro Calciumfreisetzung aus Mäuseknochen unter dem Einfluß von $1,25(OH)_2D_3$-Glucosiden

Die Rolle von $24,25(OH)_2D_3$ bei der Calciumhomöostase ist umstritten. Möglicherweise besitzt es, zusammen mit $1,25(OH)_2D_3$, eine Funktion bei der Knochenmineralisation. Bei unseren Untersuchungen am Hühnerküken (Tab. 3) wurde $24,25(OH)_2D_3$ in einer Konzentration eingesetzt, in der es alleine noch kaum Wirkungen zeigt. In Verbindung mit $1,25(OH)_2D_3$ verstärkt es jedoch dessen antirachitische Wirkung, gemessen am Anstieg des CaBP und am Absinken der alkalischen Phosphatase, deutlich. Dieser synergistische Effekt wird auch erkennbar, wenn die antirachitische Wirksamkeit der beiden Metabolite über die Calciumausscheidung im Wachteleischalentest ermittelt wird (Rambeck und Zucker 1985). Möglicherweise erlaubt es dieser synergistische Effekt bei der Therapie renaler Osteopathien, die Konzentration an verabreichtem $1,25(OH)_2D_3$ zu reduzieren und so negative Effekte eher zu vermeiden.

Tab. 3 Synergistischer Effekt von 1,25$(OH)_2D_3$ und 24,25$(OH)_2D_3$ beim rachitischen Hühnerküken (N = 10)

Diätzusatz pro kg Futter	CaBP	alk. Phosphatase U/100 ml
neg. Kontrolle	1,79	541
1,3 nMol 1,25$(OH)_2D_3$	2,39	469
2,6 "	4,95	405
13 nMol 24,25$(OH)_2D_3$	2,04	411
26 "	2,10	475
1,3 nMol 1,25$(OH)_2D_3$+13nMol 24,25$(OH)_2D_3$	4,09	422
2,6 " +13 nMol "	5,61	388
1,3 " +26 nMol "	5,43	370
2,6 " +26 nMol "	6,69	287

Literaturverzeichnis

Henry HL, Norman AW (1984) Vitamin D: Metabolism and biological actions. Ann Rev Nutr 4:493-520

Kruse HP (1985) Behandlung mit Vitamin D, D-Hormonen und synthetischen Analogen. Dtsch med Wschr 110:66-70

Flury W, Haldimann B (1981) Therapie mit Vitamin D und D-Metaboliten. Schweiz med Wschr 111:314-321

Ikekawa N (1983) Synthesis and biological activity of vitamin D_3 analogues. J steroid Biochem 19:907-911

Fürst A, Labler L, Meier W (1983) Synthese von ß-D-Glucopyranosiden einiger hydroxylierter Vitamin D-Verbindungen. Helv Chim Acta 66:2093-2102

Rambeck WA, Weiser H, Meier W, Labler L, Zucker H (1985) Biological activity of the three mono-ß-D-glucopyranosides of 1,25-dihydroxycholecalciferol. Internat J Vit Nutr Res 55:263-267

Zucker H, Gropp J (1968) Vitamin D_3-Bestimmung über die Eischalenbildung bei der japanischen Wachtel. Naturwiss 55:447-455

Reynolds JJ, Dingle JT (1970) A sensitive in vitro method for studying the induction and inhibition of bone resorption. Calc Tiss Res 4:339-349

Rambeck WA, Weiser H, Hennes U, Meier W, Zucker H (1984) Bioactivity of the C(1)-and C(25-ß-D-Glucopyranoside of 1,25$(OH)_2D_3$. Calc Tiss Int 36: Suppl 2,51

Rambeck WA, Zucker H (1985) Synergistic effects of $1,25(OH)_2D_3$ and $24,25(OH)_2D_3$ on duodenal CaBP in rachitic chicks and on eggshell weight in Japanese quails. Biochem Biophys Res Commun 126:799-804

Assessment of 25-Hydroxycalciferol Absorption Kinetics

Vesna Kusec, V. Jovanovic, R. Kusec

Vitamin D is either formed in the skin after UV exposure of its precursors or it is ingested as food (cod liver oil, eggs, milk) or drug. It acts on calcium and bone metabolism after it is transformed to more polar forms. First hydroxylation takes place in the liver forming 25-hydroxycalciferol (25-OH D) and then in the kidney resulting with 1,25-dihydroxycalciferol (1,25-$(OH)_2D$) formation. The metabolites 25-OH D and 1,25-$(OH)_2D$ are nowadays synthesized and serve the purpose of therapy of disorders of bone metabolism. Although extensive investigations are performed in the field of vitamin D metabolism and vitamin D and its metabolites are routinely administered as drugs, the mechanism of the kinetics of 25-OH D absorption is still unknown.

The purpose of this paper is to present an assessment of 25-OH D absorption kinetics which is based on the deconvolution method as applied to data from literature.

MATERIALS AND METHODS

Mathematical theory

The convolution integral represents the response (R/t/) of the linear system during some time-dependent input (i/t/) including W/t/ as a response to a single intravenous dose: $R/t/ = \int_0^t i/x/ \cdot W/t-x/dx$. The concept of the convolution integral is the relation between concentrations in blood after an intravenous and oral administrations of a certain substance i.e. 25-OH D.

Deconvolution analysis is an inverse process when an unknown input is calculated on the basis of known R/t/ and W/t/. It is applied in studies of intestinal absorption when the absorbed dose follows the fate of the intravenously administered dose. Cumulative absorption (I/t/) is another parameter represented with the integral: $I/t/ = \int_0^t I/t/dt$.

Data on 25-OH D administration

Subjects of Stamp 1974 and Haddad and Rojanasathit 1976 were healthy adults who received either a single intravenous dose of 1 mg 25-OH D or a single oral dose of 1.5, 5.0 or 10.0 µg/kg 25-OH D. Serum concentrations of 25-OH D were read from graphs for the two routes of administration.

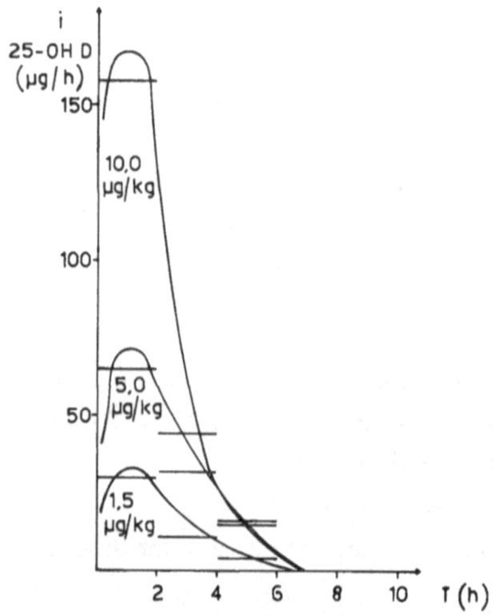

Fig. 1 The abosrption rate i/t/ for three different doses of 25-OH D.

RESULTS

Data processing gave the following results:

- almost all of the 25-OH D absorption is terminated in the first 6 to 8 hours after 25-OH D intake (figs. 1 and 2),

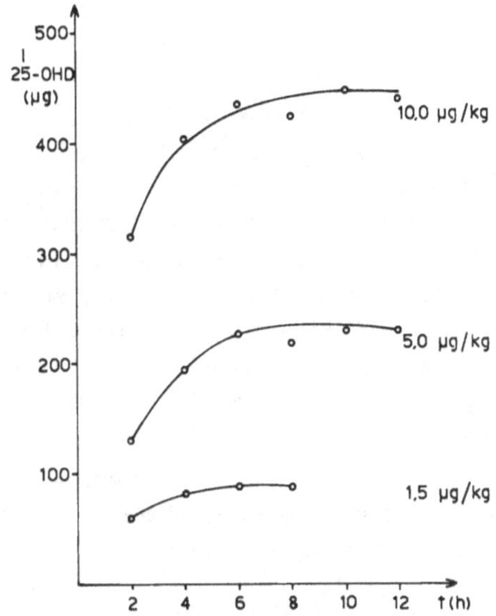

Fig.2 The cumulative absorption I/t/ for the three 25-OH D doses.

- the quantity of the absorbed dose is in positive but not linear correlation with the dose,
- the percentage of the absorbed dose is negatively correlated with the dose and taken in average it figures 62 (fig. 3).

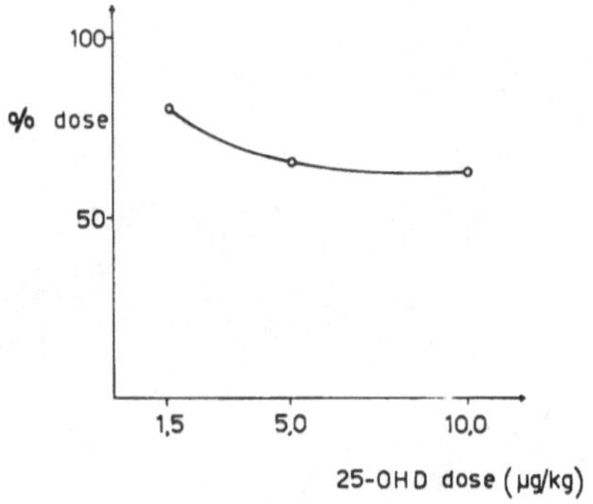

Fig. 3 Percentage of the absorbed dose and 25-OH D dose.

DISCUSSION

The results show that the absorption of 25-OH D lasts 6 to 8 hours and that it probably takes place in the upper parts of the small intestine. After oral administration the absorbed quantity rises with the dose only to a certain degree. This could almost be expected by analogy with most other drugs. When the dose is increased, a greater quantity is absorbed but the percentage of the absorbed dose decreases, namely a small dose has a higher percent absorption than a greater one. The average absorption percentage figures 62 and could be considered fairly high. The information is interesting because application of 25-OH D could be expanded from disorders of bone metabolism to other diseases with vitamin D deficiency.

Literature data on intravenous and oral administration of 25-OH D worked out by the deconvolution method present a reliable basis for further investigations of 25-OH D absorption kinetics not only in adults but also in children.

REFERENCES

Haddad JG, Rojanasathit S (1976) Acute administration of 25-hydroxycholecalciferol in Man. J Clin Endocrinol Metab 42:284-290

Stamp TCB (1974) Intestinal absorption of 25-hydroxycholecalciferol. Lancet II:121-123

Konzentrationsänderungen von 1,25-Dihydroxy-Vitamin D bei einzelnen Stillvorgängen während des Tages

C. Kunz, U. Gerken, H.v. Lilienfeld-Toal, W. Burmeister

Unter den Vitamin D-Sterolen geht von $1{,}25(OH)_2D$ die weitaus größte biologische Aktivität aus. Dieser dihydroxylierte Metabolit wurde mit Proteinbindungsassays in Frauenmilch nachgewiesen (Hollis et al. 1981, Kunz et al. 1984, Weisman et al. 1982). Auch nach 4 Monaten Stillzeit kommt es nicht zu einer Abnahme des $1{,}25(OH)_2D$-Gehalts (Kunz et al.1984).

Da der Transportmechanismus von $1{,}25(OH)_2D$ vom Serum in die Milch noch unklar ist, sind wir der Frage nachgegangen, ob Veränderungen der $1{,}25(OH)_2D$-Werte, wie sie für das Serum im Laufe des Tages beschrieben wurden (Markowitz et al. 1982, Halloran et al. 1984), auch in der Milch auftreten. Wir haben daher mehrere Frauenmilchproben eines Tages auf den Gehalt an $1{,}25(OH)_2D$ hin untersucht, um zu sehen, ob eindeutige Konzentrationsänderungen während des Tages auftreten.

MATERIAL

6 Frauen lieferten 2 x am Tag 30 ml Milch (Pool aus 15 ml Vormilch und 15 ml Nachmilch). Alle Frauen erhielten während der Schwangerschaft 400 IE Vitamin D_2.

Radioaktiv markierte Sterole

^{3}H-Vitamin D_3 (25 Ci/mmol), ^{3}H-25 H (OH) D_3 (81 Ci/mmol), ^{3}H-1,25(OH)$_2$D$_3$ (81 Ci/mmol), (Amersham, Braunschweig)

Standardlösungen

Vitamin D_3 kristallin (Serva, Heidelberg), 25 H (OH) D_3 und 1,25(OH)$_2$D$_3$ kristallin (Hoffman-La Roche, Basel).

METHODE

Vor der Aufarbeitung der Milchproben wurden zunächst als interner Standard zur Bestimmung der Wiederfindungsrate die entsprechenden radioaktiv markierten Substanzen zu 30 ml Milch gegeben. Der im Vergleich zu den Konzentrationen der Vitamin D-Sterole hohe Eiweiß- und Fettgehalt in der Milch erforderte neben einer Extraktion mit Methanol/Dichlormethan (2/1, v/v), eine Methanolbehandlung und eine Essigsäurepräzipitation. Mit Hilfe von Silica-Sep-Pak^R-Kartuschen wurde bereits eine Auftrennung der Probe in die Fraktionen mit Vitamin D, 25 H (OH) D und 1,25(OH)$_2$D erreicht. Zur Entfernung weiterer lipophiler Substanzen, die im Proteinbindungsassay interferieren könnten, wurde bei der Fraktion mit 1,25(OH)$_2$D eine Hochdruckflüssigkeitschromatographie (Laufmittel: n-Hexan/iso-Propanol 88/12, Durchflußzeit 1,5 ml/Min.) durchgeführt. Die Quantifizierung erfolgte schließlich in einem spezifischen Proteinbindungsassay; dabei diente das Cytosol der Darmmukosa gesunder Hühner als Bindungsprotein. Eine genaue Beschreibung der Methode findet sich bei Kunz (1984).

Die Wiederfindungsrate bei den 6 Proben beträgt im Mittel 54%. Die Sensivität des gesamten Systems liegt unter Berücksichtigung der Ausgangsmenge von 30 ml Milch, der Wiederfindungsrate und der Empfindlichkeit des Assays bei 0,6 pg.

Die gemessenen Werte beruhen auf wenigstens einer Doppelbestimmung jeder Probe.

ERGEBNISSE

In Tabelle 1 sind die ermittelten Werte dargestellt.

Tabelle 1: Konzentration von $1,25(OH)_2D$ in Frauenmilch während des Tages im Verlauf der Stillperiode

Nr.	Tage pp	Uhrzeit	$1,25\ (OH)_2D$ (pg/ml)
1	4	21.oo	2,1
	5	8.oo	2,7
2	6	18.oo	2,5
	7	9.oo	1,9
3	31	23.oo	1,6
	32	4.oo	3,0
4	40	20.oo	5,9
	41	5.oo	14,3
5	48	23.oo	11,5
	49	9.oo	8,3
6	120	6.oo	5,5
	120	20.oo	6,1

Die Konzentrationen von $1,25(OH)_2D$ verändern sich bei den einzelnen Stillphasen, jedoch liegen keine eindeutigen Gesetzmäßigkeiten vor. Die ermittelten Werte zeigen außerdem, daß $1,25(OH)_2D$ auch nach längerer Stillzeit (bis 120 Tage post partum) noch in der Milch nachzuweisen sind.

DISKUSSION

$1,25(OH)_2D$, von dem die weitaus größte biologische Aktivität ausgeht, konnte in Frauenmilch von mehreren Arbeitsgruppen nachgewiesen werden (Hollis et al. 1982, Kunz et al. 1984, Weisman et al. 1982). Die Konzentrationen dieses dihydroxylierten Vitamin D-Metaboliten zeigen Unterschiede in Kolostralmilch, transitorischer Milch und reifer Frauenmilch (Kunz et al. 1984).

Die Untersuchung mehrerer Frauenmilchproben eines Tages ergab Konzentrationen von $1,25(OH)_2D$ (1,6 bis 14,3 pg/ml), die in einer Größenordnung der bisher mitgeteilten Werte liegen. Veränderungen der $1,25(OH)_2D$-Werte bei einzelnen Stillphasen eines Tages treten zwar auf, allerdings ist kein eindeutiger Trend festzustellen. Eine Abnahme der $1,25(OH)_2D$-Werte mit zunehmender Stillzeit ist nicht zu erkennen.

Die ermittelten Daten zeigen, daß dem Säugling zu verschiedenen Stillzeiten, auch nach mehrmonatigem Stillen, $1,25(OH)_2D$ mit Frauenmilch angeboten wird. Somit scheint eine ständige Versorgung mit $1,25(OH)_2D$, dem aktivsten der Vitamin D-Metabolite, gewährleistet zu sein. Eine direkte Beeinflussung der intestinalen Calcium- und Phosphatabsorption ist wahrscheinlich, da von $1,25(OH)_2D$ eine lokale Wirkung an der Bürstensaummembran des Intestinums ohne vorhergehende Metabolisierung möglich ist (Slatopolsky et al. 1984).

Literaturverzeichnis

Halloran BP, Portale AA, Castro M, Morris RC, Goldsmith RS (1985) Serum concentratiaon of 1,25-Dihydroxyvitamin D in the human: Diurnal variation. J Clin Endocrinol Metab 60:1104-1110

Hollis BW, Roos BA, Draper HH, Lambert PW (1982) Vitamin D and its metabolites in human and bovine milk. J Nutr 111:1240-1248

Kunz C (1984) Vitamin D, 25-Hydroxy-Vitamin D und 1,25-Dihydroxy-Vitamin D in humaner und boviner Milch sowie in einigen Säuglingsnahrungen. Diss., Landw. Fak. Bonn

Kunz C, Niesen M, Lilienfeld-Toal Hv, Burmeister W (1984) Vitamin D, 25-hydroxy-vitamin D and 1,25-dihydroxy-vitamin D in cow's milk, infant formulas and breast milk during different stages of lactation. Internat. J Vit Nutr Res 54:141-148

Markowitz M, Rosen JF, Laxminarayan S, Smith C, Deluca HF (1982) Periodic oscillations in serum 1,25-dihydroxyvitamin D in humans. In: Norman AW et al. (Eds.) Vitamin D. Chemical, biochemical and clinical endocrinology of calcium metabolism. de Gruyter, Berlin-New York, S.707-709

Slatopolsky E, Weerts C. Thielan J, Horst R, Harter H, Martin KJ (1984). Marked Suppression of secondary hyperparathyroidism by intravenous administration of 1,25-dihydroxycholecalciferol in uremic patients. J Clin Invest 74:2136-2134

Weisman Y, Bawnik JC, Eisenberg J, Spirer Z (1982) Vitamin D-metabolites in human milk. J Pediatr 100:745-748

Verfütterung von Goldhafer (Trisetum flavescens) führt zu vermehrtem 25 (OH)D-Gehalt der Kuhmilch

J. Witte, W.A. Rambeck, G. Dirksen, C. Kunz, H. v. Lilienfeld-Toal

Goldhafer (Trisetum flavescens) ist ein in Höhen von 500-1200 m weitverbreitetes Wiesengras, welches die Ursache für eine seit den sechziger Jahren im österreichischen und bayerischen Alpenvorland beobachtete Verkalkungskrankheit bei Kühen (Enzootische Kalzinose) darstellt (Dirksen et al. 1972).

Rambeck et al. (1979) wiesen in der Trisetum flavescens-Fraktion nach Ätherextraktion und Hochdruckflüssigkeitschromatographie (HPLC) Pyro- und Isopyrocholecalciferol nach, welche auf das Vorhandensein von $VitD_3$ selbst hinweisen. 60-70% des $VitD_3$ im Trisetum flavescens liegen in Esterform vor (Rambeck et al. 1981) mit einer antirachitischen Aktivität von 3000-4000 IE VitD pro Kilogramm Goldhafer. Ebenso konnten Rambeck et al. (1982) im Goldhafer einen zweiten glykosidgebundenen Wirkstoff vom Charakter des $1,25(OH)_2D$ oder $1\text{-}\alpha$-(OH)D nachweisen.

Aus diesen Erkenntnissen über Trisetum flavescens stellten wir uns die Frage, ob die Verfütterung von Goldhafer als potentielle Quelle für eine VitD-Überversorgung Einfluß auf den Gehalt an VitD oder einem seiner Metaboliten in der Milch von Kühen hat, die mit diesem Wiesengras gefüttert wurden.

Untersuchungsmaterial

Wir untersuchten Milchproben von Kühen aus einem selektiven Fütterungsversuch mit und ohne Goldhafer und von kalzinoseverdächtigen Kühen (Dirksen et al. 1981).

Der Fütterungsversuch bestand aus einer Vorperiode (5.5.-10.5.), einer Übergangsperiode (11.5.-17.5.), einer Versuchsperiode (18.5.-5.6.) und einer Nachperiode (6.6.-26.6.).

Versuchstiere waren Kühe der Rasse Deutsche Schwarzbunte, wobei je zwei Kühe (655/673) während der Versuchsperiode mit Goldhafer und Kraftfutter gefüttert wurden. Zwei Kontrolltiere (784/790) wurden mit einfachem Gras und Kraftfutter versorgt.

Die weiteren Milchproben wurden in landwirtschaftlichen Betrieben von Kühen gewonnen, die verdächtig waren, an enzootischer Kalzinose erkrankt zu sein. Die Proben wurden in Anfangsgemelk und Endgemelk unterteilt.

METHODE

Als Grundlage der angewandten Bestimmungsmethode für VitD, 25(OH)D und 1,25$(OH)_2$D wurde das Verfahren nach Lambert et al. (1977) verwendet, welches durch Kunz et al. (1984) für die Messungen von Milchproben modifiziert wurde.

ERGEBNISSE

Als Ergebnisse der Bestimmung des VitD und seiner Metaboliten stellen wir fest, daß sich die VitD-Konzentrationen während der Versuchsdauer der Fütterungsperiode und in der Milch der kalzinoseverdächtigen Kühe quantitativ nicht verändert (Abb. 1).

Bezüglich der 1,25$(OH)_2$D-Konzentrationen ergeben sich vergleichbare Maxima bei den gemessenen Kuhmilchproben wie bei dem 25(OH)D-Metaboliten.

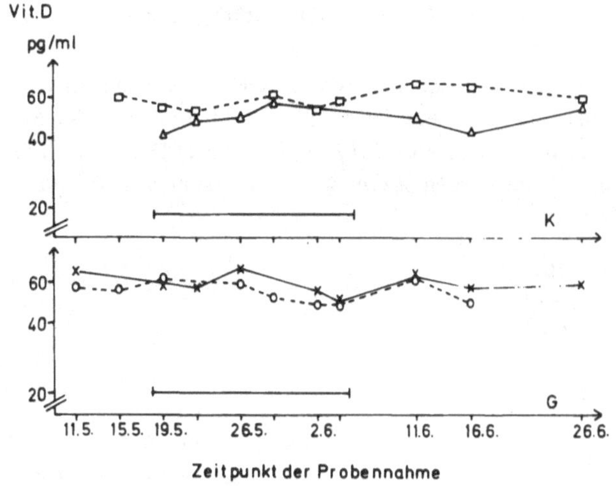

Abb. 1 Darstellung der VitD-Konzentrationen der Milchproben von Kühen aus dem selektiven Fütterungsversuch ohne (oben) und mit (unten) Goldhafer während der Versuchsdauer vom 11.5.81 bis 26.6.81

Sie betrugen für die Versuchstiere Nr. 655 am 2.6.1981 24 pg/ml und für Nr. 673 am 22.5.1981 24 pg/ml und am 4.6.81 22 pg/ml 1,25(OH)$_2$D (Abb. 2).

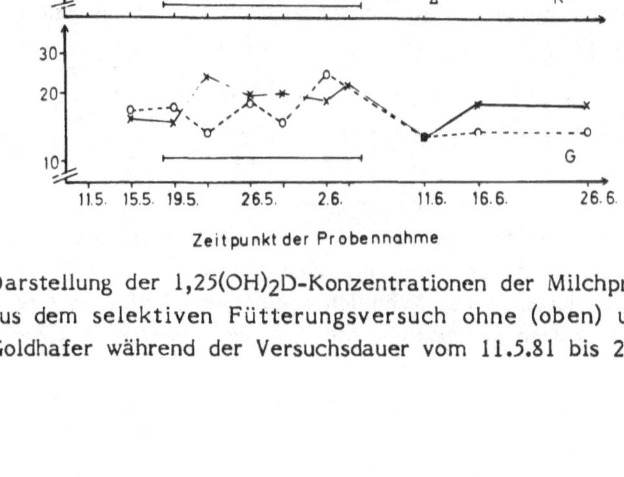

Abb. 2 Darstellung der 1,25(OH)$_2$D-Konzentrationen der Milchproben von Kühen aus dem selektiven Fütterungsversuch ohne (oben) und mit (unten) Goldhafer während der Versuchsdauer vom 11.5.81 bis 26.6.81

In der Milch der kalzinoseverdächtigen Kühe betragen die Werte bis 69,7 pg/ml 1,25$(OH)_2$D.

Deutliche Anstiege ergeben sich bei dem 25(OH)D-Metaboliten der Milchproben der Versuchskühe Nr. 655 am 2.6.81 mit 1311 pg/ml und der Nr. 673 am 22.5.81 mit 1105 pg/ml und am 4.6.81 mit 1167 pg/ml 25(OH)D (Abb. 3). Bei der Milch kalzinoseverdächtiger Kühe liegen diese Werte zwischen 1108 pg/ml und 1311 pg/ml.

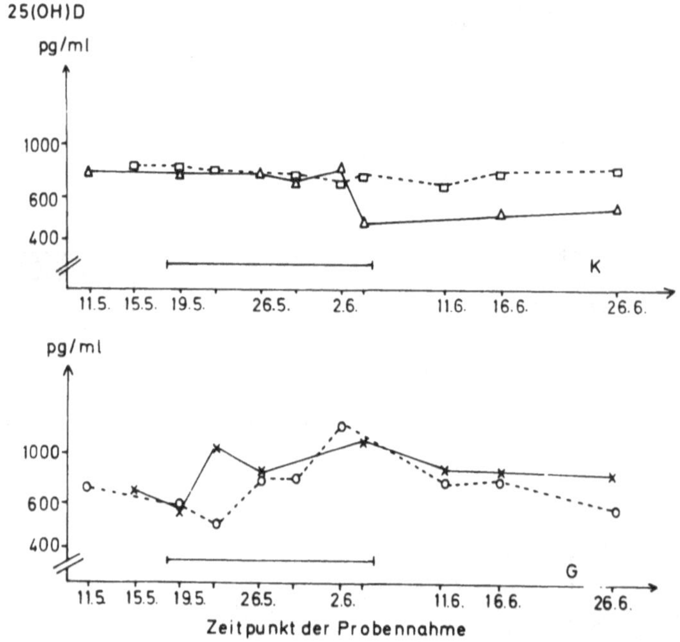

Abb. 3 Darstellung der 25$(OH)_2$D-Konzentrationen der Milchproben von Kühen aus dem selektiven Fütterungsversuch ohne (oben) und mit (unten) Goldhafer während der Versuchsdauer vom 11.5.81 bis 26.6.81

DISKUSSION

Die Meßergebnisse der Milchproben des selektiven Fütterungsversuches und der kalzinoseverdächtigen Kühe stimmen mit den Messungen von Rambeck et al. (1983) überein, bei denen in der Kuhmilch ebenso kein $VitD_3$-Anstieg nach Goldhaferfütterung von Kühen gemessen wurde. Bei den gemessenen 1,25$(OH)_2$D-Konzentrationen ist dagegen die Schwankungsbreite groß (8-20 pg/ml) sowohl bei den Kontrolltieren als auch bei den Tieren unter Goldhafer. Daher sind die beschriebenen Konzentrationsmaxima nicht als Anstiege durch die Fütterung des Goldhafers interpretierbar.

Es ist aber nicht auszuschließen, daß die gemessenen Maxima auf das zweite mögliche Wirkprinzip des Wiesengrases Trisetum flavescens (1-α-(OH)D oder 1,25$(OH)_2D$) zurückzuführen sind. Dies deuten auch Messungen der 1,25$(OH)_2D$-Spiegel in der Milch von kalzinoseverdächtigen Kühen an, welche hohe Konzentrationen im Endgemelk bis zu 69,7 pg/ml aufweisen.

Am bedeutsamsten erscheinen uns jedoch die Ergebnisse der 25(OH)D-Konzentrationen in der Kuhmilch von Kühen des selektiven Fütterungsversuches und der kalzinoseverdächtigen Kühe.

Wie Hollis et al. (1981) berichteten, steigt bei einem Angebot von 4000 IE/d $VitD_3$ lediglich die 25(OH)D-Konzentrationen in der Kuhmilch, während bei einem Angebot von 40000 IE/d $VitD_3$ die 25(OH)D- und VitD-Werte in der Milch ansteigen.

Bei einer Futteraufnahme von weniger als 10 kg/d Goldhafer während der Versuchsperiode und einer Aktivität des Trisetum flavescens von 3000-4000 IE/kg Trockenmasse bedeutet dies eine Zufuhr von weniger als 40000 IE $VitD_3$/d.

Da 60-70% des $VitD_3$ in Trisetum flavescens in veresterter Form vorliegt, welches nach Hollis et al. (1977) nicht im Darm resorbiert werden kann, sinkt wahrscheinlich die zugeführte $VitD_3$-Menge auf Werte weit unter 40000 IE/d.

Diese Ergebnisse von Hollis et al. bestätigen sich in unseren Messungen, da bei Verabreichung von weit weniger als 40000 IE/d $VitD_3$ durch das Wiesengras Trisetum flavescens nur die 25(OH)D-Spiegel ansteigen, während die VitD-Spiegel konstant bleiben. Diese Erhöhung konnte auch durch unsere Untersuchungen bei der Milch von kalzinoseverdächtigen Kühen mit 25(OH)D-Konzentrationen zwischen 1108 und 1311 pg/ml 25(OH)D nachgewiesen werden.

Diese Erhöhung der Konzentrationen des 25(OH)D-Metaboliten in der Kuhmilch bei Fütterung mit Goldhafer ist gering, eine Hypervitaminiserung durch Aufnahme dieser Milch ist daher unwahrscheinlich.

Literaturverzeichnis

Dirksen G, Plank P, Hänich T, Spieß A (1972) Experimentelle Untersuchungen bei Kaninchen mit selektiver Verfütterung von Knaulgras, Goldhafer und einem Gräsergemisch. Dtsch Tierärztl Wschr 80:148-152

Hollis BW, Hibbs JW, Conrad HR (1977) Vitamin D bindung factors in bovine blood. J Dairy Sci 60:1605-1611

Hollis BW, Roos BA, Draper HH, Lambert PW (1981) Vitamin D and its metabolites in human and bovine milk. J Nutr 111:1240-1248

Hollis BW, Roos BA, Lambert PH (1982) Vitamin D compounds in human and bovine milk. Adv Nutr Res 4:55-75

Kunz C, Niesen M, v.Lilienfeld-Toal H, Burmeister W (1984) VitD, 25(OH)D and $1,25(OH)_2D$ in Cow's Milk, Infant Formulas and Breast Milk during Different Stages of Lactation. Internat J Vit Nutr Res 54:141-148

Lambert PW, Syverson BJ, Arnaud CD, Spelsberg TC (1977) Isolation and quantification of endogenous vitamin D and its physiologically important metabolites in human plasma by high pressure liquid chromatography. J Steroid Biochem 8:929-937

Rambeck WA, Wetzel A, Kreutzberg O, Zucker H (1979) Distribution and activity of a Vitamin D_3 compound in trisetum flavescens. In: Basic Research and its Clinical Application. Walter de Gruyter, Berlin New York S. 33-36

Rambeck WA, Kreutzberg O, Bruns-Droste Ch, Zucker H (1981) Vitamin D_3 in the grass Trisetum flavescens. Z Pflanzenphysiol 104:9-16

Rambeck WA, Kreutzberg O, Zucker H (1982) Ruminal fluid increases the Vitamin D activity of trisetum flavescens In: Norman AW et al. (Hrsg) Vitamin D, Chemical, Biochemical and Clinical Endocrinology of Calcium Metabolism, Walter de Gruyter, Berlin New York S.329-331

Rambeck WA, Dirksen G, Meyer J, Hennes U, Zucker H (1983) $VitD_3$ in milk and $VitD_3$-metabolites in serum of cattle after feeding on Trisetum flavescens

Mikrozirkulation und Hämatopoiese bei primärer Osteoporose und seniler Osteopenie

R. Burkhardt, G. Kettner, B. Mallmann, W. Böhm, M. Schmidmeier

Den histologischen oder radiologischen Befund eines ausgedünnten, sonst aber unauffälligen Knochengerüsts bezeichnen wir als Osteopenie. Solange sie die Stabilität des Skeletts nicht beeinträchtigt, tritt sie als Krankheit nicht in Erscheinung. Dem bekannten Krankheitsbild der Osteoporose liegt eine destabilisierte Osteopenie zugrunde. Osteopenie vor dem Senium ist jedenfalls abnorm. Wenn sie zu Beschwerden oder Skelettdeformationen geführt hat, ohne ursächlich aufgeklärt worden zu sein, wird sie in der Klinik als primäre oder idiopathische Osteoporose registriert. Osteopenie im Senium dagegen, histologisch identisch, wird als physiologische Alterserscheinung angesehen. Auch in diesem Fall wissen wir wenig über das Zustandekommen. "Senile" Osteoporose ist das Pendant der "primären" Form. Schon wegen der hohen sozialmedizinischen Bedeutung ist die Frage interessant, ob sich die senile Form vielleicht, durch denselben unbekannten Prozeß hervorgerufen wie die primäre Osteoporose, nur der physiologischen Osteopenie aufpropft, oder ob umgekehrt die primäre Osteoporose nur eine frühzeitige Manifestation der Noxen darstellt, die im Senium fast regelmäßig die Skelettstabilität gefährden. Morphologische oder biochemische Unterschiede sind bisher nicht bekannt, abgesehen von der etwas unterschiedlichen Lokalisation im Stammskelett (1). Noch wenig genutzt ist die Möglichkeit, die Beckenkammbiopsie mit Hilfe der Methacrylat-Semidünnschnitt-Technik zum Vergleich nicht nur des Knochens, sondern auch der Knochenmarks-Strukturen heranzuziehen. Den Anstoß gibt die schon von Pommer (2) mitgeteilte Koinzidenz von Osteoporose und Markatrophie einerseits und unsere Beobachtung von Osteopenie bei primärer Markatrophie in der Beckenkammbiopsie andererseits (3).

Diese reziproke Beziehung des gemeinsamen Schwundes von Knochen- und Markgewebe bei zwei verschiedenen Krankheiten, nämlich der Osteoporose und der aplastischen Anämie, wird in unserer Untersuchung an Biopsien von Kranken mit schwerer Osteopenie bzw. Markatrophie bestätigt 1. durch die Korrelation der histologischen Befunde im Beckenkamm mit den klinischen Diagnosen Osteoporose (n=293) und aplastische Anämie (n=260) und 2. durch die Korrelation (n=293) und aplastische Anämie (n=260) und 3. durch die Korrelation der histologischen Merkmale Osteopenie und Markatrophie in beiden Fällen. Die Repräsentanz der histologischen Befunde am Beckenkamm wird gesichert durch eine eigene histologische Untersuchungsreihe aus drei verschiedenen Regionen des Stamm- und zwei des Extremitäten-Skeletts, an 84 normalen Unfalltoten, die verschiedenen Lebensabschnitten, von der ersten bis zur neunten Dekade, angehörten[1]. Sie zeigen die zeitlebens auf das Stammskelett konzentrierte Parallelentwicklung und -rückbildung von Osteogenese und Hämatopoiese, die in den drei Regionen Beckenkamm, Brustbein und Lendenwirbel gleichsinnig abläuft.

Betrachtet man nun die Zahl der Arterien, Arteriolen, arteriellen Kapillaren und der (venösen) Sinus in Biopsien von entsprechenden Altersgruppen, so erkennt man eine signifikante Verminderung der Marksinus zwischen dem Erwachsenenalter und dem Alter jenseits des 70. Lebensjahres, sowie eine nichtsignifikante Vermehrung der arteriellen Gefäßabschnitte im hohen Alter. Diese Veränderungen korrelieren mit der Zunahme des Markfettgewebes und dem Rückgang von trabekulärem Knochen und Hämatopoiese. Stellt man diesen normalen Gruppen gleich große Kollektive mit primärer Markatrophie bzw. primärer Osteopenie gegenüber, so unterscheiden sich diese von der gleichaltrigen Norm signifikant durch höhere Fett- und niedrigere Knochenvolumina sowie durch niedrigere Marksinus-Zahlen. Bei primärer und seniler Osteopenie finden sich dagegen tendenziell gleiche Veränderungen aller Parameter, wobei lediglich die Fettgewebszunahme und der Bälkchenschwund bei der primären Osteopenie stärker ausgeprägt sind. Die primäre Markatrophie ist vor allen anderen Gruppen außerdem ausgezeichnet durch die Vermehrung der arteriellen Kapillaren, Zeichen einer Verschiebung von der stark venös geprägten Mikrozirkulation des normalen Knochenmarks zur arteriellen Seite, die in geringerem Maß auch in den Normalfällen vom Kindesalter bis zum Greisenalter hin abläuft.

Schon die anatomische Situation legt es nahe, in den venösen Sinus, die den Knochenbälkchen unmittelbar anliegen, die Versorgungsgefäße des trabekulären Knochens zu sehen. Dafür sprechen auch die Neubildung von Knochen jenseits der kindlichen Wachstumszone, die den Sinuskapillaren folgt (4), die zeitlebens enge anatomische Beziehung von Endothelzellen und Osteoblasten (5) und die positive PAS-Reaktion ausschließlich in den Endothelien der sog. "Bälkchensi-

---

[1]Gemeinsam mit Prof. Dr. Eisenmenger und Dr. Gilg, Institut f. Rechtsmedizin der Univ. München

nus" (6); ein vom zentralen Markraum verschiedenes Mikroklima der paratrabekulären Zonen drückt sich außerdem in der Tatsache der überwiegend paratrabekulären Proliferation der gesteigerten Granulozytopoiese sowie bestimmter maligner Lymphome aus. Die getrennte quantitative Erfassung der Bälkchensinus in Beziehung zur spezifischen Knochenoberfläche bei den genannten Gruppen zeigt dieser Annahme entsprechend mit 6,99/100 mm^2/mm^3 den höchsten Wert im Jugendalter (a; n=24; D-Alter 12 Jahre). Der Wert im mittleren Lebensalter (b; n=30; D-Alter 42 Jahre) liegt bei 3,64; für die Markatrophie bei aplastischer Anämie (c; n=30; D-Atler 34 Jahre) beträgt er 3,37; für die senile Osteopenie (d; n=7; D-Alter 78 Jahre) 3,01 und für die primäre Osteoporose (e; n=30; D-Alter 45 Jahre) 1,98. Die Unterschiede zwischen den Gruppen a) : b) und b) : d) sowie d) : a)-d) sind signifikant. Aus diesen Ergebnissen wird auf die gemeinsame Abhängigkeit der Knochen- und Markgewebe von der Mikrozirkulation des trabekulären Knochens und auf eine vaskuläre Teilpathogenese sowohl der senilen als auch der primären Osteoporose geschlossen. Mit fortschreitendem Alter verringert sich der Anteil der Marksinus im ganzen und der paratrabekulären Sinus im besonderen. Bei der primären Osteoporose sind die letzteren am stärksten vermindert. Zur senilen Osteopenie bestehen nur quantitative Unterschiede. Die primäre Markatrophie weist dagegen nur eine geringe Verminderung der Sinuskapillaren auf, während die arterielle Kapillarisierung, im Gegensatz zu allen anderen Gruppen, stark vermehrt ist. Durch weitere Untersuchungen muß geklärt werden, welcher pathogenetische Stellenwert dem Schwund der venösen Knochenmarksinus bei den verschiedenen Formen der Osteoporose zukommt. Unsere Ergebnisse lassen diesbezüglich keinen grundsätzlichen Unterschied zwischen der primären Osteoporose und der senilen Osteopenie erkennen. Es erscheint deshalb als nicht ausgeschlossen, daß ein Defekt der venösen Mikrozirkulation bei der Entstehung von Osteoporose ganz allgemein eine wichtige Rolle spielt.

Literaturverzeichnis

Riggs L, Melton LJ (1983) Evidence for two distinct syndromes of involutional osteoporosis. Editorial. Amer J Med 75:899-901

Pommer G (1925) Über Osteoporose, ihren Ursprung und ihre differentialdiagnostische Bedeutung. Langenbecks Arch Klin Chir 136:1-68

Burkhardt R (1985) Osteoporosis, osteopenia and marrow aplasia. Vortrag Intern. Skel. Society, Refresher Course, Edinburgh

Burkhardt R (1974) Wechselwirkungen zwischen Knochenmark und Knochen. Verh Dt Ges Pathol 58:205-218

Burkhardt R, Bartl R, Frisch B, Jäger K, Mahl G, Hill W, Kettner G (1984) The structural relationship of bone forming and endothelial cells of the bone marrow. In: Arlet J, Ficat RP, Hungerford DS (Hrsg) Bone Circulation, Williams & Wilkins, Baltimore/London, S. 6

III Endokrine und metabolische Osteopathien

Primärer Hyperparathyreoidismus - Notwendigkeit der Früherkennung

P. Olles, A. Reichelt, M.A. Dambacher

Erstmals beschrieben wurden die Skelettveränderungen beim primären Hyperparathyreoidismus durch von Recklinghausen im Jahre 1891. Ohne eine Beziehung zur Nebenschilddrüse zu vermuten, nannte er die Erkrankung Ostitis fibrosa. Unter diesem Begriff wurden alle jene Skeletterkrankungen subsumiert, die eine fibröse Umwandlung des Knochenmarks aufwiesen. Darunter werden heute -wie 1979 von Uehlinger beschrieben - folgende Erkrankungen verstanden: Ostitis deformans Paget, Osteodystrophia fibrosa generalisata (primärer und sekundärer HPT) und die fibröse Dysplasie. Noch bis zur Freiburger Tagung der Pathologischen Gesellschaft im Jahre 1926 (Christeller 1926) hielt sich die "unitarische Auffassung" (Uehlinger 1979) von der Ostitis fibrosa. Noch im gleichen Jahr konnte Mandl durch Exstirpation eines Nebenschilddrüsenadenoms die Heilung einer bestehenden Knochenveränderung erreichen. Die folgenden Jahre brachten die gänzliche Demaskierung des Krankheitsbildes. 1934 beschrieb Albright die Nephrolithiasis als ein typisches Symptom beim primären HPT, 1947 kamen durch Rogers das Ulcus pepticum, 1957 durch Cope die Pankreatitis, und erst 1963 die Gelenksymptome durch Bywaters hinzu.

Ätiologie und Häufigkeit

Ein primärer Hyperparathyreoidismus ist bedingt durch eine erhöhte Sekretion von Parathormon, ohne daß dafür ein physiologischer Stimulus erkennbar wäre. Zugrunde liegen diesem primären HPT ein oder mehrere Adenome, eine Hyperplasie aller Epithelkörperchen oder die Kombination von Hyperplasie und Adenom. In seltenen Fällen läßt sich auch ein Epithelkörperchenkarzinom finden. Die Krankheitshäufigkeit wird in der Literatur sehr unterschiedlich angegeben. Aufgrund besserer Kenntnisse des Krankheitsbildes durch den Parathormon-Radioimmunassay sowie durch routinemäßig durchgeführte Autoanalyser-Untersuchungen des Serumkalziums wird der primäre HPT seit einigen Jahren früher und häufiger diagnostiziert. Die Zahlen schwanken deshalb verständlicherweise zwischen 1 : 100.000 bis 1 : 1000. Der primäre Hyperparathyreoidismus findet sich häufiger bei Frauen als bei Männern. Das Verhältnis wird allgemein mit 2 : 1 bis 3 : 1 Frauen gegenüber Männern angegeben (Dambacher 1982). Durch die inzwischen häufigere Frühdiagnose hat die ausgeprägte Skelettmanifestation in Form der Ostitis fibrosa generalisata in den letzten Jahren abgenommen.

Leitsymptom - Hyperkalzämie

Nichtsdestoweniger werden auch heute leider immer noch Fälle beobachtet, die eine Verlaufsdauer vom ersten Auftreten eines Symptoms bis zur Parathyreoidektomie von mehr als 10 Jahren aufweisen. Die Diagnose wird wohl auch gerade deshalb öfters recht spät gestellt, weil selbst ausgeprägteste Fälle von pHPT im Gegensatz zu vielen anderen endokrinen Krankheiten wie Morbus Basedow, Morbus Cushing, Acromegalie kein charakteristisches Erscheinungsbild zeigen. Die Vielfalt der klinischen Erscheinungsformen müssen einem gegenwärtig sein, um im Einzelfall die Diagnose überhaupt in Betracht ziehen zu können. Wenn heute noch fortgeschrittene Fälle in klinische Beobachtung kommen, so zeigt das, daß der primäre HPT häufiger differentialdiagnostisch in Erwägung gezogen werden sollte. Der für die Diagnose wichtigste Befund ist die Hyperkalzämie.

Differentialdiagnose

Steht diese fest, so müssen u.a. folgende Krankheiten diskutiert werden: Malignome mit oder ohne Metastasen, primärer oder tertiärer, d.h. autonom gewordener sekundärer HPT, Östrogentherapie bei Mammakarzinom, Vitamin D- oder Vitamin A-Intoxikation, Immobilisation und andere mehr.

Sicherung der Diagnose

Den zuverlässigsten Parameter zur Sicherung eines primären HPT stellt das radioimmunologisch zu bestimmende Parathormon dar. Das intakte PTH ist ein Polypeptidhormon aus 84 Aminosäuren, welches nur in geringen Mengen im Blut nachweisbar ist. Im Blut findet man vor allem mitt-(44-68) oder C-(65-84) terminale Fragmente. Zur exakten Diagnose ist deshalb das C- oder M-Assay besonders geeignet. Das M-Assay, welches u.a. von uns eingesetzt wird, liefert weniger falsch negative Resultate (Kübler et al. 1984).

Kasuistik

Exemplarisch sei im folgenden über eine 48-jährige Frau berichtet, bei der schon 1973 ein Nierenstein festgestellt und im gleichen Jahr mit der Schlinge entfernt wurde. Die Patientin suchte wegen rechtsseitiger Hüftgelenksbeschwerden mehrfach den Hausarzt und später einen Orthopäden auf, von dem zunächst der Verdacht auf ein Malignom geäußert wurde. Vom Hausarzt erfolgte dann im April 1983 die stationäre Einweisung mit der Bitte um Abklärung und gegebenenfalls Auffüllung der Osteolysen.

Bei der Eingangsröntgendiagnostik fiel neben Nierenkelchsteinen ein eher seltenes radiologisches Symptom beim primären HPT auf, die Acroosteolyse des lateralen Claviculaendes (Abb. 1). Anfang Mai 1983 wurde dann die korrekte Diagnose eines pHPT gestellt und ein 9 g schweres Epithelkörperchenadenom entfernt. Die anderen Epithelkörperchen waren makroskopisch unauffällig und wurden belassen.

Die Laborparameter (Plasmakalzium, Parathormon, alkalische Phosphatase und Hydroxyprolin im Harn) normalisierten sich postoperativ innerhalb von ca. 2 Monaten (Abb. 2). Dabei fand sich eine besonders enge Korrelation zwischen dem Rückgang der Hydroxyprolinausscheidung im Urin und der alkalischen Serumphosphatase.

Die röntgenologischen Skelettveränderungen benötigen erfahrungsgemäß eine längere Zeit, um eine auf dem Nativröntgenbild erkennbare beginnende Restitution festzustellen. Die feinporige Zeichnung der Schädelkalotte mit Auflösung der Lamina interna und externa (die sogenannte granuläre Atrophie) restituierte sich fast gänzlich nach Adenomentfernung. Dies manifestierte sich ebenfalls in der Knochenszintigraphie mit Technetium 99, wo nach Adenomentfernung eine deutliche Abnahme der Anreicherung festzustellen war.

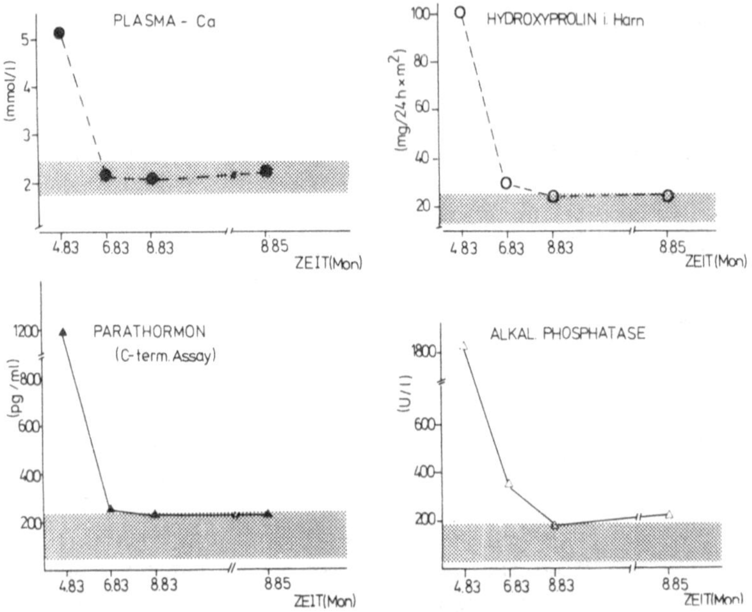

Abb. 1 Laborparameter vor/nach Adenomentfernung bei pHPT.

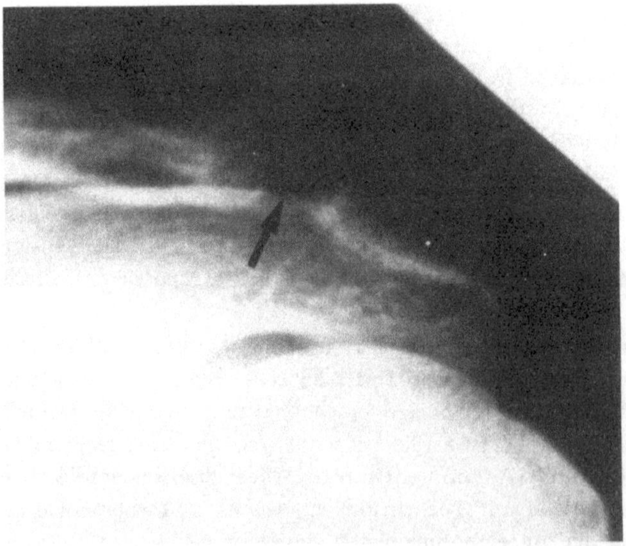

Abb. 2 Akroosteolyse des AC-Gelenkes

Auch peripher kam es über 2 Jahre nach Adenomentfernung zu einer deutlichen Befundbesserung, erkennbar an dem Verschwinden der subperiostalen Resorption und der Acroosteolysen an den Fingerknochen (Abb. 3). Auch die großen Osteolysen im metaphysären Bereich der Oberschenkel wiesen eine ausgeprägte Rückbildung auf (Abb. 4). eine Auffüllung mit Spongiosa wurde somit erfreulicherweise überflüssig. Die Patientin fühlt sich subjektiv wieder wohl und klagt nur noch über diskrete belastungsabhängige Schmerzen.

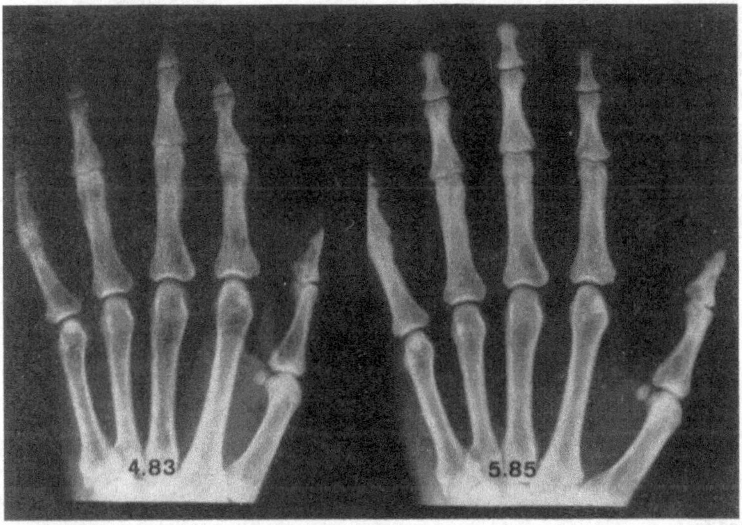

Abb. 3 Verschwinden der Akroosteolysen und subperiostalen Resorption 28 Monate nach Adenomentfernung

Zusammenfassung

Zusammenfassend ist festzustellen, daß bei Hyperkalzämie in Kombination mit einer Nephrolithiasis in der Anamnese immer an einen primären HPT gedacht und dieser mittels der radioimmunologischen Bestimmung des Parathormons abgeklärt werden muß. Wenngleich heute die klassischen radiologischen Veränderungen (subperiostale Usuren, Zysten) nur noch in 11% der Fälle vorkommen, so darf die Skelettbeteiligung beim primären Hyperparathyreodismus doch nicht außer acht gelassen werden.

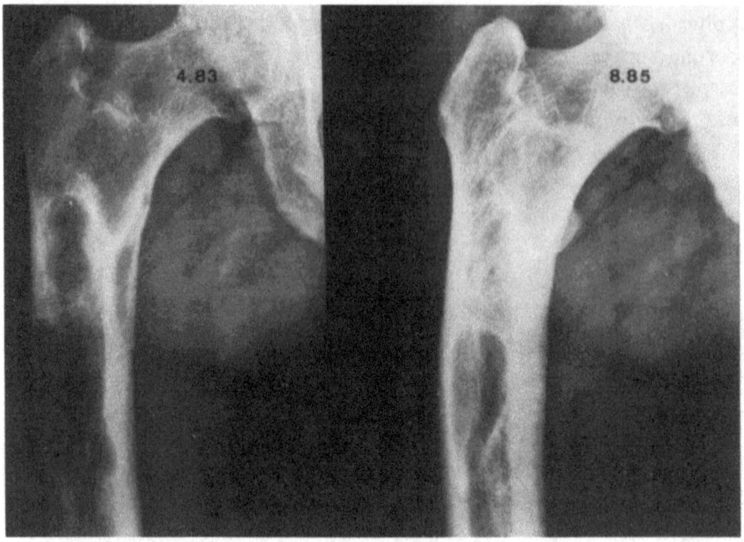

Abb. 4 Verkleinerung der großen Osteolysen 28 Monate nach Adenomentfernung

Literaturverzeichnis

Albright F, Baird PC, Cope O, Bloomberg E (1934) Studies on physiology of parathyroid glands. IV. Renal complications of hyperparathyroidism. Amer J med Sci 187:49-65

Bywaters EG, Dixon AS, Scott JT (1963) Joint lesions of hyperparathyroidism. Ann rheum Dis 22:17

Cope O, Culver PJ, Mixter CG, Nardi GL (1957) Pankreatitis, diagnostic clue to hyperparathyroidism. Ann Surg 145:857-863

Christeller E (1926) Referat über die Osteodystrophia fibrosa. Verh dtsch Ges Path 21:7-48

Dambacher MA (1982) Praktische Osteologie. Blaue Thieme-Reihe Stuttgart

Kübler N, Krause U, Rothmund M, Wagner PK (1984) Diagnosis of primary hyperparathyroidism using PTH-antibodies with different specifity. Acta endocrinologica Suppl 264

Mandl F (1926) Therapeutischer Versuch bei einem Fall von Ostitis fibrosa generalisata mittels Extirpation eines Epithelkörperchentumors. Zbl Chir 53:260-264

Rogers HM, Keating FR, Morlock CG, Barker NW (1947) Primary hypertrophy and hyperplasia of parathyroid glands associated with duodenal ulcer: Report of an additional case, with special reference to metabolic, gastrointestinal and vascular manifestations. Arch intern Med 79:307-321

Uehlinger E (1979) Ostitis deformans Paget. In: Lehrbuch der Röntgendiagnostik Bd II/1 6. Aufl Thieme Stuttgart:983-1018

Aluminium und Deferoxamin in Diagnostik und Therapie der chronischen Aluminium-Intoxikation

G. Warneke, Beate Kraft, F. Scheler

In der Medizin und dort besonders in den Bereichen der Nephrologie, Osteologie und Endokrinologie haben Spurenelementanalysen in den letzten Jahren stark an Bedeutung gewonnen. Automation, verbesserte Aufschluß- und Trennungsverfahren haben den Einsatz verschiedener Methoden im klinisch-chemischen Labor möglich gemacht. Unter zahlreichen Spurenelementen, welche heute in Körperflüssigkeiten und -geweben nachweisbar sind, gilt dem Aluminium unser besonderes Interesse, da gerade dieses Element wohl den wichtigsten pathogenetischen Faktor bei Dialyse-Enzephalopathie (Alfrey et al. 1976) sowie renaler Osteopathie (Parsons et al. 1971, Cournot-Witmer 1984) und Anämie (McGonigle und Parsons 1985) darstellt. Je nach Art des zu analysierenden Materials und der jeweiligen Fragestellung werden verschiedene Nachweismethoden verwendet.

Methoden zur Al-Bestimmung

Eine histochemische und eher qualitative Methode ist die Aluminon-Anfärbung von Gewebepräparaten. Hiermit kann man zum Beispiel im Knochen Al-Ablagerungen ab dem 10-fachen der Norm nachweisen. Drei weitere zur Bestimmung der topochemischen Verteilung von Spurenelementen verwendete semiquantitative Analysentechniken sind die Laser-Mikrosonden-Massen-Analyse (Lamma), Sekundär-Ionen-Massen-Spektrometrie (Sims) sowie die wesentlich weniger empfindliche Röntgen-Mikroanalyse.

Quantitative Methoden zur Bestimmung von Spurenelementkonzentrationen sind die Neutronen-Aktivierungs-Analyse (NAA), die Atom-Emissions-Spektrometrie (AES) sowie die Atom-Absorptions-Spektrometrie (AAS). Da die NAA an einen Reaktor gebunden ist, dürfte sie wohl in den wenigsten Fällen Anwendung finden, AES sowie AAS stehen dagegen in den meisten Laboratorien zur Verfügung. Grundsätzlich sind zum Nachweis von Aluminium alle Varianten der AES und AAS gleich gut geeignet, allein Verfügbarkeit sowie erwartete Al-Konzentrationen der Proben geben einem bestimmten Verfahren den Vorzug. Die für Multielementanalysen hervorragend einsetzbare "Inductively Coupled Plasma"-AES, bei welcher Probenvolumina in ein etwa 8000 bis 9000 Grad Celsius heißes Argonplasma injiziert und elementspezifische Emissionslinien gemessen werden, ist ebenso wie die Flammen-AES und Flammen-AAS wegen ihrer relativen Unempfindlichkeit für Al-Bestimmungen in Körperflüssigkeiten und -geweben aber weniger geeignet, da die Normalwerte meist unterhalb der jeweiligen Nachweisgrenze (z.B. Al im Serum unter 8 µg/l) liegen. Augenblicklich finden diese Verfahren noch Anwendung bei Analysen wässriger Lösungen (z.B. Dialysewasser, Substitutionslösungen für Hämofiltration), neue Arzneimittelrichtlinien, welche die Obergrenze der Al-Konzentrationen in solchen Lösungen auf 10 µg/l festsetzen, machen jedoch auch in diesen Bereichen die Anwendung der Graphitrohrofen-AES bzw. - AAS erforderlich. Gerade die AAS mit Zeeman-Untergrundkompensation anstelle von Deuterium- oder Halogen-Untergrundkompensation und unter STPF-Bedingungen (d.h. mit einem Ofen im thermischen Gleichgewicht) gilt augenblicklich als das nachweisstärkste Verfahren zur Al-Bestimmung (Fuchs et al. 1983, Fleischer und Schaller 1984).

Aluminium-Konzentrationen im Serum von Dialysepatienten

Im Jahr 1984 bestimmten wir mit dieser Analysentechnik in unserem Spurenelemente-Labor Al-Serumkonzentrationen von 1169 Patienten aus 24 Dialysezentren: 82,2% (961) lagen unter 100 µg Al/l, 15,6% (182) zwischen 100 und 200 µg Al/l und 2,2% (26) über 200 µg Al/l. Bei 14 von diesen 26 Patienten mit Al-Serumkonzentrationen über 200 µg/l wurde zwischenzeitlich ein Deferoxamin-Infusions-Test (DFO-Test, Milliner et al. 1984) durchgeführt; der Konzentrationsanstieg 48 Stunden nach Gabe von 0,5 - 1 g Deferoxamin (DFO) betrug jeweils mehr als 200 µg Al/l. Auch die bei 11 Patienten durchgeführten Beckenkammbiopsien ergaben einen positiven Al-Nachweis. Wir geben beim DFO-Test nicht wie Milliner 2 g DFO, da diese Menge eine häufig zum Ende der Dialyse bestehende Hypotension oft erheblich verstärkt. Eine zusätzliche Al-Belastung durch das in Glasampullen abgepackte DFO erscheint uns jedoch im Gegensatz zu Berichten auf dem letzten EDTA-Kongreß in Brüssel eher unwahrscheinlich, da 20 Analysen verschiedener Chargen nur $1,9 \pm 5,5$ µg Al pro 1 g DFO ergaben.

Diagnostische Hinweise für eine Al-Intoxikation

Neben einer erhöhten Al-Serumkonzentration über 105 µg/l geben weitere laborchemische Parameter sowie klinische Symptome wertvolle Hinweise bei der Diagnostik einer chronischen Al-Intoxikation. Das Auftreten oder die Zunahme einer meistens hypochromen mikrozytären Anämie ohne Vorliegen eines Eisenmangels, Allgemeinsymptome wie Abgeschlagenheit, Gelenk-, Muskel-, Skelettschmerzen, Knochenfrakturen ohne adäquates Trauma sowie neurologische und psychische Symptome wie Sprachstörungen, Verwirrtheitszustände, Demenz, Krämpfe und EEG-Veränderungen deuten auf eine Aluminiumüberladung des Organismus hin. Ein positiver DFO-Test mit einem Al-Konzentrationsanstieg über 200 µg/l und Al-Abelagerungen vorwiegend im Bereich von Mineralisationsfronten und Kittlinien des Knochens stützen die Diagnose.

Behandlung einer chronischen Aluminium-Intoxikation

Ist eine Al-Intoxikation diagnostiziert, sollten sofort alle Al-haltigen Phosphatbinder abgesetzt oder durch solche auf Kalzium- oder Magnesiumbasis ersetzt werden. Eine intensive diätetische Beratung und ein Anhalten zu phosphatarmer Ernährung sowie Hämodialyse mit durch Umkehrosmose aufbereitetem Dialysewasser oder Hämofiltration sind Grundlagen jeder erfolgreichen Behandlung. Die besten Ergebnisse auf längere Sicht bringen natürlich eine DFO-Behandlung und eine gelungene Nierentransplantation.

Bei einer 34-jährigen niereninsuffizienten Patientin mit perimembranöser Glomerulonephritis, renoparenchymatöser Hypertonie und sekundärem Hyperparathyreoidismus, welche über 79 Monate mit Hämodialysen behandelt wurde, zeigten sich in zwei Beckenkammbiopsien Al-Ablagerungen. Eine ausgeprägte Anämie machte zuletzt alle zwei Monate eine Transfusion von Erythrozytenkonzentraten erforderlich. Die in regelmäßigen Abständen durchgeführten Bestimmungen der Al-Konzentration im Dialysewasser lagen mit $17,5 \pm 8$ µg/l nicht sehr hoch, die Patientin hatte jedoch in den letzten 7 Jahren täglich zwischen 9 und 21 Tabletten eines Al-haltigen Phosphatbinders eingenommen. Ein DFO-Test mit 0,5 g DFO am Ende einer Dialyse ergab einen Anstieg der Al-Konzentration im Serum um 259 µg/l. Daraufhin begannen wir eine Behandlung mit DFO.

Ergebnisse der Deferoxamin-Therapie

Schon innerhalb der ersten Wochen der Behandlung mit 1 g DFO am Ende jeder Dialyse bzw. Hämofiltration besserte sich das Allgemeinbefinden der Patientin deutlich, Hämoglobin- und Hämatokrit-Werte stiegen an und auch die Eisenüberladung aufgrund häufiger Transfusionen wurde behoben, da Deferoxamin mit Eisen einen gut dialysier- und filtrierbaren Komplex mit einer Stabilitätskonstante von 10^{31} bildet (Tabelle 1).

Verlauf der renalen (Al-induzierten) Anämie unter Deferoxamin-Therapie
K.U., 34 J., ♀, 79 Mon. HD/HF

Parameter	vor DFO n = 35	1. Monat DFO n = 3	5. Monat DFO n = 4
Hb (12-16 g/dl)	5,9 ± 0,8	6,9 ± 0,4	9,4 ± 0,5
Hkt (37-47 %)	18 ± 3	20 ± 2	28 ± 2
Ery (4,2-5,4 Mio/µl)	2,22 ± 0,33	2,24 ± 0,21	2,94 ± 0,25
MCV (85-95 µm³)	83 ± 5	92 ± 4	95 ± 5
MCH (28-32 pg)	26,3 ± 1,7	31 ± 2,2	31,8 ± 1,8
Fe (40-165 µg/dl)	91 ± 24	114 ± 13	168 ± 91
Transferrin (200-400 mg/dl)	332	299 ± 29	322 ± 26
Ferritin (15-270 ng/ml)	484 ± 158	386 ± 54	305 ± 96

Ein maximaler Anstieg der Al-Serumkonzentrationen auf über 400 µg/l ging unter DFO-Therapie auf mittlerweile 150 µg/l zurück; die innerhalb von 5 Monaten eliminierte Menge betrug 0,14 g Aluminium (Abbildung 1). Selbst Anstiege der Al-Serumspiegel bei anderen Patienten unter DFO-Behandlung auf mehr als 1100 µg/l zeigten keine Verschlimmerung der Symptomatik, was offensichtlich auf die komplexe Bindung des Aluminiums an das Deferoxamin zurückzuführen ist; die Stabilitätskonstante des DFO-Al-Komplexes beträgt 10^{23}. Deutliche Unterschiede in der Al-Elimination zwischen einer Hämofiltration über eine Zellulosetriacetat-Membran und einer Hämodialyse mit einer Polyacrylnitril-"high-flux"-Membran AN-69-S waren bei dieser Patientin nicht festzustellen.

Deferoxamin-Therapie bei Aluminium-induzierter Osteopathie

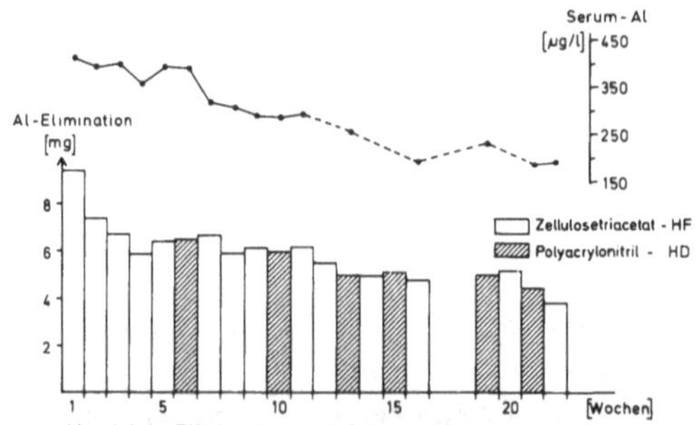

Aluminium-Elimination und Serum-Aluminium-Spiegel unter Deferoxamin-Behandlung (1g DFO ED)

Maßnahmen zur Vermeidung einer Al-Intoxikation

Zur Prophylaxe einer Al-Intoxikation gehört in erster Linie eine intensive diätetische Beratung und ein Anhalten der Patienten zu phosphatarmer Ernährung. Al-haltige Phosphatbinder sollten möglichst durch solche auf Kalzium- oder Magnesiumbasis ersetzt werden. Eine dritte wichtige Maßnahme sind regelmäßige Kontrollen der Al-Konzentrationen in Dialysewasser (1x/Monat), Dialysekonzentraten (1x/Charge), Substitutionslösungen für die Hämofiltration (1x/Charge) und im Serum der Patienten (4x/Jahr und mehr bei Aluminiumkonzentrationen über 150 µg/l) mittels Graphitrohrofen-Atomabsorptionsspektrometrie.

Literaturverzeichnis

Alfrey AC, LeGendre GR, Kaehny WD (1976) The dialysis encephalopathy syndrome. Possible aluminium intoxication. N Engl J Med 294:184-188

Cournot-Witmer G (1984) Aluminium Osteopathy. Contr Nephrol 38: 59-64

Fleischer M, Schaller KH (1984) Analytisch zuverlässige Bestimmung von Aluminium in Serum und Plasma mit dem Graphitrohrofen. In: Welz B (Hrsg.) Fortschritte in der atomspektrometrischen Spurenanalytik. Verlag Chemie, Weinheim, S.297-307

Fuchs C, Armstrong VW, Hein H, Kraft B (1983) Probleme der Messung und Beurteilung von Spurenelementen in Körperflüssigkeiten. In: Schulz W (Hrsg) Spurenelemente in der Nephrologie. Dustri Verlag, München-Deisenhofen, S. 12-26

McGonigle PJS, Parsons V (1985) Aluminium-Induced Anaemia in Haemodialysis Patients. Nephrom 39,1:1-9

Milliner DS, Nebeker HG, Ott SM, Andress DL, Sherrard DJ, Alfrey AC, Slatopolsky EA, Coburn JW (1984) Use of the Deferoxamine Infusion Test in the Diagnosis of Aluminum-Related Osteodystrophy. Ann intern Med 101:775-780

Parsons V, Davies C, Goode C (1971) Aluminium in bone from patients with renal failure. Br Med J iv:273-275

Langzeitveränderungen am Knochen urämischer Ratten

N. Gretz, E. Meisinger, E. Wetzel, M. Strauch

Bisher liegen nur spärliche Daten über den Langzeitverlauf der renalen Osteopathie bei urämischen Ratten vor (Laouari et al. 1982, Laouari et al. 1983, Mehls et al. 1977, Mehls et al. 1978, Mehls und Ritz 1983). Die wichtigste Ursache hierfür dürfte sein, daß die meisten Tierexperimente eine zeitlich limitierte Laufzeit haben. Daraus resultiert nur bedingt eine Aussagefähigkeit über den Langzeitverlauf der renalen Osteopathie.

Wir beobachteten den Langzeitverlauf der Nierenfunktion und der Knochenveränderungen bei insgesamt 70 5/6 nephrektomierten Sprague-Dawley Ratten. Der Verlauf wird beispielhaft anhand der Daten einiger ausgewählter Ratten dargestellt.

5/6 Nephrektomie

Bei 5/6 nephrektomierten Ratten kommt es im Laufe der Zeit zu einer terminalen Niereninsuffizienz. Diese wird verursacht durch eine zunehmende Generalosklerose und interstitielle Fibrose der verbleibenden Restniere. Ursache dieser pathologisch-anatomischen Veränderungen sind die "Hyperfiltration" der Restnephrone und die damit verbundenen Schäden.

Die 5/6 Nephrektomie wird üblicherweise nach dem Verfahren von Platt (Platt et al. 1952) und Morrison (Morrison 1966) durchgeführt: In einer ersten Operation werden die beiden Pole der linken Niere entfernt, was einer 2/3 Resektion entspricht. Zwei Wochen später folgt dieser Operation eine Nephrektomie der rechten Niere.

Verlaufsdaten für Nierenfunktion und Knochenstoffwechsel

Eine Analyse der Literatur (Gretz et al., im Druck) zeigt jedoch eindeutig, daß dieses Verfahren nur bedingt einen standardisierten Nierenschaden setzt. Offensichtlich können die Verlaufsdaten nur sinnvoll ausgewertet werden, indem man die Daten bezüglich der Nierenfunktion standardisiert. In Abb. 1 sind die Serum-

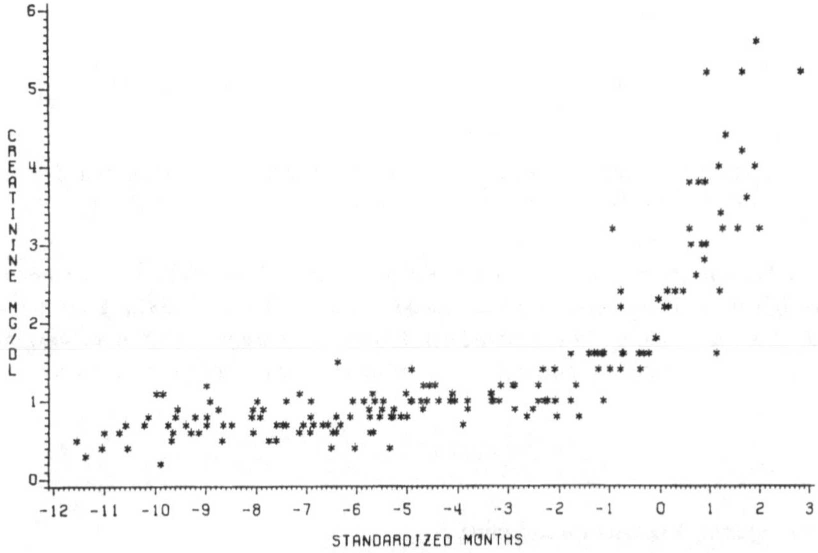

Abb. 1 Standardisierter Serum-Kreatininverlauf. Die Daten wurden auf ein Serum-Kreatinin von 2 mg/dl bezogen.

Kreatininverläufe von zehn Ratten so dargestellt, da sämtliche Kurven bei einem Kreatininwert von 2 mg/dl ihren zeitlichen Nullpunkt haben (Gretz und Strauch 1984). Diese Standardisierung der Nierenfunktion ergibt einen homogenen Anstieg der Retentionswerte. Die Richtigkeit dieses Vorgehens zeigt auch Abb. 2. Hier werden die Serum-Phosphatverläufe von vier Ratten dargestellt, nachdem der zeitliche Nullpunkt auch für diesen Parameter wie beschrieben definiert worden

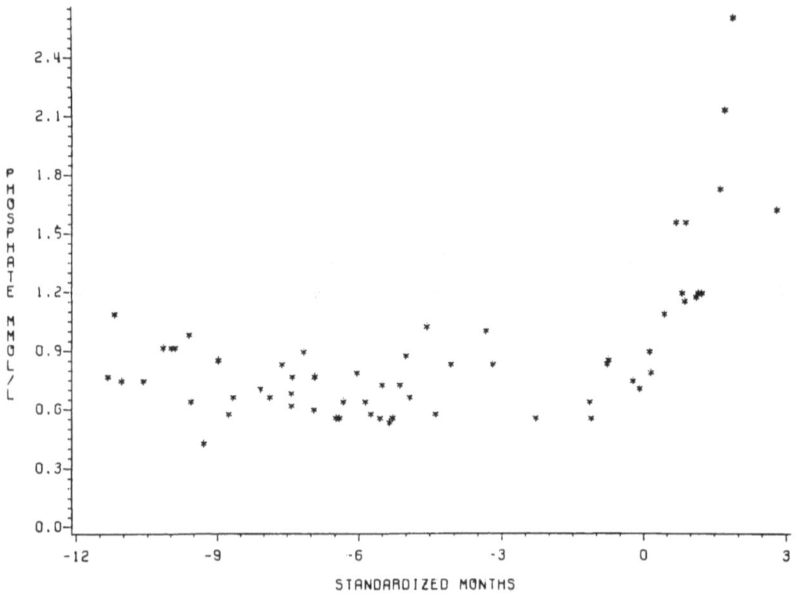

Abb. 2 Standardisierter Serum-Phosphatverlauf. Die Daten wurden auf ein Serum-Kreatinin von 2 mg/dl bezogen.

war. Offensichtlich besteht dann für das Serum-Phosphat ein sehr homogener Verlauf, wie er bisher beschrieben wurde (Laouari et al. 1982, Laouari et al. 1983). Bei Anwendung dieses Standardisierungsverfahrens erhält man vergleichbar homogene Verlaufsdaten, auch für das Serum-Kalzium und die alkalische Phosphatase.

Morphologische Knochenveränderungen

Die durch die Operationstechnik bedingte Variabilität des Nierenschadens und die damit verbundene fehlende Standardisierung der Funktionsparameter wie Serum-Kreatinin, Serum-Phosphat, Serum-Kalzium usw. kann man wie oben beschrieben korrigieren. Bei den morphologischen Veränderungen am Knochen scheint dies jedoch schwieriger zu sein. Abb. 3a zeigt das Röntgenbild eines normalen Femurs einer Ratte. Als Beispiel für das Vollbild einer renalen Osteopathie ist in Abb. 3b der Femur einer gleichaltrigen urämischen Ratte abgebildet. Diese Ratte war

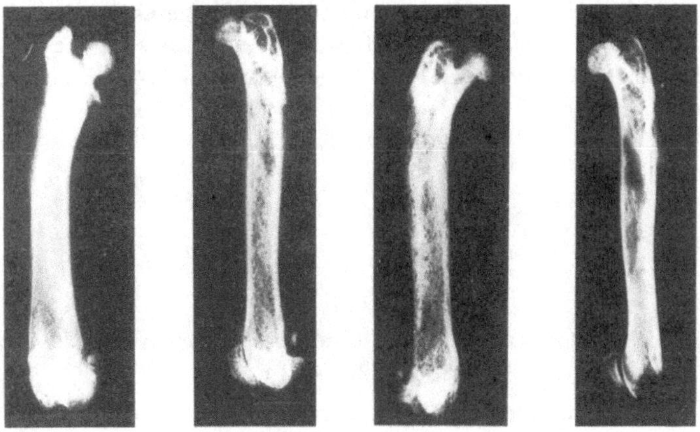

Abb. 3 Femur-Röntgenbilder von 4 Ratten
a) Femur ohne morphologische Veränderungen
b) und c) unterschiedliche Ausprägung der renalen Osteopathie bei gleichem Funktionszustand (Serum-Kreatinin 5 mg/dl) und gleicher Beobachtungszeit (1 Jahr).
d) renale Osteopathie nach einer Beobachtungsdauer von 1 Jahr bei gut erhaltener Nierenfunktion (Serum-Kreatinin < 1 mg/dl).

ein Jahr zuvor 5/6 nephrektomiert worden, und wies am Tag der Knochenentnahme ein Serum-Kreatinin von 5 mg/dl auf. Das Problem der fehlenden Standardisierbarkeit der morphologischen Veränderungen nach 5/6 Nephrektomie wird in Abb. 3c und d deutlich. Beide Femura wurden ein Jahr nach 5/6 Nephrektomie entnommen. Während man in Abb. 3c das Vollbild der renalen Osteopathie erkennen kann, findet man in Abb. 3d nur mäßiggradig ausgeprägte Veränderungen vor. Ein Femur (Abb. 3c) stammt von einer Ratte, die in der Urämie (Serum-Kreatinin 5 mg/dl) verstorben war, der andere Femur (Abb. 3d) wurde einer Ratte entnommen, die nach einer Blutentnahme verstorben war. Das Serum-Kreatinin lag zu diesem Zeitpunkt noch bei einem Wert von 1 mg/dl. Das Beispiel zeigt, daß aufgrund der Operationsvariabilität der 5/6 Nephrektomie keine Korrelation zwischen einem bestimmten Beobachtungszeitraum und dem Ausmaß der morphologischen Veränderungen möglich ist. Inwieweit die Knochenveränderungen bereits in der stabilen Phase (Serum-Kreatinin < 1 mg/dl) radiologisch erkannt werden können, bleibt noch in Längsschnittstudien zu untersuchen.

Die erhobenen Verlaufsdaten der Funktionsparameter belegen, daß die 5/6 Nephrektomie keinen standardisierten Nierenschaden induziert, eine Standardisierung der Verlaufsdaten jedoch retrospektiv möglich ist. Die morphologischen Daten zeigen aber, daß im Langzeitverlauf der chronischen Niereninsuffizienz deutlich ausgeprägte morphologische Knochenveränderungen auftreten. Daher muß in Zukunft versucht werden, eine weitere Standardisierung der Operationstechnik zu erzielen, und/oder durch Längsschnittuntersuchungen Nierenfunktion und Knochenmorphologie zu korrelieren. Erst danach wird es möglich sein, die Auswirkungen therapeutischer Maßnahmen wie z.B. einer eiweißarmen Diät auf den Knochenstoffwechsel zu bewerten.

Literaturverzeichnis

Gretz N, Strauch M (1984) SAS macro procedure for analyzing the progression of chronic renal failure. Proc SEUGI 2:75-82

Gretz N, Meisinger E, Strauch M (im Druck) Experimental models to assess the influence of low protein diets on the progression of chronic renal failure. Contr Nephrol

Laouari D, Kleinknecht C, Gubler MC, Ravet V, Broyer M (1982) Importance of proteins in the deterioration of the remnant kidneys, independently of other nutrient. Int J Pediatr Nephrol 3:263-269

Laouari D, Kleinknecht C, Gubler MC, Broyer M (1983) Adverse effect of protein on remnant kidney: dissociation from that of other nutrients. Kidney Int 24: suppl 16, S-248-S-253

Mehls O, Ritz E, Gilli G, Schmidt GH, Krempien B, Kourist B, Wesch H, Prager P (1977) Skeletal changes and growth in experimental uremia. Nephron 18:288-300

Mehls O, Ritz E, Gilli G, Wangdak T, Krempien B (1978) Effect of vitamin D on growth in experimental uremia. Am J Clin Nutr 31:1927-1931

Mehls O, Ritz E (1983) Skeletal growth in experimental uremia. Kidney Int 24:53-62

Morrison Ab (1966) Experimental chronic renal insufficiency. Methods Achiev Exp Pathol 1: 455-475

Platt R, Roscoe MH, Smith FW (1952) Experimental renal failure. Clin Sci 11:217-231

Knochenfluorose unbekannter Ursache

L. Zichner, D. Sandberg

Die Erstbeschreibung einer Knochenfluorose stammt von Möller und Gudjonsson (1932). Betroffen waren Arbeiter eines Kryolithwerkes in Dänemark. In Deutschland waren es Pepperkorn und Kähling, die im Jahre 1944 dieses Krankheitsbild bei Arbeitern einer Flußsäurefabrik in Dohna/Sachsen mitteilten.

Neben dieser unmittelbaren "Industriefluorose" finden sich in der Literatur kasuistische Beschreibungen mittelbarer Erkrankungen. Diese in das deutsche Schrifttum als "Nachbarschaftsfluorose" eingegangenen Fälle wurden bei Personen beobachtet, die zwar nicht in den ominösen Industriebetrieben tätig waren, jedoch innerhalb weniger hundert Metern Entfernung von solchen Werken über mehrere Jahre wohnten (Schmidt et al. 1978, Dinman et al. 1976).

Die alimentäre Genese erscheint für den Großteil der Knochenfluorose gesichert. Die in vielen Erdteilen registrierte natürliche Überfluorierung des Trinkwassers -wie in manchen Landstrichen Indiens, der U.S.A. und Afrikas - kann ebenso wie der Genuß fluorhaltigen Weins (ein Fluorgehalt in manchen spanischen Weinen von bis zu 72 ppm, führt zur sog. Weinfluorose) entsprechende Knochenveränderungen herbeiführen. Eine alimentäre Fluorose ist weiterhin denkbar bei übermäßigem Genuß fluorreicher Nahrung, wie z.B. schwarzem Tee, in dem bis zu 100 ppm Fluor registriert wurden (Lang 1979), verschiedener Fischsorten (Souci et al. 1982) sowie bei regelmäßiger Zahnpastaingestion.

Die iatrogene Fluorose bei entsprechender antiosteoporotischer Medikation zum Beispiel durch Natriumfluorid (Strohmeyer und Bunata 1981) vervollständigt den bisher beschriebenen Ursachenkomplex. Hier ist sie jedoch Therapiekonzept (Zichner et al., 1976).

KASUISTIK

In den vergangenen 2 Jahren haben wir an unserer Klinik 3 Fälle einer Knochenerkrankung diagnostiziert, für die wir in der uns zugänglichen Literatur keine Hinweise fanden.

Es handelt sich hierbei um eine Frau und zwei Männer, die 64, 65 bzw. 66 Jahre alt waren. Sie klagten über vielfältige Beschwerden, hatten zeitweise angeschwollene Gelenke mit angedeuteten Rötungen und beklagten ein gewisses Steifigkeitsgefühl.

Alle waren internistisch untersucht worden und wiesen bis auf eine Erhöhung der BSG (in einem Fall bis auf Werte um 85 mm/h nach Westergreen) und eine leichte Anaemie (Hb 11,8 g/dl) keine Auffälligkeiten auf. Insbesondere die Rheumawerte waren negativ, ebenso der HLA-B 27-Wert.

Die Röntgenaufnahmen zeigten eine auffällige strähnige, insbesondere vermerht sklerosierte Strukturzeichnung im gesamten Beckenbereich, von Femurköpfen und Wirbelkörpern. An Händen und Füßen sowie in beiden Schultergelenken sah man fleckförmige, teils feinzystische Knochenstrukturaufhellungen.

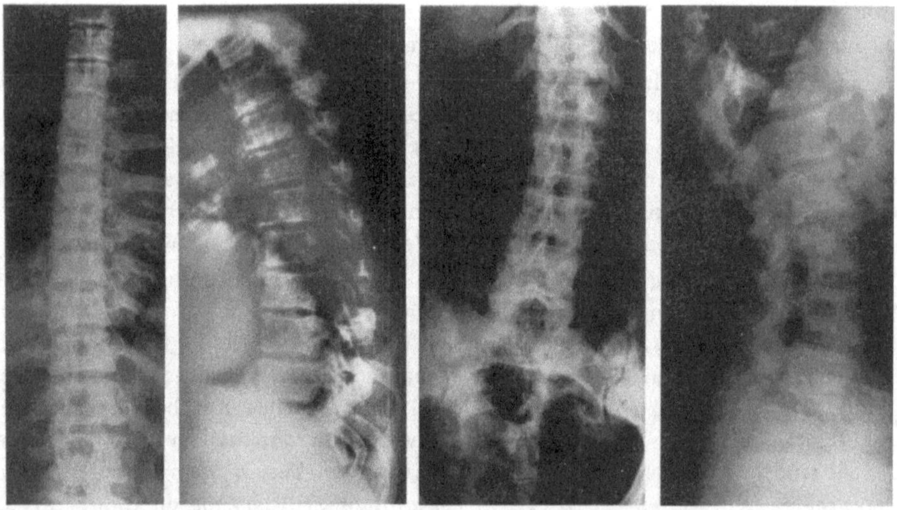

Abb. 1 a-d Röntgenaufnahmen der Wirbelsäulenabschnitte, welche eine Verdickung der Knochenbinnenstruktur im Sinne hypertrophischer Trabekel zeigt.

Eine Knochenstanze aus dem Beckenkamm ergab ein Trabekelwerk mit einer Verdickung der Spongiosastruktur. Die neueren lamellären Strukturen sind breit angelegt; die osteoiden Säume sind zum Teil kräftig entwickelt. Die Hämopoese erscheint regelrecht, eine Markfibrosierung liegt nicht vor. Auch sahen wir keine wesentliche Osteoklastenaktivität.

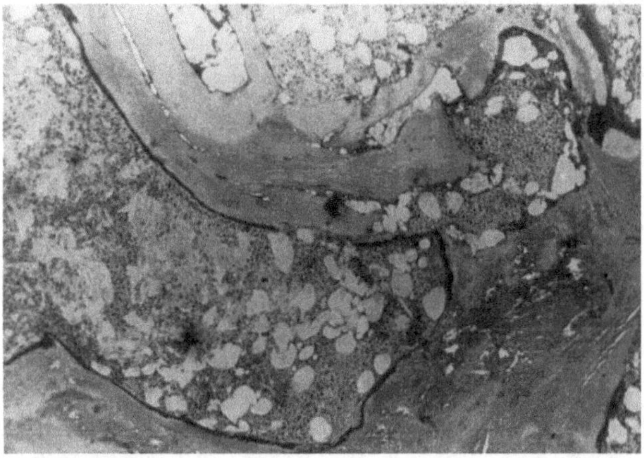

Abb. 2 Histologischer Schnitt aus einer Beckenstanze: Die Knochentrabekel sind verdickt. Die Knochenapposition ist vermehrt und die osteoiden Säume sind kräftig entwickelt. (unentkalkter Schnitt, Goldner-Färbung, Vergrößerung x 25)

Die Body Counter-Untersuchung (Dr. Werner, Gesellschaft für Strahlen- und Umweltforschung) ergab bei erhöhter intestinaler Aufnahme (100%) eine gesteigerte Plasmaclearance und eine reduzierte Gesamtkörperretention des radioaktiven Calcium. Dieser Befund wurde als beschleunigter interner Calciumumsatz bei evtl. verminderter Mineralisation des Calcium am Skelett gedeutet.

Eine zweite Knochenstanze, die am Hahn-Meitner-Institut für Kernforschung Berlin (Dr. Gawlick) verascht wurde, zeigte Fluorkonzentrationen des Knochens, welche das 4 bis 6-fache der Norm betrugen (2,64 ppm).

Wir erklärten daher den Body Counter Befund damit, daß durch Besetzung der Hydroxylpositionen durch Fluor die Calciumhomöostase, wenn auch nicht labormäßig erfaßbar, gestört war und stellten die Arbeitsdiagnose einer **Skelettfluorose.**

Wir versuchten weiterhin, das Umfeld abzuklären. In den Wohngebieten, in denen die Patienten leben oder gelebt hatten, waren entsprechende Industrieansiedlungen wie Aluminiumhütten nicht ansässig. Die Fluorkonzentration im Trinkwasser ist nach Auskunft der Wasserwerke zu vernachlässigen. Fluorhaltige Medikationen erfolgten nicht.

DISKUSSION

Fluor wird als Natrium- oder Calciumflorid fast vollständig aus dem Darmtrakt resorbiert. Eine Inhalation ist ebenso möglich; in Fällen von Nachbarschaftsfluorose wurden Konzentrationen von bis zu 5 $\mu g/m^3$ in der Atemluft gemessen (Schmidt 1976 und Dinman et al. 1976). Von der resorbierten Menge werden 50% im Skelett als Fluorhydroxylapatit abgelagert (Reutter 1967).

Angaben über die Ausscheidungsrate im Urin variieren zwischen 50% und 90% in 24 Stunden.

Nach Schmidt (1978) kann die renale Filtrationsleistung bei entsprechendem Überangebot an Fluor vom gesunden Organ sogar noch weiter gesteigert werden. Die Ausscheidung über den Schweiß ist besonders bei schwer körperlich Arbeitenden ein nicht zu vernachlässigender Exkretionsweg. Bei mehrjährigem täglichen Genuß wird ein Fluorgehalt des Trinkwasser von 2 bis 53 ppm als krankmachend angesehen.

Auffällig ist, daß alle kasuistischen Beschreibungen über eine Vergesellschaftung der Skelettfluorose mit einem chronischen Nierenleiden berichten, welches mehrheitlich als Todesursache angeschuldigt wird. Interessanterweise ist diese Standardsituation - gesicherte Fluorexposition und chronische Renopathie - in verschiedenen Kontinenten und bei Angehörigen verschiedener Rassen beobachtet worden. Unsere Beobachtung hebt sich jedoch durch ihre Individualität ab. Die Genese ist mit keiner der bisherigen Vorstellungen in Einklang zu bringen. Auch ist die Entwicklung eines Nierenleidens trotz fortgeschrittener Skelettveränderungen labormäßig bei unseren Patienten nicht erfaßt worden.

ZUSAMMENFASSUNG

Es wird über die Beobachtung von Knochenfluorose bei 3 Patienten im 7. Lebensdezennium berichtet.

Trotz sorgfältiger Nachforschung über die bisherigen Lebensumstände der Patienten konnten keine Ursachen gefunden werden, welche mit den bisher angenommenen Genesevorstellungen in Einklang zu bringen wären.

Es wird als Pathomechanismus diskutiert, ob eine verstärkte renale Rückresorption bzw. eine gesteigerte Resorption im Darm oder ein überstürzter Einbau von Fluor in den Knochen die Knochenfluorose verursacht.

Literaturverzeichnis

Dinman BD, Bovard WJ, Bonney, TB, Cohen JM, Colwell MO (1976) Prevention of bony fluorosis in aluminium smelter workers. Absorption and excretion of fluoride immediately after exposure. J. Occup Med 18 (1): 7-13

Lang K (1979) Biochemie der Ernährung. Steinkopff, Darmstadt

Möller PF, Gudjonsson SKV (1932) Acta Radiologica 13:269

Pepperkorn, Kähling (1944) Osteoporose als Folge einer chronsichen Fluorintoxiokation. Reichsarbeitsblatt 14/15:64-67

Reutter FW (1967) Zur Therapie der Osteoporose unter besonderer Berücksichtigung der Natriumfluoridbehandlung. Praxis 56:1276-1280

Schmidt CW, Kunze P, Funke U, Auermann E (1978) Knochenfluorose ohne berufliche Exposition bei chronsicher Niereninsuffizienz. Z Gesamte Med 33 (22):837-840

Schmidt W (1976) Screening auf Nachbarschaftsfluorose mit der Röntgenreihenuntersuchung. Z Gesamte Hyg. 22 (11):815-817

Souci A, Fachmann HJ, Kraut P (1982) Food composition and nutrition tables 1981/82. Wissenschaftliche Verlagsgesellschaft mbH, Stuttgart

Strohmeyer G, Bunata M (1982) Medikamentös bedingte Fluorose. Z Rheumatol 40 (3):138-141

Zichner, L., Willert HG, Enderle A (1976) Wie wirkt Fluor am Skelett? Orthop Praxis 1:46-51

Maligne primäre Osteoporose

F. Kuhlencordt und H.-P. Kruse

Unter unseren Osteoporosefällen beobachteten wir in den letzten zehn Jahren mehrere ungewöhnliche Fälle, bei denen es sich u.E. um eine Sonderform der primären Osteoporose handelt, die wir aufgrund ihrer ungünstigen Prognose als maligne primäre Osteoporose bezeichnet haben (1). Es handelt sich bei diesen Fällen ausschließlich um Männer im frühen und mittleren Lebensalter. Das Krankengut umfaßt sechs Fälle, deren Durchschnittsalter bei Klinikaufnahme 30,7 Jahre betrug und deren Erkrankungsbeginn anamnestisch im Mittel bei 27,5 Jahren anzunehmen ist.

Aus dieser Serie wurde für die folgende Darstellung ein Fall ausgewählt, den wir neun Jahre in unserer Beobachtung haben. Es handelt sich um einen jetzt 37jährigen Mann, bei dem die Verkürzung des Stammskeletts zu einer praktisch rechtwinkligen Abknickung des Sternum geführt hat. Durch die Deformierung der Brustwirbelsäule wird der Eindruck erweckt, als ob der Kopf auf den Schultern ruht. Der Gebrauch von Gehstützen führte zu Oberarmfrakturen beiderseits.

Der Erkrankungsbeginn liegt retrospektiv um das 25. Lebensjahr. Unsere eigene Beobachtungszeit umfaßt sein 28. bis 37. Lebensjahr. In dieser Zeit ist es zu einer Abnahme der Körpergröße von 180 auf 149 cm gekommen. Hierfür verantwortlich ist eine extreme Stammverkürzung und Kyphosierung der Brustwirbelsäule mit weitgehender Plattwirbelbildung im Brustwirbelsäulen- und Fischwirbelbildung im Lendenwirbelsäulenbereich. Im Verlauf der Zeit erlitt der Patient sechs Frakturen des peripheren Skeletts, nämlich Os naviculare rechts, Os metatarsale II rechts, Femurhals beiderseits und Humerus beiderseits.

Abbildung 1 zeigt den Verlust des Knochenmineralgehaltes des Radius innerhalb von acht Jahren. Die obere Kurve entspricht den Meßwerten am distalen Drittelpunkt, die untere am distalen Zehntelpunkt. Hier sank der Mineralgehalt auf unter 40% der altersentsprechenden Norm ab.

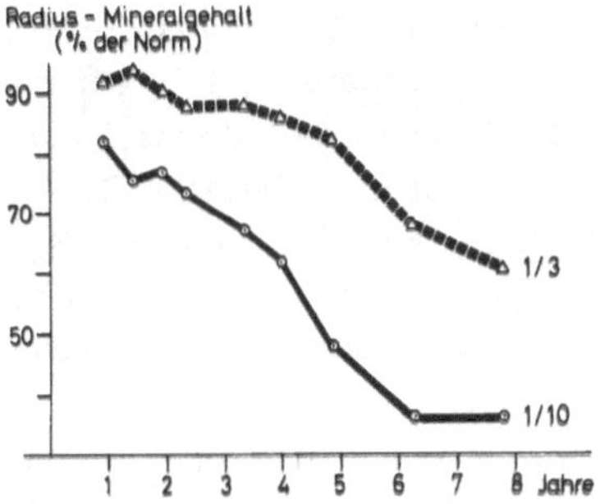

Abb. 1 Graphische Darstellung des Verlaufes des Knochenmineralgehaltes des Radius, gemessen mittels ^{125}J-Photonenabsorptionstechnik am distalen Drittel- und Zehntelpunkt.

Abbildung 2 gibt eine Übersicht über den Ausfall der mehrfach durchgeführten Kalziumbilanzen. Im Beginn betrug das Meßergebnis - 177 mg Kalzium täglich. In der weiteren Beobachtungszeit kam es zwar zu einer Verbesserung der Bilanz, die aber stets negativ blieb und zuletzt -28 mg Kalzium täglich betrug.

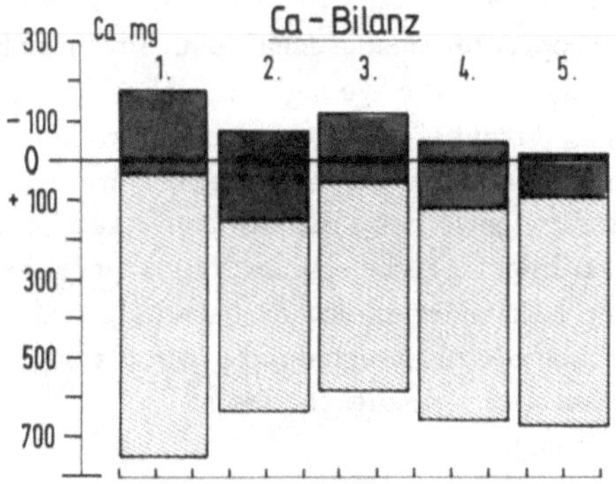

Abb. 2 Ergebnisse der Kalziumbilanz in 5 aufeinanderfolgenden Jahren vom 2. bis zum 6. Jahr der Beobachtung. Die Bilanz war stets negativ, maximal -177 mg Kalzium täglich (1.) und minimal -28 mg (5). Die fäkale Kalziumausscheidung ist schraffiert, die renale dunkel ausgefüllt dargestellt. Die Basis jeder Säule entspricht der Höhe der täglichen oralen Kalziumzufuhr.

Die Histologie vom Beckenkamm belegt, daß die endostalen Oberflächen der Spongiosa weitgehend inaktiv sind. Histomorphometrisch ergab sich sowohl eine Reduktion des mit Osteoblasten besetzten Osteoids (OB = 0,5%) als auch eine Reduktion der Resorptionslakunen mit Osteoklasten (HO = 0,3%). Die volumetrische Spongiosadichte war mit 6,4% hochgradig reduziert. Auch im weiteren Verlauf blieben die wiederholt vorgenommenen histologischen Untersuchungen praktisch konstant und ließen keinen sicheren Effekt der durchgeführten Natriumfluorid-Behandlung erkennen. Die Besonderheit dieses Falles liegt aus klinischer Sicht in dem ungewöhnlich ungünstigen Verlauf. Dabei bleibt ungeklärt, über welchen pathogenetischen Mechanismus der extreme Knochensubstanzverlust zustande gekommen ist, da histologisch zwar ein reduzierter Knochenanbau, jedoch nie eine entsprechend hohe Knochenresorption beobachtet werden konnte.

Differentialdiagnostisch ist dieses Krankheitsbild in erster Linie von der idiopathischen juvenilen Osteoporose (Kuhlencordt und Kruse 1985) und von der Osteogenesis imperfecta (Sillence 1981) abzugrenzen. Mögliche Grundleiden einer sekundären Osteoporose konnten durch die wiederholten klinischen Untersuchungen sicher ausgeschlossen werden, wobei besonders Störungen des endokrinen Systems bedacht wurden. Ohne hier die Differentialdiagnose in Einzelheiten zu diskutieren, sei darauf hingewiesen, daß der u.E. einzige Fall, der mit unserem Krankengut vergleichbar ist, von Smith (1980) beschrieben wurde. Dabei handelte es sich um einen Fall, der im 16. Lebensjahr erkrankte und im Alter von 29 Jahren an der respiratorischen Insuffizienz verstarb, nachdem er 43 cm an Körpergröße abgenommen hatte. Auch hier hatte knochenhistologisch ein sehr geringer Knochenumbau mit praktisch nicht nachweisbaren Osteoblasten und Osteoklasten vorgelegen. Die übrigen fünf der von Smith beschriebenen sechs Fälle dürften als idiopathische juvenile Osteoporose einzuordnen sein. Smith selbst hatte alle Fälle als "idiopathic osteoporosis in the young" bezeichnet. Auf Grund des von uns zuerst beobachteten jungen Mannes, der im 16. Lebensjahr erkrankte und im Alter von 24 Jahren verstarb, waren wir zuerst auf die Besonderheit dieser Osteoporoseform aufmerksam geworden, die in den nachfolgenden Fällen einschließlich des hier detailliert beschriebenen Falles, ihre Bestätigung fand. Bei kritischer Würdigung aller Fakten erscheint es berechtigt, hier von einer Sonderform der primären Osteoporose zu sprechen, die wir bislang nur bei Männern im frühen und mittleren Lebensalter gesehen haben.

Literaturverzeichnis

Kuhlencordt F, Kruse H-P (1985) Maligne primäre Osteoporose. Eine Sonderform bei Männern im frühen und mittleren Lebensalter. Internist 26:511-520

Kuhlencordt F, Kruse H-P (1986) Malignant primary osteoporosis. Case report. Skeletal Radiol: in press

Sillence DO (1981) Osteogenesis imperfecta: An expanding panorama of variants. Clin Orthop 159:11-25

Smith R (1980) Idiopathic osteoporosis in the young. J Bone Joint Surg 62 B:417-427

Knochenmineralgehalt des Radius bei trainierten und untrainierten älteren Menschen

J.-D. Ringe, F. Ibbeken, G. v. Appen, H.-P. Meier-Baumgartner, H.-P. Kruse und E. Steinhagen-Thiessen

Die degenerativen Erkrankungen des Bewegungsapparates nehmen einen sehr großen Raum bei den chronischen Leiden älterer Menschen ein. Von seiten der Gelenke sind es vor allem die Arthrosen, von seiten des Skeletts stellt die Osteoporose die wichtigste generalisierte Osteopathie des älteren Menschen dar (Kruse und Kuhlencordt 1984, Kuhlencordt und Kruse 1980, Ringe 1985, Ringe und Steinhagen-Thiessen 1984). Die senile Osteoporose ist ein entscheidender Faktor für die häufigen Frakturen bei älteren Menschen.

Die Osteoporose wird definiert als eine Verminderung der Knochenmasse unterhalb der alters- und geschlechtsentsprechenden Norm, wobei das verbliebene Knochengewebe normal zusammengesetzt ist. Aber gerade bei den hochbetagten Patienten ist auch mit den heute zunehmend verfügbaren nicht invasiven Methoden der Knochenmineralgehaltsmessung kaum zwischen altersentsprechender Skelettatrophie und darüber hinausgehender pathologischer Verminderung der Knochenmasse im Sinne der Osteoporose zu differenzieren, so daß die Anwendung dieser Osteoporosedefinition Schwierigkeiten bereitet (Ringe 1985). Das Frakturereignis im Bereich der Wirbelsäule bzw. am peripheren Skelett ist daher häufig erst das Kriterium für die Anwendung des Begriffs Osteoporose (Dambacher 1982). Die Vermeidung der Fraktur und der damit einhergehenden starken Beschwerden und Gefahren der Immobilität sind andererseits oberstes Ziel der Osteoporosetherapie und -prophylaxe.

In der folgenden Studie wird der mögliche Nutzen einer gesteigerten körperlichen Aktivität für die Osteoporoseprävention untersucht. Bei der Konzeption dieser Studie konnten wir uns auf positive Erfahrungen einer eigenen tierexperimenteller

Untersuchung zur gleichen Fragestellung stützen (Ringe und Steinhagen-Thiessen 1983, 1985).

UNTERSUCHUNGSGUT UND METHODE

In einer Altenwohnanlage wurde bei 61 Bewohnern der Knochenmineralgehalt mit einer nicht invasiven Meßmethode bestimmt. 19 dieser Bewohner (3 Männer, 16 Frauen, Durchschnittsalter 80,7 Jahre) führten daraufhin nach entsprechender Anleitung durch eine Krankengymnastin ein regelmäßiges, standardisiertes Gymnastikprogramm durch. Die Gymnastik erfolgte in der Gruppe über ca. 20 Minuten an 3 Werktagen vormittags. An jedem Abend einschließlich Wochenende übte jeder Teilnehmer für sich selbst etwa 10 Minuten. Die 42 übrigen Teilnehmer (10 Männer, 32 Frauen, mittleres Alter 77,1 Jahre) behielten ihre normalen Lebensgewohnheiten bei ohne Durchführung eines speziellen Trainingsprogramms. Beide Gruppen änderten weder ihre vorherigen Ernährungsgewohnheiten noch bekamen sie zusätzlich Medikamente mit möglichem Einfluß auf Calciumphosphatstoffwechsel und Skelett. Während der Studie fielen einige Teilnehmer durch Umzug, Krankheit oder Tod aus, so daß nach insgesamt 14 Monaten noch 11 in der Trainingsgruppe und 35 in der Kontrollgruppe waren.

Die Messungen des Knochenmineralgehaltes erfolgten mit der Methode der 125-Jod-Photonenabsorption (Cameron und Sorenson 1963, Mazess 1979, Ringe 1982, Ringe et al. 1977) an zwei Meßorten des Radius am nicht dominanten Arm. Bei 1/3 der Unterarmlänge gemessen von distal wird praktisch nur Kompakta erfaßt, bei 1/10 der Unterarmlänge von distal weist der Radius neben Kompakta ca. 30 - 40% Spongiosa auf. Kontrollmessungen erfolgten bei beiden Gruppen jeweils 7 und 14 Monate nach der Erstmessung. Die Meßwerte konnten mit gesicherten Normalwerten für ältere Menschen verglichen werden (Ringe et al. 1985) und wurden, um Männer und Frauen gemeinsam auswerten zu können, jeweils in Prozent der alters- und geschlechtsentsprechenden Norm umgerechnet.

ERGEBNISSE

Die Mittelwerte des Knochenmineralgehaltes für Trainings- und Kontrollgruppe an den beiden Meßorten sind in Tabelle 1 aufgeführt. Die Trainingsgruppe hatte

RADIUSMINERALGEHALT (%)

		Trainings-gruppe (n = 11)	Diff.	Kontroll-gruppe (n = 35)	Diff.
RADIUS 1/3					
Monate	0	98,5		101,9	
	7	99,6	+1,1	100,2	-1,7
	14	98,0	-0,5	99,2	-2,7
RADIUS 1/10					
Monate	0	95,9		98,9	
	7	95,4	-0,5	97,1	-1,8
	14	95,9	+/-0	96,0	-2,9

Tab. 1 Änderung der Mittelwerte des Knochenmineralgehaltes an beiden Radiusmeßorten für die Trainingsgruppe (aktiv) und Kontrollgruppe (inaktiv) im Verlauf der Studie

an beiden Meßorten im Mittel einen etwas niedrigeren Ausgangswert als die Kontrollgruppe, der Unterschied ist aber statistisch nicht signifikant. Diese Tendenz zu niedrigeren Ausgangswerten spricht dagegen, daß es sich bei der Trainingsgruppe um eine Selektion von primär aktiveren Probanden handeln könnte. Im Verlauf der Studie zeigte die Trainingsgruppe am Radius 1/3 zunächst einen leichten Anstieg des Mineralgehaltes (+ 1,1%), danach einen Wiederabfall auf -0,5% unter den Ausgangswert. Am Radius 1/10 findet sich zunächst ein Abfall, dann ein Wiederanstieg von 0,5%. Diese Änderungen zeigen keine eindeutige Tendenz und sind statistisch nicht signifikant. Die Kontrollgruppe läßt dagegen eine eindeutig abfallende Tendenz des Knochenmineralgehaltes erkennen. Die Abnahme von -2,7% (Radius 1/3) bzw. -2,9% (Radius 1/10) nach 14 Monaten ist signifikant verschieden vom Ausgangswert ($p = 0,01$ bzw. $p = 0,05$). Diese Änderungen am Radius 1/3 sind in Abbildung 1 für beide Gruppen grafisch dargestellt.

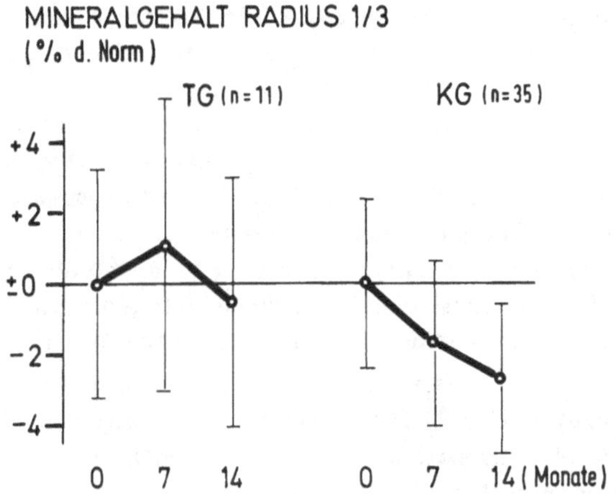

Abb. 1 Mittlere prozentuale Änderung des Radiusmineralgehalts am 1/3-Meßort im Vergleich zum Ausgangswert bei Studienbeginn für Trainings- und Kontrollgruppe

DISKUSSION

Verschiedene Untersuchungen an aktiven Sportlern (Leichtathleten, Langstreckenläufer, Baseballspieler, Ballettänzer) mit quantitativen Meßmethoden des Knochenmineralgehaltes haben zeigen können, daß es lokalisiert an den besonders trainierten Extremitäten zu einer Vermehrung der Knochenmasse kommen kann (Dalen und Olsson 1974, Janes et al. 1977, Lewis 1971, Nilson und Westlin 1971). So konnten z.B. Huddleston et al. (Huddleston et al. 1950) zeigen, daß bei 35 Männern (70 - 84 Jahre alt), die lebenslang sehr intensiv Tennis gespielt hatten, der Radiusmineralgehalt am Spielarm signifikant über dem des nicht benutzten Armes lag und über den Werten vom dominanten Arm einer altersentsprechenden Kontrollgruppe lag, die Nicht-Tennisspieler waren. Erwähnt sei in diesem Zusammenhang, daß bei Hochleistungssport von jungen Frauen der negative Effekt einer möglichen sportinduzierten sekundären Amenorrhoe auf das Skelett größer zu sein scheint als der positive Effekt der körperlichen Bewegung (Drinkwater et al. 1984).

In der vorliegenden Studie wurde ein allgemeines Gymnastikprogramm der Rumpf- und Extremitätenmuskulatur ohne Bevorzugung einer Region bei im

Prinzip untrainierten im Mittel 80jährigen Personen durchgeführt mit dem Ziel, einen Effekt auf das gesamte Skelett zu erzielen. Die dargestellten Meßergebnisse am Radius belegen, daß bei der Trainingsgruppe ein Gleichbleiben des Knochenmineralgehaltes erzielt wurde, das in Anbetracht der signifikanten Abnahme bei den Kontrollfällen als positives Ergebnis zu werten ist. Aloia et al. (1978) konnten in einer vergleichbaren Studie an 18 postmenopausalen Frauen ebenfalls einen Abfall des Radiusmineralgehaltes bei der Kontrollgruppe (n = 9) und ein Gleichbleiben bei einer Trainingsgruppe (n = 9) feststellen. Bei der Messung des Ganzkörpercalciumgehaltes mittels Neutronenaktivierungsanalyse zeigte jedoch die Trainingsgruppe einen Anstieg (von 781 $\pm$ 91g nach 801 $\pm$ 118g).

Eine weitere ähnliche Studie mit im Mittel 81jährigen Frauen eines Altenheimes führten Smith et al. (1981) durch. Bei der Kontrollgruppe ohne Training (n = 18) fiel der Radiusmineralgehalt in 3 Jahren Studiendauer um im Mittel 3,29% ab. bei einer Gruppe mit täglicher Einnahme von 750 mg Calcium und 400 i.E. Vitamin D_3 (n = 10) stieg der Mineralgehalt um 1,58% und eine reine Trainingsgruppe ohne medikamentöse Therapie (n = 12) bot nach 3 Jahren eine mittlere Zunahme von 2,29%. Die Änderungsraten des Mineralgehaltes dieser Studie liegen in der gleichen Größenordnung wie die eigenen Ergebnisse. Wenn die abnehmende Tendenz unserer Kontrollgruppe jedoch gleich bliebe, würden unsere Patienten nach 3 Jahren Studiendauer ca. 8% Mineralgehaltsverlust aufweisen.

Zusammenfassend kann gesagt werden, daß auch im höheren Alter eine progrediente Abnahmetendenz des skeletalen Mineralgehaltes fortbesteht. Diese kann nach den eigenen Befunden durch regelmäßige gesteigerte körperliche Aktivität aufgehoben werden. Da das Frakturrisiko bestimmter Knochen mit dem Mineralgehalt signifikant korreliert (unter Voraussetzung einer normalen Struktur des Knochengewebes, Folz et al. 1976, Horsman und Currey 1974, Wilson 1973) dürfte dieses damit gesenkt werden. Demnach ist ein regelmäßiges Training ein wesentlicher Präventivfaktor für die Osteoporose und ein wichtiger Zusatzfaktor bei der Therapie. Ob außer einem Gleichbleiben des Knochenmineralgehaltes auch eine Zunahme wie in den zitierten Arbeiten (Kuhlencordt und Kruse 1980, Smith et al. 1981) erreichbar ist, wird die Fortführung unserer Studie zeigen.

Literaturverzeichnis

Aloaia JF, Cohn SH, Ostuni JA, Cane R, Ellis K (1978) Prevention of involutional bone loss by exercise. Ann intern Med 89:356-358

Cameron JR, Sorenson JA (1963) Measurement of bone mineral in vivo: an improved method. Science 142:230-232

Dalen N, Olsson KE (1974) Bone mineral content and physical activity. Acta Orthop Scand 45:170-174

Dambacher MA (1982) Praktische Osteologie. Thieme, Stuttgart New York 1982

Drinkwater BL, Nilson K, Chestnut CH, Bremmer WJ, Shainholtz S, Southworth MB (1984) Bone mineral content of amenorrhoic and eumenorrhoic athletes. N Engl J Med 311:277-281

Foltz AS, Rolnick DJ, Jurist JM (1976) The relationship between bending stiffness, mineral content, geometry, and strength of the human ulna. Amer J Roentgenol 126:1270-1271

Horsman A, Currey J-D (1974) Densitometric and mechanical properties of the distal radius. In: Schmeling R (Hrsg) Symposium on Bone Mineral Determinations, Aktiebolaget Atomenergi AE-489, Studsvik, Nyköping

Huddleston AL, Rockwell D, Kulund DN, Harrison RB (1980) Bone mass in lifetime tennis athletes. J Amer Med Ass 244:1107-1109

Jones JJ, Priest JD, Hayes WC (1977) Humeral hypertrophy in response to exercise. J Bone Joint Surg (A) 59:204-208

Kruse H-P, Kuhlencordt F (1984) Grundzüge der Osteologie. Springer, Berlin Heidelberg New York Tokyo

Kuhlencordt F, Kruse H-P (1980) Osteoporose. In: Kuhlencordt F, Bartelheimer H (Hrsg) Handbuch der Inneren Medizin. Springer, Berlin Heidelberg New York, S.675-749

Lewis CWD (1971) Who's for tennis? NZ Med J 74:21-24

Mazess RB (1979) Measurement of skeletal status by noninvasive methods. Calcif Tissue Int 28:89-92

Nilsson BE, Westlin NE (1971) Bone density in athletes. Clin Orthopaed Rel Res 77:179-182

Ringe J-D (1982) Die klinische Bedeutung der direkten Messung des Knochenmineralgehaltes. 125-J-Photonenabsorptionsmessungen an 1252 Fällen. Urban & Schwarzenberg, Wien München Baltimore

Ringe J-D (1985) Die sozioökonomische Bedeutung der Osteoporose. Hamb Ärztebl 5:153-155

Ringe J-D (1985) Pathogenese und Prophylaxe der postklimakterischen Osteoporose. Med Klinik 80:555-558

Ringe J-D (1985) Pathogenese und Diagnostik der Osteoporose. Akt Endokr Stoffw 6:176-180

Ringe J-D, Steinhagen-Thiessen E (1984) Prevention of bone mineral loss by controlled physical activity during aging in mice. Europ J clin Invest 14:A 153

Ringe J-D, Steinhagen-Thiessen E (1984) Diagnostisches Vorgehen bei Osteoporose. Z. Rheumatol 43:285-290

Ringe J-D, Rehpenning W, Kuhlencordt F (1977) Physiologische Änderung des Mineralgehaltes von Radius und Ulna in Abhängigkeit von Lebensalter und Geschlecht. Fortschr Röntgenstr 126:376-380

Ringe J-D, Rehpenning W, Steinhagen-Thiessen E (1985) Increasing skeletal involution in the elderly? Mech ageing Develop 29:83-88

Smith EL, Reddan W, Smith PE (1981) Physical activity and calcium modalities for bone mineral increase in aged women. Med Sci in Sports and Exercise 13:60-64

Wilson CR (1973) Prediction of femoral neck and spine bone mineral content from the BMC. In: Mazess RB (Hrsg.) Int. Conf. on bone Mineral Measurement. US DHEW Publ No (NIH) 75

Prävention der altersabhängigen Skelettatrophie durch kontrolliert gesteigerte körperliche Aktivität bei Mäusen

E. Steinhagen-Thiessen, J.D. Ringe

In der Klinik sind Inaktivitäts- und Altersosteoporose bekannte Krankheitsbilder. Der hohe Stellenwert von physikalischer Therapie und regelmäßiger Durchführung von gymnastischen Übungen im Rahmen einer Osteoporose-Behandlung ist allgemein akzeptiert. Es gibt jedoch nur wenige experimentelle Untersuchungen, die den quantitativen Einfluß von körperlichen Training auf den Mineralgehalt des Skelettes bzw. dessen Bruchfestigkeit untersuchen. Letztlich ist nicht bekannt, inwieweit die Inaktivität auch für die Altersosteoporose verantwortlich ist. Daher wird in der vorliegenden Arbeit geprüft, ob regelmäßiges körperliches Training der Altersosteoporose entgegenwirken oder diese sogar aufheben kann.

MATERIAL UND METHODE

Weibliche CW I-Mäuse werden in Gruppen zu 10 in Makrolonkäfigen 15 x 42 x 26 cm in regelmäßigem Tag-Nacht-Rhythmus bei einer Raumtemperatur von 20 $\pm$ 3° gehalten. Die Tiere erhalten Altromin-Futter (Altromin, Lage, Westf.) und Wasser ad libitum. Die Tiere werden täglich 30 Minuten in elektrisch angetriebenen Laufrädern trainiert.

Die Tiere werden im Alter von 9, 14, 21 und 28 Monaten durch cervikale Dislokation getötet. Entsprechende Gruppen von untrainierten Tieren dienen als Kontrollgruppe.

Die Femora der Tiere werden präpariert, d.h. von Muskel- und Gewebsresten gesäubert und dann im Exsikator für 3 Wochen getrocknet, die Gewichte der einzelnen Knochen und die Volumina mittels eines Pyknometers bestimmt. Die Femora werden in 50%iger HCl aufgelöst und die Lösung 1 : 10 mit aqua dest. verdünnt. In dieser Lösung werden der Calcium- und Magnesiumgehalt mittels Atomabsorptionsspektrometrie bestimmt (Perkin Elmer, Düsseldorf). Der Phosphorgehalt der Knochen wird mit einem käuflichen Test-Kit (Boehringer, Mannheim) ermittelt.

ERGEBNISSE

Die statistische Auswertung der jeweils linken Femora der langzeittrainierten CWQ I-Mäuse im Vergleich zu den nichttrainierten Tieren innerhalb der jeweiligen Altersgruppe erfolgte durch Mittelwertbildung und Standardabweichung für die Parameter: Trockengewicht, Volumen und spezifisches Gewicht. Es bestand eine Zunahmetendenz des mittleren Femur-Gewichtes mit zunehmender Trainingsdauer und zunehmendem Alter der Tiere. Bei den untrainierten Tieren hingegen nimmt das mittlere Femurgewicht mit dem 21. Lebensmonat und steigendem Alter ab.

Es ergibt sich ein signifikanter Unterschied für das Trockengewicht der Femora bei den 27 Monate alten Tieren, die 21 Monate ihres Lebens trainiert worden waren, zu den gleichaltrigen, nichttrainierten Tieren (p 0,01). Das mittlere Femur-Volumen ändert sich dagegen nicht signifikant in Abhängigkeit von Training und Alter der Tiere. Wegen der nur gering sich ändernden Knochenvolumina gehen die Änderungen des spezifischen Gewichtes weitgehend parallel denen des Trockengewichtes. Es zeigt sich wiederum ein signifikanter Unterschied zwischen den 27 Monate alten trainierten und untrainierten Tieren für das spezifische Gewicht (0,01). In Tabelle 1 sind diese Daten zusammenfassend dargestellt. Die Knochenmmineralgehaltsmessungen für Calcium, Phosphor und Magnesium in den Femora der untrainierten Tiere ergeben für alle drei Mineralien den zu erwartenden, altersabhängigen Abfall, d.h. bei den 4 untrainierten Gruppen bleibt der Mittelwert für die 3 anorganischen Knochenmineralbestandteile zwischen dem 9. und 14. Lebensmonat praktisch gleich und fällt dann im Alter von 21 Monaten bis zum 27. Lebensmonat deutlich ab. Sowohl für den Calcium-, Phosphor- als auch für den Magnesiumgehalt zeigt sich eine signifikante Zunahme mit dem Training trotz fortschreitenden Alters der Tiere, wobei die 27 Monate alten trainierten Tiere einen ebenso hohen Knochenmineralgehalt aufweisen wie die jungen, ausgewachsenen 9 Monate alten Tiere. Für die 21 und 27 Monate alten Tiere sind die Unterschiede der anorganischen Mineralien im Femur statistisch

Tab. 1 Mittelwerte und Standardabweichung der Trockengewichte, Volumina und der spezifischen Gewichte der Femora der trainierten und untrainierten Mäuse des CW I-Stammes.
9, 14, 21 und 27 Monate alte Tiere.

Mäuse Alter (Monate)	Anzahl n	Trainingsdauer Monate	Trockengewicht mg	Volumina µl	Spezifisches Gewicht mg/µl
9	10	-	59,4 ± 5,8	49,9 ± 3,9	1,19 ± 0,06
	9	3	60,2 ± 5,5	50,8 ± 5,4	1,19 ± 0,05
14	10	-	58,4 ± 4,9	49,5 ± 5,9	1,18 ± 0,06
	9	8	60,9 ± 5,7	50,1 ± 4,8	1,21 ± 0,06
21	11	-	54,7 ± 6,7	50,1 ± 4,6	1,08 ± 0,07
	10	15	61,1 ± 6,1	51,8 ± 6,0	1,18 ± 0,06
27	11	-	51,8 ± 8,0	50,5 ± 4,9	1,03 ± 0,05
	11	21	62,4 ± 5,8	52,5 ± 6,1	1,19 ± 0,08

signifikant mit $p < 0{,}01$ und $p < 0{,}001$. Diese Ergebnisse sind in Abbildung 1 und Tabelle 2 dargestellt.

Tab. 2 Mittelwerte und Standardabweichung des Calcium-, Phosphor- und Magnesiumgehaltes der Femora der trainierten und untrainierten Mäuse des CW I-Stammes.
9, 14, 21 und 27 Monate alte Tiere.

Mäuse Alter (Monate)	Anzahl n	Trainingsdauer (Monate)	Calcium (mg)	Phosphat (mg)	Magnesium (mg)
9	10	-	13,0 ± 1,5	6,3 ± 0,8	0,22 ± 0,02
	9	3	13,5 ± 1,2	6,6 ± 0,7	0,23 ± 0,02
14	10	-	13,1 ± 1,3	6,5 ± 0,6	0,23 ± 0,03
	9	8	13,8 ± 1,4	6,9 ± 0,8	0,25 ± 0,03
21	11	-	12,2 ± 1,1	6,0 ± 0,7	0,20 ± 0,04
	10	15	14,5 ± 1,2	7,4 ± 0,6	0,28 ± 0,04
27	11	-	11,0 ± 1,6	5,8 ± 0,7	0,20 ± 0,03
	11	21	15,1 ± 1,4	7,8 ± 0,8	0,30 ± 0,05

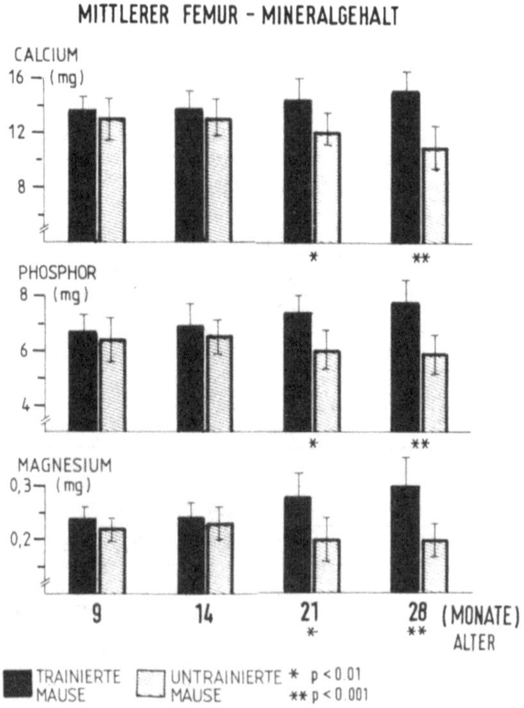

Abb. 1 Mittelwerte und Standardabweichung des Knochenmineralgehaltes von Calcium, Phosphor und Magnesium in den Femora der trainierten und untrainierten Mäuse des CW I-Stammes.
9, 14, 21 und 27 Monate alte Tiere.

DISKUSSION

Sowohl mit biochemischen Methoden als auch mit mikroskopischen und elektronenmikroskopischen Methoden wurde der Effekt des körperlichen Trainings auf die quergestreifte Muskulatur und die Herzmuskulatur verschieden alter Tiere untersucht.

Für langzeittrainierte Tiere zeigte sich für sämtliche Parameter eine "positive Adaptation" durch das körperliche Training bei den alten Tieren. Das heißt, die altersabhängige Abnahme der Funktionalität des Muskels konnte durch früh einsetzendes körperliches Training vermindert oder sogar aufgehoben werden.

Auch die Untersuchungen des Knochenmineralgehaltes der Femora von CW I-Mäusen in Abhängigkeit von Alter und körperlichem Training während der Alterung zeigen, daß der Verlust an Skelettsubstanz und Knochenmineralgehalt altersabhängig ist, analog zu der beim Menschen bekannten Altersosteoporose (Ringe et al. 1985, Rundgren et al. 1984, Steinhagen-Thiessen 1985).

Die Reduktion der Knochenmasse im Alter als Involution dieses Gewebes geht mit der Verminderung körperlicher Aktivität einher. Die Knochenmineralgehaltsmessungen der langzeittrainierten Tiere zeigen, daß das Trainingsprogramm als exogener Reiz an dem Knochengewebe zu einer positiven Adaptation führt. Es ist auch bekannt, daß Inaktivität und Schwerelosigkeit bei der Raumfahrt mit einem gesteigerten Skelettabbau einhergehen. (Donaldson et al. 1970, Garn et al. 1967, Goldsmith et al. 1973, Mark und Vogt 1971, Smith et al. 1975)

Auch die physikalische Therapie und krankengymnastische Übungsbehandlung bei der Osteoporose-Therapie gehen von der Vorstellung aus, daß durch gesteigerte Aktivität die Knochenneubildung stimuliert wird. Dies bestätigen eigene Ergebnisse an über 65-jährigen Probanden, die ein regelmäßiges, mildes körperliches Training durchführen. Die klinische Relevanz dieser Befunde ist durch den Nachweis einer positiven Korrelation zwischen Mineralgehalt und Bruchfestigkeit des Skeletts tierexperimentell auch durch diese hier dargestellten Experimente belegt. Das heißt, eine früh einsetzende körperliche Aktivität kann von großem prophylaktischen und therapeutischen Nutzen auch in der Humanmedizin sein. Außerdem belegen diese Ergebnisse, daß der Alterungsvorgang unterschiedlicher Gewebe sowohl durch "intrinsische" als auch durch "extrinsische" Einflüsse bestimmt wird. Eine allgemeingültige Theorie des Alterns läßt sich daraus jedoch nicht ableiten. Ausgehend von den eigenen und aus der Literatur bekannten Befunden läßt sich der Alterungsvorgang so zusammenfassen (Abb. 2), daß "intrin-

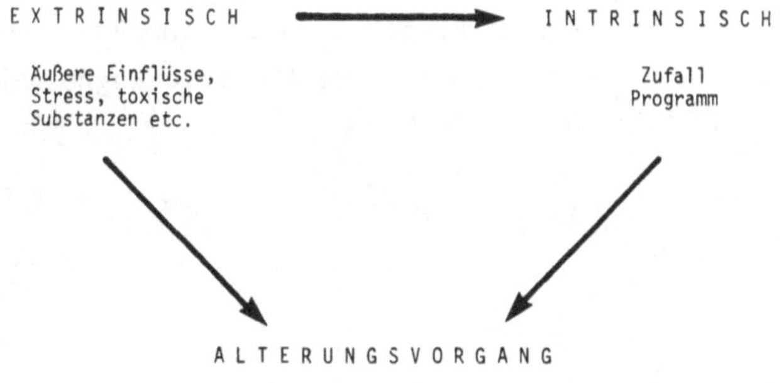

Abb. 2 Schematische Darstellung der Beziehung zwischen "extrinsischen" und "intrinsischen" Faktoren und dem Alterungsprozeß

sische" Faktoren das Altern durch ein genetisches Programm vorgeben. Zusätzlich können aber "extrinsische" Faktoren den Alterungsvorgang dadurch beschleunigen oder verzögern, daß sie den Alterungsprozeß selbst oder die "intrinsischen" Faktoren beeinflussen.

Literaturverzeichnis

Donaldson CL, Hulley SB, Vogel JM, Hattner RS, Bayers JH, McMillan DE (1970) Effect of Prolonged Rest on Bone Mineral. Metabolism 19:1071-1074

Garn SM, Rohman CG, Wagner B (1967) Bone loss as a general phenomenon in man. Fed Proc 26:1729-1732

Goldsmith NF, Johnston JO, Picetti G, Garcia C (1973) Bone mineral in the radius and vertebral osteoporosis in an insured population. A correlative study using 125-J-photonabsorption and miniature roentgenography. J Bone Joint Surg 55-A:1276-1280

Mack PB, Vogt FB (1971) Roentgenographic Bone Density Changes in Astornauts during Representative Apollo Space Flight. Amer J Roentgenol 113:621-627

Ringe JD, Rehpenning W, Steinhagen-Thiessen E (1985) Increasing Skeletal Involution in the Elderly? Mech Age Dev 29:83-88

Rundgren A, Eklund S, Jonson R (1984) Bone Mineral Content in 70- and 75-Year-old Men and Women: An Analysis of Some Anthropometric Background Factors. Age and Ageing 13:6-13

Smith DM, Khairi MRA, Johnston Jr CC (1975) The loss of bone mineral with aging and its relationship to risk of fracture. J Clin Invest 56:311-317

Steinhagen-Thiessen E (1985) Experimentelle Untersuchungen zur Biologie der Alterung. Habilitationsschrift, Hamburg

Serum 25 OHD bei Patienten mit gastrointestinalen Erkrankungen unter 25 OHD Therapie

W. Koska, U. Lonsdorfer, C. Kunz, C. Kliems, H.v. Lilienfeld-Toal, E. Keck

Mehrere Gründe sprechen dafür, 25-Hydroxy-Vitamin D_3 anderen Vitamin D-Formen bei der Therapie von Patienten mit gastorintestinalen Erkrankungen, bei denen eine Calcium-Stoffwechselstörung besteht, vorzuziehen (v. Lilienfeld-Toal und Kunz 1984).

25-Hydroxy-Vitamin D_3 hat eine kürzere Halbwertszeit als Vitamin D_3, es ist deshalb leichter zu steuern. Es wird zum großen Teil unabhängig von der Fettresorption, die bei diesen Patienten wahrscheinlich gestört ist, intestinal absorbiert (Hepner et al. 1978, Wagonfeld et al.1 976) und 25-Hydroxy-Vitamin D_3 kann im Blut relativ leicht gemessen werden (Haddad et al. 1971).

Unter Verwendung pharmakokinetischer Daten über 25-Hydroxy-Vitamin D_3 kann errechnet werden, daß die Gabe von ca. 1 µg pro die/kg Körpergewicht zu einer Serum-Konzentration von etwa 100 ng/ml führt (Offermann 1980) - einem Wert weit oberhalb der normalen Konzentrationen (Haddad et al. 1971, v. Lilienfeld-Toal et al. 1977).

Als Tagesdosis werden 50 bis 150 µg empfohlen. Uns interessierte die Frage, welche 25-Hydroxy-Vitamin D-Konzentrationen tatsächlich im peripheren Blut erreicht werden, wenn eine solche Dosis appliziert wird.

Wir haben diese Frage an einem Kollektiv von Patienten untersucht, die sämtlichst Operationen am Gastrointestinal-Trakt hinter sich hatten, bei denen der Literatur zur Folge Störungen des Calcium-Phosphat-Stoffwechsels erwartet werden können (Eddy 1971, Gertner 1977, v.Lilienfeld-Toal et al. 1977). Die Patienten wurden aus dem in der Chirurgischen Universitätsklinik Bonn in den letzten Jahren operierten Patienten nach dem zufälligen Kriterium des Einverständnisses zu dieser Studie ausgewählt.

Es handelte sich um 15 Patienten mit einem Zustand nach partieller oder totaler Gastrektomie wegen Ulcuskrankheit sowie um 6 Patienten nach operativer Entfernung des terminalen Ileums aufgrund eines Morbus Crohn.

Bei diesen Patienten wurden vor Beginn der Einnahme von 100 µg/die 25-Hydroxy-Vitamin D (Dedrogyl[R], Albert-Roussel Pharma) und nach etwa drei Halbwertszeiten, d.h. nach 6 Wochen folgende Laborparameter gemessen: Serum-Calcium, Serum-Phosphat, alkalische Phosphatase im Serum, immunoreaktives Parathormon i-hPTH (v.Lilienfeld-Toal und Issa), und 25-Hydroxy-Vitamin D (Proteinbindungsassay nach LH 20 Chromatographie, Keck et al. 1981). Außerdem wurden allgemeine klinisch-chemische Untersuchungen zur Beurteilung der Krankheitsaktivität (BSG, Leukozyten, Elektrophorese) durchgeführt, die im Verlaufe der Studie bei allen Patienten normale Ergebnisse und nach Ablauf der 6 Wochen unveränderte Werte ergaben.

Die Werte des Serum-Calcium, des Serum-Phosphates und der alkalischen Phosphatase fanden sich vor und nach der Therapieperiode unverändert (Abb. 1), auch die Aufteilung der Gruppen nach gastrektomierten und Patienten mit Resektion des terminalen Ileums ergab keinen Hinweis auf eine Störung des Calcium-Phosphat-Stoffwechsels.

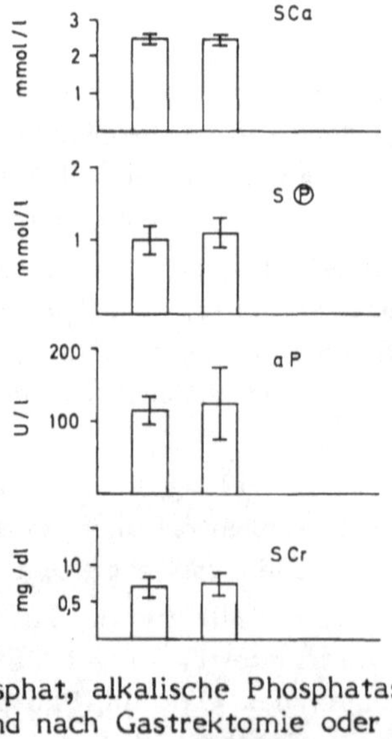

Abb. 1 Serum-Calcium, Phosphat, alkalische Phosphatase sowie Kreatinin bei 21 Patienten mit Zustand nach Gastrektomie oder Resektion des terminalen Ileums vor und nach einer sechswöchentlichen Gabe von 100 µg 25-OHD_3/die.

Die Ausgangswerte für das immunorekative Parathormon (0,45 ± 0,20 ng eq/ml (M±SE), normal 0,55 ng eq/ml) sowie für das 25-Hydroxy-Vitamin D (17 ± 4 ng, normal 10-20 ng/ml) lagen im Normbereich. Die Gabe von 25-Hydroxy-Vitamin D führte zu keiner signifikanten Veränderung der Parathormonkonzentrationen, während ein Anstieg des 25-Hydroxy-Vitamin D auf 30 ng/ml im Mittel erreicht werden konnte (Abb. 2, $p < 0,01$ im gepaarten t-Test).

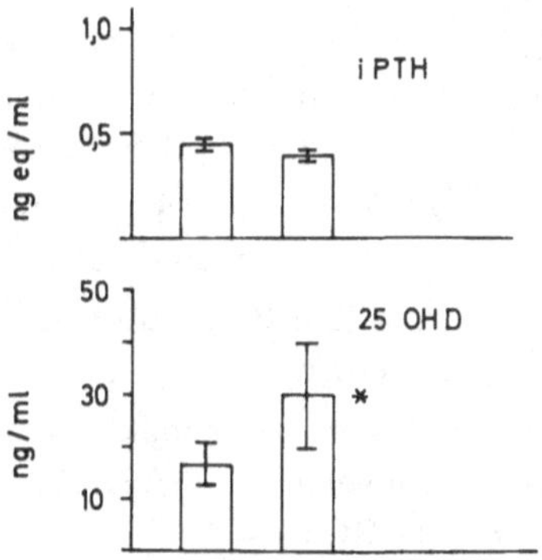

Abb. 2 Immunoreaktives Parathormon und 25 OHD bei derselben Gruppe von Patienten wie in Abb. 1.

Dieser Mittelwert liegt zwar wenig oberhalb des Normbereiches, er kann aber durchaus innerhalb physiologischer Schwankungen des 25-Hydroxy D zu unterschiedlichen Jahreszeiten auftreten.

Wir schließen aus dieser Untersuchung, daß entgegen theoretischen Berechnungen die vorgeschlagene Dosierung von Dedrogyl[R] bei Patienten, die keinen Hinweis auf eine Störung des Calcium-Stoffwechsels zeigen, keine exzessiven 25-Hydroxy D-Spiegel im Serum erzeugt.

Literaturverzeichnis

Eddy RL (1971) Metabolic bone disease after gastrectomy. Am J Med 50:442-449

Gertner JM, Lilburn M, Domenech M (1977) 25-Hydroxycholecalciferol absorption in steatorrhea and postgastrectomy osteomalacia. Br Med J: 1310-1312

Haddad JG, Chyu KJ (1971) Competitive protein-binding radioassay for 25-Hydroxy-cholecalciferol. J Clin Endocrinol Metal 33:992-995

Hepner GW, Jowsey J, Arnaud C, Gordon S, Black J, Roginsky M, Moo HF, Young JF (1978) Osteomalacia and celiac disease. Response to 25 hydroxyvitamin D. Amer J Med 65:1015-1020

Keck E, Krüskemper HL, v.Lilienfeld-Toal H (1981) Protein-Binding-Assay for 25-Hydroxy-, 24,25-Dihydroxy- and 1,25-Dihydroxy Metabolites of Vitamin D in Human Plasma. J Clin Chem Clin Biochem 19:1043-1050

v.Lilienfeld-Toal H, Mackes KG, Kodrat G, Ochs H, Sonnenberg A (1977) Plasma 25-hydroxyvitamin D and urinary cyclic AMP in german patients with subtotal gastrectomy (Billroth II). Am J Dig Dis 27:633-636

v.Lilienfeld-Toal H, Issa S (eingereicht) Parathormonbestimmung in zwei verschiedenen nicht aminoterminalen Radioimmunoassays.

v.Lilienfeld-Toal H, Kunz C (1984) Calcium-Phosphat-Stoffwechselstörungen bei gastrointestinalen Erkrankungen. Deutsch Med Wschr 109:147-151

Offermann G (1980) Gutachten zur Pharmakodynamik und Pharmakokinetik von Dedrogyl^{R}-Tropfen (25-Hydroxycholecalciferol, 25-(OH)D_3 in Propylenglykol). Firmenprospekt Dedrogyl^{R}, Albert-Roussell S. 9

Wagonfeld JB, Nemchausky BA, Bolt M, van der Horst J, Boyer JL, Rosenberg IH (1976) Comparison of vitamin D and 25-hydroxy-vitamin-D in the therapy of primary biliary cirrhosis. Lancet II:391-394

Osteopathien und Kalziumphosphat-Stoffwechsel bei gluteninduzierter Enteropathie

H.-P. Kruse, R. Tomforde-Brunkhorst, J.-D. Ringe

Die einheimische Sprue des Erwachsenen bzw. die Zöliakie des Kindes ist eine intestinale Erkrankung. Eine genetische Komponente ist wahrscheinlich. In Deutschland liegt die Sprue-Inzidenz bei ca. 1:3000.

Hervorgerufen wird die Schleimhautschädigung des Dünndarms durch gluten- bzw. gliadinhaltige Getreideprodukte. Pathognomonisch für die Sprue wie auch für die Zöliakie ist eine Zottenatrophie der Dünndarmschleimhaut, welche eine Malabsorption verursacht. Die Pathogenese ist auch nach neueren Überlegungen noch nicht endgültig geklärt (Jos und Arnaud-Battandier 1985).

Üblicherweise stehen Symptome wie Diarrhoen, abdominelle Beschwerden, Gewichtsverluste und eine allgemeine Schwäche im Vordergrund. Diese Symptome können aber auch ganz diskret verlaufen bzw. völlig fehlen, so daß erst die Mangelsymptome wie Knochenschmerzen, Tetanien und Anämien auffallen. Auch depressive Verstimmungen können auf eine einheimische Sprue hinweisen (Nielsen et al. 1985).

PATIENTEN

Es wurden 47 Patienten, die in der Abteilung Klinische Osteologie untersucht und behandelt worden waren, für diese Studie herangezogen. Bei den 32 weiblichen und 15 männlichen Patienten wurde die Diagnose "einheimische Sprue" durch die histologische Untersuchung der Dünndarmschleimhaut verifiziert.

Zur Zeit der Diagnosestellung waren die Patienten 15 bis 77 Jahre alt. Das Durchschnittsalter betrug 48,5 Jahre.

SYMPTOME

Über Skelettsymptome in Form von Schmerzen klagten 31 der 47 Patienten. In sechs Fällen waren die Knochenschmerzen das einzige Symptom.

Bei 32 Patienten standen zwar die Diarrhoen im Vordergrund, wobei 11 Patienten keine weiteren Symptome zeigten, aber erst das Auftreten von Skelettbeschwerden oder Tetanien führte bei den meisten Patienten zur Krankenhausaufnahme und letztendlich zur Diagnose. Unter Tetanien litten 13 Patienten. Bei einem Mann gab es außer den tetanischen Krämpfen keine weiteren Hinweise auf die Sprue-Erkrankung.

Die Knochenschmerzen waren vorwiegend im Rücken, im Bereich des Beckens und in den unteren Extremitäten lokalisiert.

Symptome von seiten des Magen-Darm-Traktes hatten sieben der insgesamt 47 Patienten schon einmal im Kindesalter gehabt. In drei Fällen bestanden Durchfälle seit der Kindheit. Bei den übrigen 37 Patienten tauchten die Beschwerden erstmals im Erwachsenenalter auf.

Die Diarrhoen waren meist rezidivierend mit unterschiedlicher Frequenz. Nicht selten kam es lediglich zu voluminösen Stühlen von normaler Konsistenz. 26 Patienten beklagten einen Gewichtsverlust. Eine depressive Symptomatik zeigten sechs Patienten, zwei Männer und vier Frauen.

Die Zeitdauer vom Auftreten der ersten Symptome bis zur Diagnosestellung betrug 1 bis 34 Jahre. Im Durchschnitt dauerte es 8,3 Jahre, bis eine ätiologische Behandlung begonnen werden konnte.

LABORERGEBNISSE

In Tabelle 1 sind die Ergebnisse der Laborchemie enthalten.

Das 25-OH-D_3 im Blut wurde bei 16 Patienten bestimmt. Nur in drei Fällen konnte ein normaler Serumspiegel gemessen werden. Bei den anderen 13 Patien-

Tab. 1 Klinisch-chemische Befunde bei einheimischer Sprue

		Normbereich	x	±s	n
Serum					
Calcium	(mmol/l)	2,13 - 2,63	2,07	0,26	47
Phoshor	(mmol/l)	0,77 - 1,50	1,15	0,26	40
alk. Phosphatase	(U/l)	40 - 90	230	211	44
Gesamteiweiß	(g/l)	60 - 80	63	7,58	46
Albumin	(g/l)	35 - 50	37	6,36	45
Urin					
Calcium	(mmol/d)	2,5 - 7,5	1,02	1,37	37
Phosphor	(mmol/d)	13 - 38	19,5	9,36	35
Hydroxyprolin	(mg/d/	12 - 28	62,6	42,1	10
Stuhlfett	(g/d)	max 7	16,9	11,9	31

Für die Serumwerte von Calcium, Phosphor und alk. Phosphatase wurden in der Regel 3 Meßwerte pro Patient berücksichtigt, ebenso für die Werte von Calcium und Phosphor im Urin.
Für Gesamteiweiß und Albumin im Serum sowie Hydroxyprolin im Urin wurde 1 Wert je Fall zur Mittelwertberechnung herangezogen.

ten war die Konzentration des 25-OH-D_3 mit durchschnittlich 3,51 µg/l (s=±2,2) deutlich erniedrigt.

Das Parathormon im Serum zeigte bei 20 Patienten mit im Mittel 114% (s=±81) erhöhte Werte.

Die Absorptionsfähigkeit der Dünndarmschleimhaut wurde bei 34 Patienten mittels eines D-Xylose-Tests überprüft. Normale Werte boten drei Patienten. In zwei Fällen fand sich ein Grenzbefund. Die übrigen Patienten zeigten deutlich pathologische Werte. Im Mittel war die D-Xyloseausscheidung im Urin mit 15,8% (s=±9,1) erheblich vermindert (normal: über 30%, Grenzbefund: 25 - 30%, pathologisch: unter 25% Ausscheidung).

Knochenhistologie

Eine Knochenbiopsie wurde bei 32 Patienten am Beckenkamm entnommen. In 19 Fällen ließ sich eine Osteomalazie und in sieben Fällen eine Osteoporose nachweisen. Drei Patienten boten Mischbilder aus diesen beiden generalisierten Osteopathien. In einem Fall bestand zusätzlich noch eine Ostitis fibrosa generalisata. Bei insgesamt 19 Patienten waren die Zeichen eines sekundären intestinalen Hyperparathyreoidismus in der Histologie erkennbar.

Die Tabelle 2 zeigt, daß die Störung des Kalziumhaushaltes bei den Patienten mit einer Osteomalazie und den Zeichen einer Nebenschilddrüsenaktivierung am ausgeprägtesten war.

Tab. 2 Klinisch-chemische Befunde bei verschiedenen generalisierten Osteopathien
(z. Vgl.: 2 Patienten ohne Knochenerkrankung)

Knochenbefund	AP U/l	Serum Ca mmol/l	P mmol/l	Urin Ca mmol/d	P mmol/d
Osteomalazie mit sek. int. HPT n = 12	424	1,90	1,18	0,57	19,9
Osteomalazie n = 5	305	2,15	0,97	0,76	15,1
Osteoporose mit sek. int. HPT n = 3	113	2,21	1,06	1,09	11,0
keine Osteopathie n = 2	85	2,24	1,06	2,15	27,0

Pro Patient wurden jeweils 3 Werte für die Mittelwertberechnung herangezogen.
Normwerte siehe Tabelle 1.

Dünndarmhistologie

Eine mikroskopische Untersuchung der Dünndarmschleimhaut wurde mit einer Ausnahme bei allen Patienten durchgeführt. Die für die einheimische Sprue charakteristische Zottenatrophie war bei 42 Patienten sichtbar. In vier Fällen fanden sich lediglich chronische Entzündungen oder Zottenoedeme.

Osteodensitometrie

Die bei 27 Patienten durchgeführte quantitative Analyse des Knochenmineralgehaltes am distalen Radius mittels ^{125}J-Photonenabsorptionstechnik deckte deutliche Mineralverluste auf.

Signifikante Unterschiede zeigten sich bei den Patienten mit und ohne Skelettbeschwerden sowie zwischen Osteomalazien und Osteoporosen (Tabelle 3).

Tab. 3: Befunde der Osteodensitometrie bei einheimischer Sprue

	Knochenmineralgehalt in Prozent der Norm			
	am 1/3-Punkt des Radius	$\pm s$	am 1/10-Punkt des Radius	$\pm s$
27 Patienten zur Zeit der Erstuntersuchung	69,6%	15,8	64,0%	15,8
14 Patienten mit Skelettsymptomen im Vordergrund	66,6%	16,0	60,9%	15,3
8 Patienten ohne Skelettsymptome	84,0%	13,0	77,9%	16,5
16 Patienten mit Osteomalazie	66,4%	15,4	59,1%	13,9
7 Patienten mit Osteoporose	77,0%	13,2	70,1%	10,4

Röntgen

Die Röntgenuntersuchung des Skelettsystems ließ in 29 von 38 untersuchten Fällen eine deutliche Demineralisation bzw. eine erhöhte Strahlentransparenz der Knochen erkennen. Spontanfrakturen, Wirbelkörpereinbrüche bzw. Fischwirbel sowie Keilwirbel wurden in sieben Fällen gesehen. Bei drei von neun Patienten mit Looserschen Umbauzonen waren zusätzlich noch Frakturen aufgetreten.

DISKUSSION

Die klassischen zu erwartenden Symptome der einheimischen Sprue sind Durchfall, Gewichtsverlust und Steatorrhoe. Es werden aber immer wieder Fälle beobachtet, in denen diese Beschwerden im Hintergrund stehen oder auch völlig fehlen. Sieben unserer Patienten zeigten keinerlei Darmsymptome. Über fünf ähnliche Fälle von Sprue, bei denen es ausschließlich zu Skelettsymtpomen kam, berichtete Juergens et al. 1956.

Burkholder et al. 1965 beschrieb Patienten, die seit ihrer Kindheit Beschwerden im Skelettbereich hatten. Die Knochenschmerzen sowie auch die anderen Symptome unserer Patienten traten jedoch überwiegend erst im Erwachsenenalter auf.

Die Problematik für die Patienten mit untypischen Symptomen liegt darin, daß teilweise jahrelang nur eine Symptomtherapie durchgeführt wird.

Typische Laborbefunde bieten die Möglichkeit, schon früher an ein Malabsorptionssyndrom zu denken. Bartelheimer und Kuhlencordt 1965 fanden heraus, daß eine starke Hypokalziurie gerade bei Patienten mit Osteomalazie ein wertvolles diagnostisches Zeichen eines sekundären Hyperparathyreoidismus darstellt. So zeigten doch fast alle Patienten stark erniedrigte Werte von Kalzium im 24-Stunden-Urin. Auch die übrigen Laborbefunde, besonders die deutliche Hypokalzämie neben den erhöhten Werten des Parathormons im Serum sprechen für eine Stimulierung der Nebenschilddrüsen.

Auf eine Malabsorption deuteten die erniedrigten Konzentrationen von 25-OH-D_3 im Serum wie auch die verringerte D-Xylose-Ausscheidung, die unabhängig von den Beschwerden bei allen Patienten zu finden war, hin. Erstaunlicherweise lagen jedoch die Blutwerte von Gesamteiweiß und Albumin, trotz nachgewiesener Darmschädigung im Normbereich.

Die Erkenntnis von Harris et al. 1969, daß zwischen den Konzentrationen der alkalischen Serumphosphatase und dem Auftreten einer Osteomalazie eine signifikante Korrelation besteht, konnten wir, wie die Tabelle 2 zeigt, nachvollziehen.

Die Werte der alkalischen Serumphosphatase und der Hydroxyprolinausscheidung als ein Maß des Knochenumbaus korrelierten ebenfalls miteinander. Crabbé und Isselbacher 1965 fanden zwar heraus, daß bei Verbesserung der Malabsorption die Hydroxyprolinurie sich wieder normalisiert, eine direkte Korrelation zwischen den beiden Laborparametern konnten sie jedoch nicht feststellen.

Wie die Ergebnisse der Dünndarmhistologie zeigen, ist es möglich, die Diagnose durch die Darmbiopsie in fast allen Fällen zu sichern. Auch bei den sieben

Patienten, die keine Diarrhoen in der Anamnese hatten, war eine Zottenatrophie nachweisbar.

Literaturverzeichnis

Bartelheimer H, Kuhlencordt F (1965) Der sekundäre Hyperparathyreoidismus beim primären und sekundären Malabsorptionssyndrom. Dtsch Arch Klin Med 210:98-118

Burkholder PK, DuBoff EA, Filmanowicz EV (1965) Nontropical sprue with secondary hyperparathyroidism. Amer J Digestive Diseases 10, No 1:75-84

Crabbé P, Isselbacher KJ (1965) Urinary hydroxyprolin excretion in malabsorption states. Gastroenterology 48, No 3:307-311

Harris OD, Warner M, Cooke WT (1969) Serum alkaline phosphatase in adult coeliac disease. Gut 10:655-658

Jos J, Arnaud-Battandier F (1958) Etiopathogéenie de la maladie coeliaque: attrait et fragilité des hypothèses. La Presse Medicale 14, No 18:1027-1030

Juergens JL, Scholz DA, Wollaeger EE (1956) Severe osteomalacia associated with occult steatorrhea due to nontropical sprue. Arch int Med 98:774-782

Nielsen OH, Jacobsen O, Pedersen ER, Rasmussen SN, Petri M, Laulund S, Jarnum S (1985) Non-tropical sprue malignant diseases and mortality rate. Scand. J. Gastroenterol. 20:13-18

IV Entzündliche und degenerative Knochen- und Gelenkerkrankungen

Frühdiagnostik der Knochennekrose durch magnetische Resonanz-(MR)-Tomographie

K. Lehner, N. Rupp, M. Reiser, B. Allgayer, P. Lukas

Die radiologische Skelettdiagnostik orientiert sich in erster Linie an der verkalkten Knochensubstanz. Die magnetische Resonanz-(MR)-Tomographie erfaßt hingegen vor allem den Knochenmarkraum (Brady et al. 1983, Moon et al. 1983, Reiser et al. 1983, Rupp et al. 1985). Daher können Veränderungen, die sich vorwiegend auf den Markraum erstrecken, besser durch die MR-Tomographie erfaßt werden. Die Knochennekrose führt zunächst zu Veränderungen des Markraumes, während die verkalkte Knochensubstanz erst später betroffen wird. Somit bietet sich die MR für die frühzeitige Erfassung dieser Erkrankung an.

Untersuchungstechnik und Patientengut

Technische Daten der benutzten Geräte mit 0,2 Tesla Widerstandsmagnet bzw. 0,35 Tesla supraleitendem Magneten und die routinemäßig benutzte Meßmethodik sind an anderer Stelle beschrieben (Reiser et al. 1983). Es wurden 28 Patienten mit Knochennekrosen untersucht. Bei den 18 Patienten mit einer Hüftkopfnekrose des Erwachsenen wurden alle Stadien dieser Erkrankung gefunden. Davon war bei 3 Patienten mit unklaren Hüftbeschwerden das Röntgenbild unauffällig, die MR hingegen ergab eindeutige Zeichen einer Nekrose. Es wurden außerdem 2 Patienten mit M.Perthes, 6 Patienten mit Osteochondrosis dissecans des inneren Femurkondylus und des Talus und 2 Patienten mit Nekrose des äußeren Femurkondylus untersucht. Patientenkollektive mit diesbezüglich unauffälliger Klinik dienten zum Vergleich. Die Bestätigung der Diagnose erfolgte meist durch Operation. Abbildungen werden hier nur für die aseptische Nekrose des Hüftkopfes gegeben.

ERGEBNISSE

Alle Patienten mit röntgenologisch nachgewiesener Hüftkopfnekrose zeigten auch im MR-Tomogramm typische Veränderungen wie Deformierung des Hüftkopfes, segmentalen Befall, Marknekrose ohne/mit Sklerose bzw. Fibrose, Betonung der Knochen-Knorpellamelle oder Gelenkerguß. Bei drei weiteren Patienten mit Hüftgelenksbeschwerden ohne sichere Veränderungen im Röntgenbild waren im MR-Bild eindeutige Befunde in den Hüftköpfen feststellbar. Röntgenuntersuchungen ließen erst zu späteren Zeitpunkten die Nekrose erkennen (Abb. 1a,b). Verminderte Signale (dunkel) des betroffenen Bezirks des Hüftgelenks im T_1-betonten Bild waren der häufigste Befund, der sich dadurch deutlich von den hohen Signalen (hell) des normalen Knochenmarks abhob. Der für MR allgemein charakteristische hohe Kontrast erleichtert auch hier die Diagnose erheblich. Bei der relativ frischen Nekrose ohne deutliche Sklerose im Röntgenbild zeigten sich im T_2-betonten Bild (Abb. 2) wieder vermehrt Signale, so daß jetzt die Nekrose nicht mehr gegen das normale Knochenmark sicher abgrenzbar war. Die mitunter auch in diesem Stadium vorhandene geringe Fibrose weist dann auf die Natur der Erkrankung hin und ergibt ein "fleckiges" Bild des Hüftkopfes.

Fibrose, aber auch Sklerose geben signalarme Areale im Knochenmark, und zwar bei allen Sequenzzeiten, sie können unterschiedlich stark ausgeprägt sein und, wenn sie zusammen mit nekrotischen Teilen vorkommen, jenes fleckige Bild wiedergeben (Abb. 2). Ist die Fibrose ausgeprägter, überwiegen die Signalausfälle, wie wir dies in einem Zwischenstadium sehen. Röntgenologische Veränderungen kommen jetzt in typischer Weise zur Darstellung. Im späteren Stadium ist nur noch die Fibrose oder Sklerose dargestellt, so daß hier der Hüftkopf in allen Sequenzzeiten homogene und an der für Nekrose typischen Stelle verminderte Signale zeigt (nicht gezeigt). Die Darstellung einer Knorpel-Knochenlamelle des Hüftkopfes (Abb. 2) kommt bei Untersuchungen mit dem supraleitenden Magneten beinahe regelmäßig zur Darstellung und ist ein zuverlässiges Zeichen der Erkrankung.

Die Lokalisation der Veränderungen in der Hüftkopfkalotte ist für die Nekrose typisch, nämlich ventro-kranio-lateral. In der Regel ist die wahre Ausdehnung der Nekrose im MR-Bild besser erfaßbar als im konventionellen Röntgenbild oder in

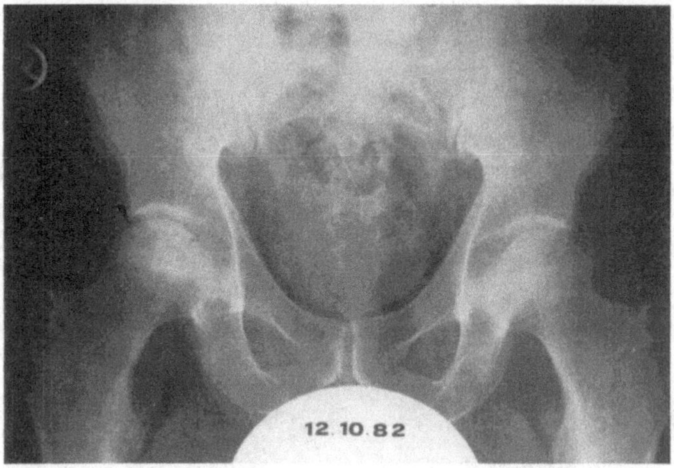

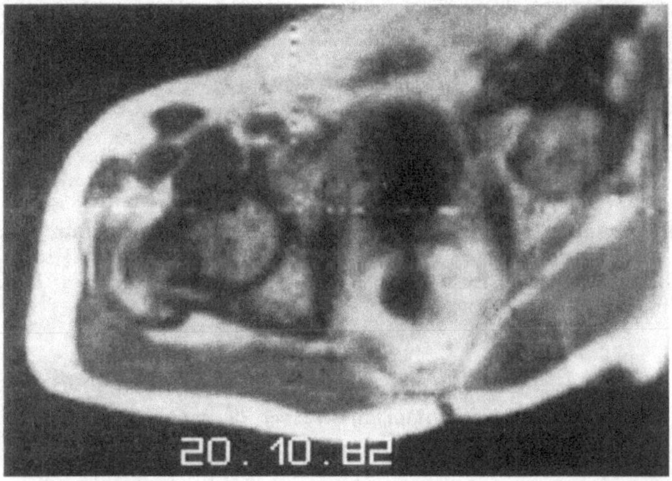

Abb. 1 a,b 44-jähriger Mann mit Beschwerden im rechten Hüftgelenk seit 2 Monaten. a) Leichte Verdichtungen des rechten Hüftkopfes, diskrete Stufe (Pfeilkopf) laterokranial als Zeichen der relativ frischen Nekrose. Der linke Hüftkopf ist vollkommen unauffällig. b) T_1-betonter Transversalschnitt (SE-Modus, T_R/T_E=300/35 msec) in Höhe beider Hüftköpfe: beidseits fleckförmige Signalminderung in beiden Hüftköpfen als Zeichen einer beidseitigen Nekrose. Nach 14 Monaten auch links klinisch röntgenologische Manifestation der Hüftkopfnekrose.

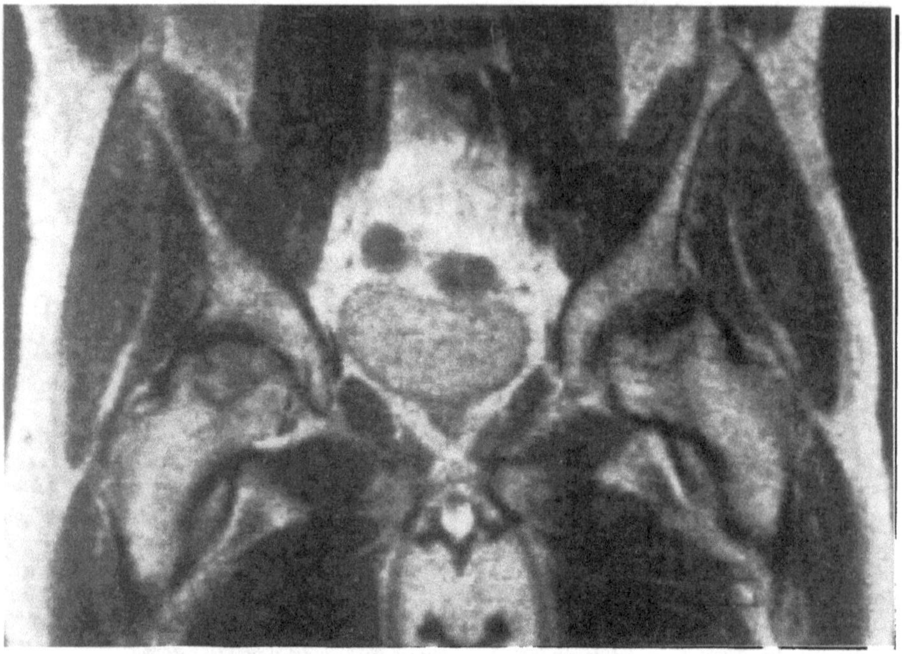

Abb. 2 Beidseitige Hüftkopfnekrose eines 45-jährigen Mannes. T_2-betonter Coronarschnitt (SE-Modus, T_R/T_E=1500/60 msec) in der Ebene der Hüftköpfe. Im rechten Hüftkopf teilweise helle Signale neben signalarmen Zonen als "fleckiges" Bild im intermediären Stadium. Im linken Hüftkopf unverändert wenig Signale im T_2-betonten Bild als Ausdruck des Spätstadiums der Sklerose. Deutliche Darstellung der Knorpellamelle (Pfeilköpfe) des Hüftkopfes.

der CT. Sie überschreitet nicht selten die durch das Röntgenbild dargestellte sklerotische Demarkierung und entspricht besser dem pathologischen Befund.

Die beiden von uns untersuchten Fälle von M. Perthes waren bereits in fortgeschrittenen Stadien und zeigten eine Signalminderung der ganzen Epiphyse (nicht gezeigt) im T_1- und T_2-betonten Bild, was der im Röntgenbild dargestellten sklerosierten Epiphyse entsprach. In beiden Fällen war der Raum zwischen Epiphyse und Acetabulum durch eine Struktur mittlerer Signalintensität ausgefüllt und dürfte, obgleich in ihrer Intensität nicht ganz typisch, einem Erguß entsprechen. Die Gelenkfläche des Acetabulums war darüber hinaus in beiden Fällen unscharf abgrenzbar. Der Gelenkknorpel, der bei jungen Menschen regelmäßig im Normalfall erkennbar ist, war hier an der Hüftkopfepiphyse nicht nachweisbar.

Die vier Patienten mit Osteochondrosis dissecans des medialen Femurkondylus an typischer Stelle und die zwei Patienten mit der des Talus an seiner tibialen Gelenkfläche ließen in allen Fällen ähnliche Veränderungen erkennen (nicht gezeigt): Im Dissekat zeigte sich eine umschriebene Signalerhöhung ähnlich der des Knochenmarks, der umgebende Knochen war als Sklerosesaum erkennbar. Eine

Unterbrechung der Corticalis oder des Knorpels konnte nicht nachgewiesen werden und entsprach damit den Untersuchungen durch konventionelle Röntgendiagnostik oder CT.

DISKUSSION

Wie bei anderen Erkrankungen des Skelettsystems (Reiser et al. 1983) ist auch bei der Knochennekrose das Knochenmark im MR ein sensibler Indikator für eine Veränderung, wenn auch zunächst auf die Natur der Erkrankung, ob Tumor, Entzündung, Nekrose oder Dysplasie kein Rückschluß erlaubt ist.

Die MR-Diagnose umfaßt sowohl Charakteristika der reinen Nekrose, d.h. im typischen Fall Signalarmut (dunkel) im T_1-betonten und vermehrte Signale (hell) im T_2-betonten Bild, als auch Zeichen der Fibrose und Sklerose, d.h. Signalarmut im T_1- und T_2-betonten Bild. Daraus könnte für die Hüftkofpnekrose eine Stadieneinteilung abgeleitet werden, die den Vorteil hätte, Stadien zu erfassen, die röntgenologisch noch nicht erfaßbar sind. Das Stadium I der Nekrose wäre dann durch Signale im T_2-betonten Bild gekennzeichnet, die praktisch den ganzen Hüftkopf einnehmen, wobei das Röntgenbild noch keine Veränderung zeigt. Das Stadium II, das Intermediärstadium, würde ein Bild zeigen mit teils signalreichen, teils signalarmen Bezirken im T_2-betonten Bild als Ausdruck von Nekrose und Fibrose bzw. Sklerose nebeneinander. In diesem Stadium dürften die meisten Erkrankungen anzutreffen sein. Das Stadium III der Sklerose bzw. Fibrose, in dem der gesamte Hüftkopf im T_2-betonten Bild signalarm ist, wäre dann ein Spätstadium. In allen drei Stadien ist das nekrotische Areal im T_1-betonten Bild signalarm.

Typisch für die Osteochondrosis dissecans scheint das knochenmarkhaltige Dissekat zu sein, sofern dieses groß genug ist. Die Zone der dissezierenden Chondrose, die angrenzenden Strukturen, der Knorpel, die Kortikalis, der Knochenmarksraum sind völlig unauffällig, so daß aufgrund all dieser Zeichen durch MR eine ebenso sichere Diagnose der Erkrankung wie durch Röntgenuntersuchung möglich ist. Ob eine Frühdiagnose bei dieser Erkrankung möglich sein wird, muß weiter abgewartet werden. Eine Differenzierung zur Arthrose ist aufgrund der gleichen Kriterien wie bei der Hüftkopfnekrose möglich.

Unsere Erfahrungen mit der Nekrose der Femurkondylen sind zu begrenzt, um gültige diagnostische Schlußfolgerungen aus den gefundenen Symptomen zu ziehen. Im Gegensatz zur Hüftkopfnekrose fiel lediglich die fehlende Abgrenzbarkeit der Knorpel-Knochenlamelle auf. Die Nekrose mit der Sklerose zeigt sich hier vorwiegend im signalarmen T_1- und T_2-betonten Bild.

Das wahre Ausmaß der Nekrose scheint, wie Vergleiche mit exstirpierten und histologisch aufgearbeiteten Hüftköpfen gezeigt haben, durch MR besser erfaßbar zu sein als durch radiologische Methoden, CT eingeschlossen. Der segmentale Befall des Knochenmarkraumes ist in dreidimensionaler Ansicht genau darzustellen, wenn 2 oder 3 verschiedene Schichtebenen gewählt werden. Dadurch ist sowohl die genaue Lokalisation der Nekrose innerhalb des kugelförmigen Körpers des Hüftkopfes möglich als auch die Angabe, wieviel Prozent des Gesamtvolumens des Kopfes nekrotisch sind. Für die Knochennekrose des Kniegelenks dürfte ähnliches gelten. Hier zeigt die MR-Untersuchung in beiden Fällen einen wesentlich größeren von der Nekrose befallenen Bezirk als das konventionelle Röntgenbild und die CT-Untersuchung in axialer Ebene und in Spezialprojektionen. Bei der Osteochondrosis dissecans stimmte die Größe des Dissekates im MR und im Röntgenbild gut überein.

Literaturverzeichnis

Brady TJ, Rosen BR, Pykett IL, McGuire MH, Mankin HJ, Rosental DI (1983) NMR imaging in leg tumors. Radiology 149:184-187

Moon K, Genant HK, Helms CA, Chaletz NL, Crooks NI, Kaufmann L (1983) Skeletal applications of nuclear magnetic resonance. Radiology 147:161-171

Reiser M, Rupp N, Stetter F (1983) Erfahrungen bei der NMR-Tomographie des Skelettsystems. Fortschr Röntgenstr 139:365-372

Rupp N, Reiser M, Hipp E, Heller H, Lukas P, Allgayer B, Hawe W (1985) Diagnostik der Knochennekrose durch magnetische Resonanz-(MR)-Tomographie. Fortschr Röntgenstr. 142:134-137

Stellenwert der Kniegelenkarthroskopie aus diagnostischer und therapeutischer Sicht

W. van Laack, A. Refisch

Ohne die Möglichkeit einer diagnostischen Arthroskopie können Kniebinnenschäden klinisch durch geeignete Untersuchungsmethoden eines versierten Untersuchers oder durch röntgenologische Methoden diagnostiziert werden. Zu den letzteren gehören die beiden Standard-Nativaufnahmen des Knies im anterior-posterioren Strahlengang sowie seitlich, ergänzt durch zwei weitere Aufnahmen, der Frik'schen Brückenaufnahme zur Beurteilung der intercondylären Grube und der Patella-axial-Aufnahme zur Beurteilung der Kniescheibe und des retropatellaren Gleitlagers. Dazu gesellt sich die Arthrographie, vor allem zur Darstellung von Meniskusschäden als indirekte Methode. Moderne und teure Verfahren erweitern dieses Spektrum: die Computertomographie und Kernspintomographie. Eine subtile klinische Diagnostik kann bei Vorliegen eines einzelnen Kniebinnenschadens oft sehr genaue Ergebnisse liefern und bleibt unverzichtbar. Letzte Gewißheit aber kann sie niemals bieten. Auch bei Vorhandensein multipler Schäden, was mit zunehmendem Alter oder je nach Verletzungstyp häufiger zu erwarten ist, hilft sie nur in beschränktem Umfang weiter und ist mehr richtungsweisend als exakt diagnostisch. Zur Beurteilung von Weichteilschäden des Kniebinnenraumes bieten, wie auch für Knorpelschäden, röntgenologische Verfahren oft nur sehr bedingt brauchbare Hinweise. Die Wertigkeit neuerer Darstellungsverfahren ist noch nicht abschließend beurteilbar: Zu viele Untersuchungen müssen noch folgen und dürften noch lange auf sich warten lassen.

Einen zwar invasiven, aber sehr komplikationsarmen und heutzutage unübertroffen sicheren Ausweg bietet die Arthroskopie des Kniegelenkes:

Im Jahre 1917 nahm der Japaner Takagi erstmals eine Kniegelenksarthroskopie mit einem Zystoskop vor.

Der Schweizer Bircher arthroskopierte 1921 bereits am menschlichen Knie.

Nach dem zweiten Weltkrieg kamen die entscheidenden Impulse zur Weiterentwicklung der Arthroskopie wieder aus Japan: Watanabe erweiterte in den 50er Jahren die Arthroskopie des Kniegelenks durch Entwicklung von geeigneten Arthroskopen, Beleuchtungseinrichtungen und Instrumenten und standardisierte erstmals die Untersuchungstechnik. Durch Weiterentwicklsung der Linsensysteme und Glasfasern zur Lichtleitung, z.B. durch Ohnsorge 1969 kamen auch Impulse aus Europa zur Verbesserung dieser Technik. Bis in jüngste Zeiten war die Kniegelenksarthroskopie jedoch nur durch direkte Betrachtung der Kniebinnenstrukturen mit dem Auge des Untersuchers durch das Arthroskop möglich. Dies bereitete immer wieder Sorgen wegen der Beibehaltung der Sterilität. Der arthroskopische Eingriff blieb in der Regel diagnostisch-inspektorisch und sollte kurz sein, was Fehler in der Treffsicherheit nicht ausbleiben lassen konnte. Auch war der Eingriff für den Untersucher meist recht anstrengend, da er zur Inspektion weiterer Bereiche des Kniebinnenraumes starke körperliche Verschränkungen vornehmen mußte. Auch mußte immer ein starker Assistent als Beinhalter dienen.

Erst vor wenigen Jahren wurde die Arthroskopie von diesen Einschränkungen schlagartig befreit und ist nun dabei, sich boomartig zu entwickeln.

Moderne Bildübertragungsverfahren mit sicher desinfizierbaren Kamerasystemen, die, klein und handlich, auf das Arthroskop aufgesetzt werden, Monitoren zur Bildüberwachung und Videoaufzeichnungsanlagen haben es ermöglicht, daß der Operateur weitgehend aufrecht, und bei Benutzung von industriell vertriebenen Beinhaltern auch ohne Assistenten, sowie ohne Beeinträchtigung der Sterilität in Ruhe eine vollständige arthroskopische Kniegelenkinspektion vornehmen kann.

Der Kniebinnenraum wird nur noch über den Monitor eingesehen und kann somit auch von mehreren Beobachtern ungestört kontrolliert werden. Eine bessere und konsequente, nicht mehr autodidaktische Ausbildung des Operateurs ist dadurch gewährleistet. Das Geschehen kann auf Videoband nach Belieben dokumentiert werden.

Mittels dieser Technik kann ein versierter Operateur nahezu alle Winkel und Strukturen eines Kniegelenks ohne Schwierigkeiten einsehen und bei ausreichender Erfahrung auch beurteilen. Damit erweist sich die rein diagnostische Arthroskopie des Kniegelenks allen anderen Untersuchungsverfahren als überlegen.

Diese Überlegenheit gilt besonders auch für die Diagnose von Mehrfachschäden sowie Diagnose und Grading von Knorpelschäden im Knie. Die Planung eventuell später vorzunehmender größerer Eingriffe oder geeigneter konservativer Maßnahmen läßt sich nach arthroskopischer Beurteilung des Kniebinnenraumes fundierter vornehmen. Bei unserer klinischen Knieuntersuchung im Rahmen der Diagnostik von Meniskusschäden können wir nun allerdings nicht mit den teilweise exzellenten Trefferquoten aufwarten, wie sie in der Literatur vorzufinden sind (Hertel und Schweiberer 1976).

Auch die Arthrotomie des Kniegelenks, konventionellerweise zur weiteren Exploration herangezogen, erlaubt im direkten Verlgeich mit der Arthroskopie nur eine erheblich geringere Einsicht und damit auch Treffsicherheit. Darüber hinaus ist der Eingriff unvergleichlich größer und die postoperative Komplikationsgefahr, z.B. durch Infektion, deutlich höher. Auch sind die Krankenhausliegedauer und die Zeit bis zur vollständigen Rehabilitation postoperativ erheblich größer als nach Arthroskopie.

Infolge des nun möglichen sterilen arthroskopischen Arbeitens wurde der Arthroskopie ein weiteres Terrain eröffnet: Die arthroskopische Chirurgie. Ihre Möglichkeiten sind trotz stürmischer Entwicklung längst nicht erschöpft.

Meist unter arthroskopischer Sicht werden je nach Bedarf weitere kleine Zugänge in das Gelenk gelegt, durch welche eine Vielzahl verschiedener Instrumente in das Knie eingeführt werden können. Allein durch Einführen eines Tasthäkchens erweiterte sich das Blickfeld des Arthroskopikers erneut: Bislang verborgen gebliebene Schäden können nun zusätzlich ertastet werden, was der diagnostischen Treffsicherheit ein noch größeres Ausmaß verleiht.

Daneben können mit Hilfe anderer Instrumente, wie kleinen Zangen, Haken, Messern oder Scheren, bis hin zu elektrisch betriebenen Shavern, Bohrern, Fräsen oder Elektromessern, Meniskusresektionen, Knorpelglättungen, Bohrungen oder Entfernungen von freien Gelenkkörpern vorgenommen werden. Noch längst nicht Routine, aber sicher im Kommen sind arthroskopisch kontrollierte Meniskusrefixationen, Synovektomien oder Kreuzbandplastiken.

Wichtigste Voraussetzung, um auch in Zukunft komplizierteren arthroskopisch chirurgischen Eingriffen eine Überlegenheit des Verfahrens zu anderen operativen Eingriffsformen zu erzielen, müssen die deutliche Verbesserung einerseits des angebotenen Instrumentariums sein (man hat oft den Eindruck, der Arthroskopiker paßt sich den industriellen Vorlagen an und nicht die Industrie den aktuellen Notwendigkeiten des arthroskopischen Eingriffs) und andererseits die Ausbildung des Operateurs. Mißerfolge unerfahrener Arthroskopiker könnten sonst das ganze Verfahren in Verruf bringen.

Der arthroskopische Eingriff, ob rein diagnostisch, oder auch therapeutisch, führt nur selten zu ernsteren Komplikationen. Mit einer Infektion ist nur mit einer Häufigkeit von etwa 1°/oo zu rechnen. Statistische Nachuntersuchungen herkömmlich mit Arthrotomie operierter Patienten im Vergleich zu arthroskopisch Operierten zeigen, daß letztere eine in der Regel deutlich verminderte postoperative Rehabilitation benötigen.

Zusammenfassend kann gesagt werden, daß die diagnostische Arthroskopie des Kniegelenks heute von einer durch keine andere Untersuchung zu übertreffenden

Sicherheit ist. Neben der reinen Inspektion gehört die arthroskopisch kontrollierte Gelenkaustastung mit einem Palpationshäkchen heute obligat zu jeder arthroskopischen Untersuchung. Eine Reihe von Eingriffen am Kniegelenk, wie z.B. bei praktisch allen Meniskopathien und bei vielen Knorpelveränderungen können inzwischen arthroskopisch kontrolliert vorgenommen werden.

Infolge der auch der konventionellen Arthrotomie weit überlegenen Beurteilbarkeit selbst schwer zugänglicher Kniebinnenstrukturen, können solche Eingriffe auch selektiv durchgeführt werden.

Die Kniegelenksarthroskopie befindet sich als therapeutischer Eingriff auf dem Vormarsch. Eine weitere Verbesserung ihrer Wertigkeit aus therapeutischer Sicht hängt auch von der Entwicklung geeigneteren Instrumentariums und von der Verbesserung der Ausbildungsqualität arthroskopisch arbeitender Ärzte ab.

Wegen der geringen Komplikationsgefahr kann die Indikation zur Arthroskopie eher großzügig gestellt werden. Folgende Indikationen sollten zu einem arthroskopischen Eingriff führen:

Abb. 1 Indikationen zur Arthroskopie des Kniegelenks

Literaturverzeichnis

Bircher E (1921) Die Arthroendoskopie, Zbl Chir 48:1460

Glinz W (1979) Diagnostische Arthroskopie und arthroskopische Operationen am Kniegelenk, Verlag Hans Huber, Bern - Stuttgart - Wien

Haage H, Watanabe M (1973) Arthrographie und Arthroskopie - Betrachtungen über die Wertigkeit der Methoden, Z. Orthop. 111:178

Henche HR (1978) Die Arthroskopie des Kniegelenks, Springer-Verlag, Berlin, Heidelberg, New York

Hertel P, Schweiberer L (1982) Die Arthroskopie des Kniegelenkes. Deutsches Ärzteblatt 19:29

O'Connor RL (1977) Arthroscopy. JB Lippincott, Philadelphia - Toronto

Ohnsorge J (1969) Farbphotographie des Kniegelenkinnenraumes über ein neues Glasfiberendoskop. Langenbecks Arch klin chir 325:965

Ohnsorge J (1969) Arthroskopie des Kniegelenkes mittels Glasfasern. Z. Orthop. 106:535

Ohnsorge J (1970) Die Arthroskopie des Kniegelenkes. Fortschr. Endoskopie 2:29

Shariaree H (1984) O'Connor's Textbook of Arthroscopic Surgery. J.P. Lippincott, Philadelphia

Watanabe M (1968) Arthroscopic diagnosis of the internal derangements of the knee joint. J Jap Ortop Ass 42:993

Watanabe M, Takeda S, Ikesuchi H (1957) Atlas of Arthroscopy, Igaku-Shoin Ltd., Tokio

Watanabe M, Takeda S, Ikesuchi H (1969) Atlas of Arthroscopy. Igaku-Shoin Ltd., Tokio

Watanabe M, Takeda S, Ikesuchi H (1979) Atlas of Arthroscopy. Springer-Verlag, Berlin - Heidelberg - New York

Experimentelle und klinische Untersuchungen zum Nachweis entzündlicher Knochen- und Gelenkerkrankungen im NMR-Tomogramm

M. Reiser, N. Rupp, K. Lehner, W. Erhard, Ch. Hannig, K. Pfänder, R. Bauer, H.P. Niendorf, B. Allgayer, A. Binder

Voraussetzung für eine adäquate Behandlung von Knochen- und Gelenkinfektionen ist eine frühzeitige Erkennung. Die Diagnostik stützt sich derzeit weitgehend auf Röntgennativdiagnostik und nuklearmedizinische Untersuchungen, bei speziellen Fragestellungen auch auf die Computertomographie. Ziel der vorliegenden Untersuchungen war es festzustellen, welche Veränderungen bei entzündlichen Knochen- und Gelenkerkrankungen im MR (Magnetische Resonanz)-Tomogramm zu finden sind und wie ihre Wertigkeit im Vergleich mit den anderen bildgebenden Verfahren zu beurteilen ist.

METHODIK

Die Untersuchungen wurden am Magnetom (Siemens, Erlangen) bei einer Feldstärke von 0,35; 0,5 und 1 Tesla durchgeführt. Es wurden im Saturation-Recovery-Spin-Echo-Modus Aufnahmen mit folgenden Sequenzzeiten angefertigt:

Repetitionszeit	T_R: 500 bzw. 600 msec und 1500 bis 2000 msec
Echo-Zeit	T_E: 30 bis 40 und 60, 90, 120 und 200 msec

Bei Wahl langer Sequenzzeiten wurden T_2-betonte und bei kurzen Sequenzzeiten T_1-betonte Aufnahmen gewonnen. In einzelnen Fällen kam auch das Multi-Echo-Verfahren zur Anwendung. Das paramagnetische MR-Kontrastmittel Gadolinium

DTPA (Schering, Berlin) wurde in einer Dosierung von 0,1 mmol/kg Körpergewicht intravenös appliziert.

Tierexperimentelle Untersuchungen

Bei 16 Bastardkaninchen von 2,5 bis 3,5 kg Körpergewicht wurde in Allgemeinnarkose der Trochanter major beider Femora operativ dargestellt und der Markraum eröffnet, in den Plastikkatheter bis in das distale Femurende vorgeschoben wurden. Vor und nach dieser Operation sowie 4-6, 8-10 und 15-21 Tage nach Injektion von 0,5 ml einer Suspension von Staphylokokkus aureus (Stamm ATTC 6538) in einer Konzentration von 2 x 10^7 Keimen/ml in den linken Femur wurden folgende Untersuchungen eingesetzt: Röntgenaufnahme, Computertomographie, Szintigraphie (3 mCi 99 Tc MDP) und MR. Spätestens 21 Tage nach der Infektion wurden die Tiere getötet und beide Femura der bakteriologischen und histologischen Untersuchung zugeführt.

Nach Implantation der Katheter zeigte die MR nur diskrete und seitengleiche Veränderungen in den Weichteilen um den Trochanter major. Nach Injektion der Staphylokokkensuspension traten dagegen charakteristische Veränderungen auf. Als besonders empfindlicher Indikator für die Infektion wurde eine paraossale Signalerhöhung im T_2-betonten Bild festgestellt. Diese wurde durch Applikation von Gadolinium-DTPA verstärkt und war auch im T_1-betonten Spin-Echo (SE)-Bild nachweisbar (Abb. 1). Im Knochenmark war im T_1-betonten SE-Bild und noch

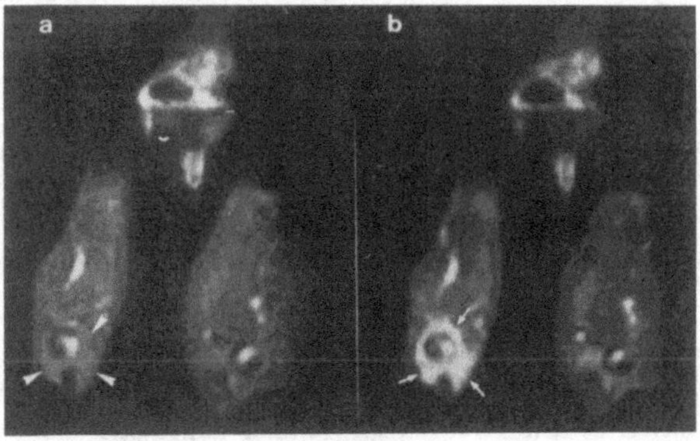

Abb. 1 Kaninchen 104; 12. Tag nach Infektion (SE, T_R/T_E = 600/35 msec) a) vor b) nach intravenöser Gadolinium-Applikation. Während vor Gadoliniumgabe nur eine diskrete Signalerhöhung in den Weichteilen um den Femur (Pfeilspitzen) nachzuweisen ist, kommt es nach Gadolinium zu einer intensiven, paraossalen Signalerhöhung (Pfeile).

deutlicher im Inversion Recovery (IR)-Bild eine Minderung der Signalintensität zu verzeichnen. Die Signalerhöhung im paraossalen Gewebe war jedoch früher und mit höherer Konstanz nachweisbar als die Markraumveränderungen. Im Vergleich zu den anderen genannten Untersuchungsmethoden war die MR deutlich überlegen, wobei durch die Verwendung von Gadolinium die Treffsicherheit noch erheblich verbessert wurde.

Tab. 1 Vergleich der Untersuchungsmethoden - positiver Nachweis (%) (n = 16)

Tag nach Infektion	Röntgen	CT	Szintigr.	MR ohne Gd.	MR mit Gd
4 - 6	6,4	7,7	31,3	62,6	67,5
8 - 12	12,4	10,0	53,8	78,6	100,0
15 - 21	30,0	25,0	66,7	77,8	100,0

Die relativ ungünstigen Ergebnisse bei der CT dürften dadurch bedingt sein, daß nur ein älteres Gerät mit ungenügender räumlicher Auflösung zur Verfügung stand. Die Überlegenheit der MR gegenüber der Skelettszintigraphie, die nur als statische Szintigraphie durchgeführt wurde, ist vermutlich darauf zurückzuführen, daß durch die MR auch Veränderungen im Knochenmark und in den paraossalen Weichteilen erfaßt werden, wie ein Oedem und eine entzündliche Zellinfiltration, die noch nicht mit einer Stoffwechselbeeinflussung des Knochens selbst einhergehen.

MR-Untersuchungen bei Patienten mit Knochen- und Gelenkentzündungen

Es wurden 52 Patienten mit Knochen- und Gelenkentzündungen mittels MR untersucht, wobei in 15 fällen zusätzlich zur Nativuntersuchung eine Untersuchung nach intravenöser Gadolinium-Applikation durchgeführt wurde. Folgende Erkrankungen stellten die Indikation zur MR dar: akute (4) und chronische Osteomyelitis (7), unspezifische (4) und tuberkulöse (11) Spondylitis, unspezifische Arthritis (5) sowie die chronische Polyarthritis (21).

Die akute und chronische Osteomyelitis war durch eine Signalabnahme des Knochenmarkes im T_1-betonten Bild gekennzeichnet. Nach Gadolinium-Applikation und im T_2-betonten SE-Bild war dieser Befund nicht oder nur unsicher nachweisbar. Während bei der akuten Osteomyelitis eine homogene Signalverminderung zu beobachten war, zeigten die Fälle von chronischer Osteomyelitis ein Nebeneinander von signalverminderten Arealen und Abschnitten mit der hohen Signalintensität normalen Knochenmarkes (Abb. 3). Die normale Corticalis des Knochens erscheint im MR frei von bildsignalen und damit schwarz. Bei der Osteomyelitis sind auch in der Corticalis Signale nachweisbar (Abb. 2), die bei der akuten Osteomyelitis die ganze Zirkumferenz erfassen und bei der chronischen Form fleckförmig angeordnet sind.

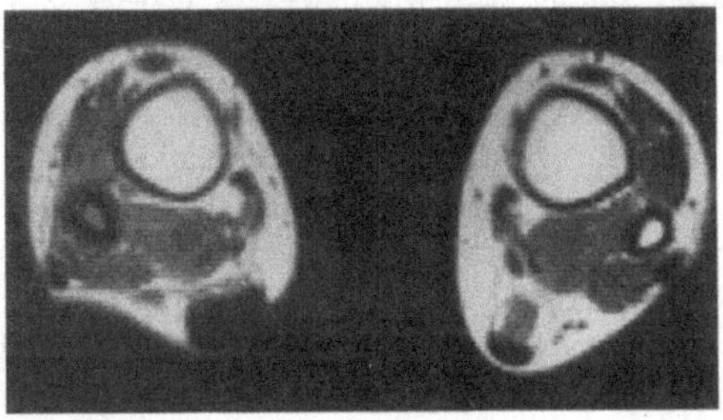

Abb. 2 16-jähriges Mädchen mit Schmerzen an der Außenseite des rechten Unterschenkels. Die axiale SE-Schicht (T_R/T_E=600/35 msec) zeigt eine Verdickung mit Signalerhöhung der rechten Fibula. Der Markraum ist eingeengt und deutlich signalvermindert. Die Muskulatur weist gegenüber der Gegenseite eine leichte Erhöhung der Signalintensität auf. Der Befund wurde als Osteomyelitis interpretiert. Nach antibiotischer Therapie schnelle Rückbildung der klinischen Symptomatik

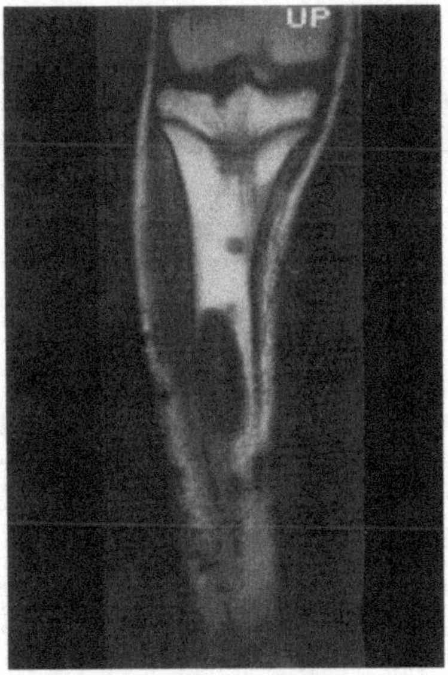

Abb. 3 13-jähriger Junge mit chronischer Osteomyelitis der Tibia (SE, T_R/T_E=600/35 msec). Die Entzündungsherde sind kontrastreich als Zonen verminderter Signalintensität gegenüber der hohen Signalgebung durch das normale Knochenmark abgrenzbar.

Die paraoossalen Weichteile zeigen, insbesondere bei der akuten Osteomyelitis eine Signalerhöhung, die im T_2-betonten Bild und nach Gadolinium-Applikation besonders deutlich wird und auf ein paraossales Oedem zurückzuführen ist.

Gegenüber der Weichteilkomponente von Knochentumoren fällt eine unscharfe Begrenzung bei der Osteomyelitis auf, während Knochentumoren im MR regelmäßig eine Pseudokapsel zeigen. Weichteilabszesse werden mit Gadolinium-DTPA vorteilhaft abgebildet, da der hypervaskularisierte Randsaum eine intensive Signalerhöhung erfährt.

Die frühen Stadien der chronischen Polyarthritis waren im MR nicht sicher nachweisbar. Insbesondere konnte die synovitische Kapselschwellung mit den von uns gewählten Untersuchungsparametern nicht direkt dargestellt werden. Erst fortgeschrittene Erkrankungsstadien führen zum Nachweis einer Signalverminderung im Markraum. Der synovitische Pannus ist im T_1-betonten Bild nicht vom Gelenkerguß differenzierbar. Im stark T_2-betonten Bild bleibt dagegen das synovitische Gewebe signalarm, während der Erguß eine intensive Signalerhöhung zeigt. Die entzündliche Destruktion der Kreuzbänder des Kniegelenkes kann durch die MR direkt dargestellt werden. Baker's Zysten waren im MR auch dann nachweisbar, wenn sie mit Fibrinkörpern oder entzündlichem Granulationsgewebe angefüllt waren.

Bei der spezifischen und unspezifischen Spondylitis zeigt die MR im T_1-betonten Bild eine Abnahme der Signalintensität in den betroffenen Wirbelkörperanteilen und in der Bandscheibe. Im T_2-betonten Bild waren diese Signalunterschiede weniger deutlich erkennbar oder völlig aufgehoben. Auch durch Gadolinium waren die Kontraste zum gesunden Knochenmark deutlich reduziert. Gegenüber den konventionellen Röntgenaufnahmen fällt auf, daß die signalveränderten Areale im MR weiter ausgedehnt waren.

Die aus anderen Indikationsbereichen bekannte hohe Empfindlichkeit der MR für Knochenmarksveränderungen berechtigt zu der Erwartung, daß auch eine höhere Empfindlichkeit für den Nachweis der Spondylitis gegeben ist. In unserem Patientenkollektiv war jedoch in allen Fällen bereits auf den konventionellen Röntgenaufnahmen ein positiver Befund zu erheben, so daß diese Frage nicht abschließend beantwortet werden kann.

Durch die MR wurden auch morphologische Details nachweisbar, die durch andere bildgebende Verfahren nicht erkennbar waren. So konnte die entzündliche Exsudation entlang des hinteren Längsbandes und die Verlagerung des entzündlich veränderten Diskus intervertebralis nachgewiesen werden.

Von wesentlicher klinischer Bedeutung ist der Nachweis einer intraspinalen Abszeßausbreitung, die ohne intrathekale Kontrastmittelapplikation abgrenzbar ist, so daß die Frage einer Rückenmarkskompression geklärt werden kann.

Literaturverzeichnis

Modic MT, Feiglin DH, Pirsino DW, Boumphrey F, Weinstein MA, Duchesneau PM, Rehm S (1985) Vertebral Osteomyelitis: Assessment Using MR. Radiology 157:157-166

Fletcher BD, Scoles PV, Nelson AD (1984) Osteomyelitis in Children: Detection by Magnetic Resonance. Radiology 150:57-60

Reiser M, Rupp N, Stetter E (1983) Erfahrungen bei der NMR-Tomographie des Skelettsystems. Fortschr Röntgenstr 139:365-372

Die Reaktion des subchondralen Knochens und „Knochenmarkes“ bei der chronischen Polyarthritis

W. Mohr

Der hyaline Knorpel der Gelenke grenzt über die Zone des verkalkten Knorpels an den subchondralen Knochen an. Der verkalkte Knorpel wird als Barriere zwischen hyalinem Knorpel und subchondralem Knochengewebe betrachtet, so daß kein "humoraler Austausch" zwischen Knochen und Knorpel stattfindet (Collins 1949). Dieser Ansicht, die auch von anderen Autoren vertreten wird (Lang und Thurner 1962), sind jedoch Untersuchungsbefunde entgegenzustellen, aus denen hervorgeht, daß sehr wohl zwischen Knochenmark und Knorpel unter Durchbrechung der knöchernen Deckplatte und der Zone des verkalkten Knorpels Kommunikationen zwischen hyalinem Knorpel und Markraum vorhanden sind. Holmdahl und Ingelmark (1951) beschreiben in verschiedenen Gelenken direkte Kontakte zwischen Markhöhle und basalen Anteilen des Gelenkknorpels. In der Mehrzahl der Fälle erstrecken sich die Knochenmarkshöhlen in den verkalkten Knorpel hinein, in einzelnen Fällen kamen aber auch Ausläufer des Markhöhlengewebes im unverkalkten Knorpel vor. Greenwald und Haynes (1969) beschreiben ähnliche Verbindungen in Hüftköpfen des Menschen und nehmen aufgrund ihrer experimentellen Untersuchungen an, daß in diesen Regionen eine Ernährung des erwachsenen menschlichen Knorpels über Blutgefäße der Markräume möglich ist. Sie weisen darauf hin, daß bei arthrotischen Hüftköpfen und Azetabula die Anzahl dieser Kanäle geringer ist. Woods et al. (1970) gingen diesen Defekten weiter nach und beschreiben an Hüftköpfen drei verschiedene Formen von Defekten der knöchernen Deckplatte, die sie als komplette Defekte zwischen Knochen und Knorpel mit vaskularisiertem Gewebe (Typ A), Geflechtknochen in dieser Region (Typ B) und Geflechtknochen eventuell mit dünnen Blutgefäßen (Typ C) bezeichneten. Aufgrund ihrer Untersuchungsbefunde nimmt die Vaskularität in diesen

Regionen mit steigendem Lebensalter ab. Auf das Vorkommen vaskulärer Spalten im subchondralen Knochen und verkalkten Knorpel weist auch Stockwell (1979) hin. Neuere Untersuchungsbefunde von Duncan et al. (1985) bestätigten die Existenz dieser Verbindungen. Rasterelektronenmikroskopische Untersuchungen an mazerierten Tibiaplateaus zeigten, daß Verbindungen zwischen Markräumen und Knorpel vorwiegend in den meniskusbedeckten Regionen vorkommen. Eine Zunahme der Anzahl der Perforationen und Vergrößerungen der Höhlen wurden bei der Gonarthrose gesehen (Duncan et al. 1985). Greenwald und Haynes (1969) beschreiben ähnliche Verbindungen auch bei der chronischen Polyarthritis.

Eigene Untersuchungen an einer begrenzten Anzahl von Metatarsalköpfchen, die von amputierten Beinen gewonnen wurden, zeigten, daß Verbindungen zwischen Markräumen und verkalktem bzw. hyalinem Knorpel nahezu regelmäßig vorkommen (Abb. 1). Perforationen zwischen Markraum und Knorpel waren dabei nicht an die Anwesenheit arthrotischer Veränderungen gebunden.

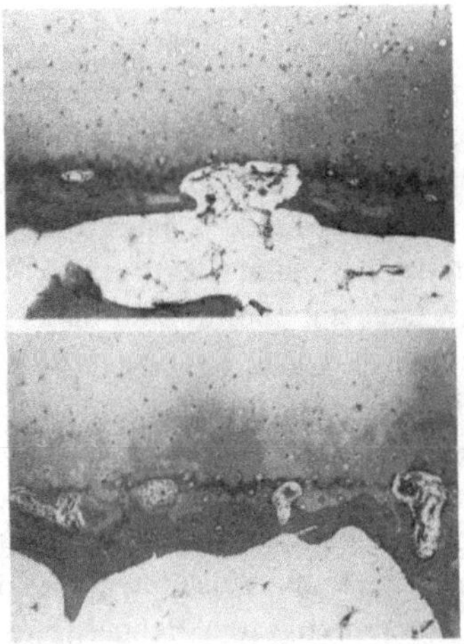

Abb 1 Perforationen zwischen Markraum und hyalinem Knorpel in "gesunden" Metatarsalköpfchen.
Färbung: Hämatoxylin-Eosin; Vergrößerung: 30 x

Die pathologisch-anatomischen Veränderungen der chronischen Polyarthritis sind häufig gekennzeichnet durch Entzündungsherde, die im subchondralen Markraum gelegen sind und von denen aus zelluläre Infiltrate auf die benachbarte Knorpelmatrix übergreifen (Mohr 1984). An konventionell erstellten Schnittpräparaten wurde zunächst der Frage nachgegangen, wie häufig solche Herde isoliert vorliegen und wie häufig sie mit einem benachbarten, wohl von den Kapselrecessus ausgehenden subchondralen Pannusgewebe in Verbindung stehen. Von 22 Patienten wurden 86 resezierte Metatarsal- bzw. Metakarpalköpfchen histologisch untersucht. Von diesen Fällen war ein Drittel der Präparate durch den Krankheitsprozeß komplett zerstört, so daß keine weitere Aussage möglich war. In über der Hälfte der auswertbaren Präparate konnten umschriebene Zonen von Knochenmarksgewebe, Granulationsgewebe mit oder ohne neutrophile Granulozyten und fibröses Gewebe sowie chondroides Gewebe beobachtet werden, die nicht in unmittelbarem Zusammenhang mit einem Pannusgewebe standen. In einer geringeren Anzahl der Fälle standen ähnliche Gewebszonen mit einem Pannusgewebe in Verbindung. Die Beobachtung isoliert liegender Herde eines subchondralen Entzündungsprozesses könnte somit zur Vermutung führen, daß sich im subchondralen Knochen in Zonen der Vaskularisation ein Entzündungsprozeß vergleichbar der Synovitis abspielt, ohne jedoch mit dem synovialen Entzündungsprozeß in Verbindung zu stehen. Um dieser Frage weiter nachzugehen, wurden Serienschnitte von Metatarsalköpfchen von Patienten mit chronischer Polyarthritis erstellt, in denen isolierte Herde dieses Entzündungsprozesses vorhanden waren. Aus den Serienschnitten konnte abgeleitet werden, daß in nahezu allen Fällen eine Verbindung der isoliert liegenden Entzündungsherde mit einem Pannusgewebe, das von den Kapselrecessus in den subchondralen Markraum vorgedrungen war, rekonstruierbar war (Abb. 2)

Duncan et al. (1984) nehmen aufgrund ihrer Untersuchungsbefunde an, daß Perforationszonen zwischen Knochenmark und hyalinem Knorpel ein rasches Übergreifen des Entzündungsprozesses der chronischen Polyarthritis auf den Knorpel erlauben. Die eigenen Untersuchungsbefunde können diese Ansicht unterstützen. Es kann angenommen werden, daß beim Übergreifen des Entzündungsprozesses auf die vaskularisierten Zonen des subchondralen Knochens die Reaktion der Blutgefäße hier zu einer Emigration von Entzündungszellen führt, die nachfolgend die benachbarte Knorpelmatrix abbauen. Das Vorkommen neutrophiler Granulozyten in diesen subchondralen Regionen (Mohr 1984) und der autoradiographische Nachweis von proliferierenden Pannuszellen in diesen Bereichen (Abb. 3) sind ein weiteres Indiz dafür, daß diese Bezirke zum Fortschreiten des Entzündungsprozesses prädestiniert sind, wodurch es zur Ausbildung des insbesondere in kleinen Gelenken häufig dominierenden subchondralen Pannusgewebes kommt.

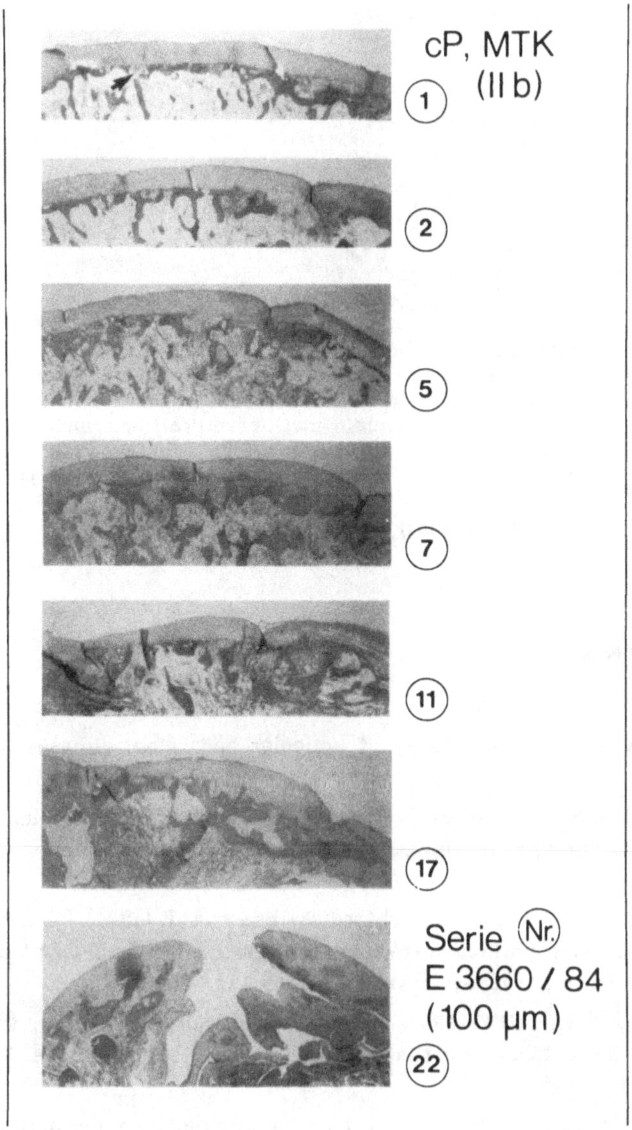

Abb.2 Zusammenstellung der Serienschnitte durch ein Metatarsalköpfchen vom Originalschnitt 1 bis zur Peripherie des Präparates 22. Die Serien-Nr. entspricht jeweils den in Abständen von 100 µm erstellten Schnitten. Der in 1 vorliegende subchondrale Entzündungsherd steht in Verbindung mit dem subchondralen Knocheneinbruch in 22 (2200 µm vom Originalschnitt entfernt).
Färbung: Hämatoxylin-Eosin; Originalvergrößerung: 25 x

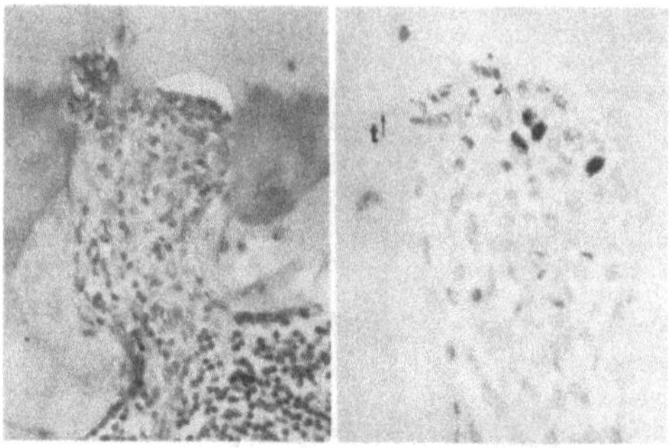

Abb.3a und b Herd aus subchondralem Pannusgewebe, das über eine "Lücke" des subchondralen Knochens auf den Knorpel übergreift. An der Grenze zum Knorpel neutrophile Granulozyten, im Pannusgewebe einzelne ^{3}H-Thymidin-markierte proliferierende Pannuszellen (T = Tidemark).
Färbung: a) Naphthol-AS-D-chloracetat-Esterase, Hämalaun
b) ^{3}H-Thymidin-Autoradiographie, Hämalaun
Vergrößerung: 120 x

Literaturverzeichnis

Collins DH (1949) The pathology of articular and spinal diseases. Arnolds, London

Duncan H, Riddle J, Brennan T, Sprague H (1984) A morphologic survey of the normal and rheumatoid metacarpal head. Arthritis Rheum (Suppl) 27:69 (Abstr 34)

Duncan H, Jundt J, Riddle J, Pitchford W, Brennan T (1985) Penetrations of the subchondral bone plate in osteoarthritic and control knees. XVIth Int. Congress Rheumatol., Sydney Abstr Nr P 569

Greenwald AS, Haynes DW (1969) A pathway for nutritients from the medullary cavity to the articular cartilage of the femoral head. J Bone Joint Surg (Br) 51:747-753

Holmdahl E, Ingelmark BE (1951) The contact between the articular cartilage and the medullary cavities of the bone. Acta Orthop Scand 20:156-165

Lang FJ, Thurner J (1962) Erkrankungen der Gelenke. In: Kaufmann E, Staemmler M (Hrsg.) Lehrbuch der speziellen pathologischen Anatomie, II. Band, 4. Teil, 7. Lfg. Walter de Gruyter Berlin (S.1985-2266)

Mohr W (1984) Gelenkkrankheiten. Thieme, Stuttgart New York

Stockwell RA (1979) Biology of cartilage cells. Cambridge University Press, Cambridge London New York Melbourne

Woods CG, Greenwald AS, Haynes DW (1970) Subchondral, vascularity in the human femoral head. Ann Rheum Dis 29:138-142

Serum-Osteocalcin bei rheumatoider Arthritis und Osteoarthrose

H. Franck, G. Bremer, R. Gebühr, F. van Valen, H.L. Krüskemper, E. Keck

Patienten mit rheumatoider Arthritis oder Osteoarthrose zeigen mehr oder weniger ausgeprägte Veränderungen des Kalziumphosphatstoffwechsels (McCarthys 1985). Die Pathogenese dieser Veränderungen wird kontrovers diskutiert, besonders in Hinsicht auf den Knochenumsatz. Die Messungen der alkalischen Phosphatase und des Hydroxyprolin sind für diesen Zweck bevorzugt eingesetzt worden. Trotz ihrer klinischen Bedeutung sind sie für die Beurteilung des Kalziumphosphatstoffwechsels nur unter bestimmten Bedingungen brauchbar (Whyte 1983; Kivorikko 1983). Die gesamtalkalische Phosphatase besteht aus einzelnen Isoenzymen, das intestinale steigt nach fettreichen Mahlzeiten an, das plazentare nimmt in der letzten Schwangerschaftstrimester zu und das hepatische ist bei einer Reihe von Medikamenten und bei bestimmten Lebererkrankungen erhöht. Die Werte der Hydroxyprolinausscheidung hängen vom Alter, Geschlecht, Körpergröße und der Nahrungsaufnahme ab.

Osteocalcin oder auch BGP (Bone GIs Protein) genannt, ist mit ca. 20% das häufigste nicht-kollagene Knochenprotein. Dieses aus 49 Aminosäuren bestehende Protein mit einem Molekulargewicht von ca. 6500 Dalton, das proteolytisch aus einem größeren Precursor (ca. 9000 Dalton) entsteht, wurde zuerst von Hauschka et al. (1975) im Hühnerknochen und von Price et al. (1976) im bovinen Knochen gefunden. Die bisherigen Befunde sprechen dafür, daß dieses nichtkollagene Knochenprotein in den Osteoblasten gebildet wird und somit den Knochenaufbau und nicht den Knochenabbau widerspiegelt. Seine Synthese wird schon durch physiologische Konzentrationen von 1.25-Dihydroxyvitamin D_3 ($1.25(OH)_2D_3$) stimuliert.

Das Ziel dieser Studie war es, Osteocalcin bei Patienten mit rheumatoider Arthritis und Osteoarthrose und ihre Abhängigkeit von verschiedenen Parametern des Kalziumphosphatstoffwechsels zu untersuchen.

PATIENTEN UND METHODIK

Es wurden insgesamt 58 Patienten mit rheumatoider Arthritis und 14 Patienten mit Ostearthrose untersucht. Die Kontrollgruppe hatte entsprechend der Anamnese, der klinischen Untersuchung und biochemischen Routineparametern keine Zeichen einer Störung des Kalziumphosphatstoffwechsels. Patienten mit rheumatoider Arthritis wurden entsprechend den ARA-Kriterien diagnostiziert. Patienten mit Osteoarthrose hatten eine degenerative Gelenkerkrankung ohne Zeichen einer Entzündung. Entsprechend der Behandlung haben wir Patienten mit rheumatoider Arthritis in vier Gruppen unterteilt: a) Patienten unter Goldbehandlung (n=14), b) Patienten unter Glukocorticoidbehandlung (n=13), c) Patienten unter Chloroquinbehandlung (n=14), d) Patienten unter Nicht-Steroidaler-Antiinflammatorischer Behandlung (NSAID) (n=17).

Die Serumparameter wurden aus heparinisiertem Plasma von Patienten und Kontrollpersonen bestimmt, die die letzten 10 Stunden nüchtern waren. Osteocalcin wurde mittels eines kommerziellen Radioimmunoassays (Immunonuclear Corp. Stillwater, MN) mit einem Antikörper gegen bovines Osteocalcin gemessen, welcher komplett mit menschlichem Osteocalcin kreuzreagiert. Die untere Nachweisgrenze liegt bei 0.78 ng/ml und die obere bei 25 ng/ml.

Serum-Kalzium, -Phosphat, -Kreatinin und alkalische Phosphatase wurden mittels eines Autoanalysers, -Magnesium mittels Atomabsorption gemessen. Parathormon wurde mit einem kommerziellen (Fa. IRE, Belgien) Radioimmunoassay mit einem vorwiegend C-terminalen Antikörper gemessen.

ERGEBNISSE

Abbildung 1 zeigt die Durchschnittswerte von Osteocalcin bei den insgesamt 72 untersuchten Patienten. Patienten mit Osteoarthrose hatten signifikant ($p < 0.05$) niedrigere Werte für Osteocalcin (männl.: 1.8 ± 1.1 ng/ml; weibl.: 2.0 ± 1.1 ng/ml), als die entsprechende Kontrollgruppe (männl. 3.1 ± 1.1 ng/ml; weibl.: 4.1 ± 1.7 ng/ml). Innerhalb der Patienten mit rheumatoider Arthritis zeigten Patienten

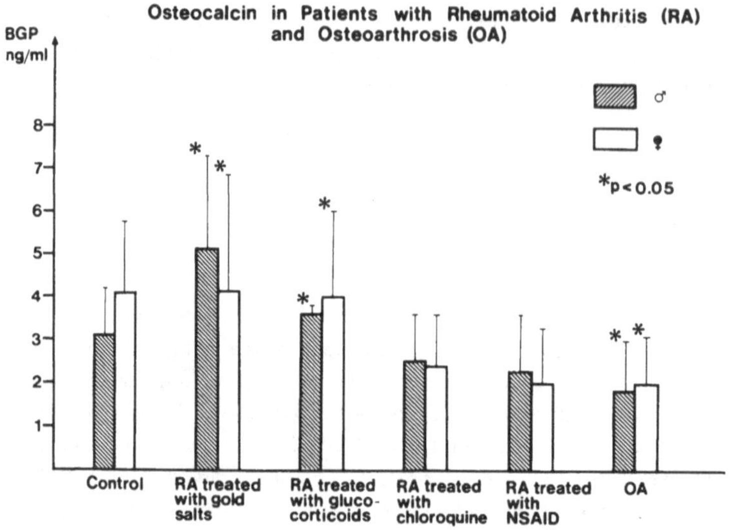

Abb. 1 Serum-Osteocalcin bei rheumatoider Arthritis und Osteoarthrose

unter Gold- (männl. 5.1±1.1 ng/ml; weibl. 4.1±2.7 ng/ml) und Glukocorticoidbehandlung (männl.: 3.8±0.5 ng/ml; weibl.: 4.0±2.2 ng/ml) signifikant höhere Werte von Osteocalcin als Patienten unter NSAID. Vergleicht man die Patienten mit rheumatoider Arthritis und Osteoarthrose, so findet man bei rheumatoider Arthritis-Patienten unter Gold- und Glukocorticoidbehandlung deutlich höhere Osteocalcin-Werte als bei Patienten mit Osteoarthrose. Vergleicht man die Durchschnittswerte der BSG innerhalb der einzelnen Gruppen, so zeigen sie das gleiche Verteilungsmuster wie die unterschiedlich hohen Osteocalcinwerte, erreichen jedoch aufgrund ihrer hohen Standardabweichung kein Signifikanzniveau.

Abbildung 2 zeigt die Durchschnittswerte der alkalischen Phosphatase bei den genannten Gruppen. Die gesamt alkalische Phosphatase war bei allen Patienten mit rheumatoider Arthritis signifikant ($p < 0.05$) höher als bei der vergleichbaren Kontrollgruppe. Innerhalb der Patienten mit rheumatoider Arthritis fand sich kein signifikanter Unterschied zwischen den einzelnen Behandlungsgruppen. Im Gegensatz dazu hatten Patienten mit Osteoarthrose signifikant ($p < 0.05$) niedrigere Werte als die entsprechende Kontrollgruppe und Patienten mit rheumatoider Arthritis.

Die Durchschnittswerte von Parathormon unterschieden sich innerhalb der untersuchten Patienten und Kontrollgruppen nicht signifikant voneinander. Dies gilt nicht für die Gruppe unter Glukocorticoidbehandlung. In dieser Gruppe war Parathormon mit 3.9±1.0 mE/ml signifikant höher als in allen anderen Gruppen.

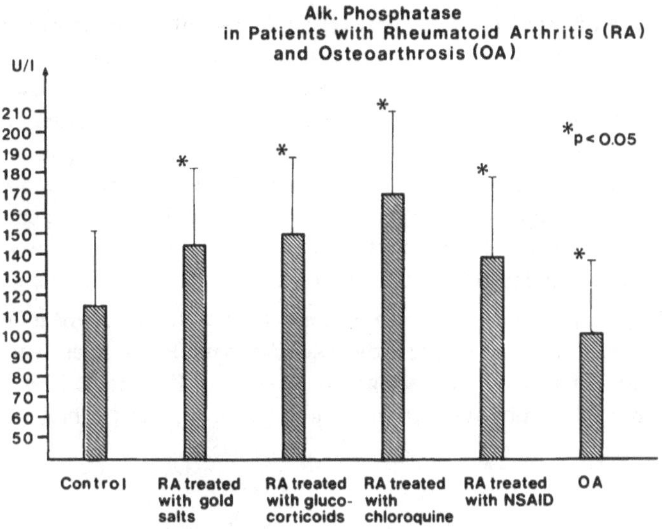

Abb. 2 Alkalische Phosphatase bei rheumatoider Arthritis und Osteoarthrose

DISKUSSION

Es ist bekannt, daß eine generalisierte Osteoporose bei Patienten mit rheumatoider Arthritis auftreten kann. Duncan et al. (1965) nahmen einen primären Defekt im Knochenstoffwechsel an. Sie fanden durch histomorphometrische Analysen des kortikalen Knochens von Rippenbiopsien bei sieben Patienten eine erhöhte Knochenresorption, eine erniedrigte Knochenneubildung und eine mangelnde Knochenmineralisation. Osteocalcin, welches die Knochenneubildung widerspiegelt und bei Krankheiten mit erhöhtem Knochenstoffwechsel erhöht ist (Price et al. 1980), korreliert gut mit histomorphometrischen Daten der Knochenneubildung (Brown et al. 1984). Unsere Daten zeigen, daß die Osteopenie bei den untersuchten Patientengruppen zumindest bei Patienten mit Osteoarthrose und mit rheumatioider Arthritis unter NSAID-Behandlung sich durch eine verminderte Knochenneubildung erklären läßt. Rijs et al. (1984) fanden erniedrigte Werte von Osteocalcin bei Patienten mit rheumatoider Arthritis, wobei die Knochenresorption entsprechend der Hydroxyprolinausscheidungen im Urin im Bereich der Norm war. Die bei den Patienten mit rheumatoider Arthritis unter Gold- und Steroidbehandlung im Vergleich zu solchen unter NSAID-Behandlung erhöhten Osteocalcinspiegel lassen sich zum Teil bei Patienten unter Glukocorticoidbehandlung durch die erhöhten Parathormonwerte erklären. Von den Glukocorticoiden ist bekannt, daß sie die intestinale Kalziumabsorption hemmen. Dadurch kommt es temporär zu einem Absinken des Serum-Kalzium mit reaktiver Stimulation der Parathyreoidea und daraus folgender vermehrter Parathormonsekretion. Die wenigen Studien, in denen die kalziotrope hormonelle Regulation bei Patienten mit rheumatoider Arthritis untersucht wurde, zeigten teils hohe (Kennedy et al. 1975) und teils normale (Verstraeten et al. 1983) Werte von Parathormon. Da Parathormon die renale 25-Hydroxyvitamin-D_3-1-alpha-Hydroxylase stimuliert, studieren wir zur Zeit den Vitamin D Stoffwechsel bei den genannten Patientengruppen, um eine mögliche Koregulation der Osteocalcinsynthese zu untersuchen.

Die alkalische Phosphatase war bei allen Patienten mit rheumatoider Arthritis erhöht und ist somit als Parameter der Knochenneubildung nicht verwendbar. Außerdem zeigt sie aufgrund ihrer geringeren Spezifität für den Knochen keinen Unterschied in ihrer Aktivität bei Patienten mit rheumatoider Arthritis.

Literaturverzeichnis

Brown JP, Delmas PD, Edouard C, Chapuy MC, Meunier PJ (1984) Serum bone Gla protein: A specific marker for bone formation in postmenopausal osteoporosis. Lancet 1091-1093

Duncan H, Frost HM, Villanueva AR, Sigler JW (1965) The osteoporosis of rheumatoid arthritis. Arthritis Rheum 8:943-954

Epstein S, Poser J, McClintock R, Johnston CC, Hui S, Bryce G (1984) Change in serum bone gla protein (BGP) with age and sex. In: Cohn DV (Hrsg.) Endocrine controle of bone and calcium metabolism. Elsevier Science Publisher S.73

Hauschka PV, Lian JB, Gallop PM (1975) Direct identification of calcium-binding amino acid, gamma-carboxyglutamate, in mineralized tissue. Proc Natl Acad Sci U.S.A. 72:3925

Kennedy AC, Allam BF, Boyle T. Nuki G, Rooney PJ, Buchanan WW (1975) Abnormalities of mineral metabolism suggestive of parathyroid overactivity in rheumatoid arthritis. Curr Med Res Opin 3:345-358

Kivorikko KI (1984) Excretion of urinary hydroxyproline. In: Frame B, Potts JT (Hrsg.) Clinical disorders of bone and mineral metabolism. Excerpta Medica Amsterdam S.105

Price PA, Parthmore JG, Deftos LJ (1980) New biochemical marker for bone metabolism. J Clin Invest. 66-878

Price PA, Otsuka AS, Poser JW, Kristaponis J, Raman N (1976) Characterization of a gamma-carboxyglutamic acid-containing protein from bone. Proc Natl Acad Sci U.S.A.73:1447

Rijs BJ, Als OS, Christiansen C, Catherwood BD, Deftos LJ (1984) Bone turnover in rheumatoid arthritis. Calcif Tissue Int 36 (suppl 2):S4

Skoloff L, Aubrey J, Hoguh Jr (1985) Pathology of osteoarthritis In: McCarthy DJ (Hrsg.) Arthritis and allied conditions, Lea Febig Philadelphia, S. 1382

Verstraeten A, Guesens P, dequekker J, Bouillon R (1984) Bone metabolism in rheumatoid arthritis Calcif. Tissue Int. 53 (suppl): A 235

Whyte PM (1983) Alkaline phosphatase and the measurement of bone formation. In: Frmae B, Potts JT (Hrsg.) Clinical disorders of bone and mineral metabolism. Excerpta Medica, Amsterdam, S. 120

Bestimmung der Hemmwirkung von nichtsteroidalen Antirheumatika auf die Prostaglandinsynthese im Knochen

K. Klaushofer, O. Hoffmann, M. Matal, K. Koller, M. Peterlik

Eine der wesentlichsten biologischen Wirkungen nichtsteroidaler Antirheumatika (NSAR) ist die Hemmung der Prostaglandin(PG)-Synthese, die mit einem Teil der therapeutischen Effekte als auch der Nebenwirkungen dieser Arzneimittel in Zusammenhang steht (Vane 1971; O'Brien und Bagby 1985). Es wurden in der Literatur verschiedene Gewebe unterschiedlicher Spezies in Hinblick auf die Hemmung der PG-Synthese untersucht, wobei Homogenate, subzelluläre Fraktionen oder isolierte Gewebe verwendet wurden. Zusätzlich existiert eine große Zahl von Befunden aus Experimenten mit Versuchstieren oder klinischen Untersuchungen am Menschen (Review: Flower 1974). Alle "Aspirin-ähnlichen" Substanzen, die bisher untersucht wurden, hemmen die jeweilige PG-Synthetaseaktivität, sind jedoch in ihrer relativen Effektivität sehr unterschiedlich. Eine exakte Einteilung der NSAR nach ihrer Hemmwirkung auf die Cyclooxygenase wird zusätzlich erschwert, da vermutlich in Abhängigkeit von der anatomischen Lokalisation genetisch verschiedene Isoenzyme der PG-Synthetase mit unterschiedlichen pharmakologischen Profilen existieren (Vane 1972). Diese Hypothese könnte die zahlreichen in der Literatur angegebenen Befunde am ehesten erklären (Flower 1974).

Den Prostaglandinen wird eine wesentliche Rolle als Regulatoren der zellulären Aktivität im Knochen zugeschrieben (Raisz und Martin 1983). Gemeinsam mit Cytokinen regeln sie die Knochenumbauvorgänge ("bone remodeling") auf lokaler Ebene (Baron et al. 1983). PGe stimulieren "in vitro" nicht nur die Knochenresorption (Katz et al. 1981), sondern auch Zellteilung, Kollagensynthese und damit die Knochenneubildung (Chyun und Raisz 1984). Eine endgültige Klärung ihrer physiologischen Rolle steht allerdings noch aus. Unbestritten ist die pathophysiologische Bedeutung ihrer osteolytischen Aktivität. In der Tumorpathologie wird eine Beteiligung der PGe bei der Entwicklung von Knochenmetastasen (Bennett et al. 1976) oder als humorale Ursache der Malignom-assoziierten Hypercalcämie (Robertson et al. 1976) vermutet. Bei entzündlichen Erkrankungen und Verletzungen führt vermehrte Bildung von PGen zu lokalem oder systemischem Knochenverlust. Sie wurden als Mediatoren der Knochendestruktion bei Arthritis (Robinson et al. 1975), Periodontitis (Loning et al. 1980), Osteomyelitis (Dekel et al. 1981) und Frakturen (Dekel et al. 1981) beschrieben. Betrachtet man die physiologische und pathophysiologische Bedeutung der PG-Synthese im Knochen, so wird klar, daß bei therapeutischer Anwendung von NSAR, die alle mehr oder weniger potente Hemmer der PG-Synthese sind, wesentliche Auswirkungen auf den Knochen durch ihre pharmakologische Wirksamkeit, aber auch hinsichtlich ihrer Nebenwirkungen zu erwarten sind. Ausgehend von diesen Überlegungen versuchten wir ein Bioassay-System zu etablieren, mit dem es möglich sein sollte, vergleichende Untersuchungen über die Hemmwirkung verschiedener NSAR im Knochen durchzuführen. Wir verwendeten dazu eine Organkultur von Kalvarien neugeborener Mäuse, in der die Synthese endogener Prostaglandine wesentlich für das Ausmaß der Knochenresorption verantwortlich ist (Katz et al. 1981). Durch Stimulierung der endogenen PG-Synthese mit Thrombin erreichten wir in einem bestimmten Konzentrationsbereich eine konstante Resorption der kultivierten Knochen als Voraussetzung für einen reproduzierbaren Bioassay (Hoffmann et al. 1985). Mit Hilfe dieser Methode wurde die Hemmwirkung von verschiedenen NSAR (Acetylsalicylsäure, Indometacin, Acemetacin, Flurbiprofen und Diclofenac) bestimmt. Die Ergebnisse werden im Hinblick auf therapeutische Effekte und Nebenwirkungen am Knochen diskutiert.

MATERIAL UND METHODEN

Die Organkultur von Kalvarien neugeborener Mäuse wurde wie in der Literatur beschrieben durchgeführt, wobei die Methodik des Bioassays ausführlich dargestellt wurde (Hoffmann et al. 1985): Kalvarien von 4-6 Tage alten Mäusen wurden in 2,0 ml Gewebekulturmedium (Dulbecco's modified Eagle's medium) bis zu 72 Stunden inkubiert. Die Calciumkonzentration im Medium wurde nach 0, 24, 48 und 72 Stunden gemessen und diente als Maß für die Knochenresorption. Die dargestellten Ergebnisse sind Mittelwerte ($\pm$ mittlere Fehler) von 5 Kalvarien. Für die statistische Auswertung wurde die Varianzanalyse verwendet.

Parathormon (hPTH 1-34) wurde von der Fa. Beckman (Palo Alto, Kalifornien), Arachidonsäure (99% rein) von Sigma (St. Louis, Mo.) gekauft. Bovines Thrombin (Topostasin[R]) erhielten wir von Hoffmann-La Roche (Wien), Prostaglandin E_2 von

Upjohn. Die verwendeten NSAR wurden von den Herstellerfirmen zur Verfügung gestellt: Acetylsalicylsäure (Bayer), Indometacin (Merck, Sharp und Dohme), Acemetacin (Troponwerke), Flurbiprofen (Boots) und Diclofenac (Ciba-Geigy).

ERGEBNISSE

In der Abb. 1 ist der Zeitverlauf der Wirkung von verschiedenen knochenresorbierenden Faktoren in unserem Organkultursystem dargestellt. Vergleichbar mit den Angaben in der Literatur wird bei Inkubation der Kalvarien in Gegenwart von Parathormon (10^{-8} M), PGE_2 ($r \cdot 10^{-7}$ M), Thrombin (14 U/ml) und Arachidonsäure ($5 \cdot 10^{-5}$ M) eine dosisabhängige Calciumfreisetzung aus den Kalvarien in das Kulturmedium erreicht, wobei der maximale Effekt von PGE_2 und Thrombin unter dem von Parathormon liegt. Durch Zugabe von Arachidonsäure zum Kultur-

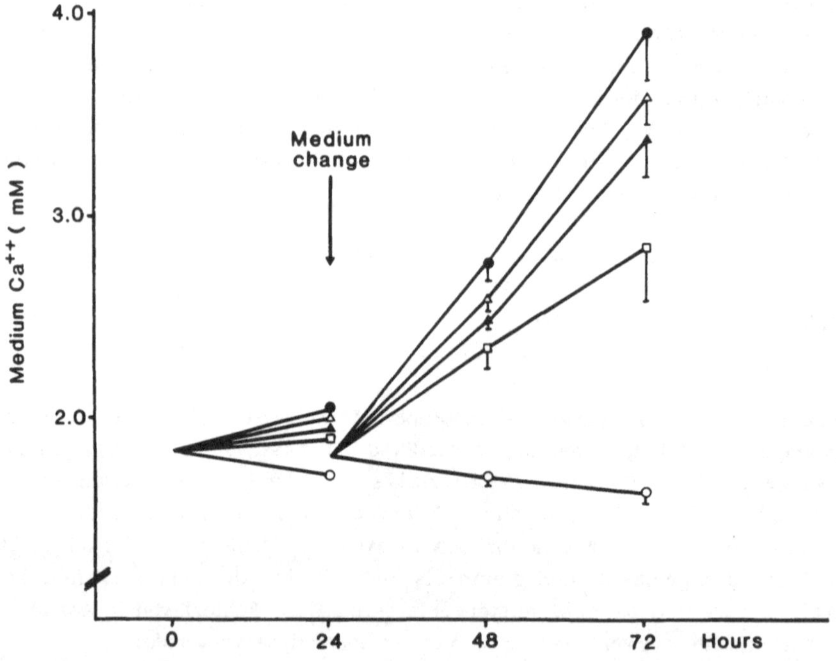

Abb. 1 Freisetzung von Calcium aus kultivierten Kalvarien durch verschiedene Faktoren: □ , Arachidonsäure, $5 \cdot 10^{-5}$M; ▲ , Thrombin, 14 U/ml; △ ,. PGE_2, $5 \cdot 10^{-3}$ M; ● , PTH, 10^{-8}M; o, Kontrollgruppe

medium kann die endogene PG-Synthese stimuliert werden. Dieser Effekt ließ sich jedoch nicht für den geplanten Bioassay nutzen, da die Stimulierung der Knochenresorption durch Arachidonsäure nur in einem sehr schmalen Konzentrationsbereich möglich war, und bei höheren Konzentrationen wieder eine deutliche Hemmung beobachtet wurde (vgl. Hoffmann et al. 1985). Außerdem liegt das maximale Ausmaß der durch Arachidonsäure stimulierten Calciumfreisetzung deutlich unter dem durch Thrombin erzielten Effekt, der auf einer Stimulierung der endogenen Prostaglandinsynthese beruht. Durch Inkubation der Kalvarien in Gegenwart von Thrombin konnte eine in ihrem Ausmaß exakt reproduzierbare Calciumfreisetzung ins Medium erreicht werden. Sie wurde durch verschiedene Konzentrationen der NSAR gehemmt. Die Dosiswirkungskurven, angegeben als prozentuelle Hemmung der durch Thrombin induzierten Calciumfreisetzung, sind in Abb. 2 dargestellt. Die verwendeten Substanzen hemmten die PG-Synthese im

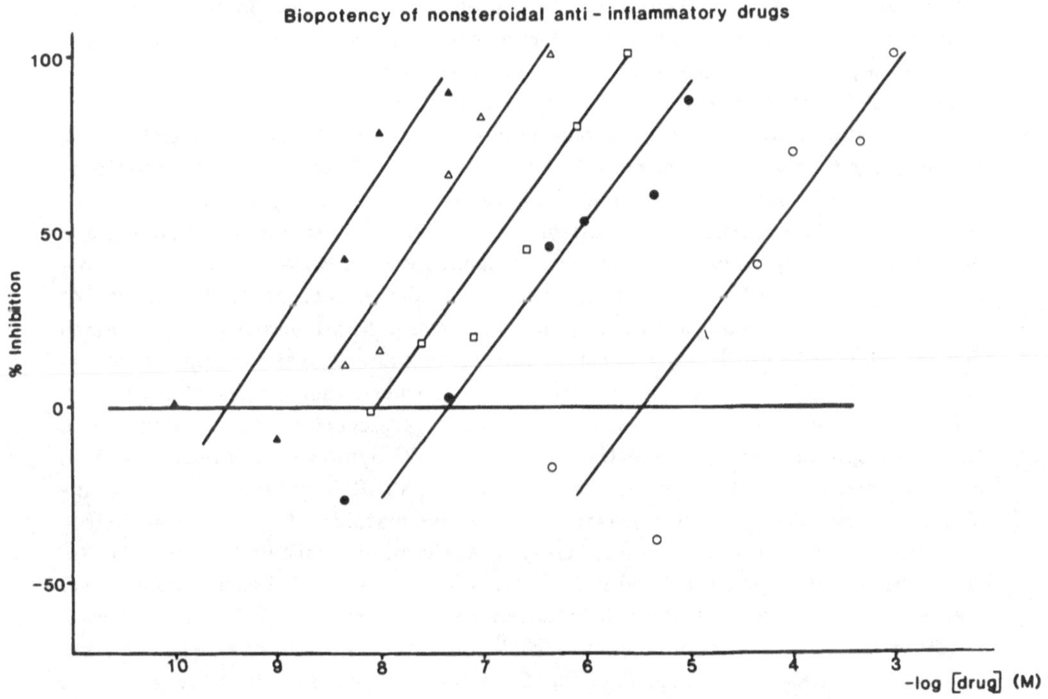

Abb. 2 Wirksamkeit nichtsteroidaler Antirheumatika auf die durch Thrombin stimulierte Resorption kultivierter Knochen: ▲ , Diclofenac; △ , Indometacin; □ , Flurbiprofen; ● , Acemetacin; o, Acetylsalicylsäure

Knochen unterschiedlich stark, und zwar in der Reihenfolge Diclofenac > Indometacin > Flurbiprofen > Acemetacin > Acetylsalicylsäure. Im niedrigen Konzentrationsbereich ergibt sich - zumindest für einige der verwendeten NSAR -eine leichte Stimulierung der Calciumfreisetzung ins Medium im Vergleich zu den Kontrollen.

DISKUSSION

Mit Hilfe des von Hoffmann et al. (1985) beschriebenen Bioassays wurde die Hemmwirkung verschiedener NSAR auf die PG-Synthese im Knochen getestet, wobei sich deutliche Unterschiede in der Wirksamkeit der einzelnen Substanzen ergaben (Abb. 2): Nimmt man eine 50%ige Hemmung als Vergleich, so ist Acemetacin auf molarer Basis etwa 75, Furbiprofen etwa 370, Indometacin etwa 5800 und Diclofenac etwa 40000mal stärker wirksam als Acetylsalicylsäure. Diese Ergebnisse, die sich direkt auf die Wirksamkeit am Knochen beziehen, unterscheiden sich von Angaben in der Literatur, die auf Untersuchungen an anderen Organen oder Zellen, wie z.B. Magenmukosastreifen (Jacobi und Dell 1980), Lungengewebe (Piper und Vane 1971) oder isolierten Makrophagen (persönliche Mitteilung von G. Friese, Troponwerke), basieren. Da jedoch, wie in der Einleitung dargestellt, bei zahlreichen entzündlichen und neoplastischen Erkrankungen die gestörte PG-Synthese im Knochen pathogenetisch bedeutsam ist, erscheint die Austestung von NSAR, die bei derartigen Erkrankungen therapeutisch angewendet werden, gerade in einem Knochenmodell sinnvoll. Nicht berücksichtigt bleiben dadurch allerdings Einflüsse, die durch unterschiedliche Anreicherung verschiedener NSAR im Knochen verursacht werden. So berichten Köhler et al. (1981), daß z.B. Acemetacin im Knochengewebe mehr angereichert wird als Indometacin. Die unterschiedliche Hemmaktivität auf die PG-Synthese im Knochen könnte einen differenzierten therapeutischen Einsatz der NSAR begründen. Bei Erkrankungen mit starker PG-Syntheseaktivität, wie rheumatoider Arthritis oder Osteomyelitis, sollten stark wirksame PG-Synthesehemmer verwendet werden. Im Hinblick auf die Dosierung derartiger Arzneimittel ist auch beachtenswert, daß mehrere der von uns getesteten Substanzen im niedrigen Konzentrationsbereich (Diclofenac 10^{-9} M, Acemetacin $5 \cdot 10^{-9}$ M, Acetylsalicylsäure $5 \cdot 10^{-6}$ M) die PG-Synthese stimulieren. Eine ähnliche Beobachtung wurde von Elattar et al. (1983) gemacht. Diese Überlegung könnte zu dem Schluß führen, daß bei starker pathologischer PG-Syntheseaktivität eine ausreichend hochdosierte Therapie mit NSAR zu fordern ist - eine Empfehlung, die sicherlich durch mögliche Nebenwirkungen an anderen Organen (z.B. Ulcusrisiko) relativiert werden muß. Da PGe im Knochen sowohl für Knochenresorption als auch Knochenneubildung verantwortlich sind, ist bei längerer Hemmung der endogenen PG-Synthese mit einer Störung der Knochenumbauvorgänge und damit mit Nebenwirkungen zu rechnen, die vor allem dann bedeutsam sein würden, wenn schon, wie z.B. bei der Osteoporose, ein gestörter Knochenumbau vorliegt. Bei dieser Erkrankung werden NSAR häufig wegen ihrer analgetischen Wirkung therapeutisch eingesetzt. In diese Richtung deuten Beobachtungen über häufiges Auftreten von aseptischen Femurkopfnekrosen bei Therapie mit NSAR (Ronningen und Langeland 1979).

Angesichts der trotz ihrer breiten therapeutischen Anwendung immer noch kontroversiellen Einstellung zur Therapie mit Hemmern der PG-Synthese (Booyens und Louwrens 1985) ist es besonders wichtig, exakte Untersuchungen über die Wirkung jeder einzelnen Substanz in verschiedenen Geweben durchzuführen. Das Knochengewebe als Zielorgan therapeutischer Effekte und möglicher Nebenwirkungen sollte dabei keine Ausnahme bilden.

DANKSAGUNG

Die Arbeit wurde aus Mitteln des Medizinisch-Wissenschaftlichen Fonds des Bürgermeisters der Bundeshauptstadt Wien unterstützt.

Literaturverzeichnis

Baron R, Vignery A, Horowitz M (1983) Lymphocytes, macrophages and the regulation of bone remodeling. In: Peck WA (Hrsg.) Bone and mineral research, Annual 2. Elsevier Science Publishers BV 175-243

Bennett A, Charhir EM, McDonald AM, Simpson JS, Stamford JF, Zebro T (1976) Prostaglandins and breast cancer. Lancet 2:624-626

Booyens J, Louwres CC (1985) The use of drugs for the inhibition of prostaglandin or leucotriene synthesis from arachidonic acid is theoretically hazardous. Med Hypotheses 17:321-329

Chyun YS, Raisz LG (1984) Stimulation of bone formation by prostaglandin E_2. Prostaglandins 27:97-103

Dekel S, Francis MJO (1918) The treatment of osteomyelitis of the tibia with sodium salicylate. J Bone Joint Surg 63:178-184

Dekel S, Lenthall G, Francis MJD (1981) Release of prostaglandin from bone and muscle after tibial fracture. An experimental study in rabbits. J Bone Joint Surg 63:185-189

Elattar TMA, Lin HS, tira DE (1983) The effect of nonsteroidal antiinflammatory drugs on the metabolism of 14C-arachidonic acid by human gingival tissue in vitro. J Dent Res 62:975-979

Flower RJ (1974) Drugs which inhibit prostaglandin biosynthesis. Pharmacol Rev 26:33-67

Hoffmann O, Klaushofer K, Koller K, Peterlik M (1985) Prostaglandin-related bone resorption in cultured neonatal mouse calvaria: Evaluation of biopotency of nonsteroidal anti-inflammatory drugs. Prostaglandins 30:857-866

Jacobi H, Dell H-D (1980) Zur Pharmakodynamik von Acemetacin. Drug Res 30:1348-1362

Katz JM, wilson T, Skinner SJM, Gray DH (1981) Bone resorption and prostaglandin production by mouse calvaria in vitro: Response to exogenous prostaglandins and their precursor fatty acids. Prostaglandins 22:537-551

Köhler G, Dell H-D, Kamp R (1981) Gewebekonzentrationen nichtsteroidaler Entzündungshemmer bei Patienten mit chronischer Polyarthritis. Z Rheumatol 40:97-99

Loning T, Albers, H-K, Bisoba BP, Burkhardt A, Caselitz J (1980) Prostaglandin E and the local immune response in chronic periodontal disease. Immunehistochemical and radioimmunological observations. J Periodont Res 15:525-535

O'Brien WM, Bagby GF (1985) Rare adverse reactions to nonsteroidal anti-inflammatory drugs. J Rheumatol 12:13-20

Piper PJ, Vane JR (1971) The release of prostaglandins from lung and other tissues. Ann NY Acad Sci 180:363-385

Raisz LG, Martin TJ (1983) Prostaglandins in bone and mineral metabolism. In: Peck WA (Hrsg.) Bone and mineral research, Annual 2. Elsevier Science Publishers BV, 286-310

Robertson RP, Baylink DJ, Metz SA, Cummings KB (1976) Plasma prostaglandin E in patients with cancer with and without hypercalcemia. J Clin Endocrinol Metab 43:1330-1335

Robinson DR, Tashijan AH Jr, Levine L (1975) Prostaglandin stimulated bone resorption by rheumatoid synovia. Possible mechanisms for bone destruction in rheumatoid arthritis. J Clin Invest 56:1181-1188

Ronningen H, Langeland N (1979) Indomethacin treatment in osteoarthritis of the hip joint: does the treatment interfere with the antural course of the disease? Acta Orthop Scand 50:169-174

Vane JR (1971) Inhibition of prostaglandin synthesis as a mechanism of action of aspirin-like drugs. Nature New Biology 231:232-235

Vane JR (1972) Prostaglandins and the aspirin-like drugs. Hosp Pract 7:61-71

Der dorsale Patelladefekt (DDP) – Nachweis im CT-Arthrogramm und Differentialdiagnose

K. Lehner, M. Reiser, W. Hawe, V. Smasal

Die Dysplasie von Patella oder Trochlea femoris konnten mit Hilfe der CT-Arthrographie empfindlicher nachgewiesen werden als mit konventionellen Röntgenaufnahmen. Chondromalazische Veränderungen werden dagegen nur durch die CT-Arthrographie verläßlich erfaßt.

Von 1981 bis 1984 wurde bei 275 Patienten die Wertigkeit der CT-Arthrographie für die Diagnostik des retropatellaren Knorpelschadens untersucht. Die Methodik ist an anderer Stelle detailliert beschrieben (Reiser et al. 1982). Neben den chondromalazischen Veränderungen der Knorpeloberfläche wurden dabei gelegentlich auch umschriebene Unregelmäßigkeiten der knorpeligen oder knöchernen Patella-Gelenkfläche beobachtet, die von dem typischen Knorpelschaden im Rahmen der Chondromalacia patellae abzugrenzen sind.

Es handelt sich dabei im einzelnen um:

A Posttraumatische Veränderungen

B Inkongruenz der Gelenkflächen bei Patella partita

C Muldenförmiger Defekt der Crista patellae mediana

D Klassischer dorsaler Defekt der Patella (DDP)

E Kanalikuläre Defekte.

Abbildungen werden hier nur für D und E gegeben.

Die CT-arthrographische Morphologie dieser Veränderungen ist zu einem großen Teil noch nicht beschrieben. Mit Ausnahme posttraumatischer Befunde ist auch die Genese dieser Veränderungen noch strittig. Im Gegensatz zu den Knorpelulcera, die im Rahmen einer Chondropathia patellae entstanden sind, kann bei diesen Unebenheiten der Knorpelfläche eine Arthrose-fördernde Wirkung nicht generell angenommen werden.

ERGEBNISSE

A Posttraumatische Veränderungen

Die Inkongruenz der knöchernen Patella-Gelenkfläche infolge Konsolidierung der Fragmente unter Stufenbildung stellt einen wichtigen präarthrotischen Faktor dar (Hackenbroch 1943) und ist auf Übersichtsaufnahmen meist erkennbar. Diskrete Irregularitäten der ossären Gelenkfläche können aber auch auf Defilé-Aufnahmen dem Nachweis entgehen, während im CT-Arthrogramm diese Veränderungen ebenso wie begleitende Knorpelusuren zuverlässig erkennbar sind (Reiser et al. 1982). Auch wenn Frakturen der Patella regelrecht und ohne Stufenbildung an der Gelenkfläche knöchern verheilt sind, können Schäden des patellaren Gelenkknorpels zurückbleiben, die Ursache für persistierende Beschwerden sein können (nicht gezeigt).

B Patella partita

Nicht angeschlossene, laterale Knochenfragmente stellen nicht immer eine harmlose Normvariante dar (Smillie 1971). Eine Stufenbildung in der knöchernen Gelenkkontur kann durch Vorstehen oder Zurücktreten des Fragmentes gegenüber der eigentlichen Patella entstehen und läßt sich mit Defilé-Aufnahmen nachweisen..

Die CT-Arthrographie konnte aber in 4 Fällen zeigen, daß eine derartige knöcherne Unebenheit der Gelenkfläche durch einen unterschiedlich dicken Knorpelsaum ausgeglichen wird (nicht gezeigt), so daß insgesamt eine glatte Knorpelbegrenzung resultiert. Bei 2 Patienten ließ sich aber als Korrelat für chondropathische Beschwerden ein Knorpelschaden an einem die Gelenkkontur überschreitenden Ossifikationskern nachweisen (nicht gezeigt).

C Breite oberflächliche Defekte der Crista patellae mediana

Ein weiterer morphologischer Typus einer bisher nicht beschriebenen Unregelmäßigkeit der ossären Patella-Gelenkfläche war bei 6 Patienten zu beobachten. Die knöcherne Gelenkkontur zeigte bei diesen Patienten eine flache, breite

Buchtung im Bereich der Crista patellae mediana oder am Übergang zur lateralen Facette. Die Kontur des darüberliegenden Gelenkknorpels verlief aber weitgehend unauffällig.

D Dorsaler Defekt der Patella

Der dorsale Defekt der Patella (DDP) ist ein runder, strahlentransparenter Knochendefekt von ungefähr 1 cm Durchmesser mit glatter und häufig sklerosierter Begrenzung (Goergen et al. 1979, Haswell et al. 1976, Hunter und Heusinger 1975), Abb. 1: Die typische Lokalisation im dorso-superolateralen Segment der Patella, ein in 30% der Fälle bilaterales und meist symptomfreies Auftreten und die gelegentliche Beobachtung einer spontanen Rückbildung des Defektes mit Abschluß des Knochenwachstums gelten als Charakteristika dieser Veränderungen.

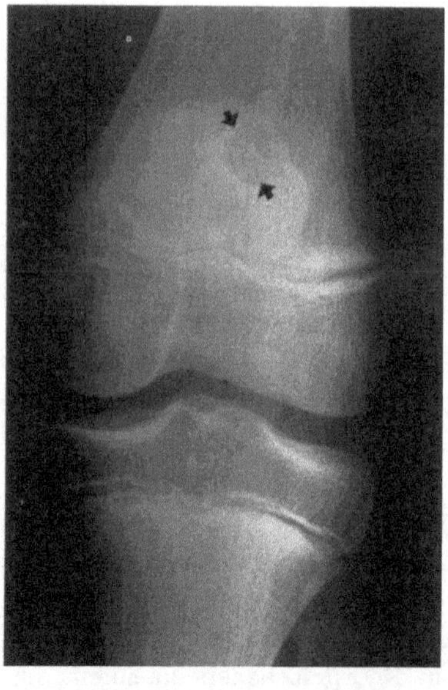

Abb. 1 12-jährige Patientin mit "Chondropathia patellae". Typischer dorsaler Defekt der Patella (DDP). a, Die Übersichtsaufnahmen lassen eine runde, glatt begrenzte "Osteolyse" von 1 cm Durchmesser im oberen lateralen Quadranten der Patella erkennen (Pfeile).

Bei unseren 5 Patienten mit dorsalem Patelladefekt (DDP) betrugen die Durchmesser der knöchernen Defekte 4 bis 10 mm. Die Tiefe der ossären Einsenkungen konnte im CT-Arthrogramm genau bestimmt werden; die Abstände zur Knorpeloberfläche betrugen 4 bis 7,5 mm.

Aufgrund arthrographischer Untersuchungen in konventioneller Technik wurde bisher ein intakter Knorpelbelag über dem knöchernen Defekt angenommen. Im Gegensatz dazu waren bei unseren Patienten mit DDP deutliche Knorpelalterationen nachweisbar. Bei den 4 mittels CT-Arthrographie untersuchten Patienten war über der knöchernen Einsenkung eine cartilaginäre Unebenheit in Gestalt einer flachen Einziehung des Gelenkknorpels, einer tiefreichenden Kontrastmittel-Inhibition oder einer trichterartigen Vertiefung des Gelenkknorpels (Abb. 2) zu erkennen.

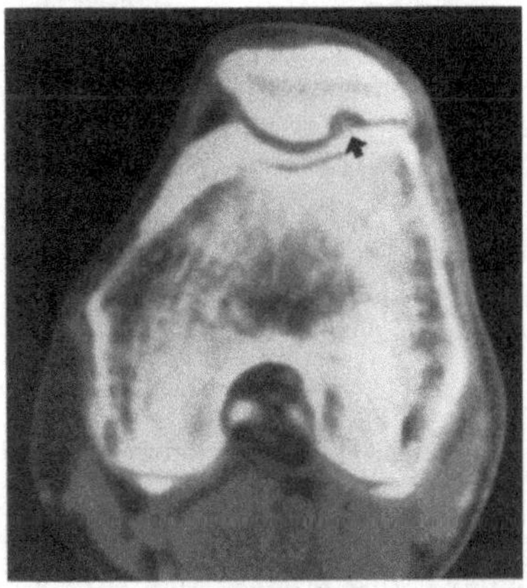

Abb. 2 27-jähriger Sportler mit Chondropathia patellae links seit mehreren Jahren. 6 mm tiefer DDP. Der darüberliegende Gelenkknorpel ist trichterförmig vertieft (Pfeil). Übriger Gelenkknorpel intakt.

E **Kanalikuläre Defekte**

Die CT-Arthrogramme von 5 Patienten mit chondropathischen Beschwerden zeigten schmale, von sklerosierten Knochensäumen scharf begrenzte, tiefe Knocheneinsenkungen, die sämtlich auf Übersichtsaufnahmen nicht zu erkennen waren. Diese Vertiefungen waren 1,5 bis 4 mm breit und reichten von der Knorpeloberfläche mehr als 10 mm tief in die Patella hinein. Bei 3 Patienten stellte sich ein mit Kontrastmittel gefüllter, die Knorpeloberfläche perforierender feiner Knorpelkanal dar, während in 2 Fällen der darüberliegende Gelenkknorpel intakt war (Abb. 3).

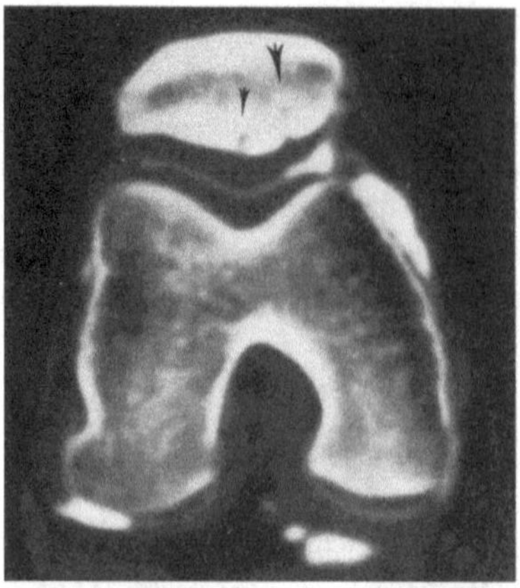

Abb. 3 18-jähriger Patient mit Belastungsschmerz am linken Knie seit 2 Jahren. Kanalikuläre ossäre Vertiefung an der medialen Patella-Facette und an der Crista patellaris mediana (Pfeile). Die Vertiefungen sind von Corticalis glatt begrenzt. Der Gelenkknorpel ist unauffällig.

DISKUSSION

Ausgeprägte Unregelmäßigkeiten der knöchernen Gelenkfläche nach Patellafraktur, bei Patella partita und beim voll ausgeprägten dorsalen Defekt der Patella (DDP) sind mit konventionellen Techniken der Röntgendiagnostik nachweisbar. Ein kleinerer DDP, kanalikuläre Vertiefungen und Buchtungen an der Crista patellae werden hingegen nur computertomographisch erfaßt. Die Arthroskopie, die nur die knorpelige Oberfläche der Patella zu beurteilen gestattet, erscheint gleichfalls nicht in der Lage, diese Läsionen korrekt zu erfassen. Eine verläßliche Aussage darüber, ob an der artikulierenden Knorpelfläche der Patella arthrosefördernde Unebenheiten vorhanden sind, ist erst durch die CT-Arthrographie möglich.

In der Literatur wurden bisher 40 Fälle von dorsalen Defekten der Patella mitgeteilt. Da durch die konventionelle Arthrographie bei diesen Fällen cartilaginäre Läsionen nicht nachgewiesen werden konnten, wurde ein intakter Knorpelbelag über der knöchernen Vertiefung angenommen, so daß weitere diagnostische/therapeutische Maßnahmen als überflüssig angesehen wurden. Bei vier operativ und histologisch gesicherten Fällen von DDP war nur bei einem Patienten eine cartilaginäre Vertiefung sichtbar. Histologisch ließ sich bei diesem Patienten mit therapieresistenten Kniegelenksbeschwerden zeigen, daß über eine kleine Perforation im Zentrum dieser Vertiefung eine Verbindung zum eigentlichen ossären

Defekt bestand, der von fibrösem Gewebe ausgefüllt war (Hunter und Heusinger 1975).

Hingegen konnten bei 6 unserer 10 Patienten mit DDP und kanalikulären defekten CT-arthrographisch cartilaginäre Vertiefungen gesichert werden; dabei handelte es sich viermal um tiefe Knorpelkanäle. Die operative Gelenksrevision bei 3 Patienten ließ zwar nicht den eigentlichen Knorpelkanal, jedoch eine ausgeprägte Verquellung des über dem knöchernen Defekt liegenden Knorpelbezirkes erkennen. Am excidierten Knorpel-Knochengewebe war in einem Fall eine tiefreichende Zerklüftung des Knorpels als Korrelat des Knorpelkanals nachweisbar. Ähnlich der oben angeführten Fallbeschreibung fand sich im eigentlichen ossären Defekt teilweise mucoid degeneriertes Bindegewebe. Bei 3 unserer 10 Patienten mit dorsalen Defekten der Patella und Chondropathia patellae war außer der Knorpelläsion über dem knöchernen Defekt keine Chondromalazie der übrigen patellaren Gelenkfläche zu erkennen.

Sowohl die typischen dorsalen Defekte der Patella (DDP) wie auch die von uns erstmals beschriebenen kanalartigen Defekte der Patella werden demnach oft von Vertiefungen des darüberliegenden Gelenkknorpels begleitet. Bei Abwesenheit sonstiger chondromalazischer Veränderungen müssen vor allem breite und tiefreichende Knorpeldefekte im CT-Arthrogramm als Ursache resistenter Chondropathie angesehen werden.

Die Ätiologie der dorsalen Defektbildungen der Patella ist unbekannt. Wie bei der Patella partita wird aber eine Entwicklungshemmung in Form einer verzögerten oder unterbrochenen Ossifikation der Knorpelanlage als wahrscheinliche Erklärung angesehen (Johnson und Bragden 1982). Von den vielen denkbaren Ursachen für eine Hemmung der enchondralen Ossifikation dürften in diesem Zusammenhang lokale Hemmfaktoren von besonderer Wichtigkeit sein. Die vor dem Auftreten der Knochenkerne präexistenten vaskularisierten Knorpelkanäle (Kreutz 1981) sind für den Ablauf der enchondralen Ossifikation von elementarer Bedeutung (Stockwell 1979). Hinsichtlich der schmalen kanalikulären Knochendefekte (Abb. 3) wäre als mögliche Ursache auch eine defiziente Ausbildung dieser Knorpelkanäle oder eine Infarzierung der darin verlaufenden Blutgefäße zu diskutieren, deren Folge eine circumscripte Entwicklungshemmung der Knorpelanlage sein könnte.

Bei isolierter Hemmung der enchondralen Ossifikation sollte allerdings der Gelenkknorpel intakt bleiben, so daß Buchten und perforierende Kanäle des Gelenkknorpels möglicherweise sekundär entstanden sind. Die Knorpelschicht vom tiefsten Punkt der knöchernen Vertiefung bis zur Kontur des Gelenkknorpels war in mehreren Fällen für eine Ernährung durch Diffusion aus der Synovialflüssigkeit und subchondralen Gefäßnetz auch unter günstigen Voraussetzungen zu dick (Tillmann 1984, Stockwell 1979). Die nachgewiesenen kanalartigen Einsenkungen des Gelenkknorpels könnten daher durch Nekrosen von unzureichend versorgten

Knorpelanteilen entstanden sein und der Heranführung von Synovialflüssigkeit an die tieferen Knorpelschichten dienen.

Literaturverzeichnis

Goergen TG, Resnick D, Greenway G, Saltzstein SL (1979) Dorsal defect of the patella (DDP): a characteristic radiographic lesion. Radiology 13:333-336

Hackenbroch M (1943) Die Arthrosis deformans der Hüfte. Grundlagen und Behandlung. Thieme, Leipzig

Haswell DM, Berne AS, Graham CB (1976) The dorsal defect of the patella. Pediatr Radiol 4:238-242

Hunter LY, Hensinger RN (1975) Dorsal defect of the patella with cartilaginous involvement: a case report. Clin Orthop 110:131-132

Johnson JF, Brogdon BG (1982) Dorsal defect of the patella. AJR 139:339-340

Kreutz W (1981) Cartilage channels of the human patella up to birth. Gegenbaur's Morphol Jahrbuch 127:620-624

Reiser M, Karpf PM, Bernett P (1982) Diagnosis of chondromalacia patellae using CT-arthrography. Europ J Radiol 2:181-186

Smillie JS (1971) Injuries of the knee joint. Edinburgh, 4. Ausgabe.

Stockwell RA (1979) Biology of cartilage cells. Cambridge.

Tillmann B (1984) Funktionelle Anatomie der Gelenke. In: Doer W, Seifert G (Hrsg.) Pathologie der Gelenke und Weichteiltumoren. Band 18/I von: Spezielle pathologische Anatomie. Springer, Berlin

Regelmäßiges körperliches Training verzögert die altersbedingten degenerativ-arthrotischen Veränderungen des Temporomandibular-Gelenkes bei Mäusen

C. Ernst, J.D. Ringe, M. Silbermann, E. Steinhagen-Thiessen

Dem Alterungsvorgang liegen komplexe Vorgänge zugrunde. Sowohl extrinsische als auch intrinsische Faktoren modulieren den normalen Alterungsvorgang.

Regelmäßiges körperliches Training - ein extrinsischer Einfluß - kann der Altersosteoporose entgegenwirken bzw. diese verhindern. Dies wurde bereits von uns am Tiermodell gezeigt (Gersham et al. 1982, Zernick et al. 1983, Zernick et al. 1982, Steinhagen-Thiessen et al. 1985, Steinhagen-Thiessen et al. 1981). Welchen Einfluß auf die altersabhängigen Veränderungen hat das tägliche körperliche Lauftraining auf das Temporomandibular-Gelenk? Dieses Gelenk wurde als Untersuchungsparameter gewählt, da es nicht unmittelbar am körperlichen Training beteiligt ist.

MATERIAL UND METHODEN

Tierexperimente

Für dieses Experiment standen 56 weibliche CW I-Mäuse zur Verfügung, die in Gruppen zu 10 in Macrolonkäfigen der Größe 15 x 42 x 26 cm in regelmäßigem Tag-Nacht-Rhythmus und bei einer Raumtemperatur von 20 $\pm 3^{o}C$ gehalten wurden. Die Tiere erhielten Altromin-Futter (Altromin, Lage, Westfalen) und Wasser ad libitum.

Training

30 dieser CW I-Mäuse im Alter von 20, 24 und 27 Monaten wurden ab ihrem 5.-6. Lebensmonat 30 min/Tag in elektrisch angetriebenen Laufrädern trainiert. Das Trainingsprogramm wurde mit 5 min/Tag begonnen und auf die Maximaldauer von 30 min/Tag, die am 12. Tag erreicht wurde, gesteigert. Die Trainingsleistung betrug 4,5 m/min.

Kontrollgruppe

Entsprechende Kontrollgruppen, d.h. nicht trainierte Tiere (n=26) im Alter von 9, 24, 27 und 32 Monaten, standen zur Verfügung.
Die Tiere wurden durch cervicale Dislokation getötet. Die Köpfe wurden vom Rumpf abgetrennt und direkt in 40% Formalin eingelegt. Eine 1 1/2 monatige Demineralisierung erfolgte in EDTA, dehydratisiert wurde in hochprozentigem Alkohol. Zur weiteren Vorbereitung der mikroskopischen Schnitte zerlegte man die Köpfe im Bereich der Ohren senkrecht in anteriore und posteriore Partien, das Temporomandibular-Gelenk befindet sich in der anterioren Partie. Das Untersuchungsmaterial wurde in Paraplast eingebettet und an einem Microtom in einer Dicke von 7 µm geschnitten. Die Schnitte wurden in H.E., Toluidine Blue, Mallory und van Gieson gefärbt. Für die Auswertung am Morphomat (Morphomat 10, Zeiss, Oberkochen) diente der anteriore Teil des Temporomandibular-Gelenkes. Mit dem Morphomat wurden die Dicke des Knorpels an der Gelenkfläche des Temporomandibular-Gelenkes, die Knochenzellen/Fläche, die Knorpelzellen/Fläche und die Stereologiefunktionen der Knorpelzellen gemessen. Die Stereologiefunktionen beinhalten die Volumendichte und die Oberflächendichte der Knorpelzellen.

ERGEBNISSE

Bei den jungen, untrainierten Tieren läßt sich deutlich die Condyle mit ihrer glatten Oberfläche vom Meniscus und dem Temporalknochen in ihrer verschiedenen Architektur unterscheiden (Abb. 1).
Das Knochen- und Knorpelgewebe der jungen Tiere ist reich an Zellen. Bei den senilen, untrainierten Tieren hingegen erkennt man die Risse der Condylenoberfläche, die Knorpelzellen sind rarer, und Schrumpfungsprozesse der Chondrocyten lassen sich beobachten. In Abb. 2 läßt sich bei diesem Temporomandibular-Gelenk einer 32 Monate alten Maus außerdem noch ein Osteocyt erkennen, die Symmetrie der Condylenoberfläche ist dadurch aufgehoben. Die Knochen-Knorpel-Grenze

ist verwaschen und Vakuolen im Bereich des Knochens und des Knorpels lassen sich deutlich erkennen.

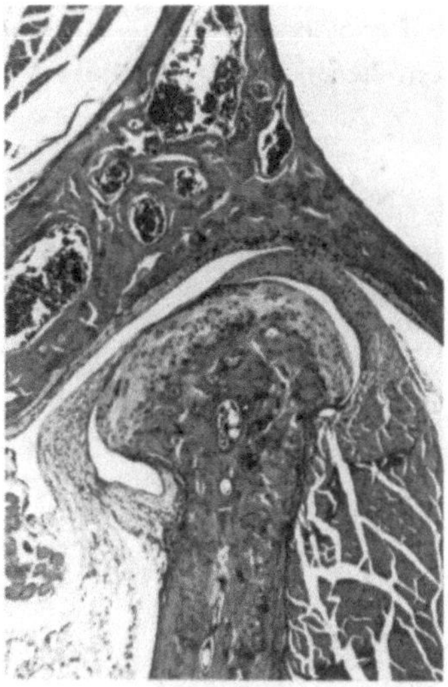

Abb. 1 Temporomandibular-Gelenk einer 9 Monate alten untrainierten Maus

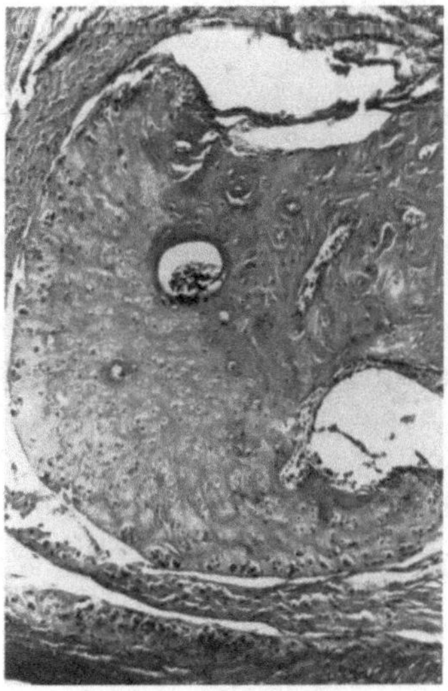

Abb. 2 Temporomandibular-Gelenk einer 32 Monate alten untrainierten Maus

Im Gegensatz zu den senilen untrainierten Tieren lassen sich die Temporomandibular-Gelenke der langzeittrainierten senilen Tiere deutlich durch eine erhöhte Zellzahl im Knochen- und Knorpelgewebe unterscheiden. Außerdem weisen die alten trainierten Tiere nicht in dem Maße wie die entsprechende Kontrollgruppe spaltartige Läsionen an der Condylenoberfläche auf. Die Symmetrie der Condyle ist bei den senilen trainierten Tieren erhalten. Diese Phänomene sind beispielhaft in Abb. 3 dargestellt.

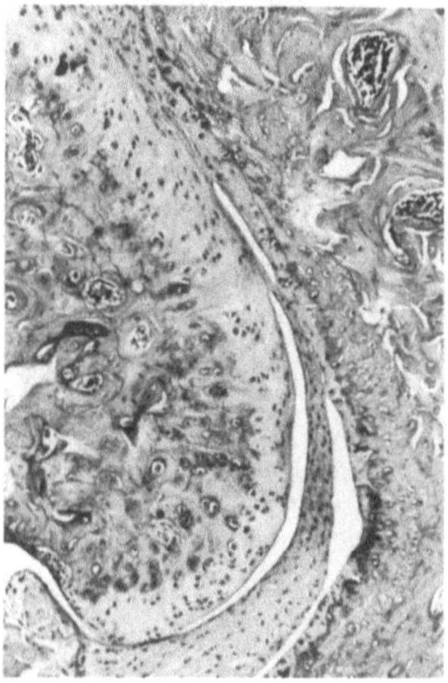

Abb. 3 Temporomandibular-Gelenk einer 32 Monate alten über 26 Monate trainierten Maus

In den Tabellen 1 und 2 sind die verschiedenen Meßparameter an diesem Gelenk in Abhängigkeit vom Alter und Training wiedergegeben. Die Knorpeldicke nimmt signifikant mit dem Alter ab. Die trainierten Tiere hingegen zeigen sogar einen Anstieg mit dem Alter und der Trainingsdauer. Auch die Knorpel- und Knochenzellen pro Fläche nehmen mit dem Alter ab. Die Volumendichte und Oberflächendichte der Knorpelzellen nimmt signifikant mit dem Alter um maximal 80% ab. Hierbei weist die trainierte Gruppe wieder erhöhte Werte der Oberflächendichte und der Volumendichte gegenüber der Kontrollgruppe auf.

Tab. 1

TEMPOROMANDIBULARE GELENK/CW1						
Alter in Monaten	Knorpeldicke (µm)		Knorpelzellen/Fläche ($^1/\mu m^2$)		Knochenzellen/Fläche ($^1/\mu m^2$)	
	Kontrolle	Training	Kontrolle	Training	Kontrolle	Training
9	196.13 ± 19		2.19 ± 0.35		1.116 ± 0.14	
20		154.3 ± 47		2.532 ± 0.66		1.12 ± 0.09
24	144.6 ± 7.5	157.7 ± 19	1.19 ± 0.019	1.52 ± 0.16	0.959 ± 0.002	1.14 ± 0.1
27	140 ± 17	167.4 ± 14	1.159 ± 0.18	1.24 ± 0.07	0.903 ± 0.1	0.898 ± 0.083
32	115 ± 1.3		0.679 ± 0.02		0.791 ± 0.0074	

Tab. 2

STEREOLOGIEFUNKTIONEN DER KNORPELZELLEN/CW1				
Alter in Monaten	Volumendichte (VDY) (μm^3)		Oberflächendichte (SFD) (μm^2)	
	Kontrolle	Training	Kontrolle	Training
9	2.956 ± 0.61		10.32 ± 2.3	
20		2.716 ± 0.02		11.532 ± 1.1
24	0.962 ± 0.002	1.43 ± 0.18	4.487 ± 0.02	6.8 ± 0.65
27	0.778 ± 0.045	1.00 ± 0.17	4.38 ± 0.38	4.98 ± 0.37
32	0.613 ± 0.057		3.34 ± 0.11	

DISKUSSION

Durch extrinsische Faktoren wie das körperliche Training läßt sich der normale Alterungsvorgang des Organismus beeinflussen. Dies konnte an verschiedenen Geweben und Spezies gezeigt werden (Chesky et al. 1983, Chesky et al. 1980, Steinhagen-Thiessen et al. 1981, Suominen et al. 1977, De Vries 1970).

Insbesondere konnten wir zeigen, daß ein früh einsetzendes körperliches Training die Altersosteoporose im Tierexperiment verhindert (Ringe et al. 1985). Die hier morphologisch und morphometrisch dargestellten Ergebnisse zeigen, daß ein Gelenk, welches nicht unmittelbar am körperlichen Training beteiligt ist, ebenfalls in der Funktionalität gemessen an morphologischen Parametern zu beeinflussen ist. Alle alten trainierten Tiere zeigten für sämtliche Parameter eine sogenannte "positive Adaptation" an das körperliche Training. Die Temporomandibular-Gelenke der senilen trainierten Tiere ähneln insgesamt mehr dem Aussehen der jungen Tiere. Wenngleich in dieser Studie über die verzehrte Menge an Futter der einzelnen Tiere bzw. Gruppen keine Aussage gemacht werden kann und es nahe liegt zu postulieren, daß die trainierten Tiere mehr fressen, also mehr Kaubewegungen durchführen als die nicht trainierten Tiere, bleibt dennoch das Ergebnis dieser Studie: Das körperliche Training wirkt sich auch auf das Temporomandibular-Gelenk positiv aus. Wir postulieren deshalb, daß früh einsetzendes körperliches Training mit dem Alter einen positiven systemischen Effekt auf den Organismus hat.

Literaturverzeichnis

Chesky JA, LaFolette S, Travis M, Fortado E (1983) Effect of physical training on myocardial enzyme activities in aging rats. The Amer Physic Soc 55:1349-1353

Chesky JA, Rockstein M, Lopez T (1980) Changes with age of myocardial creatine phosphokinase in the male fisher rat. Mech Age Dev 12:237-241

Gershon D, Silbermann M, Coleman R, Finkelbrand S, Steinhagen-Thiessen E, Reznick A (1982) The effect of age and exercise on some biochemical and morphological parameters in striated and cardiacal muscles. E Levy (Ed) Adv in Path, Pergamon Press, Oxford and New York, S. 257-260

Reznick A, Steinhagen-Thiessen E, Gellersen B, Gershon D (1983) The effect of short and long term exercise on aldolase activity in muscles of CW I and C 57/Bl mice of various ages. Mech Age Dev 23:253-258

Reznick A, Steinhagen-Thiessen E, Gershon D (1982) The effect of exercise on enzyme activities in cardiac muscles of mice of various ages. Biochem Med 28:347-352

Ringe JD, Rehpenning W, Steinhagen-Thiessen E (1985) Increasing skeletal involution in the elderly? Mech Age Dev 29:83-88

Steinhagen-Thiessen E, Reznick A, Ringe JD, Gershon D (1985) Different effects of age and physical exercise on superoxide dismutase activity in skeletal and heart muscle. SOD IV Proceedings, Fridovich (Ed), Im Druck

Steinhagen-Thiessen E, Reznick A, Hilz H (1981) Positive and negative adaptation of muscle enzyme in aging mice subjected to physical exercise. Mech Age Dev 16:363-369

Suominen H, Heikkinen E, Parkatti T (1977) Effect of eight weeks physical training on muscle and connective tissue of the m. vastus laterialis in 69 years old men and women. J Gerontol 32:33-37

DeVries HA (1970) Physiological effects of an exercise training regimen upon men aged 52-88. J Gerontol 25:325-336

Osteomyelitis im Kindesalter

P. Peller, Lieselotte Paul

Im deutschen Schrifttum sind nur wenige Arbeiten zu finden, die sich ausführlich mit der Osteomyelitis des Kindes- und Jugendalters auseinandersetzen und eine genügend hohe Patientenzahl anführen. Da wir innerhalb eines kurzen Zeitraumes über eine genügend große Anzahl von Patienten verfügten, die mit relativ konstanten Maßnahmen diagnostiziert und therapiert wurden, schien es uns notwendig, diese Fälle zu analysieren und die therapeutischen Maßnahmen mit dem Krankheitsausgang zu vergleichen. 83 Krankengeschichten von Patienten mit der Diagnose "Osteomyelitis" der Univ. Kinderklinik München in den Jahren 1977-1980 konnten ausgewertet werden. 51 Fälle (61%) zeigten eine akute hämatogene Verlaufsform. Die Geschlechtsverteilung zeigte ein Überwiegen des männlichen Geschlechtes mit einem Verhältnis von 1,6:1. Die Knabenwendigkeit nimmt mit zunehmendem Alter der Patienten ab. Das Durchschnittsalter der Erkrankung lag bei 7,2 Jahren, wobei sich zwei Häufigkeitsgipfel ergaben, nämlich einer im 1. Lebensjahr und der zweite im Alter von 9-11 Jahren.

96% der Patienten mit akuter Osteomyelitis zeigten bei der Vorstellung einen Lokalbefund, wobei Druckschmerz, Schwellung und Bewegungseinschränkung die führenden Symptome waren (Tabelle). Neben dem Lokalbefund war der wichtigste Parameter, der auf eine akute Entzündung hinwies, die erhöhte Blutsenkungsgeschwindigkeit; dagegen wiesen nur etwa 2/3 unserer Patienten erhöhte Temperaturen über 38°C auf und nur die Hälfte der Fälle hatte eine Linksverschiebung im Blutbild (Tabelle 1). Nur etwa 1/3 unserer Patienten hatte bei der Erstuntersuchung einen positiven Röntgenbefund, während über 90% eine signifikante Mehrspeicherung in der Knochenszintigraphie aufwiesen.

Tab. 1 Häufigkeit der Befunde bei akuter hämatogener Osteomyelitis

Befund	prozentuale Häufigkeit
Lokalbefund	96%
Blutsenkungsgeschwindigkeit	96%
Temperaturerhöhung	67%
Linksverschiebung	52%
Szintigraphie	90%
Röntgen	35%
Bakteriologie	47%

Bei jedem Patienten wurde versucht, den krankheitsverursachenden Keim zu identifizieren. Hierzu wurden wiederholt Blutkulturen abgenommen und lokale Punktionen durchgeführt. Die besten Ergebnisse wurden erzielt, wenn mehrere dieser Methoden gleichzeitig und mehrmals angewandt wurden. Insgesamt konnte bei 47% der Fälle ein Erreger gefunden werden. Ganz im Vordergrund stand Staphylokokkus aureus mit 75%, gefolgt von hämolysierenden Streptokokken der Gruppe A (8%) und Hämophilus influenzae (4%).

Bei 46 unserer Patienten war die Erkrankung auf einen Herd beschränkt, während bei 5 Patienten ein multilokulärer Befall vorlag. Bei der Mehrzahl der Patienten war das Hüftgelenk betroffen, gefolgt vom Befall des Knies und Sprunggelenkes (Tabelle 2).

Tab. 2 Anzahl der Symptome bei Patienten mit akuter hämatogener Osteomyelitis

Symptome	Anzahl der Symptome
Druckschmerz	33
Schwellung	33
Bewegungseinschränkung	28
Überwärmung	15
Rötung	12
Erguß	3

Bei 48 Patienten wurde die Therapie mit der parenteralen Verabreichung der Antibiotika begonnen. Daran schloß sich bei allen, nach Normalisierung der klinischen Parameter, die orale Weiterführung der antibiotischen Behandlung an. Nur bei 3 Patienten wurde eine alleinige orale Therapie durchgeführt. Das am häufigsten verabreichte Antibiotikum war Clindamycin (47 Patienten = 92%/Tabelle 3). Im Durchschnitt wurden die Antibiotika 3 Wochen lang parenteral verabreicht. Die orale Anschlußtherapie erstreckte sich durchschnittlich über 7 Wochen. Bei 2/3 der Patienten reichte eine Therapie mit jeweils nur einem Antibiotikum aus. Im Laufe der Erkrankung mußte jedoch bei einigen Patienten ein ein- bis fünfmaliger Antibiotikawechsel durchgeführt werden. Bei knapp 1/3 war im Laufe der

Erkrankung der Einsatz einer Zweierkombination von Antibiotika nötig, bei 5 Patienten (10%) war eine Mehrfachkombination erforderlich.

Tab. 3 Antibiotika-Therapie

Antibiotikagruppe	Anzahl der Patienten
Clindamycin/Lincomycin	46
Penicilline	21
Cephalosporine	20
Aminoglykoside	11
Chloramphenicol	9
Fusidinsäure	2
Tuberkulostatika	2
Trimethoprim, Sulfamethoxazol	1
Erythromycin	1

Bei 18 Patienten mußte zur Entlastung des Herdes ein operativer Eingriff durchgeführt werden, der entweder in einer Punktion oder der Incision des Herdes bestand. Die zur Unterstützung der medikamentösen Therapie durchgeführte Ruhigstellung betrug durchschnittlich 8 Wochen, mit der Höchstdauer von rund 1/2 Jahr. Der stationäre Aufenthalt lag im Durchschnitt bei 73 Tagen.

Während des Verlaufes kam es bei 20 vorher röntgennegativen Osteomyelitis-Fällen zu radiologischen Veränderungen, während 15 Patienten während des gesamten Krankenverlaufes niemals einen positiven Befund zeigten. Der wichtigste prognostische Parameter war die Blutsenkungsgeschwindigkeit: Bei der Mehrzahl unserer Patienten hatte sie sich innerhalb von 10 Wochen vollständig normalisiert, bei einigen dauerte die Normalisierung bis zu 1/2 Jahr.

Insgesamt konnten 40 Patienten nachuntersucht werden. Gut 2/3 unserer Osteomyelitisfälle waren völlig unauffällig, nur 3 zeigten eine leichte Deformität der betroffenen Extremität und 6 litten an einer mäßigen Bewegungseinschränkung. Zu einem chronischen Verlauf kam es in keinem der Fälle. (Tabelle 4)

Tab. 4 Ergebnis der Nachuntersuchung nach akuter hämatogener Osteomyelitis

Beurteilung	Patientenzahl
unauffällig	27
Bewegungseinschränkung	6
Deformität	3
Fistelung, chronischer Verlauf	0
sonstiges	4
Gesamt	40

Zusammenfassend läßt sich sagen, daß die an unserer Klinik vorwiegend durchgeführte Monotherapie mit Clindamycin zu zufriedenstellenden Ergebnissen führt, sie liefert gleich gute Behandlungsergebnisse wie andere in der Literatur angeführte Therapieschemata und bestärkt uns, in diesem Therpaieschema fortzufahren.

Physiotherapeutische Behandlung nach Gelenkoperationen

W. van Laack

Operative Eingriffe im Gelenkbereich können bei entzündlichen, rheumatischen, degenerativen, traumatischen, tumorösen und metastatischen oder metabolischen Geschehnissen indiziert sein.

Dabei können reine Weichteileingriffe wie Tenotomien oder Synovektomien, aber auch knöcherne Eingriffe, wie gelenkerhaltende und kongruenzverbessernde Umstellungsosteotomien, Arthroplastiken, Arthrodesen oder Alloarthroplastiken zur Stabilisation und Mobilisation von Gelenken, zur Verminderung entzündlicher Aktivitäten und zur Schmerzbeseitigung vorgenommen werden.

Immer ist eine intensive physiotherapeutische Nachbehandlung angezeigt.

Das physiotherapeutische Behandlungsspektrum ist von großer Vielfalt und setzt stets sofort nach der Operation ein. Dabei ist es wichtig klarzustellen, daß nie das gesamte Therapiespektrum zur gleichen Zeit Anwendung finden kann, sondern immer abgestuft nach Art der Operation, lokalem und allgemeinem Gesundheitszustand sowie Alter des Patienten und postoperativer Heilungstendenz zeitlich gestaffelt eingesetzt werden muß.

Manche physiotherapeutischen Maßnahmen können zu verschiedenen Zeiten auch mehrfach, andere dagegen überhaupt nicht zur Anwendung gelangen.

Die große Vielfalt des physiotherapeutischen Angebots einerseits und die Nachfrage nach gezielten physiotherapeutischen Leistungen entsprechend unterschiedlicher Indikationen nach Gelenkoperationen andererseits erfordern eine profunde Kenntnis des gesamten physiotherapeutischen Spektrums und die Anwendung durch erfahrene Behandler. Stets muß unter Auswahl eines geeigneten Therapiekonzepts abgestuft dosiert und eine laufende Kontrolle der Behandlungsergebnisse bei steter Überprüfung der Verträglichkeit vorgenommen werden.

Allgemeine Behandlungsziele physiotherapeutischer Anwendungen nach Gelenkoperationen

Im folgenden werden einige grundlegende Behandlungsziele erläutert, die nach Gelenkeingriffen zu gegebener Zeit erreicht werden sollten.

1. Dekubitusprophylaxe

Richtige Lagerung und Erarbeiten von Lagerungsplänen sowie krankengymnastisches Muskeltraining und Frühmobilisation soweit als möglich sind wichtige physiotherapeutische Maßnahmen zur Dekubitusprophylaxe.

2. Pneumonie- und Thromboseprophylaxe, Kreislauftraining

Kompressionsmaßnahmen an der unteren Extremität mit Bandagen und Strümpfen sowie entstauende Maßnahmen durch Hochlagerung der operierten Extremität und Lymphdrainage gehören ebenso zur Thromboseprophylaxe wie eine meist obligate low-dose-Heparinisierung. Krankengymnastisches Muskel- und Gelenktraining sowie frühestmögliche Mobilisation des Patienten mit Hochsetzen, Bettkantensitzen oder Aufstehen und ersten Gehübungen bieten größtmögliche Effektivität zur Vermeidung von Thrombosen und Pneumonien oder zur Verbesserung der allgemeinen Kreislaufsituation. Ebenso können vorsichtige Massagen den Kreislauf im Frühstadium postoperativ trainieren. Weiter sind atemtherapeutische Maßnahmen angezeigt.

3. Psychovegetative Rekonvaleszenz

Bereits früh postoperativ kommen physiotherapeutische Maßnahmen zur psychovegetativen Rekonvaleszenz. Psychovegetativ unterstützend sind Massagen, insbesondere Formen klassischer Massage im nicht operierten Gebiet, mit Ausnahme von Klopfungen und Schüttelungen. Nach abgeschlossener Wundheilung sind krankengymnastische Übungen im Wasser des Bewegungsbads als Einzelbehandlung oder in Gruppen nicht nur von großer lokaler Bedeutung (sofern nicht durch die Art der

Operation kontraindiziert), sondern auch für das allgemeine Wohlbefinden des Patienten von erheblicher Wichtigkeit. Auch andere Formen der Hydrotherapie können in diesem Rahmen zur Anwendung kommen, z.B. die absteigende Behandlung im Stangerbad.

Lokale Behandlungsziele physiotherapeutischer Anwendungen nach Gelenkoperationen

1. Schmerzlinderung

Eine Domäne in der Linderung von Schmerzen liegt in der Kryotherapie mit ihrem breiten Anwendungsspektrum, neuerdings ergänzt durch die Kaltluft- oder Kaltgasbehandlung nach Yamauchi.

In der Regel soll eine Kältetherapie sehr frühzeitig in der Nachbehandlung einer Reihe von Gelenkoperationen begonnen werden.

Die Beschleunigung von Resorption und Entsorgung mit dem Ziel der Schmerzlinderung kann durch elektrotherapeutische Verfahren, milde Wärmezufuhr oder durch Techniken der Lymphdrainage gefördert werden. Spezielle Erwähnung soll an dieser Stelle lediglich die Behandlung mit Gleichstrom (Galvanisation) finden, bei der durch Hyperpolarisation unter der Anode ein analgetischer Effekt erzielt wird. Krankengymnastische Entspannungsübungen und relaxierende Massagen können häufig früh zur postoperativen Schmerzlinderung durch allgemeine Entkrampfung und Sedierung beitragen.

2. Resorptionsförderung und Entstauung, Durchblutungsförderung

Sie gehören zu den Zielen bereits frühzeitiger postoperativer Anwendungen. Hochlagerung der operierten Extremität, postoperative Bandagierung der Beine, gezieltes krankengymnastisches Gelenk- und Muskeltraining, Atemtraining und Verbesserung der Atemtechnik sowie Vergrößerung der Totraumvolumina und frühzeitige Mobilisation des Patienten soweit wie möglich stehen bereits unmittelbar postoperativ an und werden im Laufe der Zeit kontinuierlich erweitert. Methoden der Lymphdrainage können auch an der operierten Extremität frühzeitig Anwendung finden. Eine Reihe hydrotherapeutischer Applikationsformen kommen je nach Lokalisation des Operationsgebietes vor, meist aber erst nach abgeschlossener Wundheilung in Betracht. Hier sollen medizinische, Wechsel- und Bewegungsbäder sowie Kneipp'sche Anwendungen und Unterwassermassagen erwähnt werden. Elektrotherapeutische Maßnahmen sind oft gut wirksam, ebenso wie Wärmebehandlungen, z.B. als Hochfrequenzstrom- oder Ultraschallapplikation. Besonders müssen jedoch mögliche Gegenindikationen beachtet werden, wie z.B. liegende metallische Implantate oder Fremdkörper, insbesondere bei Hochfrequenztherapien.

3. Herabsetzung entzündlicher Aktivitäten

Entzündliche Aktivitäten lassen sich vor allem durch Kälte- und Kryotherapeutische Maßnahmen effektiv senken.

4. Kontrakturprophylaxe

Eine Reihe von Gelenkoperationen sollen eine Verbesserung einer zuvor eingeschränkten Gelenkbeweglichkeit erreichen. Postoperativ muß der operativ erzielte Vorteil zumindest gehalten oder weiter verbessert werden.

Der Tendenz zur Einsteifung durch arthrogene, myogene, neurogene oder dermatogene Kontrakturen muß bereits unmittelbar postoperativ soweit wie möglich entgegengewirkt werden. Dies beginnt mit der richtigen Lagerung in Funktions- oder Mittelstellung je nach Gelenk, und stets unter dem Gesichtspunkt der späteren Gebrauchsfähigkeit.

Vorhandene Kontrakturen müssen beseitigt werden. Die Physiotherapie bietet hierzu eine Reihe verschiedener Möglichkeiten. Manualtherapeutische Maßnahmen kommen ebenso in Betracht wie Entspannungstechniken, Dehnlagerungen, krankengymnastische (und orthetische) Quengelungen, Eis- oder Wärmebehandlungen, Bindegewebsmassagen, Dauerzüge z.B. im Schlingentisch, hydro- und balneotherapeutische Maßnahmen, einige Formen aus der Elektrotherapie, wie z.B. die Elektrogymnastik sowie der Ultraschall.

5. Kontraktionshilfen und Muskelkräftigungen

Krankengymnastische Übungsbehandlungen, insbesondere mit Bewegungstherapien nach speziellen Mustern, wie z.B. PNF-Komplexbewegungen (PNF = propriozeptive neuromuskuläre Fazilitation) sowie Reizstrombehandlungen können indiziert sein. Daneben kommen je nach postoperativer Phase isometrisches Muskeltraining, Haltungsschulung oder klinischer Sport in Betracht, ergänzt durch hydro- und balneotherapeutische Anwendungen.

6. Gebrauchsschulung operierter Extremitäten

Ziel aller physiotherapeutischen Maßnahmen nach Gelenkoperationen an der oberen Extremität ist die Wiedererlangung der Gebrauchsfähigkeit zur Bewerkstelligung zumindest der zum täglichen Leben und zur selbständigen Toilette notwendigen Bewegungsmuster. Die untere Extremität muß möglichst ein achsengerechtes Gehen und freies Sitzen ermöglichen. Eine konsequente Gangschulung mit und ohne Belastung des operierten Beins sowie eine gezielte Mobilisation der beteiligten Gelenke sind unentbehrlich.

Schlußfolgerung

Zusammenfassend kann gesagt werden, daß man es im Rahmen einer solch kurzen Arbeit mit einem groben Überblick über die grundsätzlichen Ziele physiotherapeutischer Behandlungen nach Gelenkoperationen bewenden lassen muß. Die Notwendigkeit des umfassenden Einsatzes einer Vielzahl von Möglichkeiten physiotherapeutischer Anwendungsformen und Kombinationen in allen Phasen postoperativer Rehabilitation zu jeweils gegebener Zeit und unter Beachtung von Indikationen und Kontraindikationen einzelner Therapieformen sowie unter ständiger Verlaufs-, Verträglichkeits- und Effektivitätskontrolle sollte transparent gemacht worden sein.

Einfluß osteopathisch manipulativer Techniken auf die Muskulatur: Elektromyographische Untersuchung

W. van Laack

Nach Stoddard (1978) beschäftigt sich die "Osteopathie" mit der Herstellung und Aufrechterhaltung der normalen, strukturellen Integrität des Körpers. Dazu gehören Techniken der manipulativen Gelenkbehandlungen, zur Normalisierung der Beweglichkeit und der Gelenkstellung, und solche zur Beseitigung von abnormen Spannungen in den Muskeln, Bändern, Kapseln und Faszien, die funktionell zum Gelenk gehören.

Die Osteopathie geht zurück auf den amerikanischen Ingenieur Dr. Andrew Tailor Still, der sich vor allem auch infolge tragischer familiärer Ereignisse der Medizin widmete. Er sah den menschlichen Körper aus der Sicht des Ingenieurs. Eine seiner Grundtheorien war, daß Störungen der Organe auch auf mechanische Minderfunktionen des sie umgebenden Stützgerüstes zurückgeführt werden können. Im Sinne dieser Philosophie entwickelte er Techniken manueller Behandlung des Bewegungsapparates und gründete 1874 die erste Schule für Osteopathie in Kirksville, Missouri, USA.

Von den USA kam die Osteopathie auch nach Europa, über Großbritannien schließlich auch in die Bundesrepublik, und hat sich hier in modifizierter und abgewandelter Form als Manualtherapie oder Chirotherapie etabliert.

BEHANDLUNGSMETHODEN

Die vorliegende Untersuchung befaßt sich mit dem Einfluß von drei osteopathisch manipulativen Grifftechniken auf die Nacken-, Schulterblatt- und obere bis mittlere Brustwirbelsäulenmuskulatur bei Patienten mit Schmerzen in diesen Abschnitten durch tastbare Muskelspasmen und Segmentblockierungen ohne röntgenologisch auffällige Skelettveränderungen. Hierzu wurden elektromyographisch stets im Seitenvergleich Summenaktionspotentiale der beteiligten Muskelgruppen mittels Oberflächenelektroden gemessen, verstärkt und über einen Speicheroszillographen von einem Schreiber aufgezeichnet. Nach klinischer und manueller Untersuchung sowie Röntgenkontrolle der angrenzenden Skelettabschnitte wurden die folgenden drei Techniken am Patienten, entsprechend des jeweiligen Beschwerdebildes, angewandt (nach Nicholas, 1974):

Zervikaltechnik für 3.-7. HWK
Der Patient liegt auf dem Rücken. Bei gegebener Läsion auf der rechten Seite steht der Therapeut am Kopfende mit der linken Hand am Schläfenknochen. Damit wird der Kopf des Patienten zur Gegenseite der Läsion rotiert und zur Seite der Läsion geneigt. Der Zeigefinger der rechten Hand liegt seitlich hinter dem unteren der beteiligten Halswirbel. Durch richtige Manipulation wird die Blockierung beseitigt.

Obere Brustwirbelsäulentechnik im Sitzen
Der Patient sitzt seitlich auf der Behandlungsliege. Bei linksseitiger Läsion stellt der hinter dem Patienten stehende Arzt sein rechtes Bein auf die Liege, direkt neben die rechte Seite des Patienten, so daß dieser mit seinem Körper gegen das Bein des Therapeuten lehnt und seinen rechten Arm über das Bein des Arztes legen kann. Der rechte Unterarm des Arztes lehnt gegen die rechte Gesichtsseite des Patienten, die rechte Hand des Arztes greift über den Kopf des Patienten und neigt ihn zur Seite der Läsion, während er ihn gleichzeitig von ihr wegrotiert (bei größerem Widerstand auch hin rotiert). Die linke Hand des Arztes liegt auf der linken Schulter und der linke Daumen über dem Querfortsatz des blockierten Wirbels. Bei richtiger Spannung erfolgt ein Druck durch den Daumen nach vorne und unten.

Mittlere Brustwirbelsäulentechnik in Rückenlage
Der Patient liegt auf dem Rücken. Der Arzt steht bei Läsion auf der linken Seite auf der rechten Seite der Behandlungsliege. Der Patient verschränkt seine Hände in den Nacken. Der Arzt legt seinen linken Arm auf die Ellenbogen und führt sie durch Kontakt mit seinem Oberkörper. Der thenare Handballen der rechten Hand wird unter den unteren blockierten Wirbel gelegt und nach richti-

ger Vorspannung ein kurzer Druck von oben gegen den Handballen als Widerlager ausgeübt.

Jeweils vor und etwa 15 Minuten nach erfolgter Behandlung wurde eine Messung der Summenaktionspotentiale über den beteiligten Muskelgruppen des Patienten und der jeweils korrespondierenden Gegenseite vorgenommen.

Bei der Mehrzahl der Patienten waren vor Manipulation höhere Muskelaktivitäten im schmerzhaft verhärteten, tastbaren Muskelbereich nachweisbar. Nach erfolgter Manipulation waren diese Hyperaktivitäten stets normalisiert (Abb. 1).

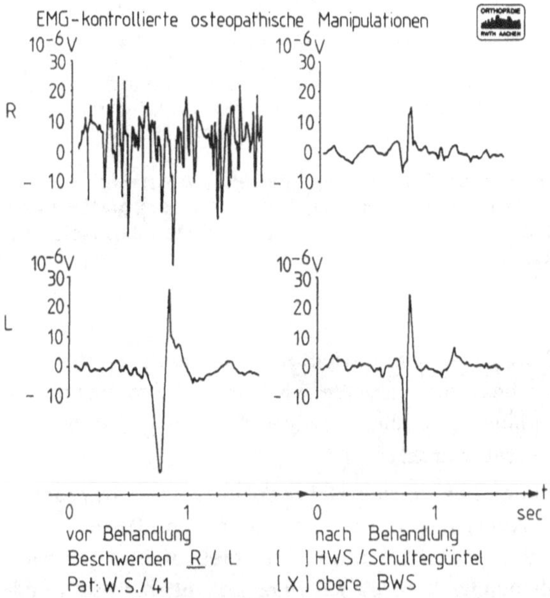

Abb. 1 Hohe Muskelaktivitäten im oberen BWS-Bereich, entsprechend der Lokalisation der Beschwerden (beides rechts) vor osteopathischer Behandlung. Nach Behandlung vollständige Beruhigung des Muskelaktivitätsmusters (Kurve oben rechts). Die linksseitigen Muskelaktivitäten sind in beiden Fällen unauffällig. Deutlich stellt sich die Überlagerung der Herzaktion dar.

Bei einigen Patienten waren Hyperaktivitäten in den genau korrespondierenden Muskelbereichen der Gegenseite feststellbar. Auch diese normalisierten sich nach osteopathischer Behandlung (Abb. 2).

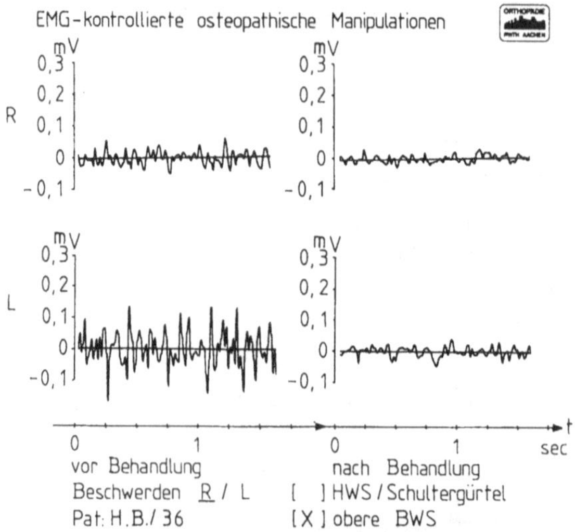

Abb. 2 Der Patient gibt im rechten oberen BWS-Bereich Beschwerden an, das Muskelaktivitätsmuster ist auf der korrespondierenden linken Seite größer. Nach der Behandlung zeigen sich beidseits deutlich beruhigte Muskelaktivitätsmuster.

In allen diesen Fällen gaben die Patienten nach erfolgter Behandlung bereits eine deutliche Beschwerdebesserung an, die wir stets in Prozenten formuliert haben wollten, und die immer mit über 50%iger Besserung (bis zu 90%iger Besserung) vom Patienten bewertet wurde.

Ein Patient klagte über linksseitige Halswirbelsäulenbeschwerden mit Ausstrahlung in den linken Arm. Klinisch konnte eine Läsion im Bereich C5/6 ausgemacht werden. Ein Muskelhypertonus fand sich meßbar auf der rechten Seite. Nach osteopathischer Behandlung kam es zu einer schnellen Beschwerdebesserung mit Beruhigung der Muskelaktivitäten. Nicht lange danach jedoch traten dieselben Beschwerden wieder auf, und eine erneute elektromyographische Kontrolle zeigte den gleichen Befund wie vor der ersten Behandlung.

Eine ausnahmsweise nochmals durchgeführte Manipulation konnte die Beschwerden nicht mehr bessern. Auch die Muskelaktivität auf der rechten Seite blieb erhöht (Abb. 3 und 4).

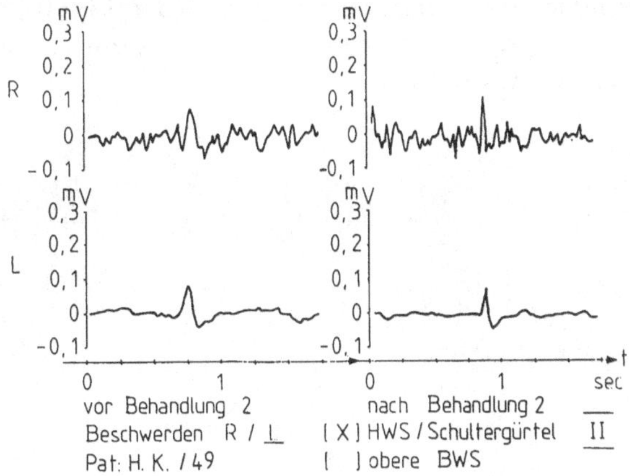

Abb. 3 I) Ein Patient gibt Beschwerden im Bereich HWS, linksseitig und in den linken Arm ausstrahlend an. Verstärkte Muskelaktivität findet sich rechtsseitig. In allen Ableitungen überlagert sich die Herzaktion. Nach erster osteopathischer Behandlung ist keine erhöhte Muskelaktivität mehr rechtsseitig festzustellen. Der Patient ist beschwerdefrei.

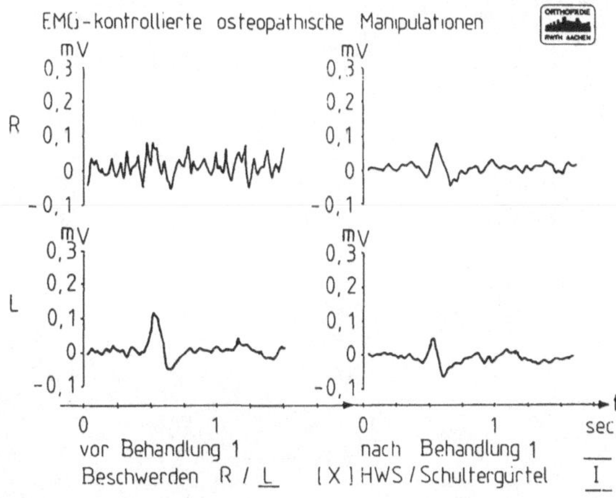

Abb. 4: II) Derselbe Patient kurze Zeit später. Die Beschwerden traten wieder auf, die Muskelaktivitäten wurden rechtsseitig wieder stärker. Nach erneuter Behandlung konnte keine erneute Beruhigung der Muskelaktivität festgestellt werden. Die Beschwerden waren nicht gebessert. Computertomographisch konnte später eine Bandscheibenprotrusion C5/6 linkslateral nachgewiesen werden.

Ein später angefertigtes Computertomogramm der beteiligten Segmente ergab eine linkslaterale Protrusion der Bandscheibe C5/6, die konservativ erfolgreich weiterbehandelt werden konnte.

V Untersuchungen der Knochenspongiosa

Die Röntgen-Computer-Tomometrie der Wirbel-Spongiosa

F. Heuck, U. Faust, H. Genant, U. Reiser

Die Strahlenabsorption des Knochens und damit seine "Schattendichte" im Röntgenbild wird aus dem Gehalt der Tela ossea an Elementen höherer Ordnungszahl, insbesondere Kalzium und Phosphor, verständlich. Im gesunden Knochengewebe liegt das Kalziumphosphat in Form des Hydroxylapatit vor, an dessen Kristalloberfläche andere Kalksalze und Ionen angelagert sind. Die kalziumhaltige Mineralkomponente der Tela ossea absorbiert die Röntgenstrahlung wesentlich stärker als die Grundsubstanz des Knochengewebes sowie die Weichgewebe des Knochenmarkes.

Die hohe Strahlenabsorption durch das Knochenmineral erlaubt neben der Beurteilung morphologischer Veränderungen auch die intravitale Bestimmung der Mineralkonzentration im Gesamtknochen, die neben den Strukturelementen für die Festigkeit des Skelettbausteines verantwortlich ist. Zur Eliminierung von Fehlerquellen, die durch das Meßverfahren bedingt sind, wurden in den zurückliegenden Jahrzehnten Vergleichskörper entwickelt, von denen solche, die Kalksalze enthielten, am besten geeignet waren. In unserem Arbeitskreis werden Referenzsysteme eingesetzt, die die im Knochen am häufigsten vorliegende Kalziumphosphatverbindung, den Hydroxylapatit, enthalten (Heuck 1970). Die noch nachweisbaren Meßfehler wurden dadurch hervorgerufen, daß der verwendete Kunststoff eine höhere Strahlenabsorption als Wasser aufwies, so daß Korrekturfaktoren erarbeitet worden sind.

Als neue diagnostische Methode wurde die Röntgen-Computer-Tomographie zur Bestimmung von Mineralkonzentrationen in bisher schwer zugänglichen Knochen des Skelettes, insbesondere in der Wirbelspongiosa, eingesetzt. Die Ermittlung von

Hounsfield-Einheiten und die Analyse von Histogrammen waren allein nicht ausreichend. (Reiser et al. 1980)

Das zentrale Problem bestand in der Gewinnung einer Substanz für Referenzsysteme, die mechanisch belastbar ist und physikalisch die Eigenschaften des Wassers besitzt. In langjähriger Arbeit konnte Reiser aus unserem Arbeitskreis eine Kunststoffzusammensetzung finden, in die Hydroxylapatit in beliebiger Konzentration einpolymerisiert werden konnte. Dieses Grundmaterial knochengleicher Zusammensetzung läßt sich gut zu Zylindern, Keilen oder Treppen bearbeiten (Reiser et al. 1985).

Bestimmung des Mineralgehaltes mit der Computer-Tomographie

Um die in Digitalbildern enthaltenen Informationen quantitativ auswerten und vergleichen zu können, ist eine Kalibrierung des CT-Gerätes und der gemessenen Attenuationswerte notwendig. Bekanntlich sind die dargestellten Schwächungswerte nicht nur von der Attenuationscharakteristik der vom Strahlengang der Röntgenröhre abgetasteten Substanzen, sondern auch von der Röhrenspannung und der Filterung des Energiespektrums sowie weiteren Systemparametern abhängig. Ein gleichzeitiges Abtasten des zu untersuchenden Objektes zusammen mit solchen Materialien, die bekannte physikalische Eigenschaften besitzen und als Referenz dienen können, erlaubt eine von den Computer-Tomographie-Geräten unabhängige Normierung der gemessenen Schwächungswerte. Hierdurch ist eine weitgehende Eliminierung von Störeinflüssen möglich. Bei der Kalibrierung von konventionellen Röntgenanlagen zum Zwecke der Densitometrie sowie von Computer-Tomographie-Geräten wird in der Regel Wasser als Eichnormal verwendet. Ferner sind wässrige Lösungen von K_2HPO_4 oder Kalziumverbindungen zur Simulation von Knochengewebe als Referenzsysteme herangezogen worden. Lösungen weisen Instabilitäten auf, sie können Gasblasen enthalten und es kann zu Ausfällungen der gelösten Anteile sowie Verunreingiungen kommen.

Von uns wurde ein "wassergleiches" Referenzsystem aus Polyäthylen entwickelt, in das geringe Mengen anderer Elemente eingebracht wurden, um eine Wasseräquivalenz zu erreichen. Absorptionsunterschiede zur Strahlenabsorption durch Wasser im Bereich von 30 KEV bis 3 MEV sind geringer als 1% geworden. Für den Bereich zwischen 40 und 100 KEV, also dem Spektralbereich der in der Röntgendiagnostik und der Computer-Tomographie verwendeten Strahlung, wurde eine Maximalabweichung der Attenuationseigenschaften von weniger als 0,2% errechnet. Durch vergleichende Messungen mit Radioisotopen haben Genant und Mitarbeiter in San Francisco mit Spektren bei 44 KEV, 66 KEV und 100 KEV die annähernde Wasseräquivalenz experimentell bestätigt.

In diese Grundsubstanz werden zur Mineraldensitometrie Konzentrationen zwischen 50 und 250 mg Hydroxylapatit pro cm^3 homogen einpolymerisiert, so daß eine Stoffmischung entsteht, die dem spongiösen Knochen gleichartig ist. Damit lassen sich direkte Vergleiche der Strahlenabsorption des Knochenreferenzsystems mit einem spongiösen Knochen durchführen.

Nach Lokalisation des Mess-Areals im Lendenwirbelkörper, kann mit einer Strahlenenergie von 125 KVP und einer Schichtdicke von 8 mm entweder ein eliptischer oder ein runder Bildausschnitt in der Wirbelkörperschicht von 3 bis 5 cm^2 im rein spongiösen Knochenvolumen quantifiziert werden (Abb. 1).

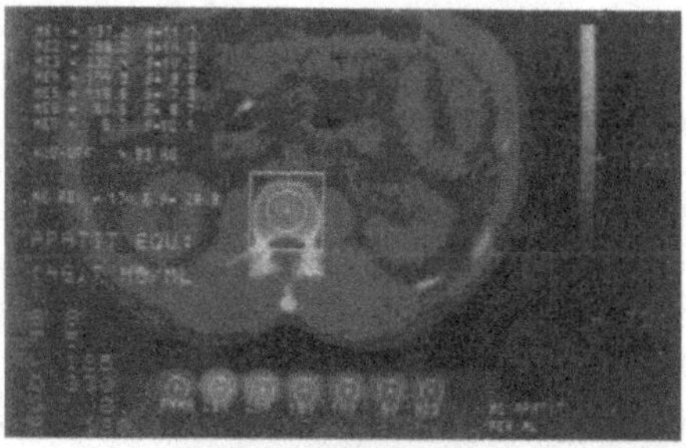

Abb. 1 a) Beispiel eines Schichtbildes durch den 2. Lendenwirbelkörper eines gesunden 54 Jahre alten Mannes mit dem Apatit-Referenzsystem (Siemens Somatom 125 KVP, 8 mm Schichtdicke). Die Auswertung des markierten Bildausschnittes im Wirbelkörper mit Hilfe der im Referenzsystem gemessenen Mineralkonzentrationen ergibt 148 mg/ml (Apatitwert) in der Wirbelspongiosa.

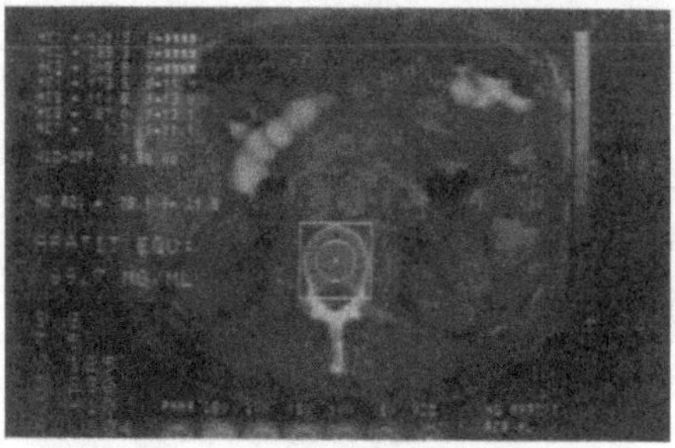

Abb. 1b) Die Bestimmung der Mineralkonzentration im 2. Lendenwirbelkörper eines 65 Jahre alten Mannes nach langzeitiger Cortisonmedikation ergibt einen Apatit-Äquivalentwert von nur 88 mg/ml (Apatitwert). Im Bereich der Brustwirbelsäule dieses Patienten waren keilförmige Zusammensinterungen einiger Wirbelkörper nachweisbar.

Untersuchungen über die Reproduzierbarkeit und Genauigkeit der Messung sind an Wirbelpräparaten vorgenommen worden. Ergebnisse aus dem eigenen Arbeitskreis haben, ebenso wie Untersuchungen von Cann und Mitarbeitern (1983) an der Universität San Francisco, einen Variationskoeffizienten der Dichte von einzelnen Wirbelkörpern von 0,8% ergeben. Die Reproduzierbarkeit in Phantomstudien beträgt 0,9%. Vergleichende Messungen an 25 Leichenwirbeln ergaben eine Korrelation von r = 0,9120. Die Standardabweichung beträgt s = 15 mg/cm^3 bei einem mittleren Mineralgehalt von 112 mg/cm^3. Das Aschegewicht wird hierbei, verursacht durch das Fettgewebe im Wirbelkörper, im Mittel um etwa 10 mg/cm^3 unterschätzt. Der Fettgehalt kann durch Korrekturen berücksichtigt werden, so daß der prozentuale Fehler einer Verminderung des Mineralgehaltes auf 5,2 mg/cm^3 oder 5,4% verringert werden kann.

Die Zweienergiemethode erlaubt es, diesen Fehler etwa zu halbieren, wie von Kalender und Süß (1985) gezeigt wurde. Ähnliche Ergebnisse hat die Arbeitsgruppe von Genant in San Francisco gewinnen können. Die Korrelation der computertomographisch ermittelten Werte, bezogen auf das Aschegewicht von 25 Lendenwirbelkörpern betrug r = 0,9643 (s = 9) bei einer mittleren Unterschätzung des tatsächlichen Mineralgehaltes von 0,8 mg/cm^3 oder 1,1%, was sehr niedrig liegt. Unter Berücksichtigung der höheren Strahlenbelastung und des Zeitaufwandes ist die Zweienergiemethode nur dann berechtigt, wenn experimentelle Studien eine höhere Genauigkeit erfordern. Für den Routineeinsatz in der klinischen Radiologie liefert die Anwendung der Computer-Tomometrie mit nur einer Strahlenenergie Ergebnisse, deren Genauigkeit ausreichend ist.

Mit diesem Verfahren wurden bisher 26 Patienten untersucht. Das Krankengut setzt sich vorwiegend aus Systemerkrankungen des Skelettes zusammen, wie hepatogene Osteopathie und Osteoporose. Beim Vergleich der gewonnenen Meßwerte mit den von Genant erarbeiteten Normalwerten gesunder Wirbelknochen finden sich deutliche Abweichungen, so daß ein Mineralverlust mit einer Strukturveränderung des Knochens angenommen werden muß.

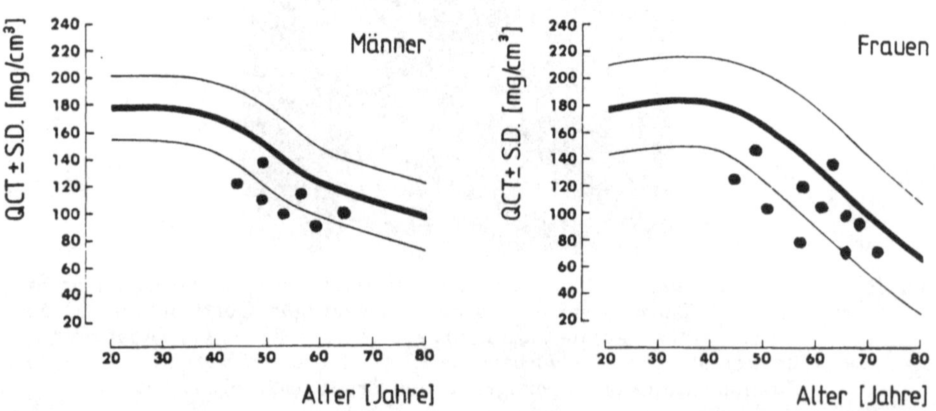

Abb. 2 Meßergebnisse von Patienten mit einer Systemerkrankung des Skelettes (renale Osteopathie, hepatogene Osteopathie, Involutionsosteoporose und andere) aufgetragen zusammen mit den Normalwerten wie sie im Arbeitskreis von Genant und Mitarbeitern (1983) veröffentlicht worden sind. Es handelt sich um 7 Männer (a) und 11 Frauen (b).

Versuche einer Strukturanalyse

Die statische Belastbarkeit eines Wirbels ist auch von der Architektur der Spongiosabälkchen und -lamellen abhängig. Von Bedeutung für die Beurteilung eines Knochens sind auch Strukturveränderungen, die im hochauflösenden Computer-Tomogramm erkannt werden können. Mit den Verfahren der elektronischen Bildverarbeitung ist eine objektive, vergleichende Strukturanalyse möglich (Heuck et al. 1980). Programme zur Vorverarbeitung von Computer-Tomographie-Bildern der Wirbel wurden zusammen mit Greiner vom Institut für physikalische Elektronik der Universität Stuttgart (Prof. Dr. Ing. Bloss) entwickelt. Im ersten Schritt wird der spongiöse Bereich des Wirbelkörpers segmentiert, um dann Teilbilder auszulesen. Für jedes der Teilbilder, die noch normiert und gefiltert werden können, wird ein 360-dimensionaler Merkmalsraum (Strukturmerkmale) berechnet. Aus diesem Strukturmuster werden die günstigsten Merkmale herausgesucht, um durch Adaptation eines Polynomklassifikators eine möglichst gute Trennung der Bilder in bestimmte vorgegebene Klassen zu erreichen. So können z.B. gesunde Strukturen von pathologisch veränderten Strukturen getrennt werden. Es ergab sich, daß bei dem genannten Vorgehen ein Polynomklassifikator mit nur fünf Strukturmerkmalen bereits eine recht gute Trennbarkeit ermöglicht. Bei ersten Vorversuchen wurde eine Falschpositivrate von weniger als 4% erreicht. Das Resultat bei der falschnegativen Rate ist ähnlich. Mit Hilfe der Vorverarbeitung von Computer-Tomographie-Bildern der Wirbelspongiosa können Strukturmerkmale analysiert und voneinander getrennt werden. Die praktische Brauchbarkeit der Methode muß noch an einem größeren Datenmaterial erprobt werden.

Mit der gleichen Methode durchgeführte Strukturanalysen der Spongiosa von Handknochen haben ergeben, daß die Trennung normaler Strukturen von pathologischen Strukturveränderungen möglich ist. Selbst solche Röntgenbefunde, die sich bei visueller Beurteilung nur schwer einordnen lassen, können mit Hilfe der elektronischen Bildverarbeitung sicher zugeordnet werden.

Eine Kombination der globalen Mineralgehaltsbestimmung mit der elektronischen Strukturanalyse wird bei Systemerkrankungen des Skelettes sehr frühzeitig den krankhaften Prozeß erfassen können.

Literaturverzeichnis

Alvarez RE, Macovski A (1976) Energy selective reconstructions in X-ray computerized tomography. Phys Med Biol 21, 733-744

Cann CE, Genant HK, Rutt BK, Stebler B (1983) Postprocessing dual-energy CT for accurate spinal mineral measurement. Radiology 149:167

Genant HK, Boyd DP (1977) Quantitative bone mineral analysis using dual-energy computer tomography. Invest Radiol 12:545

Heuck F (1970) Die radiologische Erfassung des Mineralgehaltes des Knochens. In: Handbuch der medizinischen Radiologie, Bd. IV/1, Springer, Berlin-Heidelberg-New York

Heuck F (1979) Qualitative und quantitative radiologische Analyse des Knochens. In: Lehrbuch der Röntgendiagnostik Bd. II/Teil 1, 145-212. Thieme Verlag, Stuttgart

Heuck FWH, Bloss WH, Saackel LR, Reinhardt ER (1980) Strukturanalyse der Knochen aus Röntgen-Bildern. Biomed Tech 25: 35-42

Kalender W, Süss Chr (1985) Anwendung der Zwei-Spektren-Methode in der Computertomographie (CT) zur Knochenmineralgehaltsbestimmung am Wirbelkörper. Biomed Tech 30 - Ergänzungsband: 189-190

Markus B (1956) Über den Begriff der Gewebeäquivalenz und einige "wasserähnliche" Phantomsubstanzen für Quanten von IO KeV bis 100 MeV sowie schnelle Elektronen. Strahlentherapie 101:111-131

Reiser U, Heuck F, Lichtenau L (1980) Untersuchungen der Mineraltopographie am menschlichen Wirbelkörper mit der Röntgen-Computer-Tomographie. Radiologe 20:554-557

Reiser U, Heuck F, Faust U, Genant HK (1985) Quantitative Computertomographie zur Bestimmung des Mineralgehaltes in Lendenwirbeln mit Hilfe eines Festkörper-Referenzsystems. Biomed Tech 30 - Ergänzungsband: 187-188

White DR (1978) Tissue substitutes in epxerimental radiation physics. Med Phys: 467-479

Computertomographie der Wirbelkörperspongiosa bei generalisierten Osteopathien: Morphometrische und densitometrische Untersuchungen

F. Henschke, W. Kalender, E. Klotz

Die nicht-invasive frühzeitige Diagnostik generalisierter Knochenerkrankungen, wie Osteoporose, Osteomalazie und endokrine Osteopathien stellt mangels exakter Meßmethoden und geeigneter Screening-Verfahren auch heute noch ein ungelöstes Problem in der Osteologie dar. Lediglich die histomorphologische Untersuchung am Beckenkammbiopsat erlaubt meistens eine eindeutige differentialdiagnostische Abgrenzung systemischer Skeletterkrankungen. Sie ist jedoch für den Patienten belastend und erfordert punktionstechnische Übung zur Gewinnung artefaktfreier repräsentativer Knochenproben (Henschke und Pesch 1985). Außerdem versagt diese Methode z.B. bei der Erfassung stammbetonter Formen der Osteoporose. Zahlreiche Versuche der direkten unblutigen Dichtemessung der Wirbelkörperspongiosa mittels radiologischer Referenzkörpersysteme, Verwischungstomographie, Szintigraphie, Isotopendensitometrie und Neutronenaktivierungsanalysen konnten das diagnostische Dilemma bislang nicht beenden. Die quantitative Computertomographie der Wirbelkörperspongiosa ist wegen der variablen Fett- und Knochenmarksanteile mit systematischen Fehlern behaftet. Die Zwei-Spektren-Computertomographie, die eine selektive Messung des Knochenmineralgehaltes ermöglicht, kann diese Fehlerquellen weitgehend beseitigen (Kalender et al. 1984). Zusätzlich erlaubt die Hochauflösungs-Computertomographie die morphologische Darstellung der Wirbelkörperspongiosa (Henschke et al. 1982 und 1983). Die Aussagekraft und Reproduzierbarkeit der morphometrischen Spongiosaanalyse mittels der hochauflösenden Computertomographie wurde an Lendenwirbelkörpern Verstorbener untersucht.

MATERIAL UND METHODE

3 Lendenwirbelkörper von 17 Verstorbenen beiderlei Geschlechts im Alter von 42 -88 Jahren wurden in Methacrylat eingebettet (Henschke und Pesch 1978) und nach Polymerisation auf Spezialhalter montiert, die eine definierte und reproduzierbare Positionierung im CT-Gerät ermöglichten. Die CT-Aufnahmen wurden an einem Somatom DR (Fa. Siemens AG, Erlangen) mit 1 mm Schichtdicke in 0,5 mm Abstand überlappend von den Wirbelkörperzentren in transversaler Ebene parallel zu den Deckplatten hergestellt. Danach wurden von den entsprechenden Wirbelkörperabschnitten jeweils drei 1 mm dicke Scheiben mit einer Universaltrennmaschine herausgesägt. Durch die Halterung war dabei gewährleistet, daß die Trennebenen den Bildebenen entsprachen. Nach exaktem Planschleifen der Proben wurden von den Großflächenschliffen Kontaktradiographien mit 0,5 mm Fokus bei 20 kV und 24 sec (Faxitron, Fa. Rhode und Schwarz, Köln) angefertigt (Abb. 1a), die den jeweiligen CT-Bildern zugeordnet wurden (Abb. 1b). Die quantitative Auswertung der Kontaktradiogramme erfolgte mit der Makroeinrichtung eines Textur-Analyse-Systems (TAS, Fa. Leitz, Wetzlar). Hierbei wurden die Knochenstrukturen im Durchlichtverfahren mit einer Schwarz-Weiß-Fernsehkamera auf einem Monitor abgebildet (Serra 1973). Zur Spongiosamessung wurde auf dem Monitorbild innerhalb der Corticalis eine möglichst große Kreismarke eingeblendet, in der selektiv der trabekuläre Knochen hell markiert wurde (Abb. 2a). Von der "gekennten" Spongiosa wurden mittels eines gekoppelten elektronischen

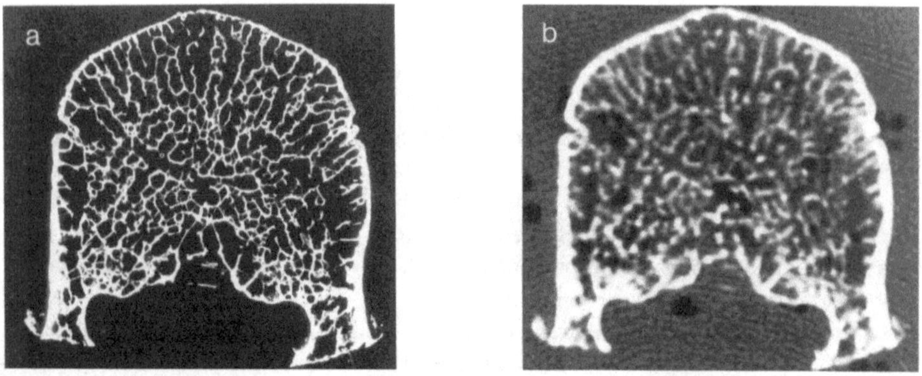

Abb. 1 3 Lendenwirbelkörper eines 81-jährigen männlichen Verstorbenen (Wirbelkörperzentrum in Transversalebene)
a Kontaktradiogramm
b Hochauflösungs-CT-Bild

Datenverarbeitungssystems volumetrische Dichte (Vv) und Oberflächendichte (Sv) bestimmt (Henning 1958).

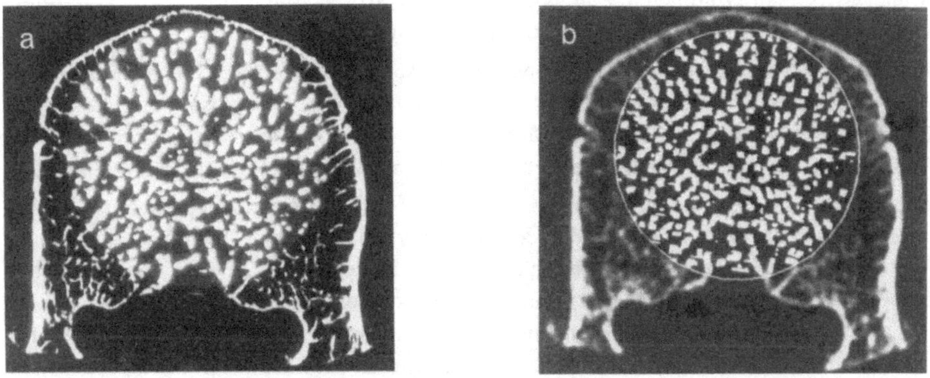

Abb. 2 a Monitorbild des Leitz-Textur-Analyse-Systems. 3. Lendenwirbelkörper in Transversalebene mit eingeblendeter Kreismaske und markierter Spongiosastruktur
b Entsprechendes Hochauflösungs-CT-Bild mit eingeblendetem Binärbild der markierten Spongiosafläche

Zur morphometrischen Analyse der CT-Bilder wurde ein neues Bildanalyseverfahren entwickelt (Klotz et al. 1985), das den besonderen Gegebenheiten bei CT-Bildern (Variation des Weichteilhintergrundes, Teilvolumeneffekte) angepaßt ist. Es handelt sich hierbei um ein zweidimensionales, differentielles Verfahren. Das Bild wird sowohl in Zeilen- als auch in Spaltenrichtung mit Hilfe eines 3x3 Sobel Operators gefiltert, was im wesentlichen der Berechnung der ersten Ableitung in x- bzw. y-Richtung entspricht. Die Spongiosabälkchen werden zeilen- und spaltenweise unter Verwendung der Variation der ersten Ableitung, der "peak"-Höhe im ursprünglichen CT-Bild und mit Hilfe eines lokalen Konsistenztests bestimmt. Die Ergebnisse aus beiden Richtungen werden kombiniert und einer Artefaktbeseitigung mit Hilfe lokaler, logischer Operationen unterzogen. Als Endergebnis wird ein Binärbild der erkannten Spongiosabälkchen in eine der Grafikebenen des CT-Bildes abgespeichert (Abb. 2b). Das Verhältnis der markierten Bildpunkte zur Fläche der Kreismaske dient zur Berechnung der volumetrischen Dichte (Vv). Nach Transformation des Binärbildes in ein Konturbild und Bestimmung des totalen Umfangs aller Spongiosabälkchen mit Hilfe eines Konturverfolgungsalgorithmus wurde die Oberflächendichte (Sv) berechnet. Die von den CT-Bildern und den Kontaktradiogrammen gewonnenen Werte für volumetrische Dichte und Oberflächendichte wurden statistisch verglichen.

ERGEBNISSE

Die volumetrische Dichte (Vv) gibt den prozentualen Anteil (%) der Knochensubstanz am Gesamtvolumen der Spongiosa (Knochen und Markraum) an. Es handelt sich hierbei um einen Parameter für die Knochendichte.

Die Oberflächendichte (Sv) bezeichnet die Trabekeloberfläche (Grenzfläche zwischen Knochen und Markraum) pro Gesamtvolumen der Spongiosa (mm^2/cm^3). Da Knochenanbau und Resorptionsvorgänge an den Bälkchenoberflächen stattfinden, kann mit Hilfe dieser Meßgröße der Knochenumbau quantitativ erfaßt werden.

Die computertomographisch ermittelten Werte der volumetrischen Dichte liegen im Durchschnitt 4% höher als die der Kontaktradiographien. Die Oberflächendichte wird aufgrund der unterschiedlichen Meßverfahren vom CT um den Faktor 2 höher veranschlagt. Vergleicht man die mit beiden Methoden gefundenen Werte anhand einer Regressions-Korrelationsanalyse, so ergeben sich statistisch signifikante Zusammenhänge. Sowohl für die volumetrische Dichte ($r = 0.71$) als auch für die Oberflächendichte ($r = 0.80$) besteht bei einer Irrtumswahrscheinlichkeit von p kleiner als 0.001 eine signifikante Korrelation (Abb. 3a und b). Stärkere Abweichungen von der Regressionsgeraden zeigen sich vornehmlich bei Wirbelkörpern mit geringer Bälkchendichte und überwiegend orthograd getroffenen dünnen Trabekeln. Diese werden bei der Analyse des CT-Bildes teilweise nicht erfaßt, woraus relativ zu niedrige Dichtewerte resultieren.

In Abhängigkeit vom Lebensalter zeigen sich mit beiden angewandten Meßmethoden gleichsinnige Ergebnisse : Volumetrische Dichte und Oberflächendichte nehmen von der 5./6. Lebensdekade bis zur 9. um jeweils ein Drittel ab.

DISKUSSION

Die Möglichkeiten der computertomographischen Feinstrukturanalyse spongiösen Knochens konnten durch die Reduktion der Schichtdicke auf 1 mm und die höhere Auflösung von 0.4 mm entscheidend verbessert werden. Der Vergleich von CT-Aufnahmen kunststoffeingebetteter Lendenwirbelkörper mit den entsprechenden Kontaktradiogrammen zeigt, daß die Hochauflösung-CT eine gute qualitative Beurteilung von Bälkchendichte und -struktur erlaubt. Eine quantitativ-morphometrische Spongiosaanalyse ist an CT-Bildern mit üblichen Schwellwertverfahren wegen Teilvolumeneffekt und Weichteilvariation nur sehr eingeschränkt möglich. Mittels eines neu entwickelten Bildanalyseverfahrens (Klotz et al. 1985) wurden in den hochauflösenden CT-Bildern die Spongiosabälkchen detektiert und anschlie-

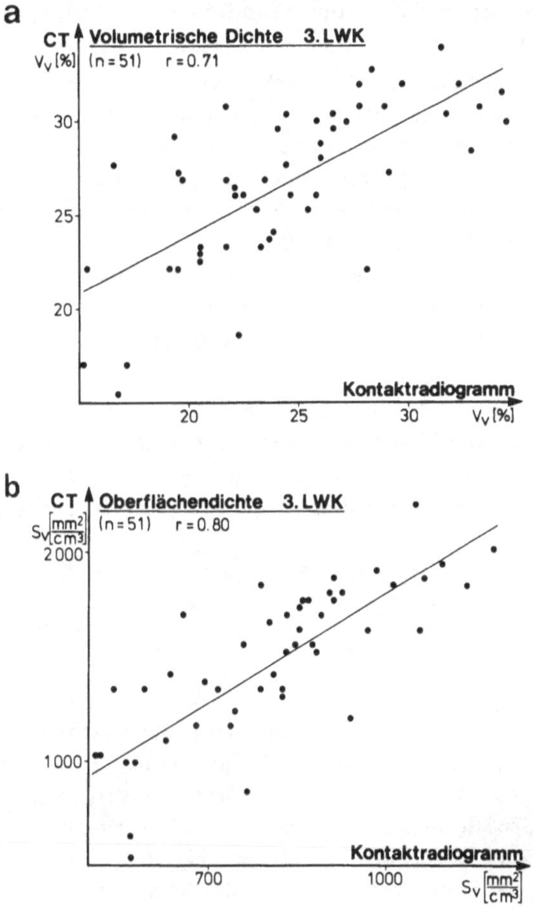

Abb. 3 Korrelationsdiagramme der an CT-Bildern und Kontaktradiogrammen gemessenen Knochendichtewerte
a volumetrische Dichte (r = 0.71)
b Oberflächendichte (r = 0.80)

ßend volumetrische Dichte und Oberflächendichte bestimmt. Für beide Parameter fanden sich statistisch signifikante Korrelationen mit den als Standard dienenden Kontaktradiogrammen. Eine exakte Übereinstimmung beider Meßwerte ist nicht zu erwarten, da trotz der guten räumlichen Auflösung des CT-Gerätes der Verwischungseffekt kleiner Bälkchen einen systematischen Fehler bedingt.

Die Aussagekraft der strukturanalytischen Verfahren kann durch die Kombination mit der Zwei-Spektren-Computertomographie weiter verbessert werden. Hierbei werden durch die Anwendung zweier unterschiedlicher kV-Werte Weichteil- und Knochenanteil selektiv dargestellt, was unter Verwendung von Referenzkörpersystemen eine sehr genaue Bestimmung des Knochenkalziumgehaltes erlaubt (Kalender et al. 1984; Vetter et al. 1984). Die Abbildung der Wirbelkörperspongiosa mit der Hochauflösungs-CT ist zudem ein potentes nicht-invasives Verfahren, irreguläre trabekuläre Knochenstrukturen, ungleichmäßige Spongiosararefizierungen und Sklerosierungszonen, wie z.B. im Bereich osteolytischer oder osteoblastischer Mikrometastasen zu erfassen.

Die Computertomographie stellt durch die Kombinationsmöglichkeit von densitometrischen und strukturanalytischen Verfahren eine hochsensitive Methode in der Diagnostik generalisierter Osteopathien dar. Sie ist damit anderen nicht-invasiven Verfahren, wie z.B. der Zwei-Isotopenmethode (Wahner 1985) überlegen.

ZUSAMMENFASSUNG

Untersucht wurden die Möglichkeiten der morphometrischen und densitometrischen Spongiosaanalyse mittels der Computertomographie. Hochauflösungs-CT-Bilder methacrylateingebetteter Lendenwirbelkörper wurden mit Kontaktradiogrammen entsprechender Großflächenschliffe anhand der Parameter volumetrische Dichte und Oberflächendichte verglichen. Hierbei zeigten die mit verschiedenen Verfahren gewonnenen Meßwerte untereinander statistisch signifikante Korrelationen sowie eine gleichsinnige Abnahme mit zunehmendem Lebensalter. Durch die Kombination mit der Zwei-Spektren-Methode vereint die Computertomographie die Möglichkeiten der qualitativen, morphometrisch-quantitativen und densitometrischen Spongiosaanalyse.

Literaturverzeichnis

Hennig A (1958) Kritische Betrachtungen zur Volumen- und Oberflächenmessung in der Mikroskopie. Zeiss Werkz 30:78-86

Henschke F, Kalender W, Pesch H-J (1982) Structure analysis of vertebral body spongiosa by computed omography. J Comput Assist Tomogr 6:205-206

Henschke F, Kalender W, Pesch H-J, Rettinger G (1983) Relevanz der Computertomographie für die Feinstrukturanalyse von Knochen. Eine vergleichende radiologische Untersuchung. Morphol Med 3:157-163

Kalender W, Süß C, Klotz E (1984) Performance characteristics for a clinical dual-energy CT scanner. Radiology 153(P): 120

Klotz E, Kalender W, Henschke F, Bayer T (1985) Dual energy CT and morphometric analysis of high resolution CT images for the diagnosis of bone mineral diseases. In: Lemke HU, Rhodes ML, Jaffee CC, Felix R (Hrsg.) Computer Assisted Radiology. Proceedings of the International Symposium CAR '85. Springer, Berlin Heidelberg New York Tokyo, 438-442

Serra I (1973) Theoretische Grundlagen des Leitz-Textur-Analyse-Systems. Leitz-Mitt. Wiss. u. Techn. Suppl. 1.4:125-136

Vetter JR, Kalender W, Perman WH, Mazess RB, Holden JE (1984) Measurement of vertebral bone mineral density using dual-energy CT with material-selective Reconstruction. Radiology 153(P):120

Wahner HW (1985) Quantifizierung der Osteoporose wird möglich. Diagnostik 18:12-14

Mikrovolumetrische Untersuchungen an der menschlichen Beckenkammspongiosa über die Abhängigkeit der Knochenmasse und -dichte von Alter, Geschlecht und Entnahmestelle

T.H. Ittel, E. Häckl, H.-G. Siebert

Ungefähr 15% der Skelettmasse geht zwischen dem 40. und 80. Lebensjahr verloren und etwa 25% aller Männer und 50% aller Frauen haben nach dem 70. Lebensjahr histologisch Zeichen der Osteoporose (Nordin 1984). Diese altersabhängigen Veränderungen des Skelettsystems führen zu einem verminderten Volumen an Knochengewebe bei erhaltenem Gesamtvolumen des anatomischen Knochens mit einem im wesentlichen unveränderten Mineralisierungsgrad der organischen Matrix (Albright und Reifenstein 1948). Kennzeichen dieser Veränderungen ist damit eine Verringerung des relativen Knochengewebevolumens und der scheinbaren Dichte des Knochens (Trotter et al. 1960). Normalwerte der Knochenmasse in Abhängigkeit vom Lebensalter wurden bisher vorwiegend durch Messung des Spongiosavolumens mit histomorphometrischen Methoden ermittelt (Rasmussen und Bordier 1974) oder basierten auf mikroradiographischen Bestimmungen (Lloyd und Hodges 1971). Einfache volumetrische Methoden ließen ebensowenig wie die vorgenannten eine zuverlässige Berechnung des absoluten Volumens und der wahren Dichte der Spongiosa zu. Mit einem mikrovolumetrischen Verfahren war es uns möglich, diese Parameter mit minimalem Fehler zu messen.

MATERIAL UND METHODEN

Es wurden 107 Unfalleichen bzw. akute Todesfälle anderer Ursache untersucht, bei denen autoptisch Erkrankungen mit Einfluß auf das Knochensystem ausgeschlossen worden waren (35 Frauen und 72 Männer im Alter von 16-88 Jahren). Mit einem Hohlfräser (Burkhardt 1966) wurden Knochenzylinder von 4 mm Durchmesser im Abstand von 1, 3, 5 und 7 cm von der Spina iliaca anterior superior im horizontalen Verlauf des linken Beckenkamms entnommen. In 30 Fällen wurden auch Knochenzylinder der rechten Seite untersucht. Die Proben wurden mit Hilfe eines feinen Wasserstrahls völlig von Blut und Fettmark befreit und die Zylinderenden zu planparallelen Flächen geschnitten. Es wurden nur Proben berücksichtigt, die kein Kompaktagewebe enthielten. Geeignete Proben wurden entfettet, getrocknet, gewogen und zur Berechnung des Zylindervolumens die Außenmaße mit einer Meßuhr ermittelt (Präzision: 0,5%). Das Volumen der Spongiosa wurde entsprechend einer bereits beschriebenen Methode mit einem Mikrovolumenmeter bestimmt (Sieberth et al. 1975): Zur Messung wurden die durchschnittlich 15 mm^3 großen Proben in die Meßkammer des Geräts eingebracht, die mit einer zweiten Kammer über eine Druckdifferenzanzeige parallel geschaltet ist. Nach dem Gasgesetz von Boyle-Mariotte kommt es durch Einbringen von Objekten unbekannter Volumina in die luftdicht abgeschlossene Meßkammer zu Druckänderungen, die dem Volumen proportional sind. Nach Kalibrieren mit Stahlkugeln bekannten Volumens läßt sich eine Volumenbestimmung kleiner Proben durchführen, die mit einem Variationskoeffizienten von unter 0,5% sehr präzise ist.

Bei 94 Proben wurde das Spongiosavolumen direkt mikrovolumetrisch bestimmt, bei den übrigen aus Gewicht und Dichte berechnet. Als Maß für die Knochenmasse eines Stanzzylinders diente das Verhältnis Spongiosavolumen/Zylindervolumen. Die statistische Auswertung erfolgte mit der linearen Regressionsanalyse und dem Wilcoxon-Test für unabhängige Beobachtungen.

ERGEBNISSE UND DISKUSSION

Unabhängig von Alter, Geschlecht und Entnahmestelle erwies sich die Dichte als bemerkenswert konstant ($1{,}850 \pm 0{,}030$ g/cm^3; Abb. 1). Dieser Befund unterstützt das ursprüngliche Konzept der Altersatrophie des Knochens, wonach der Mineralgehalt des Knochens als Materialkonstante erhalten bleiben soll (Albright und Reifenstein 1948). Dichteberechnungen über Volumenbestimmungen des Knochens mit Kohlenstofftetrachlorid führten zu vergleichbaren Ergebnissen (Kaye 1973). Die Knochenmasse zeigte hingegen eine deutliche Abhängigkeit von der Lokalisation der Bohrstelle im horizontalen Verlauf des Beckenkamms (Abb. 2). 1 cm dorsal der Spina iliaca anterior superior betrug die mittlere Knochenmasse 19,36±3,65 Vol%, 3 cm dorsal 16,36±3,66 Vol%, 5 cm dorsal 13,70±3,52 Vol% und 7 cm dorsal nur noch 11,99±3,81 Vol%. Dies entspricht einer Abnahme der Knochenmasse um 61,5% im Bereich von 6 cm. Es bestanden jedoch keine signifikanten Differenzen zwischen linkem und rechtem Beckenkamm. Ähnliche Einflüsse der Lokalisation der Entnahmestelle auf die Knochenmasse der Probe

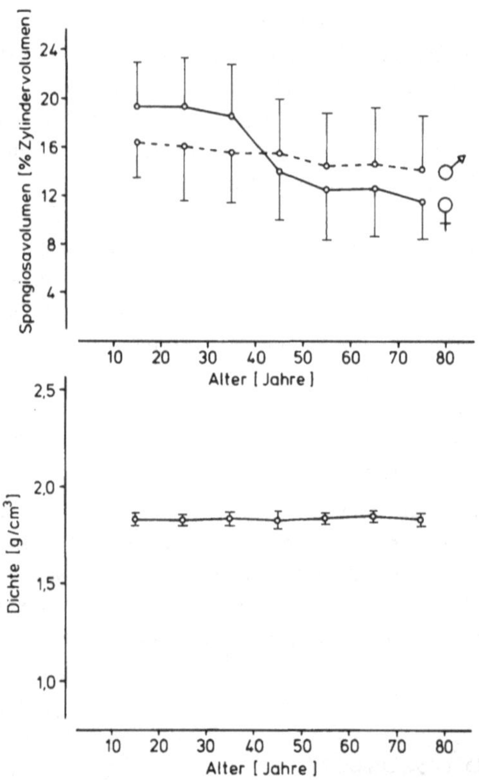

Abb. 1 Abhängigkeit des relativen Spongiosavolumens von Alter und Geschlecht nach den Mittelwerten der Dekaden (oben) und Dichte der Spongiosa (Gewicht/absolutes Spongiosavolumen) in Abhängigkeit vom Lebensalter (unten).
Signifikante Unterschiede zwischen Männern und Frauen ergaben sich beim Spongiosavolumen für die Altersgruppe 10-19J ($p<0,05$), 20-29J ($p<0,01$), 30-39J ($p<0,01$) und 60-69J ($p<0,05$). Die altersabhängige Abnahme der Knochenmasse war bei beiden Geschlechtern signifikant (Mittelwerte aller Bohrstellen).

waren bereits mit mikromorphometrischen Methoden und bei der Bestimmung des Aschegewichts von Knochenzylindern festgestellt worden (Ellis und Peart 1972, Chalmers und Weaver 1966). Unsere Daten belegen erneut, daß ohne genaue Kenntnis des Entnahmeortes die Beurteilung der Knochenmasse einer Biopsie erheblich eingeschränkt ist.

Mit fortschreitendem Alter kam es zu einer deutlichen Abnahme der Knochenmasse im Bereich aller Bohrstellen (Abb. 1). Dabei ergab sich im Mittel bis zum 40. Lebensjahr lediglich eine geringgradige Reduktion der Knochenmasse bei beiden Geschlechtern. Nach dem 40. Lebensjahr trat eine raschere Abnahme der Knochenmasse bei den Frauen auf, während sich der Verlust an relativem Spongiosavolumen bei den Männern weniger beschleunigte. Insgesamt ergab sich beim

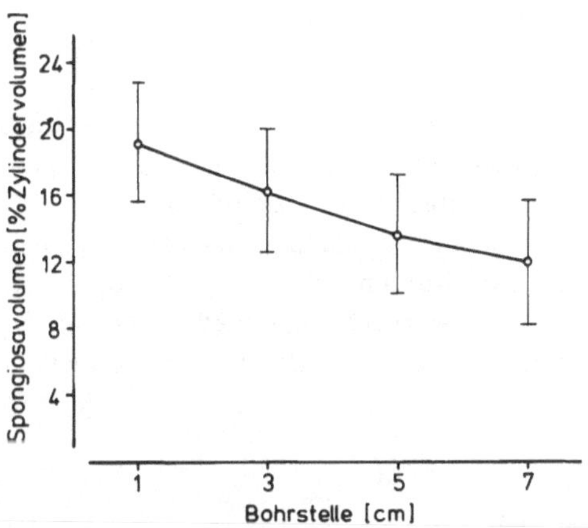

Abb. 2 Abhängigkeit des relativen Spongiosavolumens als Maß für die Knochenmasse von der Lokalisation der Bohrstelle dorsal der Spina iliaca anterior superior. Bei Dorsalverlagerung der Bohrstelle um 6 cm fiel das relative Spongiosavolumen um 61,4% ab.

Mann vom 10. - 40. Lebensjahr eine Abnahme der Knochenmasse um 5,4% gegenüber 3,9% bei der Frau und vom 40. - 80. Lebensjahr eine weitere Abnahme um 9,5%. Frauen verloren hingegen in diesem Zeitraum weitere 37,3% ihrer Knochenmasse. Im frühen Erwachsenenalter besaßen Frauen eine größere Knochenmasse als Männer im Bereich des Beckens (19,48±3,92 Vol% gegenüber 16,53±2,99 Vol% im Alter von 10 - 19 Jahren). Dieser Unterschied blieb statistisch signifikant bis zum 4. Dezennium. Im Alter lagen umgekehrte Verhältnisse vor und Frauen wiesen im 7. Dezennium signifikant niedrigere Werte auf (12,65 ±4,03 Vol% gegenüber 14,73±4,47 Vol%). Auch andere Untersucher fanden in der Adoleszenz bei Frauen im Bereich des Beckens eine größere Knochenmasse als bei Männern (Rasmussen und Bordier 1974, Dequeker et al. 1971), bei Messungen in anderen Teilen des Skelettsystems konnte dieser Befund jedoch nicht bestätigt werden (Bartley und Arnold 1967). Ebenso ist ein altersabhängiger Schwund an Knochenmasse mit beschleunigtem Verlust nach dem 40. Lebensjahr vor allem bei Frauen von mehreren Autoren konstatiert worden, aber die mikromorphometrisch ermittelten Normalwerte des relativen Spongiosavolumens lagen bis zu 47% über unseren Messungen (Wagner 1965, Meunier et al. 1971, Nordin 1984). Trotz eingeschränkter Vergleichsmöglichkeiten wegen der Variation der Entnahmestelle der Biopsien ist es möglich, daß die planimetrische Bestimmung durch histomorphometrische Methoden das Spongiosavolumen zu hoch veranschlagt.

ZUSAMMENFASSUNG

Unsere Untersuchungen mit der Mikrovolumetrie zeigen, daß die Dichte der Beckenkammspongiosa beim Gesunden eine Materialkonstante bildet, die unabhängig von Alter, Geschlecht und Lokalisation ist. Die Knochenmasse, definiert durch das relative Spongiosavolumen, variiert dagegen deutlich unter dem Einfluß dieser Faktoren. Der Kurvenverlauf der altersabhängigen Abnahme der Knochenmasse ist geschlechtsspezifisch verschieden und bei Frauen charakterisiert durch einen raschen Knochenverlust in der Postmenopause.

Literaturverzeichnis

Albright F, Reifenstein EC (1948) The Parathyroid Glands and Metabolic Bone Disease. Williams & Wilkins, Baltimore

Bartley MH, Arnold JS (1967) Sex differences in human skeletal involution. Nature 214:908-909

Burckhardt R (1966) Präparative Voraussetzungen zur klinischen Histologie des menschlichen Knochenmarks. Blut 14:30-45

Chalmers J, Weaver JK (1966) Cancellous bone: Its strength and changes with aging and evaluation of some methods for measuring its mineral content. J Bone Jt Surg 48A:299-308

Dequeker J, Remans J, Franssen R, Waes J (1976) Ageing patterns of trabecul and cortical bone and their relationship. Calc Tiss Res 7:23-30

Ellis HA, Peart KM (1972) Quantitative observations on mineralized and non-mineralized bone in the iliac crest. J Clin Path 25:277-286

Kaye M (1973) Mineral content of iliac crest bone in patients with chronic renal failure. Clin Nephrol 1-347-350

Lloyd E, Hodges D (1971) Quantitative characterization of bone: A computer analysis of microradiographs. Clin Orthop 78:230-250

Meunier P, Aaron J, Edouard C, Vignon G (1971) Osteoporosis and the replacement of cell populations of the marrow by adipose tissue. Clin Orthop 80:147-154

Nordin BEC (1984) Metabolic Bone and Stone Disease. Livingstone, Edinburgh

Rasmussen H, Bordier P (1974) The Physiological and Cellular Basis of Metabolic Bone Disease. Williams & Wilkins, Baltimore

Sieberth HG, Ritz E, Januschke J, Krempien B, Wesch HO, Pohl I, Häckl E (1975) Bone volume and mineral density of iliac crest spongiosa in uremia. Clin Nephrol 4:237-242

Trotter MI, Broman GE, Peterson BR (1960) Densities of bones of white and negroe skeletons. J Bone Jt Surg 42A:50-58

Wagner H (1965) Präsenile Osteoporose. Thieme, Stuttgart

Quantifizierung der Knochenmaterialverteilung in der subchondralen Kortikalis des distalen Radiusendes

N. Möllers und J. Koebke

Mit Hilfe digitaler Bildanalyse ist es möglich, Röntgenbilder quantitativ bezüglich Materialdichte und Materialverteilung zu untersuchen. Dazu werden die Röntgenbilder über eine Fernsehkamera zu einem Rechner geleitet, der sie in eine Matrix von 512 x 512 Bildpunkten auflöst. Jedem Bildpunkt wird sein Helligkeitswert auf dem Röntgenbild in einer Skala zwischen 0 und 255 zugeordnet. Dieser Helligkeitswert ist abhängig von der Materialdichte in diesem Punkt. Durch Einteilung der kontinuierlichen Grauwertverteilung in 10 diskrete Graustufen lassen sich die Zonen gleicher Dichte darstellen. Da das menschliche Auge im Farbbereich wesentlich besser differenziert, werden diese Äquidensitenbilder in einer farbigen Darstellung wiedergegeben, indem jeder Graustufe eine Farbe zugeordnet wird (Schleicher et al. 1980, Koebke et al. 1983, Tichy et al. 1985).

Hinter den densitometrischen Messungen an der subchondralen Kortikalis der distalen Radiusgelenkfläche steht die Frage, ob eine von der Norm abweichende Neigung der distalen Radiusgelenkfläche, die nach knöcherner Verheilung einer Radiusfraktur im distalen Drittel oftmals sehr erheblich ist, zu einer Änderung der Materialverteilung als Hinweis auf eine veränderte Beanspruchung führt.

MATERIAL UND METHODE

Von 36 makroskopisch und röntgenologisch intakten sowie 10 in Fehlstellung verheilten distalen Radii werden planparallele Sägeschnitte von 2 mm Dicke senkrecht zur Gelenkoberfläche angefertigt. Unter standardisierten Bedingungen werden Röntgenbilder von den 6 je Radius anfallenden Schnitten hergestellt. Als Maß für die mittleren Knochendichten werden am subchondralen Knochen in einer definierten Tiefe von 1 mm die mittleren Grauwerte durch digitale Bildanalyse bestimmt.

ERGEBNISSE

Die Mittelwerte der mittleren Grauwerte verteilen sich bei den normalen Radii von radial nach ulnar in einer Art Doppelschwingung. Das Minimum liegt im Bereich des vierten Schnittes. Die erste Schwingung umfaßt mit ihren drei radial gelegenen Schnitten die Scaphoidgelenkfacette, die zweite Schwingung entspricht mit ihren beiden ulnar gelegenen Schnitten der Lunatumgelenkfacette. Wird der subchondrale Knochen eines jeden Schnittes in ein dorsales, mittleres und palmares Drittel unterteilt, so zeigt jedes Drittel das Verhalten der Doppelschwingung. Die Werte im dorsalen Drittel liegen in allen Bereichen mit einer Absenkung von ca. 15% unterhalb der Werte des mittleren und palmaren Drittels. Unterschiede zwischen rechten und linken Radii lassen sich nicht feststellen (Möllers et al. 1985).

Die 10 Radii mit Fraktur loco typico weisen im dorsalen Drittel Werte auf, die geringfügig über den Werten im mittleren und palmaren Drittel liegen.

DISKUSSION

Bei einer in Fehlstellung verheilten Radiusfraktur loco typico treten im Vergleich zum Normalfall im dorsalen Gelenkflächendrittel höhere Materialdichten auf. Sie sind als Ausdruck einer veränderten Spannungsverteilung mit einer erhöhten Belastung der dorsalen Abschnitte der distalen Radiusgelenkfläche zu bewerten. Damit besteht bei einer in Fehlstellung verheilenden Radiusfraktur loco typico die Gefahr einer frühzeitigen Arthrosebildung im Handwurzelbereich.

Literaturvezreichnis

Koebke J, Thomas W, Winter H-J (1983) Zur Bedeutung des Knochenspornes an der Basis des zweiten Mittelhandknochens für die Pathogenese der Daumensattelgelenksarthrose. Z Orthop 121:108-112

Möllers N, Lehmann J, Koebke J (1985) Zur Beanspruchung des normalen und in Fehlstellung verheilten distalen Radiussendes - Quantitative Untersuchungen am subchondralen Knochen. im Druck

Schleicher A, Tillmann B, Zilles K (1980) Quantitative analysis of x-ray images with a television image analyzer. Microsc. Acta 83:189

Tichy B, Tillmann B, Schleicher A (1985) Funktionelle Beanspruchung des Fornix humeri. Aus: Biomechanik der gesunden und kranken Schulter. Thieme Verlag, Stuttgart, New York

Die Erkennung antikonvulsivabedingter Änderungen der Spongiosastruktur mit Hilfe von digitaler Bildverarbeitung

K. Wolschendorf, K. Vanselow

Das Skelettsystem erfüllt über seine mechanische Stützfunktion hinaus auch die Rolle eines Mineralstoff-Reservoirs für den Körper. Daher stellt der an vielen Stoffwechselvorgängen beteiligte Knochenmineralgehalt einen wichtigen diagnostischen Parameter dar, für dessen Bestimmung in der Vergangenheit eine Vielzahl von Meßmethoden entwickelt worden sind.

Wegen der guten röntgenographischen Nachweisbarkeit von Kalzium und Phosphor sowie wegen des nichtinvasiven Charakters erwiesen sich hierbei radiologische Verfahren als vorteilhaft. Nach ersten Versuchen in den dreißiger Jahren wurde u.a. von Heuck und Schmidt 1960 ein röntgendensitometrisches Verfahren zur praktischen Bestimmung des Knochenmineralgehaltes eingeführt, das in der Folgezeit meßtechnisch weiter ausgebaut wurde. So konnten Wolschendorf et al. 1983 mit einer computergestützten Weiterentwicklung die zeitliche Abnahme des Knochenmineralgehaltes bei Antikonvulsiva-Behandlung quantitativ bestimmen.

Darüber hinaus findet auch das von Cameron und Sørensen 1963 eingeführte Photonenabsorptionsverfahren verbreitete Anwendung. In neuerer Zeit wurden dann, wie von Stebler und Rüegsegger 1983 beschrieben, auch computertomographische Methoden zur Mineralgehaltsbestimmung herangezogen. Diese für Kompakta-Knochen durchaus geeigneten Verfahren sind allerdings, wie von Genant und Cann 1985 dargelegt wird, zur Erkennung von Strukturveränderungen des spongiösen Knochens derzeit nur bedingt anwendbar.

Aus diesem Grunde sind in der Zwischenzeit auch andere radiographische Methoden zur Untersuchung der Spongiosa vorgeschlagen worden, wie z.B. das von Heuck et al. 1980 angewandte Strukturanalyse-Verfahren. Im vorliegenden Beitrag wird nun eine Methode vorgestellt, bei der pathologische Veränderungen im Spongiosa-Bereich mit Hilfe der zweidimensionalen digitalen Bildverarbeitung untersucht werden.

Röntgenbild-Digitalisierung

Hierbei wurde in einer Röntgenaufnahme des Kalkaneus-Knochens, der sich wegen seiner ausgeprägten Trabekel-Struktur gut für solche Untersuchungen eignet, ein vorgegebenes Areal mit einer speziellen Halbleiterkamera digitalisiert, die von Wolschendorf und Lindner 1984 entwickelt wurde und deren Funktionsschaltbild in Abb. 1 wiedergegeben ist.

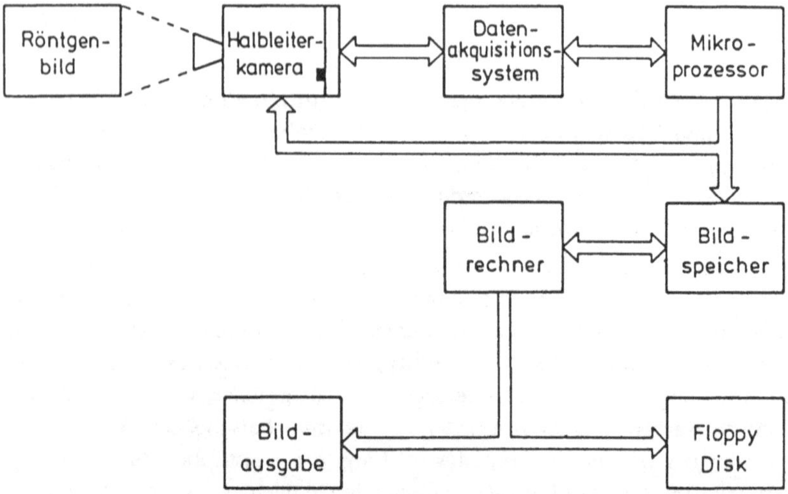

Abb. 1 Funktionsschaltbild der Bildabtastanordnung mit nachfolgender Bildverarbeitungsanlage

Kernstück dieser Anlage ist ein aus 512 Photodioden der Fläche 25 µm x 15 µm bestehendes Array, das einen 12,8 mm x 12,8 mm großen Bildausschnitt mit Hilfe einer schrittmotorgetriebenen Mikrometerspindel zeilenweise abtastet. Der gesamte Funktionsablauf wird dabei von einem Z 80 Mikroprozessor gesteuert, der sowohl das Auslesen und die Positionierung der Zeile als auch die AD-Wandlung und Zwischenspeicherung der Grauwerte vornimmt.

Das gesamte Bild wird schließlich über einen IEC-Bus einem Bildspeicher zugeführt und kann dort vom Bildrechner abgerufen werden, der die vorgesehenen Bildverarbeitungsoperationen durchführt. Das verarbeitete Bild kann auf einem Monitor dargestellt, auf einer Floppy Disk abgespeichert und auf einem angeschlossenen Telebildempfänger photographiert wieder ausgegeben werden.

Bildverarbeitung

Der Prozeß einer digitalen Bildverarbeitung mit dem Ziel einer quantitativen Bildanalyse, wie er beispielsweise von Rosenfeld und Kak 1982 ausführlich beschrieben wird, läßt sich in drei grundlegende Schritte unterteilen: die Bildvorverarbeitung, die Segmentierung und die Merkmalsextraktion.

Im vorliegenden Fall bestand das Merkmal in der Unterteilung des Röntgenbildes in spongiosa- und markhaltige Regionen. Hierbei war, wie aus dem in Abb. 2 gezeigten Bildausschnitt zu ersehen ist, eine Bildvorverarbeitung unbedingt erforderlich. Denn dem eigentlichen Bildinhalt sind sowohl die Linienstruktur des Streustrahlenrasters als auch ein globaler Helligkeitsgradient als Störgröße überlagert.

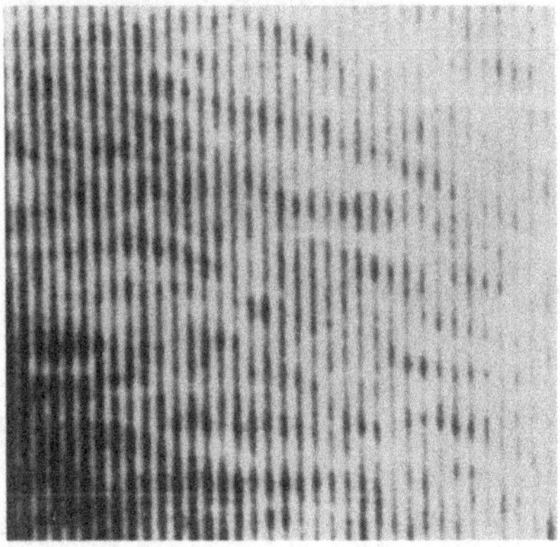

Abb. 2 Reproduktion des digitalisierten Bildausschnittes einer Kalkaneus-Röntgenaufnahme

Dabei wurde zunächst das Linienraster mit Hilfe einer digitalen Filterung mit Bandsperren-Charakteristik im Ortsfrequenzbereich unterdrückt. Als wirkungsvollste Maßnahme zur Beseitigung des Grauwertgradienten erwies sich der von Wallis 1976 entwickelte Algorithmus. Bei dieser Methode der Modifikation lokaler statistischer Größen wird eine Unterdrückung großflächiger Helligkeitsstrukturen erreicht, wobei gleichzeitig eine Betonung der feineren Bilddetails sowie eine Kontrastanhebung erfolgt.

Merkmalsextraktion und Ergebnisse

Nach diesen Vorverarbeitungsmaßnahmen war das Bild bereit für eine Segmentierung, d.h. für eine Einteilung in Gebiete gleicher Eigenschaften. Bei der vorliegenden Zielsetzung, den Bildinhalt in zwei getrennte Bereiche für die Spongiosa- und die Markregionen zu unterteilen, erwies sich die Segmentierung nach Grauwertschwellen als am besten geeignet.

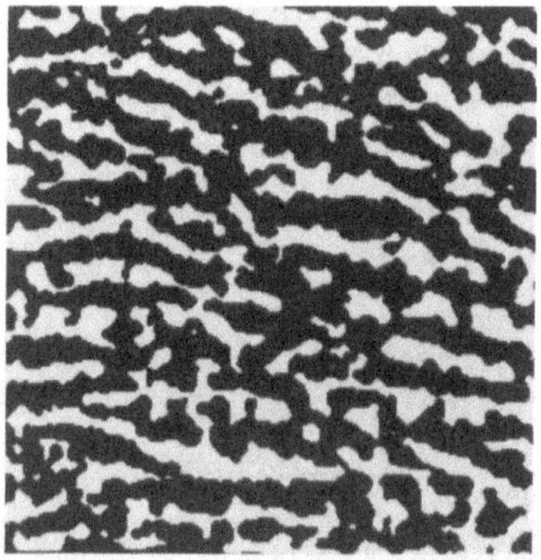

Abb. 3 Darstellung des gewählten Bildausschnittes nach erfolgter Segmentierung

Der so segmentierte Bildausschnitt ist in Abb. 3 dargestellt, wobei eine Segmentierung nach zwei Grauwertschwellen S_1 (unterer Wert) und S_2 (oberer Wert) durchgeführt wurde. Die helleren Bildpartien entsprechen dabei dem Spongiosaraum und die dunklen dem Markraum. Diese Zuordnung ermöglicht eine sinnvolle Merkmalsextraktion des Bildinhaltes; denn auftretende osteopathische Veränderungen müssen sich in einer Variation der zugehörigen Flächenanteile manifestieren. Aus diesem Grunde wurde das Flächenverhältnis V_{SM}, d.h. das Verhältnis von Spongiosabildfläche und Markbildfläche als Merkmal zur Erkennung pathologischer Veränderungen gewählt.

Die klinische Anwendbarkeit dieses Verfahrens wurde anschließend bei einer Patientenuntersuchung überprüft. Dabei handelte es sich um einen 50 Jahre alten Patienten, der seit einem halben Jahr ein neues Antikonvulsiva-Präparat einnahm. In Tab. 1 sind die mit dem obigen Verfahren bestimmten Flächenverhältnisse V_{SM1} (vor Behandlung) und V_{SM2} (nach einem halben Jahr) sowie die zugehörige prozentuale Abnahme bei jeweils zwei verschiedenen Grauwertschwellen wiedergegeben. Dabei zeigt sich im Mittel eine signifikante Abnahme von etwa 5% des Spongiosa-Mark-Flächenverhältnisses nach einer halbjährigen Applikationsdauer. Daraus wird ersichtlich, daß die bildverarbeitungsmäßige Strukturanalyse einen sehr empfindlichen Parameter zur Erkennung von Veränderungen an spongiösen Knochen darstellt.

Tab. 1 Abnahme des Flächenverhältnisses V_{SM}

S_1	S_2	V_{SM1}	V_{SM2}	Abnahme
10	245	1.052	1.013	3.6%
30	225	1.064	1.007	5.4%
60	195	1.064	1.006	5.5%
100	155	1.053	0.996	5.4%

Literaturverzeichnis

Cameron JR, Sørensen JA (1963) Measurement of bone mineral in vivo: An improved method. Science 142:230-232

Genant HK, Cann CF (1985) Quantitative computed tomogrpahy for spinal mineral assessment: Current status. J Comp Assist Tomogr 9:602-603

Heuck F, Schmidt E (1960) Die quantitative Bestimmung des Mineralgehaltes der Knochen aus dem Röntgenbild. Fortschr Röntgenstr 93:523-554

Heuck F, Bloss WH, Saackel LR, Reinhard ER (1980) Strukturanalyse des Knochens aus Röntgenbildern. Biomed Technik 25:35-42

Rosenfeld A, Kak AC (1982) Digital Picture Processing. Academic Press, New York

Stebler B, Rüegsegger P (1983) Kleincomputertomograph für quantitative Knochenuntersuchungen in den Extremitäten des Menschen. Biomed Technik 28:196-205

Wallis R (1976) An Approach to the space variant restoration and enhancement of images. Proc Symp Curr Math Probl Im Sci, Monterey, 107-111.

Wolschendorf K, Vanselow K, Möller WD, Schulz H (1983) A quantitative determination of anticonvulsant-induced bone demineralization by an improved X-ray densitometry technique. Neuroradiology 25:315-318

Wolschendorf K, Lindner J (1984) Röntgenbild-Digitalisierung mit Halbleiter-Zeilensensoren. Med Physik 84:41-44

Möglichkeiten und Ergebnisse der Corrosion-Cast-Präparationstechnik zur Darstellung der ossären Mikroangioarchitektur der Wirbelsäule

M.A. Konerding, M. Blank, E. Rickels

Profunde Kenntnisse der Vaskularisation der Wirbelsäule sind für das Verständnis der komplexen physiologischen und pathophysiologischen Vorgänge beim Knochenwachstum, Degeneration und Regeneration unerläßlich. Die bildgebenden Untersuchungsverfahren wie zum Beispiel die Angiographie, Mikroangiographie und Autoradiographie haben zwar in Kombinationen mit feinpräparatorischen und histologischen Techniken zahlreiche Erkenntnisse ermöglicht, lassen jedoch fast ausnahmslos aufgrund mangelhafter Auflösung oder fehlender Dreidimensionalität nur begrenzte Schlüsse zu. Batson (1957) wies deshalb ebenso wie Crock und Yoshizawa (1976, 1977) auf die Notwendigkeit von Kunststoffinjektionsverfahren hin.

Mit modernen vorpolymerisierten Methylmetacrylaten wie z.B. Mercox^{R} (Japane Vilene Comp. Ltd.), das von Murakami (1971) in die angiologische Forschung eingeführt wurde, besteht die Möglichkeit, die Mikroangioarchitektur dreidimensional bis in den Kapillarbereich am Korrosionspräparat lupen- und rasterlektronenmikroskopisch zu untersuchen. Arterien und Venen lassen sich hierbei aufgrund morphologischer Unterschiede der Endothelzellabdrücke (Miodonski et al., 1976) eindeutig unterscheiden. Diese Kunststoffinjektionstechnik erlaubt ebenso Aussagen über Regulationssysteme der Gefäße in Form von Sphinkteren (Blank und Yoshinaga, 1979).

MATERIAL UND METHODE

72 Wistar- und RCS-Ratten im Alter von 4 bis 32 Monaten wurden nach vorheriger Heparinisierung (Liquemin[R], 5.000 IE/kg KG) in tiefer Pentobarbital-Narkose (Nembutal[R]) thorakotomiert und zuerst mit bis zu 500 ml körperwarmer Ringer-Lösung über den Aortenbogen perfundiert. Anschließend wurde über maximal drei Minuten mit 50 bis 100 ml einer Lösung nach Karnovsky (1965) anfixiert. Alternativ wurde entweder über den arteriellen Schenkel via Aorta thoracica oder den venösen Schenkel via V. cava inferior die Injektion des Kunststoffes vorgenommen. Die anschließende fraktionierte Mazeration der Hart- und Weichgewebe erfolgte nach elektrolytischer Entkalkung in 15%iger Kalilauge. Nach vollständiger Mazeration, Teilung und Trocknung wurden die Corrosion-cast-Präparate auf Objektträger montiert, mit Gold besputtert und in einem Cambridge-180 Steroscan bei 10 KeV rasterekektronenmikroskopisch untersucht.

ERGEBNISSE

Im Thorakal- und Lumbalbereich werden sowohl die ossären Elemente als auch das Rückenmark mit seinen Häuten und die paravertebralen Gewebe von Ästen der Segmentalarterien versorgt. Bereits unmittelbar nach dem Abgang aus der Aorta geben die Segmentalarterien feine Äste ab, die als subperiostal verlaufende Gefäße die äußeren Schichten der Kompakta versorgen und zum Teil Anschluß an die Spongiosa-Gefäße gewinnen. Lupenmikroskopisch lassen sich diese arteriellen Gefäße ebenso wie venöse Geflechte nach Mazeration der Weichgewebe als dichte, zirkumferentiell verlaufende perivertebrale Gefäßnetze darstellen. Der größere Teil der intravertebralen Gefäße tritt jedoch über ein bis zwei Foramina nutritiva in der Mitte der Dorsalfläche des Wirbelkörpers ein bzw. aus. Die vollständige Mazeration der Hartgewebe (Abb. 1) macht dreidimensional sichtbar, daß sich diese Gefäße nach einem zunächst vorwiegend gestreckten Verlauf bäumchenartig in Richtung vertebraler Endplatte verzweigen. In das gefäßfreie Gebiet des Diskus intervertebralis ragen nur vereinzelt in die peripheren Anteile Gefäße hinein. Vergleichsuntersuchungen an Tusche-injizierten, histologisch aufgearbeiteten Wirbelkörpern zeigen, daß diese Gefäße ausschließlich in das äußere Fünftel des Anulus fibrosus reichen und nur subligamentär verlaufende Gefäße bis zum benachbarten Segment ziehen und den Diskus überqueren.

Rasterelektronenmikroskopisch zeigt sich, daß die intravertebralen Gefäße ein ausgedehntes Netzwerk mit zahlreichen Ringstrukturen bilden. Besonders im vertebralen Endplattenbereich sind schlingen- und schleifenartige, rekurrente

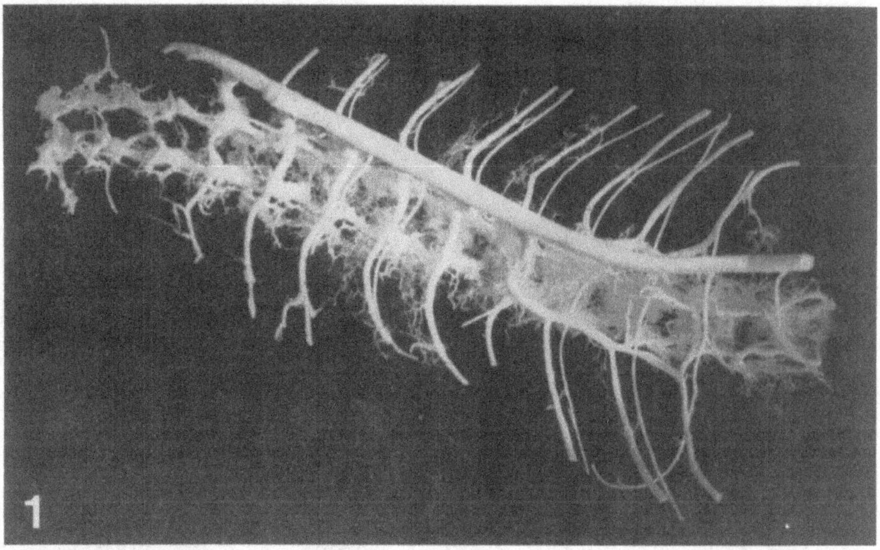

Abb. 1 "Gefäßskelett" nach vollständiger Mazeration. Dorsal der Segmentalgefäße und des Azygossystems breiten sich ventral des Plexus venosus vertebralis internus die intravertebralen Gefäße aus
Vergrößerung: 7x

Gefäßverläufe typisch (Abb. 2a). Innerhalb der Substantia spongiosa werden zahlreiche sinusartige Erweiterungen des Kapillarbettes gefunden (Abb. 2b).

Sowohl an intravertebralen Arteriolen als auch Venolen (Abb. 2c und d) lassen sich am Abgangssegment Sphinkteren durch charakteristische, eng umschriebene Einschnürungen der Gefäßlumina unterscheiden. Derartige Strukturen sieht man ebenfalls an den großen venösen Abflußgefäßen bis hin zum Plexus venosus vertebralis internus.

Im Subchondralbereich finden sich tpyische dornen- bis korallenartige Gefäßaussprossungen. Häufiger als an ebenfalls blind endenden Kapillaren im Wirbelkörperzentrum lassen sich an Gefäßen dieser Region ovale, erhabene Impressionen mit christaartiger Oberflächenstruktur abgrenzen (Abb. 3a und b). Diese 6 bis 10 μm großen Zellabdrücke heben sich von der Größe und Struktur her deutlich von der sonst gefundenen Gefäßoberfläche ab, die vorwiegend von Endothelzellabdrücken geprägt wird. Sie werden als Osteoblastenabdrücke interpretiert. Weiterhin lassen sich gelegentlich 20 bis 30 μm große, mit leichten Faltungen versehene Areale abgrenzen, die als durch perivaskulär gelegene Osteoklasten verursachte Gefäßveränderungen gedeutet werden können.

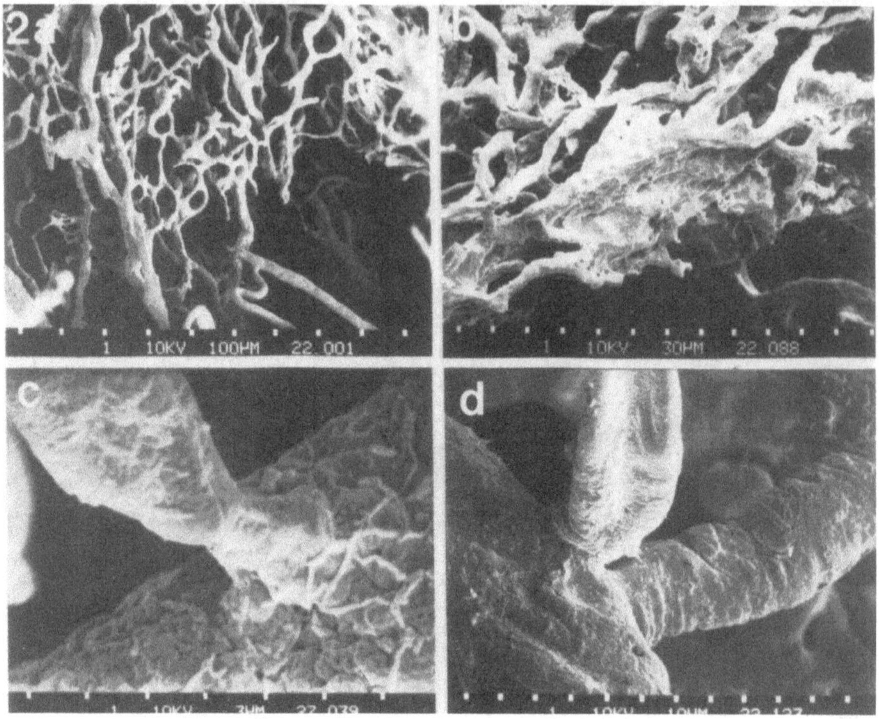

Abb. 2 Intravertebrale Gefäße
a) Gefäßnetzwerk an der vertebralen Endplatte
Vergrößerung: 60x
b) Sinusartige Erweiterung und Kaliberschwankungen
Vergrößerung: 155x
c) Sphinkterartige Einschnürung eines arteriellen Gefäßes
Vergrößerung: 2730x
d) Sphinkter an einem venösen Gefäß
Vergrößerung: 480x

DISKUSSION

Verschiedene Corrosion-cast-Präparationstechniken haben sich in der mikroangiologischen Forschung fest etabliert. Lametschwandtner et al.(1984) stellten in einer nahezu vollständigen Literaturübersicht über 550 Arbeiten zusammen, von denen sich jedoch nur wenige mit der Vaskularisation des Knochens und keine mit der der Wirbelsäule befaßt. Dies mag auch an den physikalischen Eigenschaften des verwendeten Casting-Mediums liegen: Zwar weisen niedrigvisköse Kunststoffe wie Mercos^{R} bei relativ hoher Thermostabilität geringe Schrumpfungseigenschaften auf, was unabdingbare Voraussetzung für eine möglichst lebensnahe Darstellung von Gefäßen ist, unterliegen jedoch selbst der Korrosion. Die Maze-

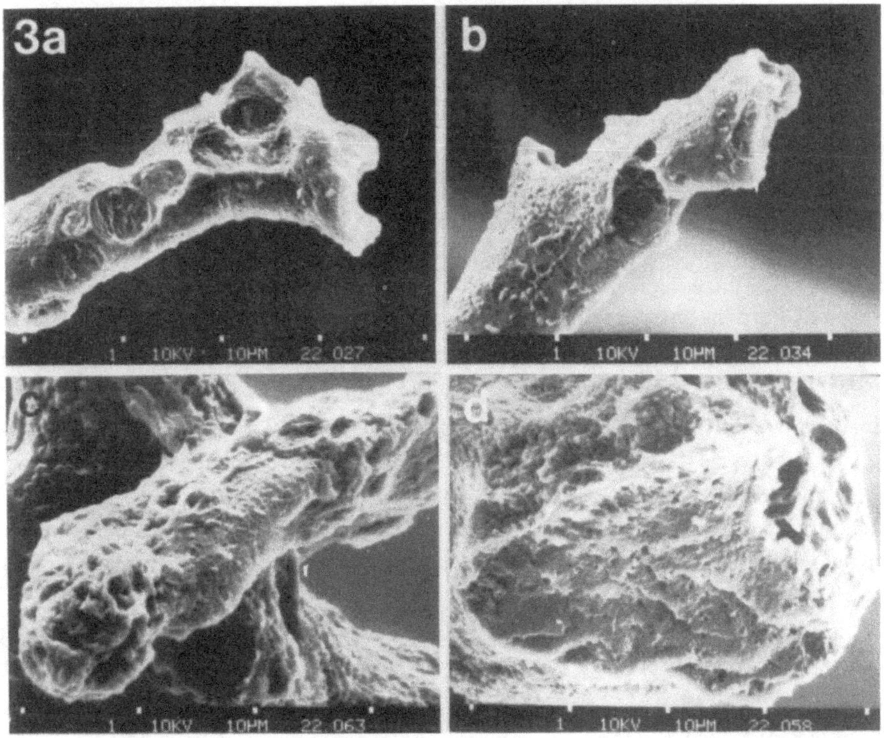

Abb. 3 Gefäßsprossen im Subchondralbereich mit Impressionen, die vermutlich durch Osteoblasten (a,b) und Osteoklasten (c,d) hervorgerufen worden sind
Vergrößerung: a) 1350x, b) 1225x, c) 1580x, d) 1325x

ration von anfixiertem, entkalktem Knochen durch Laugen benötigt jedoch bis zu mehreren Monaten. Nach unseren Beobachtungen treten jedoch an den intravertebralen Gefäßen auch nach längeren Mazerationszeiten keine größeren Veränderungen des Ausgußmaterials auf: Die Konturen von Erythrozyten, die bei der Perfusion nicht ausgespült worden sind, bilden sich scharf und vollständig glatt ab (Konerding und Blank, 1985). Gefäßveränderungen lassen sich also ebenso wie die normale Gefäßmorphologie gut erfassen. Dies erscheint uns für die Wirbelsäulenforschung besonders auch im Hinblick auf reparative und degenerative Vorgänge unabdingbar zu sein. Morphologische Substrate der autonomen, vegetativen Versorgung auch der intravertebralen Gefäße in Form der beschriebenen Sphinkteren machen physiologische und pathophysiologische Beziehungen wahrscheinlich.

Literaturverzeichnis

Batson OV (1957) The vertebral vein system. Amer J Roentg 78:195

Blank M, Yoshinaga T (1979) Scanning electron microscopic study on pancreatic islets of rats. 10th Congress of International Diabetes Federation, Wien

Crock HV, Yoshizawa H (1976) The blood supply of the lumbar vertebral column. Clin Orhtop Rel Res 115:6-12

Crock HV, Yoshizawa H (1977) The blood supply of the vertebral column and spinal cord in man. Springer Verlag, New York-Wien

Karnovsky MJ (1965) A formaldehyde-glutaraldehyde fixative of high osmolality for use in electron microscopy. Cell Biol 27:137A-138A

Konerding MA, Blank M (1985) Fractional corrosion cast preparation of peri- and intravertebral blood vessels of the rat. Hungarian-Austrian Joint Conference on electron Microscopy, Balatonaliga-Ungarn

Lametschwandtner A, Lametschwandtner U, Weiger T (1984) Scanning electron microscopy of vascular corrosion casts - technique and applications. Scann Electron Micorsc 11:663-695

Miodonski A, Hodde KC, Bakker G (1976) Rasterelektronenmikroskopie von Plastik-Korrosions-Präparaten: Morphologische Unterschiede zwischen Arterien und Venen. Beiträge zur elektronenmikroskopischen Direktabbildung von Oberflächen 9:435-442

Murakami T (1971) Application of the scananing electron microscope to the study of the fine distribution of the blood vessels. Arch Histol Japan 34:445-454

VI Knochentumoren

Zur Klassifikation und Prognose der Osteosarkome im Erfahrungsgut des Knochengeschwulstregisters Westfalen unter Einbezug proliferationskinetischer Parameter

E. Grundmann, W. Mellin, A. Roessner, Th. Bösing, W. Hiddemann, E. Vollmer, G. Edel, G. Lingg

Osteosarkome lassen sich nach ihrem zentralen oder oberflächlichen Ursprung sowie nach ihrer histologischen Differenzierung einteilen. Bekanntlich sind die meisten zentralen Osteosarkome hochmaligne, wohingegen die an der Knochenoberfläche gelegenen, juxtakortikalen Osteosarkome überwiegend einen niedrigen Malignitätsgrad aufweisen (Ahuja et al. 1977; Unni et al. 1976). Abweichend von dieser allgemeinen Regel treten selten auch niedrig-maligne, zentrale (Unni et al. 1977) und hochmaligne juxtakortikale Osteosarkome (Wold et al. 1984) auf. Die histologische Subklassifikation der Osteosarkome in anaplastiche, osteoblastische, chondroblastische, fibroblastische und teleangiektatische Osteosarkome ist für die Prognose dagegen ohne wesentliche Bedeutung (Dahlin 1978). Um die prognostische Aussage bei den Osteosarkomen im Einzelfall zu präzisieren, haben wir neuerdings auch tumorkinetische Parameter einbezogen.

MATERIAL UND METHODE

Unter den im Knochengeschwulstregister Westfalen seit 1973 gesammelten 6721 Knochentumoren und tumorähnlichen Läsionen (Grundmann et al. 1979; 1982) befinden sich mittlerweile 429 Osteosarkome (Tab. 1). An 29 hochmalignen, primär intramedullären und 6 juxtakortikalen Osteosarkomen wurden impulszyto photometrische DNA-Analysen durchgeführt (Methodische Einzelheiten bei

Tab. 1 Knochengeschwulstregister Westfalen (seit 1973)

Erfaßt:	
6721	Knochentumoren und Tumorähnliche Läsionen
Darunter:	
429	Osteosarkome
17	juxtakortikale Osteosarkome
14	paraossale Osteosarkome
2	periostale Osteosarkome
1	hochmalignes Oberflächen-Osteosarkom

Büchner et al., 1985). bei den 6 juxtakortikalen handelte es sich um 3 parossale und 2 periostale Osteosarkome sowie ein hochmalignes Oberflächenosteosarkom.

Die immunhistologische Markierung der Zellkerne proliferierender Zellen mit dem monoklonalen Antikörper Ki 67 (Gerdes et al., 1984) wurde jeweils an Gefrierschnitten nach der PAP-Methode durchgeführt. Für diese Untersuchung stand nur in 10 Fällen Frischmaterial zur Verfügung. (Wir danken Prof. Stein und PD Dr. Gerdes für die freundliche Überlassung der Antikörper.)

ERGEBNISSE

Unter den 29 hochmalignen, primär intramedullären Osteosarkomen befanden sich 7 anaplastische, 13 überwiegend osteoblastische, 3 chondroblastische, 3 fibroblastische und 3 teleangiektatische Osteosarkome (Tab. 2). In 26 der 29 Tumoren

Tab. 2 Tumorkinetische Daten von 29 hochmalignen intramedullären Osteosarkomen.

	Anzahl	0	1	2	3	4	5 Aneuploidien	m DNA-Index	m S-Phase I	a G_2-+M-Phase I
Anaplastisch	7	1	2	3	1	-	-	1.8	23.4	13.1
Osteoblast.	13	-	8	2	2	1	-	1.8	16.8	7.4
Chondroblastisch	3	1	2	-	-	-	-	1.4	15.7	5.8
Fibroblast.	3	-	2	-	-	-	1	2.2	25.6	9.3
Teleangiektatisch	3	1	2	-	-	-	-	1.5	12.6	5.7
Insgesamt	29	5	16	5	3	1	1	1.8	18.8	8.3

(= 90%) konnten DNA-Aneuploidien nachgewiesen werden, wobei sich eine relativ gleichmäßige, uncharakteristische Verteilung der DNA-Aneuploidien auf die histologischen Subtypen ergab. 16 Tumoren zeigten jeweils nur eine aneuploide Tumorlinie. Bei weiteren 10 Osteosarkomen waren jeweils mehr als eine, in einem Fall sogar 5 aneuploide Tumorpopulationen vorhanden. Unter den insgesamt 44 aneuploiden Tumorlinien sind 2 DNA-tetraploide Stammlinien mit aufgeführt.

In 19 Fällen war eine Zellzyklusanalyse einzelner Tumorzellpopulationen möglich. Der S-Phasengehalt war bei diesen hochmalignen Osteosarkomen sehr stark erhöht und lag im Mittel bei 18.8% (Tab.2). Charakteristische Unterschiede waren unter den histologischen Subtypen statistisch noch nicht zu sichern.

Von den 6 juxtakortikalen Osteosarkomen zeigten die 3 parossalen und die 2 periostalen Osteosarkome jeweils lediglich eine unimodale, diploide DNA-Verteilung (Abb. 1). Der mittlere S-Phasengehalt der parossalen Osteosarkome lag mit 7.3% erwartungsgemäß deutlich unter dem Mittelwert der hochmalignen, intramedullären Osteosarkome (18.8%).

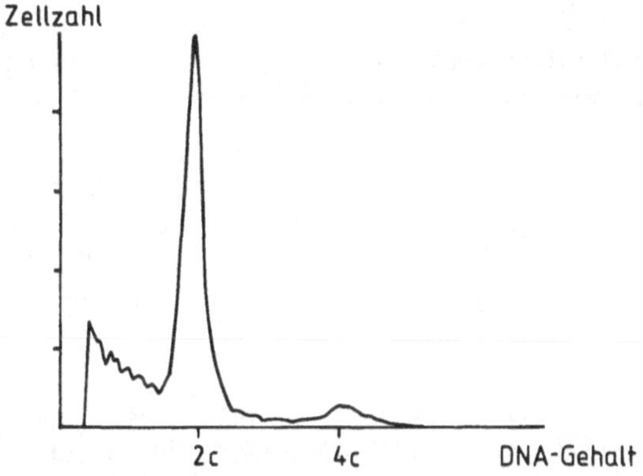

Abb. 1 DNA-Histogramm eines klassischen parossalen Osteosarkoms: Unimodale, diploide DNA-Verteilung

Bei dem hochmalignen Oberflächenosteosarkom war durchflußzytophotometrisch eine eindeutig tetraploide Tumorzellpopulation zu identifizieren (Abb. 2). Ferner ist aber noch eine weitere, kleine, hypertetraploide Tumorzellpopulation anzunehmen, die mit dem tetraploiden Tumorpeak verschmilzt und somit eine deutliche Rechtsverbreiterung der Basis des tetraploiden Peaks bewirkt. Der S-Phasen-Wert der tetraploiden Tumorstammlinie betrug 14,3%. Die semiquantitative Auswertung der immunhistologischen Markierung proliferierender Zellen mit dem monoklonalen Antikörper Ki 67 bestätigte tendenziell die impulszytophotometrisch

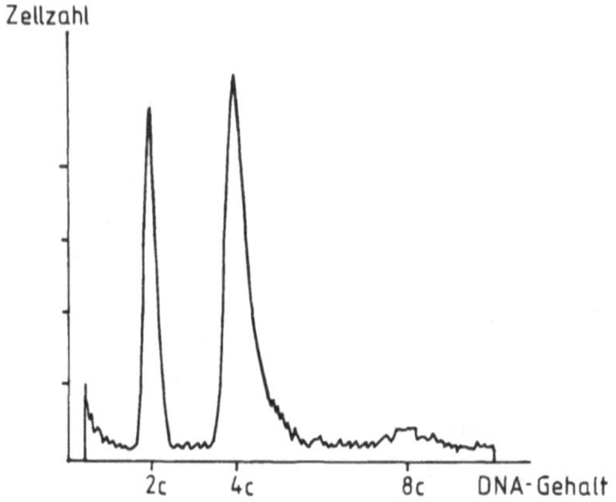

Abb. 2 DNA-Histogramm des hochmalignen Oberflächenosteosarkoms: Tetraploide Tumorstammlinie (4c) mit deutlichem G_2+M-Gipfel (8c). Kleine hypertetraploide Tumorzellpopulation, verschmolzen mit der Basis des tetraploiden $G_{0/1}$-Gipfels

ermittelten Proliferationswerte (S- und G_2+M-Phase) und machte darüber hinaus die Heterogenität der Proliferation innerhalb einzelner Tumoren deutlich sichtbar.

DISKUSSION

Vor dem Hintergrund der zunehmend differenzierten Therapieprotokolle bei den hochmalignen Osteosarkomen stellt sich erneut die Frage der Prognose. Dabei gewinnen tumorkinetische Parameter (z.B. DNA-Ploidie, S- und G_2+M-Phasengehalt) an Bedeutung. Diese lassen sich am geeignetsten mit der Durchflußzytophotometrie ermitteln, die aufgrund der hohen Zahl in kurzer Zeit gemessener Zellen gegenüber der Einzelzell-Zytophotometrie eine deutlich sichere Identifizierung auch kleinerer aneuploider Tumorzellinien und darüber hinaus eine Zellzyklus-Analyse erlaubt. Durchflußzytophotometrische DNA-Untersuchungen an Ostoesarkomen sind jedoch erst in den letzten beiden Jahren durchgeführt und publiziert worden (Kreicbergs et al. 1984; Heliö et al. 1985; Mankin et al. 1985). Nimmt man unsere hier dargelegten Untersuchungsergebnisse hinzu, so konnten in allen Untersuchungen zusammen bei insgesamt 103 hochmalignen Osteosarkomen in 89 Fällen (= 86%) DNA-aneuploide bzw. hyperdiploide Tumorzellinien nachgewiesen werden. Die S-Phasenwerte lagen auch in den o.g. Untersuchungen sehr hoch, mit Mittelwerten von durchweg über 14%. Vergleiche der tumorkinetischen Parameter bei den unterschiedlichen histologischen Subtypen wurden von den erwähnten Autoren nicht vorgenommen; sie ergaben in unserem Untersuchungsgut noch keine statistisch signifikanten Unterschiede.

Die 10 in den Publikationen von Kreicbergs et al. (1984) und Mankin et al. (1985) angeführten parossalen Osteosarkome waren, wie auch unsere drei Fälle, DNA-diploid. Die von Kreicbergs et al. (1984) angegebenen S-Phasenwerte von 6% bzw. 8,9% entsprechen ebenfalls denen der von uns untersuchten klassischen parossalen Osteosarkome. Somit unterscheiden sich die klassischen parossalen Osteosarkome hinsichtlich der tumorkinetischen Eigenschaften deutlich von den hochmalignen, intramedullären Osteosarkomen. Auch in den beiden von uns untersuchten periostalen Osteosarkomen konnten keine aneuploiden Tumorlinien identifiziert werden. Demgegenüber kam der hochmaligne Charakter des anaplastischen Oberflächenosteosarkoms auch in seinen tumorkinetischen Eigenschaften deutlich zum Ausdruck. Diese entsprechen denen der intramedullären, hochmalignen Osteosarkome.

Die immunhistologische Markierung proliferierender Zellen mit dem monoklonalen Kernantikörper Ki 67 erlaubte eine schnelle, orientierende Abschätzung der Proliferation.

Die Ergebnisse der hier zusammengefaßten durchflußzytophotometrischen DNA-Analysen an Osteosarkomen decken sich mit den prognostischen Erwartungen. Die prognostische Aussagesicherheit der impulszytophotometrischen DNA-Analysen und ihre Bedeutung für die Chemotherapie sind aber noch zu prüfen. Somit bleibt zu hoffen, daß durch die systematische Anwendung der durchflußzytophotometrischen DNA-Analyse und durch den Einsatz monoklonaler Antikörper gegen Proliferationsantigene eine mehr klinikbezogene Graduierung der Osteosarkome möglich wird.

Literaturverzeichnis

Ahuja SC, Villacin AB, Smith J, Bullough PG, Huvos AG, Marcove RC (1977) Juxtacortical (parosteal) osteogenic sarcoma. Histological grading and prognosis. J Bone Joint Surg 59 A:632-637

Büchner Th, Hiddemann W, Wörmann B, Kleinemeier B, Schumann J, Göhde W, Ritter J, Müller KM, v.Bassewitz dB, Roessner A, Grundmann E (1985) Differential pattern of DNA aneuploidy in human malignancies. Path Res Pract 179:310-317

Dahlin DC (1978) Bone Tumors: General Aspects and Data on 6221 Cases. 3rd Edition. Charles C. Thomas Publ., Springfield/Il. p.226-260

Gerdes J, Lemke H, Baisch H, Wacker HH, Schwab U, Stein H (1984) Cell cycle analysis of a cell proliferation-associated human nuclear antigen defined by the monoclonal antibody Ki 67. J Immunol 133:1710-1715

Grundmann E, Hobik HP, Immenkamp M, Roessner A (1979) Histodiagnostic remarks on bone tumors, a review of 3026 cases registered in "Knochengeschwulstregister Westfalen". Path Res Pract 166:5-24

Grundmann E, Roessner A, Edel G, Immenkamp M (1982) Das Knochengeschwulstregister Westfalen. GBK-Mitteilungsdienst 40:3

Heliö H, Karaharju E, Nordling S (1985) Flow cytometric determination of DNA content in malignant and benign bone tumors. Cytometry 6:165-171

Kreicbergs A, Silfverswärd C, Tribukati B (1984) Flow DNA analysis of primary bone tumors. Relationship between cellular DNA content and histopathologic classification. Cancer 53:129-136

Mankin HJ, Connor JF, Schiller AL, Perlmutter N, Alho A, McGuire M (1985) Grading of bone tumors by analysis of nuclear DNA content using flow cytometry. J Bone Joint Surg 67 A:404-413

Unni KK, Dahlin DC, Beabout JW, Ivins JC (1976) Parosteal osteogenic sarcoma. Cancer 37:2466-2475

Unni KK, Dahlin DC, Beabout JW (1976) Periosteal osteogenic sarcoma. Cancer 37:2476-2485

Unni KK, Dahlin DC, McLeod RA, Pritchard DJ (1977) Intraosseous well-differentiated osteosarcoma. Cancer 40:1337-1347

Wold LE, Beabout JW, Unni KK, Pritchard DJ (1984) High-grade surface osteosarcomas. Am J Surg Pathol 8:181-186

Die Rolle der Makrophagen und osteoklastenähnlichen Riesenzellen in Knochentumoren

A. Roessner, E. Vollmer, G. Zwadlo, C. Sorg, E. Grundmann

Untersuchungen der letzten Jahre haben gezeigt, daß Osteoklasten und Osteoblasten unterschiedlichen Zellsystemen zuzurechnen sind: Die Osteoklasten entwickeln sich von hämatopoetischen Stammzellen, wahrscheinlich über Vorläufer des mononukleären Makrophagensystems. Die Osteoblasten stammen dagegen vom lokalen Mesenchym ab (Chambers u. Horton, 1984; Horton et al., 1984). Die derzeit gültige WHO-Klassifikation der Knochentumoren geht jedoch noch von der Vorstellung aus, daß Osteoklasten und Osteoblasten unterschiedliche Differenzierungsstufen desselben Zelltyps seien. Demzufolge werden auch die Histiozyten bzw. Makrophagen und die osteoklastenähnlichen Riesenzellen in den meisten Knochentumoren als autochthoner Tumorbestandteil gewertet. Dem widersprechen jedoch von Roessner et al. (1984) erhobene autoradiographisch-elektronenmikroskopische Befunde, wonach im Riesenzelltumor die mononukleären Makrophagen als reaktives Infiltrat aufzufassen sind. Um die Stellung der Makrophagen und osteoklastenähnlichen Riesenzellen in Knochentumoren weiter abzuklären, haben wir Riesenzelltumoren und maligne fibröse Histiozytome mit hochspezifischen monoklonalen Antikörpern gegen Zellen des mononukleären Makrophagensystems untersucht.

MATERIAL UND METHODE

Die immunhistochemischen Analysen erfolgten an 7 Riesenzelltumoren des Knochens und 4 malignen fibrösen Histozytomen. Wir benutzten eine (monoklonale) PAP-sowie eine indirekte Peroxidase-Technik, für immunhistologische Doppelfärbungen zusätzlich die für unsere Zwecke modifizierte sogenannte APAAP-Methode nach Cordell et al.(1984).

Zur Untersuchung gelangten, neben teils kommerziell erhältlichen und oft auch recht unspezifischen Antikörpern gegen Monozyten/Makrophagen (Sorg et al., 1985; Vollmer et al., 1985; Zwadlo et al., 1983), vor allem ein hochspezifischer monoklonaler Antikörper gegen reife Gewebsmakrophagen (Zwadlo et al., 1985). Daneben benutzen wir den monoklonalen Proliferationsantikörper Ki 67 (Gerdes et al. 1985). Wir danken Prof. Stein und PD Dr. Gerdes für die freundliche Überlassung der Antikörper.

Immunhistologische Befunde

Riesenzelltumor des Knochens

Bei Anfärbung mit Antikörpern gegen Blutmonozyten/Makrophagen findet man nur ganz vereinzelt positive Zellen zwischen negativen mononukleären Tumorzellen. Die Riesenzellen lassen keinen positiven Befund erkennen. Dagegen werden zahlreiche mononukleäre Zellen mit dem spezifischen Antikörper gegen reife Gewebsmakrophagen stark positiv markiert. Andere Mononukleäre wiederum sind negativ. Die Riesenzellen lassen z.T. eine sehr stark positive Reaktion erkennen (Abb. 1). Der immunhistologische Nachweis des HLA-DR-Antigens ist in allen mononukleären Zellen positiv, in den Riesenzellen dagegen negativ.

Die Analyse des Proliferationsverhaltens mit dem Antikörper Ki 67 weist einen proliferierenden Zell-Pool von etwa 5% unter den mononukleären Zellen im Riesenzelltumor des Knochens nach. Die Kerne der Riesenzellen zeigen dagegen stets einen negativen Befund. Um zu klären, ob unter den Mononukleären nur die fibroblastenähnlichen Zellen oder auch die Makrophagen reagieren, haben wir eine Simultanmarkierung mit dem Proliferationsantikörper und dem Antikörper gegen reife Gewebsmakrophagen durchgeführt. So ließ sich beweisen, daß von den Mononukleären nur die fibroblastenähnlichen Zellen das proliferations-assoziierte Antigen exprimieren; die Riesenzellen proliferieren nicht (Abb. 2).

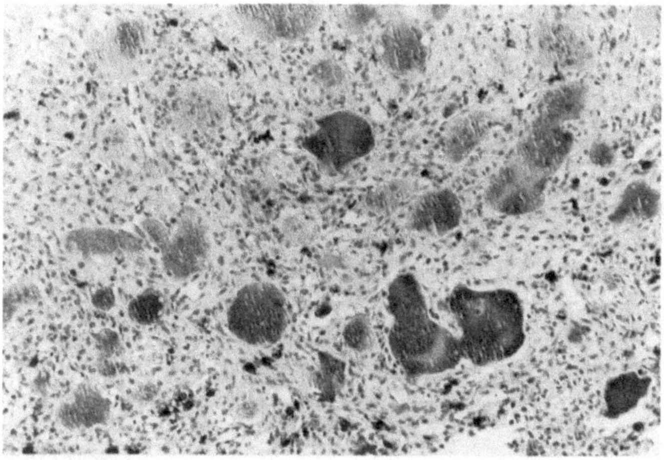

Abb. 1 Riesenzelltumor des Knochens: Riesenzellen und einige Mononukleäre werden mit dem monoklonalen Antikörper (25-F-9) gegen reife Gewebsmakrophagen markiert.
(Paraffinschnitt, x 330)

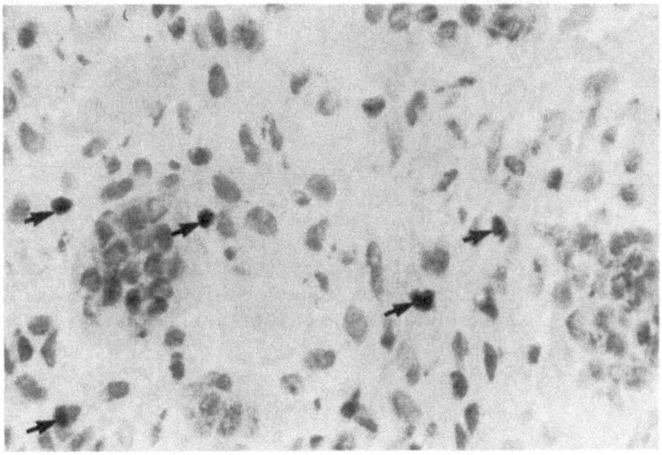

Abb. 2 Riesenzelltumor des Knochens: Nur fibroblastenähnliche Mononukleäre exprimieren das proliferations-assoziierte Antigen im Kern und werden mit dem monoklonalen Antikörper Ki 67 markiert (Pfeile), nicht dagegen die Riesenzellen. (Gefrierschnitt, x 500)

Malignes fibröses Histiozytom

Bei Anwendung monoklonaler Antikörper gegen Blutmonozyten/Makrophagen lassen sich nur ganz vereinzelte Zellen im Tumor nachweisen. Eine Anfärbung mit dem spezifischen Antikörper gegen reife Gewebsmakrophagen zeigt dagegen herdförmig stark positive Zellen zwischen negativen spindeligen, fibroblastenähnlichen Tumorzellen (Abb. 3). Die Mehrzahl der Zellen reagiert positiv mit Antikörpern gegen das HLA-DR-Antigen. Auch an diesen Tumoren haben wir, wie beim Riesenzelltumor, eine Doppelmarkierung mit Antikörpern gegen das proliferations-assoziierte Kernantigen sowie gegen reife Gewerbsmakrophagen durchgeführt. So ließ sich zeigen, daß auch im malignen fibrösen Histiozytom die Makrophagen nicht proliferieren und daher offensichtlich auch hier als reaktiv zu werten sind.

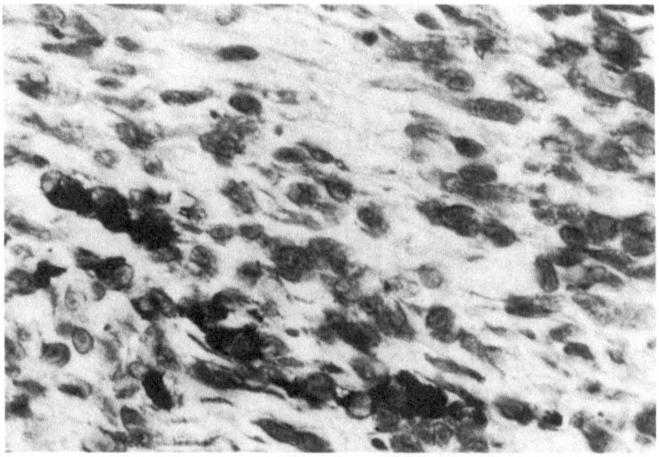

Abb. 3 Malignes fibröses Histiozytom: Zwischen den immunhistochemisch negativen spindeligen, fibroblasten-ähnlichen Tumorzellen werden herdförmig reife Gewebsmakrophagen mit dem monoklonalen Antikörper 25-F-9 markiert.
(Paraffinschnitt, x 550)

DISKUSSION

Nach den hier vorgelegten Befunden muß die Stellung der sogen. fibro-histiozytären Knochentumoren, wie sie der heute noch gebräuchlichen Klassifikation entspricht (vgl. Huvos, 1979), neu überdacht werden. Unsere immunhistologischen Untersuchungen zeigen, daß sowohl im malignen fibrösen Histiozytom als auch im

Riesenzelltumor des Knochen stets nur ein Teil der Zellen mit hochspezifischen Antikörpern gegen reife Gewebsmakrophagen reagiert (Zwadlo et al., 1985); das Gros der Tumorzellen ist dagegen negativ. Schon dieser Befund macht wahrscheinlich, daß es sich tatsächlich um ein reaktives Infiltrat reifer Makrophagen handelt; er steht in guter Übereinstimmung mit den 1984 von Roessner et al. am Riesenzelltumor des Knochens durchgeführten autoradiographisch-elektronenmikroskopischen Untersuchungen, wonach nur die fibroblastenähnlichen Tumorzellen proliferieren. Dieser Befund konnte mittlerweile immunhistologisch durch eine Doppelmarkierungstechnik mit Antikörpern gegen reife Gewebsmakrophagen und gegen ein proliferations-assoziiertes Kernantigen erhärtet werden. Nur die fibroblastenähnlichen, mit dem spezifischen Makrophagenantikörper nicht reagierenden Zellen exprimieren Proliferationsantigen. Einen analogen Befund konnten wir auch für das maligne fibröse Histiozytom erheben. Danach ist anzunehmen, daß offensichtlich die Mehrzahl dieser Tumoren als Neoplasien des lokalen Mesenchyms mit meist fibroblastischer Differenzierung aufzufassen sind, wobei dem stark ausgeprägten Makrophageninfiltrat die Bedeutung eines reaktiven Phänomens zukommt. Ob es in seltenen Fällen auch echte fibro-histiozytäre Tumoren mit Makrophageneigenschaften der autochthonen Tumorzellen gibt, ist bislang noch offen.

Die Zytogenese der Osteoklasten sowie der osteoklastenähnlichen Riesenzellen in den Knochentumoren ist z.Zt. Gegenstand der Diskussion (Chambers u. Horton, 1984; Horton et al., 1984). Als sicher gilt, daß sie durch Fusion mononukleärer Vorläufer entstehen, die nicht zum lokalen Mesenchym gehören, sondern den hämatopoetischen Zellen zuzuordnen sind. Wahrscheinlich sind die Vorläufer mit den Zellen des mononukleären Makrophagensystems assoziiert. Sie können bislang jedoch noch nicht gesichert und phänotypisch charakterisiert werden. Nach unseren immunhistologischen Untersuchungen zeigen die Riesenzellen phänotypische Charakteristika des mononukleären Makrophagensystems, wodurch die engen Beziehungen dieser Zellen und ihrer Vorläufer zum Makrophagensystem weiter belegt werden.

Literaturverzeichnis

Ashton BA, Allen TD, Howlett CR, Eaglesom CC, Hattori A, Owen M (1980) Formation of bone and cartilage by marrow stromal cells in diffusion chambers in vivo. Clin Orthop Rel Res 151:294-307

Chambers JJ, Horton MA (1984) Osteoclasts: putative, surrogate, and authentic. J Pathol 144:295-296

Cordell JL, Falini B, Erber WN, Ghosh AK, Abdulaziz Z, McDonald S, Pulford KA, Stein H, Mason DY (1984) Immunoenzymatic labeling of monoclonal antibodies using immune complexes of alkaline phosphatase and monoclonal antialkaline phosphatase (APAAP-complexes). J Histochem Cytochem 32:219-229

Gerdes J (1985) An immunohistological method for estimating cell growth fractions in rapid histopathological diagnosis during surgery. Int J Cancer 35:169-171

Horton MA, Rimmer EF, Lewis D, Pringle JAS, Fuller K, Chambers TJ (1984) Cell surface characterization of the human osteoclast: Phenotypic relationship to other bone marrow-derived cell types. J Pathol 144:281-294

Huvos AG (1979) Bone Tumors. W.B. Saunders Comp., Philadelphia-London-Toronto

Owen M (1980) The origin of bone cells in the postnatal organism. Arthritis Rheumatism 23:1073-1080

Roessner A, v.Bassewitz DB, Schlake W, Thorwesten G, Grundmann E (1984) Biolgoical characterization of human bone tumors. III. giant cell tumor of bone. Path Res Pract 178:431-440

Sorg C, Bröcker EB, Zwadlo G, Redmann K, Feige U, Ax W, Feller AC (1985) A monoclonal antibody to a formaldehyde-resistant epitope on the nonpolymorphic constant part of the HLA-DR antigens. Transplantation 39:90-92

Vollmer E, Grundmann E, Nienhaus H, Mellin W, Zwadlo G (1985) Immunhistologische Untersuchungen zum Makrophageninfiltrat und zur Proliferationsrate beim Mammakarzinom und bei der Mastopathie. Verh Dtsch Ges Path 69 (i.Druck)

Zwadlo G, Feige U, v.Bassewitz DB, Bröcker EB, Sorg C (1983) Monoclonal antibodies against human macrophages: Distribution of macrophage subtypes in normal, inflammatory and tumor tissue (Abstract) Immunobiol 165:242+

Zwadlo G, Bröcker EB, v.Bassewitz DB, Feige U, Sorg C (1985) A monoclonal antibody to a differentiation antigen present on mature human macorphages and absent from monocytes. J Immunol 134:1487-1492

DNS-Zytophotometrie an Knochentumoren

C.-P. Adler

Die radiologische und histologische Diagnostik von Knochentumoren stößt immer wieder auf Grenzen der Aussagemöglichkeit. In manchen Fällen kann nicht einmal die Dignität des Tumors mit genügender Sicherheit bestimmt werden. Zu diesen sog. "border-line cases" gehören beispielsweise die Knorpeltumoren der langen Röhrenknochen. Es ist oft fraglich, ob es sich um ein gutartiges Enchondrom oder bereits um ein hochdifferenziertes Chondrosarkom handelt (Adler, 1979; Adler et al. 1979).

Bei malignen Knochentumoren sind wir aufgefordert, anhand der histologischen Strukturen den jeweiligen Malignitätsgrad zu benennen. Broders (1920, 1926) gibt das Strukturbild von 4 Malignitätsgraden an. Bei uns werden gewöhnlich 3 Malignitätsgrade unterschieden. In den meisten Fällen beruhen Angaben zum Malignitätsgrad auf den Erfahrungen und der subjektiven Interpretation des diagnostizierenden Pathologen.

Um Fehleinschätzungen zu vermeiden, haben wir versucht, objektive Kriterien zur Beurteilung von Geschwülsten zu entwickeln. Wir wenden hierbei die Methode der Zytophotometrie an (Sandritter, 1961, 1967, 1981). Hierbei werden die zu messenden Substanzen in den Zellen spezifisch angefärbt und mit Hilfe eines Zytophotometers bei bestimmten Wellenlängen des hindurchtretenden Lichtes die Lichtabsorption gemessen. Von den verschiedenen Möglichkeiten dieser quantitativen histochemischen Methode benutzen wir die Bestimmung des DNS-Gehaltes der Tumorzellen. Hierbei werden Tupfpräparate vom Tumorgewebe angefertigt und nach Feulgen (1924) gefärbt.

Die Grundlage für das Verständnis der DNS-Messungen an normalen und pathologischen Geweben bilden die Verdoppelungswerte des DNS-Gehaltes von diploiden, tetraploiden und octoploiden Zellen. Differenzierte und polyploide Gewebe ergeben einen Häufigkeitsgipfel bei diploiden und tetraploiden Werten. Zwischenwerte gehören entweder S-Phasezellen an oder sind in Tumoren aneuploide Zellen mit Proliferation. In der Annahme, daß die Chromosomenzahl der Tumorzellen eine ähnliche Häufigkeitsgruppierung aufweist wie der DNS-Gehalt, lassen sich bestimmte DNS-Stammlinien herausarbeiten. Gutartige Tumoren haben praktisch immer einen diploiden DNS-Gehalt. Maligne Tumoren zeigen meist ein aneuploides DNS-Verteilungsmuster mit einer Stammlinie im aneuploiden Bereich. Allerdings kommen auch maligne Tumoren mit nur diploiden Zellen vor (Böhm und Sandritter, 1975; Guzman et al. 1983), die jedoch selten sind. Entdifferenzierte maligne Tumoren zeigen eine sehr weit gestreute DNS-Verteilung, wobei sich keine Stammlinien mehr abzeichnen. Aus dem Verteilungsmuster der DNS läßt sich auf die Proliferation der Tumorzellen und ihre maligne Potenz rückschließen. Zytophotometrische DNS-Messungen wurden bereits an verschiedenen Tumoren durchgeführt (Atkin und Kay, 1979; Adler et al., 1984), dabei auch an Knochentumoren (Födisch et al., 1974; Adler und Genz, 1982).

Ein Osteoid-Osteom ist ein absolut gutartiger Knochentumor. Die zytophotometrischen DNS-Messungen der Tumorzellen ergeben hierbei fast ausschließlich diploide Kerne (Abb. 1). Es werden nur ganz vereinzelt triploide Tumorzellen angetroffen,

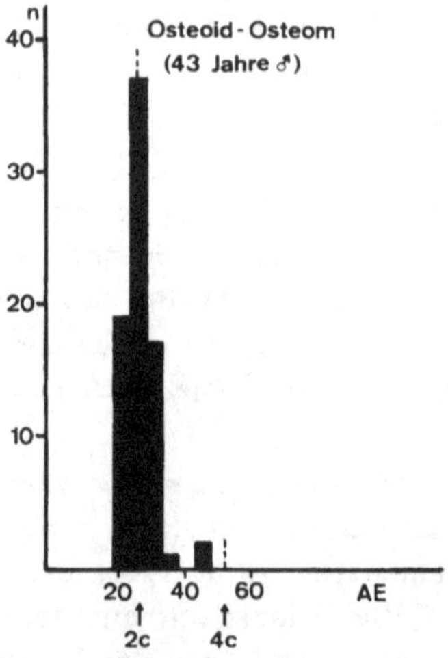

Abb. 1 DNS-Histogramm eines Osteoid-Osteoms mit fast ausschließlich diploiden Tumorzellen und einer DNS-Stammlinie im diploiden DNS-Bereich. Die DNS-Verteilung zeigt einen gutartigen Tumor an.

wobei es sich um S-Phasezellen handelt. Der Tumor hat eine einzige DNS-Stammlinie im diploiden Bereich; polyploide oder aneuploide Zellen treten nicht auf. Eine solche Verteilung der DNS-Werte weist ein absolut gutartiges Gewebe ohne Proliferationstendenz auf. - Desgleichen fanden wir in einer sog. Riesenzellreaktion der kurzen Röhrenknochen eine im diploiden Bereich konzentrierte DNS-Verteilung ohne aneuploide Zellen, was einen gutartigen Prozeß anzeigt. - Auch eine juvenile Knochenzyste weist eine DNS-Verteilung mit ausschließlich diploiden Zellen auf. - Ein Chondromyxoidfibrom enthält entsprechend seiner Proliferationstendenz (Adler, 1985) neben diploiden und tetraploiden auch viele Zwischenwerte und eine DNS-Stammlinie im hypotetraploiden Bereich.

Bei fast allen malignen Knochentumoren fanden wir ein aneuploides DNS-Verteilungsmuster, oft ohne DNS-Stammlinie. Beim medullären Plasmozytom ist im DNS-Histogramm außer einer diploiden vor allem eine tetraploide Stammlinie ersichtlich. Es überwiegen die tetraploiden Zellen mit 48% gegenüber nur 12% diploiden Zellen. 39% der Zellen sind aneuploid. Dieses DNS-Verteilungsmuster weist auf malignes Tumorgewebe mit Proliferationstendenz hin. - Eine noch breitere Streuung der DNS-Werte fanden wir beim osteoblastischen Osteosarkom. Als Ausdruck der klonalen Heterogenität und starken Proliferationstendenz erstrecken sich die DNS-Werte über mehrere Ploidiestufen bis über den octoploiden Wert hinaus. Hierbei überwiegen die aneuploiden Zellen mit einer Stammlinie im triploiden Bereich. Ein solches Histogramm weist auf einen hochmalignen Tumor hin. - Desgleichen fanden wir in einem Chondrosarkom eine für maligne Tumoren typische DNS-Verteilung (83% hyperdiploide, 7% tetraploide, 1% octoploide, 8% hypopentaploide Zellen). - Eine besonders breite Streuung der DNS-Werte fanden wir bei einem teleangiektatischen Osteosarkom. Die Meßwerte erstrecken sich bis zu 22c-Werten, und über 80% der Tumorzellen haben einen aneuploiden DNS-Gehalt (Abb. 2). DNS-Stammlinien lassen sich in diesem Tumor nicht mehr

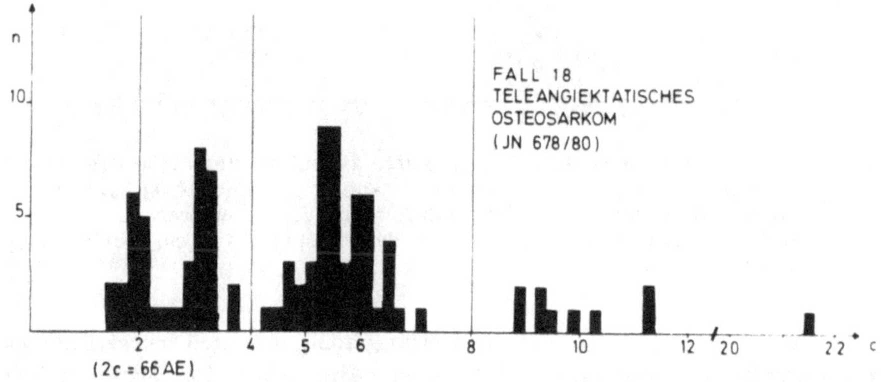

Abb. 2 DNS-Histogramm eines teleangiektatischen Osteosarkoms mit breiter Streuung der DNS-Werte in hochploide Bereiche und über 80% aneuploiden Tumorzellen. Eine DNS-Stammlinie besteht nicht. Die DNS-Verteilung zeigt einen hochmalignen Tumor an.

ausmachen. Eine solche DNS-Verteilung zeigt einen hohen Malignitätsgrad an. - Auch bei einem Ewing-Sarkom fanden wir eine hochmaligne DNS-Verteilung ohne diploide Zellen. Eine DNS-Stammlinie lag im hypertetraploiden Bereich; dazwischen lagen zahlreiche aneuploide Zellen. In Metastasen von Leber und Milz zeigten die Histogramme eine DNS-Verteilung, die praktisch mit der DNS-Verteilung des Primärtumors identisch ist.

Basierend auf dem DNS-Verteilungsmuster kann durch ein komplexes Rechenverfahren - dem sog. Algorithmus - der jeweilige Malignitätsgrad ermittelt und damit Auskunft über die Prognose gegeben werden (Böcking, 1982; Böcking et al, 1984). Dabei werden 2 Parameter berücksichtigt: 1. die "5c-exceeding-rate"; das ist der prozentuale Anteil der aneuploiden Zellen oberhalb eines DNS-Gehaltes von 5c. 2. Der "2c-deviation index"; das ist das Mittel der Abweichungsquadrate des DNS-Gehaltes vom diploiden Referenzwert. Wie Abb. 3 zeigt, kann mit

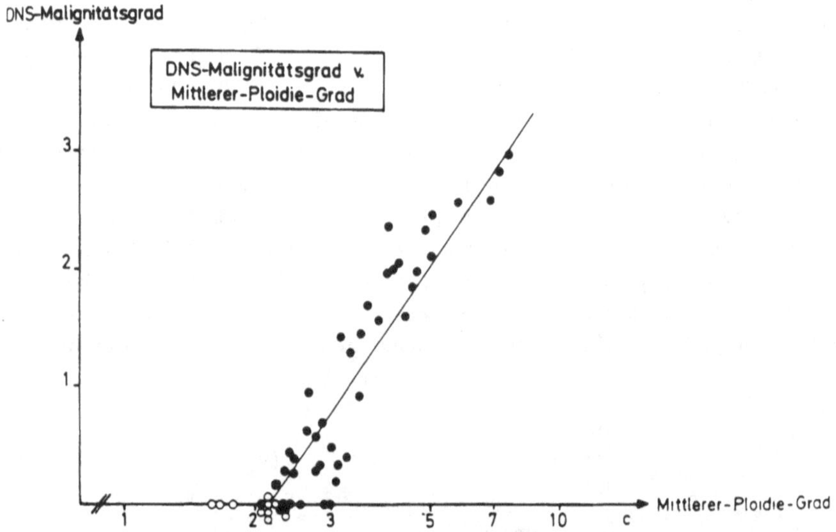

Abb. 3 DNS-Malignitätsgrad: Beziehungen zwischen der "5c-exceeding-rate" (Ordinate) und dem zugehörigen "2c-deviation-index" (Abszisse). Der DNS-Malignitätsgrad reicht von "0" bis "3,0". Tumoren auf der "Nullinie" (Abszisse) sind gutartig; über der "Nullinie" liegen die bösartigen Knochentumoren.

dieser Berechnung ein sog. DNS-Malignitätsgrading durchgeführt werden, wobei der Malignitätsgrad zwischen 0 und 3,0 liegt. Alle gutartigen Tumoren liegen dabei auf der "Nullinie"; ihr Anstieg über die "Nullinie" hinaus ist mit dem jeweiligen Malignitätsgrad korreliert. So finden wir Fälle von gutartigen tumorösen und nicht-tumorösen Knochenläsionen mit einem DNS-Malignitätsgrad "0", d.h. es handelt sich um gutartige Läsionen. Demgegenüber fanden wir hochdifferenzierte Chondrosarkome mit einem DNS-Malignitätsgrad "0,42" und undifferenzierte Chondrosarkome mit einem DNS-Malignitätsgrad "2,86". Ein Osteosarkom hatte den DNS-Malignitätsgrad "0,56", ein anderes "2,89". Der DNS-Malignitätsgrad eines synovialen Sarkoms wurde mit "1,23", der eines Fibrosarkoms mit "1,95" ermittelt (Genz, 1985). Mit dieser Methode läßt sich somit der objektive Malignitätsgrad eines Knochentumors bestimmen, womit subjektive Fehleinschätzungen, wie sie bei der Bestimmung des histologischen Malignitätsgrades vorkommen, vermieden werden.

Bei einigen Patienten konnten wir den DNS-Malignitätsgrad bereits mit den Überlebenszeiten kontrollieren. Es zeigte sich, daß Patienten mit einer Knochengeschwulst des DNS-Malignitätsgrades unter "1,0" eine erheblich längere Überlebenszeit haben als Patienten, deren Knochensarkom einen DNS-Malignitätsgrad über "1,0" aufweist. Die kürzesten Überlebenszeiten hatten Patienten mit einem Knochensarkom des DNS-Malignitätsgrades zwischen "2,0" und "3,0".

Vergleicht man die verschiedenen Knorpeltumoren (Enchondrome, Osteochondrome, Chondrosarkome) hinsichtlich ihres Malignitätsgrades, so kann festgestellt werden, daß der subjektiv geschätzte histologische Malignitätsgrad (Grad 1-3) sehr gut mit dem quantitativ und somit objektiv ermittelten DNS-Malignitätsgrad korreliert. Während gutartige Enchondrome und Osteochondrome auf der "Nullinie" liegen (DNS-Malignitätsgrad "O"), zeigen Chondrosarkome entsprechend ihrem histologischen Bild einen niedrigen ("O,3" - "1,2") oder hohen ("2,1" - "2,9") DNS-Malignitätsgrad. Darüber hinaus fanden wir auch eine gute Korrelation zwischen dem DNS-Malignitätsgrad in verschieden differenzierten Osteosarkomen und der 5-Jahresüberlebenszeit. Die kürzeste Überlebenszeit zeigt das teleangiektatische Osteosarkom mit einem hohen DNS-Malignitätsgrad von "2,91" von nur 3%. Das osteoplastische Osteosarkom hat mit 18% eine kürzere 5-Jahresüberlebenszeit als das chondroplastische Osteosarkom mit 22% und das fibroplastische Osteosarkom mit 25%. Die längste 5-Jahresüberlebenszeit fanden wir bei einem parostealen Osteosarkom mit einem sehr niedrigen DNS-Malignitätsgrad von "0,2", das eine 80-prozentige 5-Jahresüberlebenszeit aufweist.

Unsere bisherigen Untersuchungen zeigen, daß sich mit Hilfe der DNS-zytophotometrischen Untersuchungen der Tumorzellen objektive Kriterien zur Proliferation und zur Dignität der Knochentumoren gewinnen lassen. Diese Meßergebnisse ermöglichen die Berechnung eines objektiv exakt bestimmbaren DNS-Malignitätsgrades, der dem bislang üblichen, rein subjektiv erschätzten histologischen Malignitätsgrad überlegen ist. Es kann erwartet werden, daß in Zukunft zusätzlich zur exakten histologischen Klassifikation eines Knochentumors die Angabe über den DNS-Malignitätsgrad zum Bestandteil der Diagnose wird.

Literatur

Adler CP (1979) Differential Diagnosis of Cartilage Tumors. Path Res Pract 166:45-58

Adler CP, Klümper A, Wenz W (1979) Enchondrome aus radiologischer und pathologisch-anatomischer Sicht. Radiologe 19:341-349

Adler CP, Genz T (1982) Zytophotometrische Untersuchungen von Knochentumoren. Pathologe 3:174

Adler CP, Riede UN, Wurdak W, Zugmaier G (1984) Cytophotometric Measurements of the DNA in Hodgkin Lymphomas and Non-Hodgkin Lymphomas. Path Res Pract 178:579-589

Adler CP (1985) Chondromyxoid fibroma (CMF) of the radius associated with an aneurysmal bone cyst (ABC). Skeletal Radiol 14:305-308

Atkin NB, Kay R (1979) Prognostic significance of modal DNA value and other factors in malignant tumours, based on 1465 cases. Brit J Cancer 40:210-221

Böcking A (1982) Algorithmus für ein DNS-Malignitäts-Grading. Verh Dtsch Ges Path 66:540

Böcking A, Adler CP, Common HH, Hilgarth M, Granzen B, Auffermann W (1984) Algorithm for a DNA-Cytophotometric Diagnosis and Grading of Malignancy. Analyt quant Cytol 6:1-8

Böhm N, Sandritter W (1975) DNA in human tumors: A cytophotometric study. In: Current Topics in Pathology, Eds.: E. Grundmann and W.B. Kirsten, 60, pp. 151-219, Springer, Berlin Heidelberg New York

Broders AC (1920) Squamous-cell epithelioma of the lip. J Amer Med Ass 74:656-664

Broders AC (1926) Grading and practical application. Arch. Path. 2:376-381

Feulgen R (1924) Neue Wege zum biologisch-histologischen Studium der Zellkerne: (A) Die Nuclealfärbung, ein mikrochemischer Nachweis der Thymonucleinsäure. (B) Über das Vorkommen von nuclealem und anuclealem Chromatin. Ber Ges Physiol 22:489-490

Födisch HJ, Mikuz G, Walter N (1974): Cytophotometrische Untersuchungen an Knochengeschwülsten. Verh Dtsch Ges Path 58.425-429

Genz T (1985) Bestimmung der Malignitätsgrade von verschiedenen Knochenläsionen mit Hilfe der DNS-cytophotometrie. Inaugural-Diss., Freiburg i.Br.

Guzman J, Kiefer G, Freudenberg N, Wittekind Ch, Reichel R, Gropp H (1983) Die prognostische Bedeutung des DNS-Verteilungsmusters und der histologischen Diagnose beim Mammakarzinom. Verh Dtsch Ges Path 67:704

Sandritter W (1961) Methoden und Ergebnisse der quantitativen Histochemie. Dtsch med Wschr 45:2177-2183

Sandritter W, Kiefer G, Kiefer R, Salm R, Moore GW, Grimm H (1967) Eine cytophotometrische Methode zur Objektivierung der Morphologie von Zellkernen. Histochem 10:341-352

Sandritter W (1981) Quantitative Pathology in Theory and Practice. Path Res Pract 171:2-21

Duale Kontrolle der cAMP-Synthese durch Parathormon, Calcitonin und Prostaglandin E_2 in humanen Osteosarkomzellen

F. van Valen, H. Franck, E. Keck

Die Synthese von cAMP in normalen und malignen Knochenzellen wird durch Parathormon (PTH), Prostaglandin E (PGE) und Calcitonin (CT) beeinflußt. Diese Hormone stimulieren die cAMP-Bildung durch Rezeptor vermittelnde Effekte auf die Adenylzyklase (van Valen und Schütte, 1983, und die darin erwähnte Literatur). Andere Hormone wie Glukokortikoide, Androgene und Östrogene bewirken zwar auch eine Veränderung in der cAMP Synthese in Knochenzellen, aber in einer nicht so gut definierten Weise (Rodan et al. 1984). Da viele Agentien die cAMP Synthese in Knochenzellen beeinflsusen, müssen Mechanismen existieren, die das Ausmaß der Hormonantwort kontrollieren.

Unsere Daten, die mit der humanen MG-63 Osteosarkomzellinie erhalten wurden, weisen auf eine bisher unbekannte Kontrollmöglichkeit hin, denn der Nettostimulationseffekt auf die cAMP Synthese kann sowohl durch eine Stimulation als auch durch eine gleichzeitige nicht so ausgerägte Hemmung der Adenylzyklase erreicht werden.

MATERIAL UND METHODE

Hormone:

Synthetisches humanes N-terminales PTH-Fragment (hPTH 1-34; 2600 U/mg) war von Bachem; PGE_2 von Sigma; synthetisches humanes Calcitonin (hCT) von Fluka

AG, Lachscalcitonin (sCT) und Schweinecalcitonin (pCT) waren ein Geschenk der Armour Pharmaceutical Company.

Zellkultur

Die humane MG-63 Osteosarkomzellinie (Flow Laboratories), die von Heremans et al. (1978) charakterisiert wurde, wurde in unseren Experimenten zwischen der 100-120sten Passage verwendet. Die Kulturen wuchsen in DMEM mit Zusatz von 10% FCS, Glukose (2 mg/ml), Glutamin (0.2 mg/ml) und Antibiotischer-Antimycotischer Lösung (Gibco) in Falcon 2 cm^2-Schalen für die Untersuchungen zur cAMP-Bildung und/oder in Costar 150 cm^2-Flaschen für die Zellhomogenatpräparation. Die Kulturen wuchsen 4 Tage bei 37°C in 5% CO_2.

Zell Inkubation und cAMP Bestimmung

Nach 4 Tagen wurde das Medium durch Hank's Hepes (pH 7.4) mit 0.2% HSA ersetzt. Die Kulturen wurden 15 min bei 37°C gehalten, anschließend mit Hormonen weitere 15 min inkubiert. Bei entsprechenden Versuchen wurden die Zellen 10 min mit 10^{-3} Mol/l 3-Isobutyl-1-methylxanthin (IBMX; Sigma) in Kombination mit oder ohne 10^{-4} Mol/l Forskolin (Calbiochem) vorinkubiert. cAMP wurde mit 90%igem n-Propanol extrahiert und mit dem Amersham Kit bestimmt. cAMP wird angegeben in Picomol cAMP/mg Zellprotein.

Adenylzyklaseassay

Assays wurden mit Zellhomogenaten durchgeführt (van Valen und Schütte, 1983). Adenylzyklaseaktivitäten werden in Picomol cAMP/mg Protein/5 min angegeben. Protein wurde nach der Methode von Lowry et al. (1951) bestimmt.

ERGEBNISSE

Die cAMP-Synthese in Osteosarkomzellen wurde durch hPTH, sCT und PGE_2 dosis-abhängig stimuliert (Abb. 1). Die maximal stimulierenden Konzentrationen von hPTH (50 ng/ml), sCT (10^4 ng/ml) und PGE_2 (10^{-4} Mol/l) führten zu einem 2fachen, 20fachen bzw. 40fachen Anstieg des cAMP. Wenn die Inkubationen in Gegenwart von Forskolin durchgeführt wurden, wurde die durch PGE_2 (Abb. 1) und die durch hPTH und sCT (Ergebnisse nicht dargestellt) stimulierte cAMP-Synthese biphasisch. Die Stimulation durch Hormon war nach Zusatz von Forskolin erheblich niedriger als ohne Forskolin, obwohl die Zunahme des cAMP durch Hormon in Anwesenheit von Forskolin größer war als ohne.

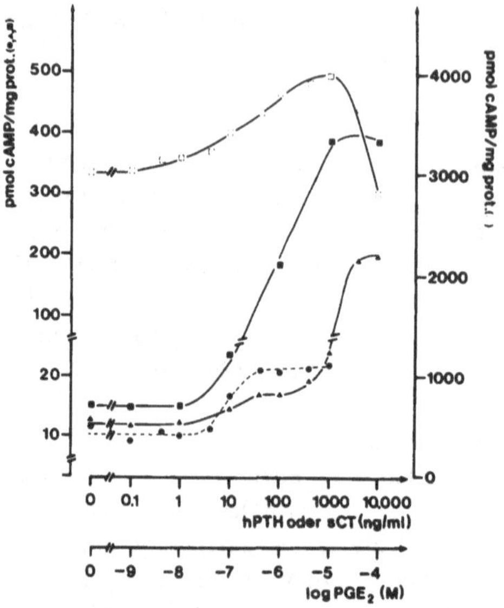

Abb. 1 Effekte von ansteigenden Konzentrationen von hPTH (●), sCT (▲) und PGE_2 (■) auf die cAMP-Synthese und Einfluß von 10^{-4} Mol/l Forskolin auf die durch PGE_2 stimulierte cAMP-Synthese (□) in Osteosarkomzellen.

Abb. 2 zeigt das zeitabhängige Verhalten der cAMP-Konzentrationen in Osteosarkomzellen nach Zusatz von hPTH, sCT und PGE_2. Es kommt bei allen Hormonen

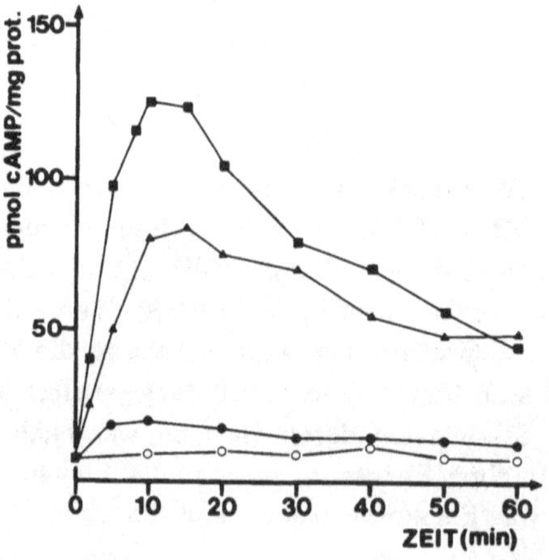

Abb. 2 Zeitabhängigkeit der hormonstimulierten Produktion von cAMP in Osteosarkomzellen. Zusätze waren: ohne (O), 50 ng/ml hPTH (●), 10^4 ng/ml sCT (▲), 10^{-5} Mol/l PGE_2 (■).

zunächst zu einem Anstieg der cAMP-Konzentrationen, die nach 10-20 min ein Maximum erreichen und dann wieder abfallen. Wenn maximal stimulierende hPTH-Konzentrationen in Kombination mit PGE_2 oder sCT gleichzeitig zu Homogenaten gegeben wurden, fand man eine geringere Adenylzyklaseaktivität als bei Inkubation mit PGE_2 oder sCT allein (Tabelle 1). Nach gleichzeitiger Inkubation mit PGE_2 und sCT entsprach die gefundene Adenylzyklaseaktivität jedoch der Summe der cAMP-Konzentrationen aus den Einzelinkubationen.

Tab. 1 Kombinationseffekte von hPTH, sCT und PGE_2 auf die Adenylzyklase in Osteosarkomzellhomogenaten. Die Werte sind Mittelwerte $\pm$ SEM von 3 Experimenten, wobei maximal stimulierende Konzentrationen eingesetzt wurden (hPTH 50 ng/ml, sCT 10^4 ng/ml, PGE_2 10^{-4} Mol/l).

Zusätze	Adenylzyklaseaktivität (cAMP/mg Protein/5 min)
Keine	60 $\pm$ 5
hPTH	115 $\pm$ 20
sCT	515 $\pm$ 39
PGE_2	1255 $\pm$ 60
hPTH + PGE_2	925 $\pm$ 45
hPTH + sCT	270 $\pm$ 15
PGE_2 + sCT	1700 $\pm$ 140

DISKUSSION

Die MG-63 Zellinie ähnelt der FM-2 Osteosarkomzellinie (Eilon et al. 1983) darin, daß die Adenylzyklase durch CT stärker stimuliert wird als durch PTH. Obwohl man allgemein annimmt, daß osteoblasten-ähnliche Zellen eine Adenylzyklase haben, die auf PTH und nicht auf CT, und osteoklasten-ähnliche Zellen eine, die auf CT, nicht aber auf PTH anspricht, könnte die MG-63 Zellinie eine CT-sensible osteoblasten-ähnliche Zelle sein. Untersuchungen von Gutierrez et al. (1984) haben gezeigt, daß die Adenylzyklase einer geklonten Knochenzellinie (UMR-106), die von einem Rattenosteosarkom mit einem osteoblasten-ähnlichen Phänotyp stammt, erst nach der 50. Passage durch CT stimuliert werden konnte, nicht jedoch während früherer Passagen.

Einen interessanten Aspekt dieser Studie zeigen unsere Daten mit Forskolin. Dieses Diterpen wurde benutzt bei der Aufklärung der verschiedensten Aspekte der Adenylzyklaseregulation, wie z.B. der positiven und negativen Kontrolle der Adenylzyklase (Insel et al. 1982). Unsere Ergebnisse erlauben eine Einsicht in die möglichen Mechanismen, durch die die MG-63 Adenylzyklase in zweifacher Hinsicht durch PTH, CT und PGE_2 kontrolliert wird. Adenylzyklasen sind Enzyme, die unter positiver und negativer Kontrolle durch Hormone stehen. Solch eine Regulation wird durch eine Bindung an spezifische Rezeptoren initiiert und durch stimulatorische (N_s) und inhibitorische (N_i) Guaninnukleotid-bindende Proteine weitergegeben an die katalytische Komponente der Zyklase (Cooper 1982). Nach unseren Untersuchungen scheinen PTH, CT und PGE_2 ihre Information sowohl durch das N_s- als auch durch das N_i-Protein in einer hormonkonzentrationsabhängigen Weise weiterzugeben, da in Gegenwart von Forskolin niedrige Hormonkonzentrationen für eine Stimulation der Adenylzyklase, hohe Konzentrationen desselben Hormons jedoch für eine Hemmung der Adenylzyklase verantwortlich waren. Auch die Ergebnisse, die wir bei gleichzeitiger Inkubation zweier Agonisten der Zyklase erhielten, erhärten diese Hypothese. Wurde PTH gleichzeitig mit PGE_2 oder CT in maximal effektiven Konzentrationen eingesetzt, betrug die gesamte Adenylzyklaseaktivität weniger als bei alleiniger Inkubation mit PGE_2 oder CT. Dieser Befund zeigt, daß die N_i-Proteine zusätzlich zu ihrer Hemmfunktion auf die PTH-Wirkung auch die Wirkung des zweiten Agonisten PGE_2 oder CT hemmen. Dieses stimmt aber nicht für den Gesamteffekt von PGE_2 und CT, so daß man annehmen muß, daß diese Hormone auf verschiedene Pools der Adenylzyklase wirken.

Natürlich sind weitere Studien mit der MG-63 Zellinie erforderlich, um die duale Regulation der Adenylzyklase durch Hormone weiter zu sichern und ihre Auswirkungen auf die Zellfunktionen zu untersuchen.

Wir möchten Frau Ulrike Schäfer für ihre ausgezeichnete Assistenz danken.

Literaturverzeichnis

Cooper DMF (9182) Bimodal regulation of adenylate cyclase. FEBS Letters 138:157-163

Eilon G, Perkins J, Viola MV (1983) Characteristics of a calcitonin-responsive cell line derived from a human osteosarcoma. Cancer Res 43:3763-3769

Gutierrez GA, Mundy GR, Katz MS (1984) Adenylate cyclase of osteoblast-like cells from rat osteosarcoma is stimulated by calcitonin as well as parathyroid hormone. Endocrinology 115:2342-2346

Heremans H, Billiau A, Cassiman JJ, Mulier JC, DeSomer P (1978) In vitro cultivation of human tumor tissues: Morphological and virological characterization of three cell lines. Oncology 35:246-252

Insel PA, Stengel D, Ferry N, Hanoune J (1982) Regulation of adenylate cyclase of human platelet membranes by forskolin. J Biol Chem 257:7485-7490

Lowry OH, Rosebrough NJ, Farr AL, Randall RJ (1951) Protein measurement with the folin phenol reagent. J Biol Chem 19: 265-275

Rodan SB, Fischer MK, Egan JJ, Epstein PM, Rodan GA (1984) The effect of dexamethasone on parathyroid hormone stimulation of adenylate cyclase in ROS 17/2.8 cells. Endocrinology 115:951-958

Van Valen F, Schütte PP (1983) Properties of the parathyroid hormone sensitive adenylate cyclase in purified plasma membranes of chick osteoblasts. Proc Kon Ned Akad Wetensch B 86:401-415

VII Knochendysplasien

Das Skelettdysplasieregister am Pathologischen Institut Erlangen - Aufgabe und Ergebnisse (Erfahrungsbericht)

H. Stöß, H.-J. Pesch

Die Skelettdysplasien stellen konstitutionelle, generalisierte bzw. partielle Erkrankungen des Skelettsystems mit einer Störung des Wachstums und/oder der Knochendichte bei variablem Erbgang dar. Klinisches Erscheinungsbild ist ein disproportionierter Minderwuchs unterschiedlichen Ausmaßes, der mit Deformierungen an Wirbelsäule und Extremitäten einhergehen kann. Die Krankheitsbilder manifestieren sich teils intrauterin, teils postpartal bzw. in den ersten Lebensmonaten und im frühen Kleinkindesalter. Pathomorphologisch liegt den Krankheitsbildern eine kombinierte funktionell-strukturelle Störung von Knorpel- und/oder Knochengewebe zugrunde (Stöß et al. 1982), die sowohl intra- als auch extrazellulär lokalisiert sein kann (Stöß und Pesch, 1985). Exakte Daten zur Häufigkeit von Skelettdysplasien existieren nicht. Auf 10 000 Geburten kommen schätzungsweise 20 bis 40 Erkrankungen (Spranger, 1976a und b).

Nach einem Vorschlag der Europäischen Gesellschaft für Kinderradiologie werden die Skelettdysplasien nach der 1983 revidierten "Pariser Internationalen Nomenklatur" in die 6 Hauptgruppen: Osteochondrodysplasien, Dysostosen, Osteolysen, komplexe Störungen mit sekundärer Skelettbeteiligung, Chromosomenaberrationen und Speicherkrankheiten unterteilt. Pathomorphologische Gesichtspunkte sind bei dieser Klassifikation nicht berücksichtigt. Es wurde deshalb seit 1977 mit Unterstützung der Stiftung Volkswagenwerk am Pathologischen Institut der Universität Erlangen-Nürnberg ein morphologisch ausgerichtetes Skelettdysplasienregister aufgebaut.

Die Aufgabe dieses Skelettdysplasieregisters umfassen neben der reinen Diagnostik auch Untersuchungen zur Therapiekontrolle und zur Pathogenese. Weiterhin ist es das Ziel, die klinisch-radiologische Klassifikation durch morphologische

Befunde zu ergänzen. Bisher wurden 465 Fälle licht- und elektronenmikroskopisch sowie histochemisch untersucht. Aufgaben und Ergebnisse werden beispielhaft dargestellt.

Letale Skelettdysplasien

Nach dem klinischen Verlauf müssen letale und mit dem Leben vereinbare Formen unterschieden werden. Die letalen Skelettdysplasien manifestieren sich intrauterin. Sie sind durch einen hochgradigen Minderwuchs mit einer starken Einengung des Thorax charakterisiert. Bei der thanatophoren Dysplasie z.B. findet sich ein langer Rumpf mit kurzen Extremitäten. Die normal entwickelte Haut weist eine "michelinmännchenartige" Faltenbildung auf. Die langen Röhrenknochen zeigen radiologisch "telefonhörerartige" Verkrümmungen. Die stark verkürzten Rippen führen zu einer hochgradigen Einengung des Thorax. Durch die so bedingte Hypoplasie der Lungen kommt es zum Tod in der respiratorischen Insuffizienz. Histologisch findet sich ein sehr zellreicher, in seinem Aufbau stark gestörter Knorpel mit nur angedeuteter Knorpelzellproliferation und fehlender Knorpelsäulenbildung.

Osteogenesis imperfecta

Die autosomal dominant bzw. rezessiv vererbte Osteogenesis imperfecta (O.i.) stellt eine generalisierte Störung des Binde- und Stützgewebes dar (Bauer, 1920). Sie beruht auf einer Störung des Kollagenstoffwechsels mit einer Insuffizienz der Osteoblasten und ungenügender Osteoidbildung. Dies führt zur Mineralisationsstörung. Klinisch ist sie durch eine abnorme Knochenbrüchigkeit sowie mehr oder minder ausgebildete blaue Skleren gekennzeichnet. Entsprechend der klinisch-genetischen Heterogenität wird die O.i. in 4 Typen unterteilt (Sillence et al. 1979). Pathomorphologisch ist die O.i. elektronenmikroskopisch durch 5 pathognomonische Kriterien charakterisiert (Pesch und Stöss 1982; Stöss 1983) und differentialdiagnostisch von den anderen konstitutionellen Osteopenien abgrenzbar (Stöss und Spranger 1985). Die Osteoblasten besitzen ein dilatiertes endoplasmatisches Retikulum, geschwollene Mitochondrien und vergrößerte Golgi-Apparate. Das Osteoid ist in unterschiedlichem Ausmaß verschmälert, die Mineralisation teils diffus, teils fleckförmig vermindert.

Die Untersuchungen zu Therapieerfolgen bei Skelettdysplasien befassen sich hauptsächlich mit der O.i. und Befunden nach Knochenmarkstransplantation. Bei der O.i. führt das Flavonoid Catechin zu einer günstigen Beeinflussung des Krankheitsbildes. In den meisten Fällen finden sich eine Verbreiterung der Osteoidsäume mit dichtliegenden Kollagenfibrillen (Stöss et al., 1979) und eine dichtere Mineralisation. Durch Catechin wird die Fibrillogenese stabilisiert und es kommt zu einer stärkeren Quervernetzung der Kollagenfibrillen (Pontz et al. 1982).

Nach Knochenmarkstransplantation ist der Behandlungserfolg durch Beckenkammbiopsien vor und nach der Transplantation kontrollierbar. Knochenmarkstransplantationen werden zunehmend bei den Mukopolysaccharidosen, bei der Osteopetrose oder dem ADA-Mangel durchgeführt. Bei den Mukopolysaccharidosen z.B. kommt es dabei zu einer Veränderung in der Struktur der lysosomalen Speicherung und offensichtlich zu einem enzymatischen Abbau der gespeicherten Substrate (Stöss et al. 1983).

Spondyloepiphysäre Dysplasien

Bei den spondyloepiphysären Dysplasien (SED) ist es möglich, die klinische Einteilung (Spranger et al. 1974) durch morphologische Befunde zu erweitern und sie nach allgemeinpathologischen Gesichtspunkten zu unterteilen (Pesch und Stöss, 1982). Pathognomonisch sind die "fingerprintartigen" bzw. "muskatnußartigen" Einschlüsse der Chondrozyten bei der Pseudoachondroplasie (Abb. 1), das sog.

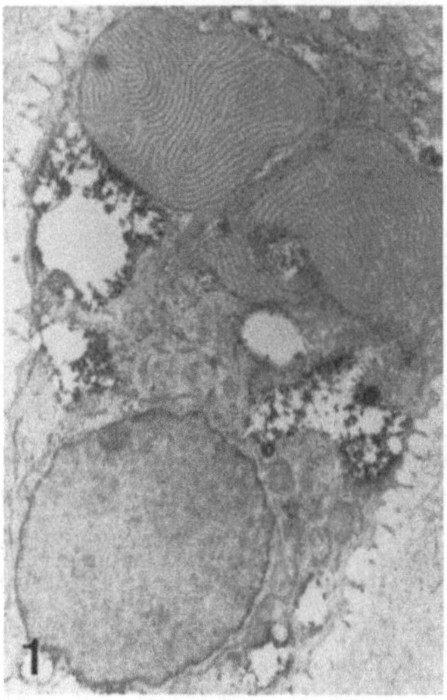

Abb. 1 Chondrozyt mit "fingerprintartigen" Einschlüssen bei der Pseudoachondroplasie (EM 5000x)

"Schweizerkäsemuster" der Knorpelgrundsubstanz beim Morbus Kniest, eine Bildung atypischer konzentrisch um die Chondrozyten angeordneter Kollagenfibrillen bei der diastrophischen Dysplasie und die unregelmäßigen Verdichtungen der Knorpelgrundsubstanz mit vermehrten biotischen bzw. nekrotischen Chondrozyten beim Dyggve-Melchior-Clausen-Syndrom. Die lysomalen Speicherungsvakuolen in den Zellen des Binde- und Stützgewebes sind spezifisch für die Erkrankungen der komplexen Kohlenhydrate, wie z.B. die Mukopolysaccharidosen (Abb. 2). Dagegen sind die enchondralen Ossifikationsstörungen bei der Dysplasia spondyloepiphysaria congenita oder der metatropen Dysplasie unspezifisch und erlauben nur in Verbindung mit klinisch-radiologischen Befunden eine differentialdiagnostische Abgrenzung.

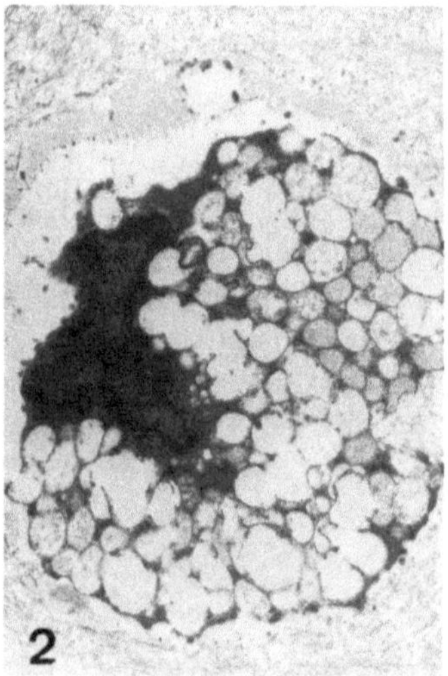

Abb. 2 Chondrozyt mit ausgedehnten lysosomalen Speicherungsvakuolen bei Mukopolysaccharidose (EM 5000x)

Mittlerweile wird das Erlanger Skelettdysplasieregister von Kollegen aus allen Teilen der Bundesrepublik und dem benachbarten Ausland konsultiert. Die Erfahrungen haben gezeigt, daß die systematischen morphologischen Untersuchungen, insbesondere bei den Osteopenien oder den spondyloepiphysären Dysplasien eine wertvolle Unterstützung bei der differentialdiagnostischen Abklärung geben können. In speziellen Fällen kann zudem der Therapieerfolg bei den Erbkrankheiten mitgeklärt werden. Darüber hinaus sind Aussagen zu Ausmaß und Lokalisation der Wachstumsstörung sowie zur Pathogenese möglich.

Viele Skelettdysplasien sind bisher jedoch nur ungenügend morphologisch abgeklärt. Es ist deshalb dringend erforderlich, möglichst alle Skelettdysplasien systematisch licht- und elektronenmikroskopisch zu untersuchen, da nur so ein besseres Verständnis der einzelnen Krankheitsbilder möglich ist.

Literaturverzeichnis

Bauer KH (1920) Über Osteogenesis imperfecta. Zugleich ein Beitrag zur Frage einer allgemeinen Erkrankung. Dtsch Z Chirurg 154:166

International Nomenclatur of Constitutional Disease of Bone (1983) Ann Radiol 26:457

Pesch H-J, Stöss H (1982) Pattern of Intra- und Extracellular Disorders in Skeletal Dysplasias. In: Papadatos CJ und Bartsocas CS (Hrsg.) Skeletal Dysplasias. Alan R Liss, New York, S.411

Pontz BF, Krieg T, Müller PK (1982) (+)-Cyanidanol-3 Changes Functional Properties of Collagen. Biochem Pharmacol 31:3581

Sillence DO, Senn A, Danks DM (1979) Genetic Heterogeneity in Osteogenesis Imperfecta. J Med Genetics 16:101

Spranger J (1976a) Angeborene Entwicklungsstörungen des Skelets: Einteilung, Entstehung, Diagnostik. Orthopäde 5:62

Spranger J (1976b) Generalisierte Skeletdysplasien. Nosologie, Häufigkeit und praktische Bedeutung. Radiologe 16:257

Spranger J, Langer LO, Wiedemann H-R (1974) Bone Dysplasias. Fischer, Stuttgart

Stöss H (1983) The Pathomorphological Inhomogeneity of Osteogenesis Imperfecta. Calcif Tissue Int 35:A13

Stöss H, Spranger J (1985) Differentialdiagnose primärer konstitutioneller Osteopenien. - Licht- und elektronenmikroskopische Befunde. Internist 26:491

Stöss H, Pesch H-J (1985) Structural changes of Collagen Fibrils in Skeletal Dysplasias. Ultrastructural Findings in the Iliac Crest. Virchows Arch (im Druck)

Stöss H, Pesch H-J, Spranger J (1979) Therpaie der Osteogenesis imperfecta mit (+)-Catechin. Dtsch Med Wochenschr 50:1774

Stöss H, Pesch H-J, Spranger J (1982) Zur Aussagefähigkeit der Beckenkammbiopsie bei spondyloepiphysären Skeletdysplasien. Licht- und elektronenmikroskopische Befunde am Beckenkamm. Verh Dtsch Ges Path 66:151

Stöss H, Pesch H-J, Spranger J, Schulte-Wissermann H (1983) Lysosomal Storage in MPS-I-H after Bone marrow Transplantation. A light- and electron-microscopic study of supporting issue in comparison with a non-treated case. Path Res Pract 178.164

Biochemische Grundlagen und klinische Ergebnisse bei der medikamentösen Behandlung der Osteogenesis imperfecta

B.F. Pontz, H. Stöß, A. Karbowski, U. Vetter, J. Spranger

Klinische Merkmale des heterogenen Krankheitsbildes der Osteogenesis Imperfecta (OI) weisen darauf hin, daß hier nicht nur eine isolierte Skeletterkrankung, sondern vielmehr eine angeborene Systemerkrankung des Bindegewebes vorliegt. Untersuchungen der letzten Jahre deckten primäre oder sekundäre Störungen im Stoffwechsel des Strukturproteins Kollagen auf (Übersicht bei Prockop 1984).

Therapeutische Maßnahmen mit den verschiedensten Medikamenten waren bisher nicht überzeugend. 1977 berichteten Cetta et al. erstmals über einen gesteigerten Gehalt von Kollagenfibrillen in Haut und Beckenkamm bei zwei Kindern mit OI nach Behandlung mit dem Flavonoid Cyanidanol. Stöß und Mitarbeiter fanden 1979 bei vier ebenfalls mit Cyanidanol behandelten Fällen mit OI neben einer Besserung der gesteigerten Frakturhäufigkeit morphologisch eine Zunahme der Mineralisation und dichtere, zahlreichere kollagene Fasern in Beckenkammbiopsien.

Wir untersuchten in in-vitro Experimenten den Einfluß dieses Flavonoids auf Kollagen synthetisierende Systeme und auf gelöstes Kollagen. Klinisch wurde das Medikament bei Kindern mit verschiedenen OI-Formen eingesetzt, die Wirkung klinisch, radiologisch und histologisch kontrolliert.

ERGEBNISSE

1. In-vitro Untersuchungen

In Fibroblasten- und Organ(Kalvarien)kultur wirkte Canidanol mit steigender Konzentration hemmend auf die Protein- und Kollagensynthese. Bei Konzentrationen von mehr als 200 µg/ml war die Substanz zytotoxisch. In weiteren Untersuchungen wurde daher diese Konzentration nicht überschritten. Das in Anwesenheit von Cyanidanol synthetisierte Kollagen zeigte keine Änderung des Hydroxylierungsgrades und wies chromatographisch einen erhöhten Polymerenanteil auf.

In kultivierten Kalvarien fand sich ein deutlich erniedrigter Anteil von löslichem neu synthetisierten Kollagen als Hinweis für eine Steigerung des Quervernetzungsgrades durch das Flavonoid. Diese unphysiologischen Quervernetzungen wurden in helikalen wie nicht-helikalen Molekülbereichen gebildet.

Aus einer Kollagenlösung wurde in Gegenwart von Cyanidanol das Faserprotein in Form von aggregierten Molekülverbänden gefällt. Elektronenoptisch fand man mit steigender Konzentration an Cyanidanol mehr und mehr unstrukturiertes Material, eine normale Querstreifung war nur noch vereinzelt zu erkennen (Abb. 1). Der in Lösung verbliebene Kollagenanteil zeigte keine Veränderung in seiner Tertiärstruktur. Chromatographisch fand sich ein erhöhter Anteil an Kollagenpolymeren. Weitere Experimente zeigten, daß die gebildeten Quervernetzungen in mittleren als auch in den Endbereichen des Moleküls lokalisiert waren.

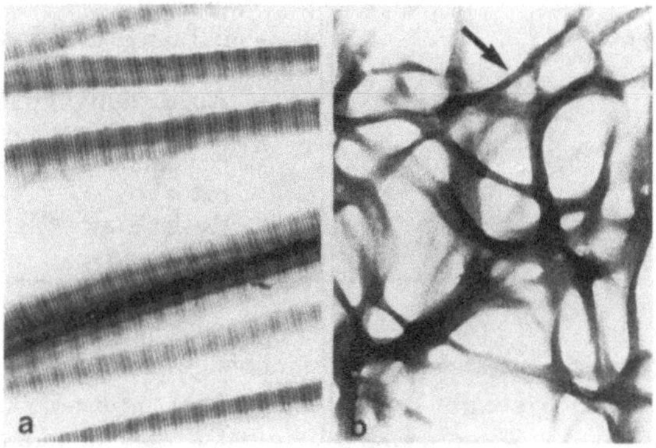

Abb. 1 Elektronenoptische Darstellung von Kollagen nach Vorbehandlung mit Cyanidanol.
Lösliches Kollagen wurde mit Cyanidanol (200 µg/ml) versetzt, die Probe mit Phosphorwolframsäure und Uranylacetat angefärbt; Vergrößerung 75 000 x 1.
a. Unbehandelte Kollagenfibrillen (Kontrolle).
b. Amorphes Netzwerk mit nur streckenweise erhaltener Querstreifung (Pfeil) nach Inkubation mit Cyanidanol.

Bei dem unlöslichen Anteil wurde die "Schrumpfungstemperatur" als physikochemische Eigenschaft bestimmt. Im Vergleich zu unbehandelten Kollagenproben war sie deutlich erhöht. Da tierexperimentell bekannt ist, daß der Quervernetzungsgrad von Kollagen mit zunehmendem Alter der Tiere zunimmt und sich unter anderem in einem Ansteigen der Schrumpfungstemperatur äußert, waren auch diese Befunde Hinweis für die Ausbildung von Quervernetzungen durch Cyanidanol.

Untersucht man das Verhalten von Cyanidanol behandeltem Kollagen gegenüber Humankollagenase, dem ersten Schritt in der Degradation im Stoffwechsel des Strukturproteins, so zeigte sich eine erhöhte Resistenz im Vergleich zu unbehandelten Proben. Offenbar wird die Spaltstelle für Humankollagenase durch Cyanidanol geschützt oder ist (sterisch) so verändert, daß sie ein schlechteres Substrat für das Enzym darstellt.

Bei der elektrophoretischen Trennung des Abbaugemisches wanderten die mit Cyanidanol vorbehandelten Komponenten langsamer als Kontrollen. Ermittelt man aus den veränderten Wanderungsstrecken das Molekulargewicht, so findet man, daß etwa 20 Cyanidanol-Reste pro Kollagenmolekül gebunden werden.

Tab. 1 Wirkung von Cyanidanol auf Kollagen und Kollagen synthetisierende in vitro-Systeme

1. Fibroblastenkultur	- Hemmung der Protein- und Kollagensynthese
2. Organkultur	- Hemmung der Kollagensynthese - Steigerung des Quervernetzungsgrades
3. lösliches Kollagen	- Bildung unlöslicher Molekülaggregate - Ausbildung kovalenter, kollagenspezifischer Quervernetzungen - Erhöhung der Schrumpfungstemperatur - Resistenzsteigerung gegen Humankollagenase

Die in-vitro Ergebnisse sind in Tab. 1 zusammengestellt. In verschiedenen Kollagen synthetisierenden Systemen knüpft Cyanidanol intermolekulare, kollagenspezifische, konvalente Quervernetzungen in helikalen und nicht-helikalen Molekülbereichen.

II. Klinische Ergebnisse

Diese Untersuchungen waren Grundlage für einen klinischen Behandlungsversuch. Die Diagnose wurde nach klinischen, radiologischen und genetischen Kriterien gestellt. Die Patienten wurden dabei den verschiedenen Formen der von Sillence et al. 1981 aufgestellten Klassifizierung zugeordnet. Die Eltern wurden über den experimentellen Charakter der Behandlung aufgeklärt, das Flavonoid den Kindern für die Dauer von wenigstens sechs Monaten verabreicht. In Unkenntnis der erforderlichen Gewebskonzentrationen zur erwünschten Stabilisierung der Kollagenfasern als auch der noch unzureichend geklärten Verstoffwechselung des Flavonoids wurde die für die Therapie von entzündlichen Lebererkrankungen empfohlene Dosierung von 40 - 50 mg/kgKG gewählt. Untersucht wurden in diesem Zeitraum die Frakturhäufigkeit, die computertomographisch gemessene Knochendichte eines Lendenwirbelkörpers sowie eine Beckenkammbiopsie elektronenoptisch. Bei den insgesamt 28 Fällen gab es Patienten mit einer rückläufigen Frakturneigung, aber auch Fälle ohne jegliche Wirkung (Tab. 2). Die computertomographisch bestimmte Knochendichte korrelierte dabei nicht mit einer klinischen Stabilisierung des Skeletts bzw. der Persistenz der gesteigerten Knochenbrüchigkeit. Die vergleichenden ultrastrukturellen Befunde folgten jedoch stets dem klinischen Verlauf. Während sich vor der Therapie in der Beckenkammbiopsie dünne Kollagenfibrillen und nur spärliche Ossifikationsherde darstellen ließen, fanden sich bei den klinisch positiv reagierenden Betroffenen bündelartige, dichtliegende Kollagenfibrillen und eine wesentlich gesteigerte Mineralisation. Insgesamt hatte das Flavonoid bei Patienten mit der schweren Form III einen günstigen Einfluß. Bei Kindern mit der Form I war ein sehr viel schwächer ausgeprägter positiver Effekt zu verzeichnen, während Betroffene der Form IV nicht auf das Medikament ansprachen (Tab. 2).

Tab. 2 Einfluß Cyanidanol bei Kindern mit Osteogenesis imperfecta

Form	therapeutische Wirkung morphologisch	klinisch
I	2/3	2/7
II	-	-
III	6/13	11/12
IV	1/5	1/6
S.F.	3/3	2/3

S.F. = Sonderformen bzw. Klassifizierung unsicher.

KOMMENTAR

Stellvertretend für andere bifunktionelle Substanzen wurde der Einfluß des Flavonoids Cyanidanol auf den Stoffwechsel des Kollagens in in-vitro Systemen und klinisch bei der OI, einer angeborenen Störung im Stoffwechsel dieses Strukturproteins untersucht. In-vitro bildete das Flavonoid unphysiologische, kovalente, kollagenspezifische Quervernetzungen aus. Der klinische Effekt war uneinheitlich. Die unterschiedliche Wirkung der behandelten Kinder mit OI kann einmal durch die Variabilität im Schweregrad der Erkrankung, zum anderen durch die Verschiedenartigkeit der primären oder sekundären Störung im Syntheseablauf des Kollagenmoleküls erklärt werden. Die Ergebnisse ermutigen zur Untersuchung anderer bifunktioneller Substanzen und eröffnen Möglichkeiten zur Behandlung anderer angeborener Bindegewebserkrankungen mit Störungen des Kollagenstoffwechsel.

Literaturverzeichnis

Cetta G, Lenzi L, Rizzotti M, Ruggeri A, Valli M, Boni M (1977) Osteogenesis imperfecta: Morphological, histological and biochemical aspects. Modifications induced by (+)-catechin. Conn Tiss Res 5:51-58

Pontz BF, Krieg T, Müller PK (1982) (+)-Cyanidanol-3 changes functional properties of collagen. Biochem Pharmacol 31:3581-3589

Prockop DJ, Kivirikko KI (1985) Heritable diseases of collagen. New Engl J Med 312:376-386

Stöß H, Pesch H-J, Spranger J (1979) Therapie der Osteogenesis imperfecta mit (+)-Catechin. Elektronenmikroskopische und klinische Befunde. 104:1774-1778

Aktueller Stand der pathologischen Anatomie der Osteogenesis imperfecta. Licht- und Elektronenmikroskopische Befunde am Stützgewebe

H. Stöß, B. Pontz, U. Vetter, E. Frey, A. Karbowski, P. Meinecke, J. Spranger, W. Baur, H.-J. Pesch

Die autosomal sowohl dominant als auch rezessiv vererbte Osteogenesis imperfecta (OI) ist durch eine abnorme Knochenbrüchigkeit mit mehr oder minder ausgeprägten blauen Skleren gekennzeichnet. Fakultativ kommen eine Dentinogenesis imperfecta, überstreckbare Gelenke und im frühen Erwachsenenalter eine Schwerhörigkeit hinzu. In zahlreichen Fällen findet sich zusätzlich ein teilweise erheblicher Minderwuchs und eine unterschiedlich stark ausgebildete Kyphoskoliose. Als Ursache der OI wird eine Störung des Kollagenstoffwechsels angenommen (Bauer 1920), die mit einer Insuffizienz der Osteoblasten einhergeht. Dies führt zur ungenügenden Osteoid- und Knochenbildung.

Erste ausführliche Beschreibungen des Krankheitsbildes gehen auf Ekman (1788) und Vrolik (1849) zurück. Die ursprüngliche Einteilung in OI congenitalis und OI tarda mit besserer Prognose hat sich als unzureichend erwiesen. Entsprechend der genetischen Heterogenität, der variablen klinischen Symptomatik und unterschiedlichen Prognose werden nach einem Vorschlag von Sillence et al. (1979) vier OI-Typen unterschieden.

Die Diagnose der OI und die Differentialdiagnose gegenüber anderen Osteopenien erfolgen bisher nahezu ausschließlich unter klinisch-radiologischen Gesichtspunkten. Differentialdiagnostisch müssen die juvenile idiopathische Osteoporose, zahlreiche bisher nicht-klassifizierbare Osteopenien und von der letalen OI Typ II die Hypophosphatasia congenitalis letalis abgegrenzt werden (Stöss und Spranger, 1985).

MATERIAL UND METHODE

Licht- und elektronenmikroskopisch wurde in 115 Fällen Stützgewebe (Beckenkamm, Femur, Rippe, Wirbelkörper, Tibia, Fibula, Ulna, Radius, Humerus und Kalotte) von Totgeborenen und Patienten beiderlei Geschlechts im Alter von wenigen Tagen bis 40 Jahren untersucht. Nach der Einteilung von Sillence handelte es sich 16mal um Typ I, 13mal um Typ II, 32mal um Typ III und 30mal um Typ IV. In 24 Fällen war der klinische Typ nicht bekannt. Die histologische Untersuchung erfolgte sowohl entkalkt als auch unentkalkt. Für die elektronenmikroskopischen Untersuchungen wurde das Gewebe unentkalkt in niedrigviskösen Epoxydharzen eingebettet (Schulz 1977).

ERGEBNISSE

Lichtmikroskopisch einheitliche pathomorphologische Befunde sind am Stützgewebe nur bei der letalen OI Typ II nachzuweisen. Hier findet sich ein zellreicher Ruheknorpel, an den sich eine typische Knorpelzellproliferation mit regelrecht angeordneten Knorpelsäulen anschließt. Die Spongiosabälkchen sind sehr grazil und enthalten im Anfangsteil eine große Menge nicht-mineralisierten Restknorpels. Sie sind herdförmig bereits subchondral durch Mikrofrakturen mit gemischt desmal-chondralem Frakturkallus ersetzt.

Bei der nicht-letalen OI Typ I, II und IV sowie den nicht-klassifizierbaren Typen ist das Knorpelgewebe überwiegend nur bei Typ I und III regelrecht aufgebaut, bei Typ IV und den nicht-klassifizierbaren Typen dagegen teilweise erheblich in seinem Aufbau gestört. An einen noch zellreichen Ruheknorpel schließt sich hier eine ungenügende Knorpelzellproliferation an mit einer nur herdförmigen Ausbildung von zumeist kleinen und plumpen Knorpelsäulen. Die unterschiedlich dichten Knochenbälkchen besitzen ein wechselnd breites Osteoid mit teils kubischen, teils inaktiven Osteoblasten.

Elektronenmikroskopisch ist entsprechend den lichtmikroskopischen Befunden in 38 der untersuchten Fälle der OI Typ I, III und IV und klinisch unbekanntem Typ die Knorpelstruktur verändert. Die Chondrozyten besitzen dilatierte Zisternen des rauhen endoplasmatischen Retikulums und geschwollene Mitochondrien. In 7 Fällen sind im Zytoplasma der Chondrozyten zudem lysosomenähnliche "Speichervakuolen" nachzuweisen. Die Knorpelgrundsubstanz besteht in diesen Fällen aus Kollagenfibrillen, die stark in Länge und Breite variieren und teils abgeknickt, teils an den Enden aufgesplittert sind. In 16 Fällen waren in der Umgebung der

Knorpelhöfe atypische, wechselnd breite, herdförmig amianthoidähnliche Kollagenfibrillen nachzuweisen.

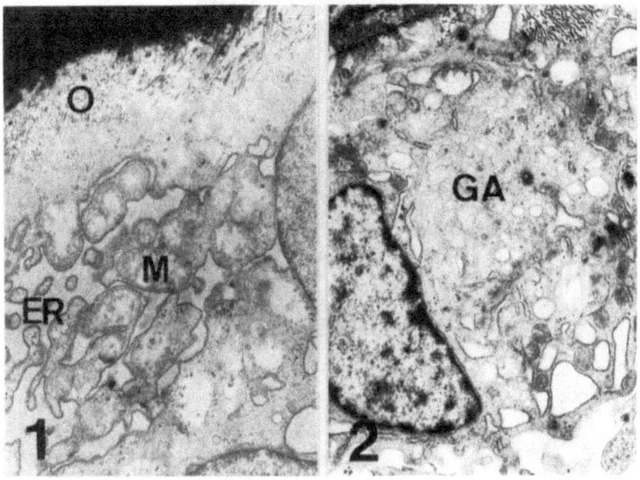

Abb. 1 Verschmälerung des Osteoid (0). Osteoblast mit dilatierten Zisternen des rauhen endoplasmatischen Retikulum (ER) und geschwollenen Mitochondrien (M) (EM 5000x)

Abb. 2 Osteoblast mit vergrößertem Golgi Apparat (GA) und teilweise erweiterten Golgi Vesikeln (EM 600x).

Am Knochengewebe dagegen bestehen einheitliche Befunde nicht nur an allen untersuchten Abschnitten des Skelettsystems, sondern auch bei allen Typen der OI. Die Osteoblasten besitzen stets unterschiedlich stark dilatierte Zisternen des rauhen endoplasmatischen Retikulums, geschwollene Mitochondrien und vergrößerte Golgi-Apparate mit teilweise erweiterten Vesikeln. Das Osteoid ist in unterschiedlichem Ausmaß reduziert und besteht teils aus gleichbreiten, teils im Durchmesser stark variierenden Kollagenfibrillen. Die Mineralisation ist sowohl diffus als auch fleckförmig vermindert. Zusätzlich finden sich in einzelnen Fällen mit Typ IV bzw. klinisch unbekanntem Typ vermehrt degenerativ veränderte und inaktive Osteoblasten sowie Osteoblasten mit mineralisierten Mitochondrien.

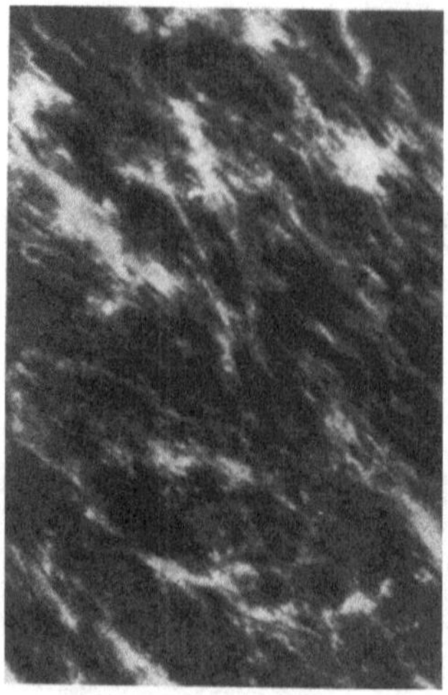

Abb. 3 Gestörte, fleckförmig reduzierte Mineralisation (EM 8000x)

DISKUSSION

Aufgrund der licht- und elektronenmikroskopischen Untersuchungen stellt sich die OI nicht nur klinisch, sondern auch pathomorphologisch sehr viel heterogener dar, als bisher angenommen wurde. Histologisch ist am Stützgewebe eine verbindliche Diagnose nur bei der OI Typ II möglich. Elektronenmikroskopisch dagegen finden sich bei allen Typen der OI fünf Strukturveränderungen, die für die OI pathognomonisch sind (Pesch und Stöss 1982; Stöss 1983). Sie bestehen aus dilatierten Zisternen des rauhen endoplasmatischen Retikulums, geschwollenen Mitochondrien und vergrößerten Golgi-Apparaten der Osteoblasten, einer Verminderung der Kollagenfibrillen des Osteoids und einer Reduktion der Mineralisation. Diese Kriterien erlauben eine exakte und verbindliche differentialdiagnostische Abgrenzung gegenüber der juvenilen idiopathischen Osteoporose und den bisher nicht-klassifizierbaren Osteopenien (Stöss und Spranger 1985). Außerdem kommen in unterschiedlichem Ausmaß pathomorphologische, jedoch nicht tpyenspezifische Befunde am Knorpel vor, die bevorzugt bei der OI Typ IV und den nicht-klassifizierbaren Typen gefunden werden, aber auch gelegentlich bei der OI Typ I und III, falls hier zusätzlich fakultative klinische Symptome vorliegen (Stöss 1985).

Bei der OI handelt es sich um eine Systemerkrankung des Binde- und Stützgewebes mit unterschiedlicher Expressivität (Beighton et al. 1983; Spranger et al. 1982). Dies zeigen nicht nur die zahlreichen biochemischen Untersuchungen zum Kollagenstoffwechsel (Spranger 1982) und das variable klinische Bild, sondern auch die hier dargestellten licht- und elektronenmikroskopischen Befunde. Die unterschiedliche Expressivität findet ihr morphologisches Äquivalent in den morphologisch heterogenen Befunden an Kollagenfibrillen von Knochen, Perichondrium und Knorpelgrundsubstanz, Osteoblasten, Fibroblasten, Chondrozyten, Osteoid und Mineralisation. Trotz dieser variablen Befundkonstellation erlauben die fünf pathognomonischen Kriterien am Knochen nicht nur eine eindeutige Diagnose, sondern auch eine verbindliche Abgrenzung gegenüber anderen Osteopenien (Stöss und Spranger 1985).

Kombinierte licht- und elektronenmikroskopische Untersuchungen von Beckenkammbiopsien sind deshalb in jedem Fall eine Bereicherung der klinischen Untersuchungsmöglichkeiten. Für die Catechin-Therapie (Stöss et al. 1979) bedeuten sie die einzige Möglichkeit, den Therapieerfolg frühzeitig zu überprüfen, und sollen deshalb unerläßlich sein. Obwohl die pathognomonischen Veränderungen am Knochen in allen bisher untersuchten Abschnitten des Skelettsystems in gleicher Weise vorliegen und somit vom Entnahmeort der Knochenbiopsie unabhängig sind, sollten wegen der einfachen Handhabung und aus Gründen der Standardisierung Beckenkammbiopsien prinzipiell bevorzugt werden.

Über Diagnose und Therapiekontrolle hinaus können Beckenkammbiopsien in der genetischen Beratung als hilfreiche Zusatzinformation zur Abschätzung des Wiederholungsrisikos herangezogen werden, da bestimmte Befundkonstellationen der OI Typ IV mit hoher Wahrscheinlichkeit einer spontanen Neumutation entsprechen.

Die konsequente licht- und elektronenmikroskopische Untersuchung von Beckenkammbiopsien möglichst aller noch nicht ausgewachsener OI-Patienten sollte aufgrund der dargestellten Ergebnisse selbstverständlich werden, um besonders schwierige Krankheitsverläufe frühzeitig zu erfassen, orthopädische Komplikationen durch rechtzeitige Therapie gering zu halten und die Lebensqualität der Patienten zu verbessern.

Literaturverzeichnis

Bauer KH (1920) Über Osteogenesis imperfecta. Zugleich ein Beitrag zur Frage einer allgemeinen Erkrankung sämtlicher Stützgewebe. Dtsch Z Chir 154:166

Beighton P, Spranger J, Versveld G (1983) Skeletal complications in osteogenesis imperfecta. A review of 153 south african patients. South African Med J 63:565

Ekman JG (1788) Descriptionen et casus aliquot osteomalaciae. Diss inaug med Upsaliae

Pesch HJ, Stöss H (1982) Pattern of intra- and extracellular disorders in skeletal dysplasias: Comparative morphological studies on the supportive tissue. In: Papadatos CJ and Bartsocas CS (Hrsg.) Skeletal Dysplasias. Alan Liss New York, S. 411

Schultz A (1977) A reliable method of preparing undecalcified human bone biopsies for electron microscopic investigation. Microscopica Acta 80:7

Sillence DO, Senn A, Danks DM (1979) Genetic heterogenity in osteogenesis imperfecta. J Med Genetics 16:101

Spranger J (1982) Osteogenesis imperfecta. In: Papadatos CJ, Bartsocas CS (Hrsg.) Skeletal dysplasias. Alan Liss New York, S.223

Spranger J, Cremin B, Beighton P (1982) Osteogenesis imperfecta congenita. Features and prognosis of a heterogenous condition. Pediatr Radiol 12:21

Stöss H (1983) The pathomorphological inhomogeneity of osteogenesis imperfecta. Calcified Tissue International 35 Suppl A 13

Stöss H (1985, im Druck) Cartilaginous Changes in Osteogenesis imperfecta. In: Papadatos CJ and Bartsocas CS (Hrsg.) Progress in clinical and biolgoical research. Alan Liss, New York

Stöss H, Pesch HJ, Spranger J (1979) Therapie der Osteogenesis imperfecta mit (+)-Catechin. Dtsch Med Wochenschr 50:1774

Stöss H, Spranger J (1985) Differentialdiagnose primärer konstitutioneller Osteopenien. Licht- und elektronenmikroskopische Befunde. Internist 26:491

Vrolik W (1849) Osteogenesis imperfecta. Tabulae ad illustrandum embryogenium hominis et mammalium. Tabula nonagesima prima Amsterdam

Biochemische Untersuchungen bei thanatophorer Dysplasie

M. Beck

Die thanatophore Dysplasie, eine frühletale Skeletterkrankung, ist gekennzeichnet durch Minderwuchs, extrem kurze Extremitäten und einen großen Hirnschädel. Der durch kurze Rippen verschmälerte Thorax führt zur Ateminsuffizienz, die ein längeres Überleben unmöglich macht. Histologisch lassen sich bei dieser Skelettdysplasie Veränderungen der enchondralen Ossifikation nachweisen mit teilweiser Degeneration des Säulenknorpels und intrazytoplasmatischen Einschlüssen in den Chondrozyten. Der Basisdefekt ist unbekannt, Untersuchungen verschiedener Autoren gaben Hinweise für eine Störung im Bereich der komplexen Kohlenhydrate. Aufgrund dieser Befunde wurde Knorpel aus Beckenkamm und Femur eines Frühgeborenen mit thanatophorer Dysplasie einer biochemischen Analyse unterzogen. Es konnten weder quantitative noch qualitative Veränderungen des Proteoglykan-Metabolismus gegenüber zwei normalen Kontrollen nachgewiesen werden.

Kasuistik

Untersucht wurde Knorpelgewebe (Beckenkamm, Femurkopf) eines Frühgeborenen (33, SSW) mit thanatophorer Dysplasie. Es handelt sich um das erste Kind gesunder, nicht blutsverwandter Eltern. Das Geburtsgewicht betrug 1615 g, die Geburtslänge 35 cm. Das Frühgeborene, das am 2. Lebenstag verstarb, wies einen angedeuteten Kleeblattschädel (Kopfumfang 30 cm), einen schmalen Thorax und dysplastische, extrem verkürzte Extremitäten auf. Radiologisch fanden sich

U-förmige Wirbelkörper, ein schmaler knöcherner Thorax mit kurzen Rippen, eine Verkürzung und Verbiegung der langen Röhrenknochen und sehr kleine Beckenschaufeln. Die Schädelkalotte war kaum verknöchert.

METHODIK

Analysiert wurde Knorpel aus Beckenkamm und Femurkopf des Frühgeborenen mit thanatophorer Dysplasie und von zwei Kontrollen (Frühgeborene der 30. bzw. 33. SSW, die im Rahmen eines schweren Atemnotsyndroms verstorben waren). Die Proteoglykane wurden aus dem Knorpelgewebe in 4 M Guanidiniumchlorid (GnCl) extrahiert. Dann erfolgten die Abtrennung von Hyaluronsäure und Anreicherung durch zweimalige Dichtegradienten-Zentrifugation, zunächst unter assoziativen (d.h. ohne GnCl), und dann unter dissoziativen Bedingungen (d.h. unter Zusatz von 4 M GnCl). Die gereinigte Proteoglykan-Fraktion (A_1D_1-Fraktion) wurde einer Gelfiltration (Sepharose 28-Cl) unterzogen und anschließend gelelektrophoretisch dargestellt. Nach Abspaltung durch Alkalibehandlung wurden die Glykosaminoglykan-Ketten (Chondroitinsulfat, Keratansulfat) zunächst in einer Säulenchromatographie (Sephacryl S-300) aufgetrennt, und anschließend ihre Zusammensetzung analysiert (Dünnschichtchromatographie, Papierchromatographie).

ERGEBNISSE

Der Gehalt an Hexuronsäure, bezogen auf das Knorpel-Trockengewicht (TG), ist bei dem Frühgeborenen mit thanatophorer Dysplasie gegenüber den beiden Kontrollen nicht verändert (46 mg Hexuronsäure/g TG gegenüber 41 bzw. 51 mg/g TG).

Die Proteoglykan-Fraktion A_1D_1 ist homogen, wie sich anhand des Elutionsprofils der Gel-Chromatographie (Sepharose 28-CL) darstellen läßt: Sowohl bei dem betroffenen Frühgeborenen als auch bei einer Referenzprobe erscheint nur eine Peak-Fraktion mit einem K_{av}-Wert von 0,33 (Abb. 1). Dies entspricht einem Molekulargewicht von etwa 2 Millionen.

In der Agarose-Gelelektrophorese wird diese Fraktion durch eine Bande repräsentiert; nach Pepsinspaltung treten zwei Banden auf, die bei thanatophorer Dysplasie und bei einer normalen Kontrolle identisch sind (Abb. 2). Dieser Befund ist ein Indiz für eine normale Struktur des Proteinanteils der Proteoglykane, des Core-Proteins. Die Glykosaminoglykan-Seitenketten setzen sich aus Chondroitin-

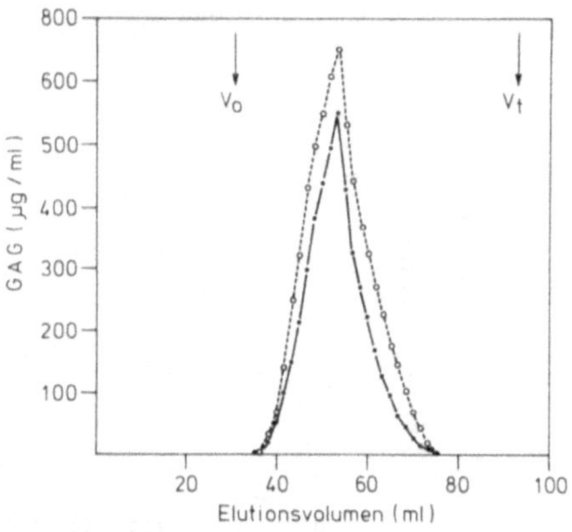

Abb. 1 Gel-Chromatographie (Sepharose 28-CL):
Elutionsprofil der A_1D_1-Fraktion (Proteoglykane)
● — ● Kontrolle
○ — ○ Thanatophore Dysplasie
(GAG = Glykosaminoglykane)

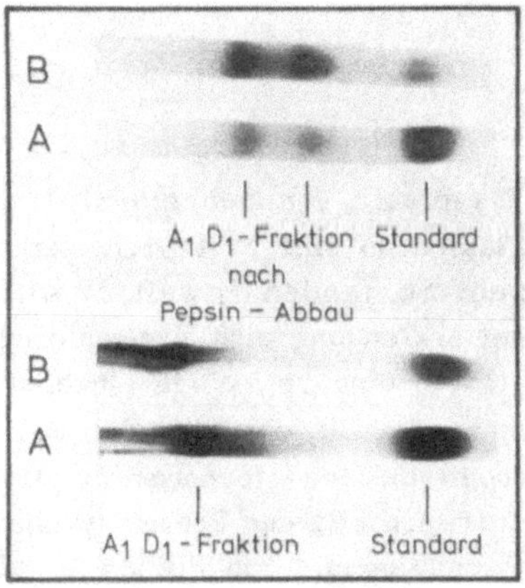

Abb. 2 Agarose-Gelektrophorese (A_1D_1-Fraktion) vor und nach Pepsinspaltung. A: Kontrolle B: Thanatophore Dysplasie. Standard: Chondroitinsulfat (v. Rind)

sulfat zusammen, das gelchromatographisch (Sephacryl S-300) bestimmte Molekulargewicht dieser Ketten ist bei thanatophorer Dysplasie wie bei den Kontrollen mit ca. 30 000 anzusetzen (Abb. 3).

Das Verhältnis Chondroitin-6-sulfat zu Chondroitin-4-sulfat beträgt etwa 1:1. Keratansulfat konnte in der Dünnschichtchromatographie nicht nachgewiesen werden.

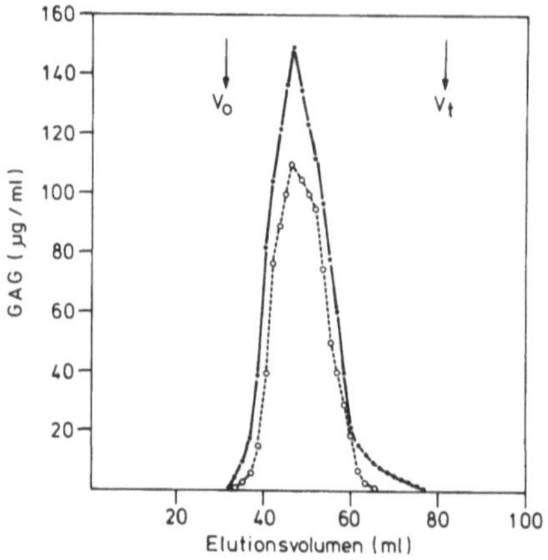

Abb. 3 Gel-Chromatographie (Sephacryl S-300):
Elutionsprofil der Chondroitin-Seitenketten
● — ● Kontrolle
○ — ○ Thanatophore Dysplasie
(GAG = Glykosaminoglykane)

DISKUSSION

Die bei thanatophorer Dysplasie erhobenen histologischen Befunde (gestörte enchondrale Ossifikation) lassen an eine Stoffwechselerkrankung aus dem Bereich der Proteoglykane denken: So fanden Sewell et al. (1977) im Knorpel eines Patienten mit dieser Skeletterkrankung eine Erniedrigung des Hexosamin-Gehaltes, während von Danes (1974) eine vermehrte Mukopolysaccharid-Speicherung in den Fibroblasten gemessen wurde. Die oben angeführten Ergebnisse der biochemischen Analysen des Knorpels bei thanatophorer Dysplasie lassen keine Anomalie des Kohlenhydrat- oder Proteinanteils der Proteoglykane erkennen. Dieser Befund steht in Einklang mit Ergebnissen, die von Francis et al. (1979) erhoben wurden: Es konnte in ihren Untersuchungen gezeigt werden, daß Fibroblasten von Patienten mit thanatophorer Dysplasie eine normale Mukopolysaccharid-Speicherung und -Sekretionsrate aufweisen.

Ein möglicher Beitrag zur Klärung der Ursache der thanatophoren Dysplasie stellt die Beobachtung von Shepard et al. (1969) dar. Die Autoren fanden eine auffällige Ähnlichkeit der thanatophoren Dysplasie mit einer frühletalen Form einer Achondroplasie beim Kaninchen. Bei dieser Erkrankung wurde ein Defekt im Energiestoffwechsel der Zelle nachgewiesen. Vielleicht ist in Analogie zu diesem Tiermodell die Ursache der thanatophoren Dysplasie auf mitochondrialer Ebene zu suchen.

Literaturverzeichnis

Danes BS (1974) Achondroplasia and Thanatophoric Dwarfism: A Study in Cell Culture. In: Bergsma D (Hrsg.) Skeletal Dysplasias. Birth Defects: Original Article Series. Vol X, No. 12. The National Foundation - March of Dimes, New York, S. 37-42

Francis GL, Feng E, Rennert DM (1979) Mucopolysaccharides in osteochondrodysplasias. Clin Genet 16:376-382

Sewell AC, Spranger JW, Pennock CA (1977) Epiphyseal cartilage chemistry in thanatophoric dwarfism. Lancet I:854

Shepard TH, Fry LR, Moffet BC (1969) Microscopic studies of achondroplastic rabbit cartilage. Teratology 2:13-21

Körperbau-Studien bei Epiphysiolysis Capitis Femoris und beim Marfan-Syndrom

D. Kunze und J. Suschke

Die Epiphysiolysis Capitis Femoris (ECF) und das Marfan-S. sind bekanntlich aetiologisch und pathogenetisch grundsätzlich verschiedene Erkrankungen. Sinn und Ziel dieses Berichtes soll es sein, aufgrund anthropometrischer Untersuchungen nähere Befunde über den Körperbau bei diesen beiden Krankheitsbildern darzustellen und Hinweise zu geben, wie damit sowohl zur Frühdiagnostik als auch zur Differentialdiagnose beigetragen werden kann. Bei der ECF hängt z.B. die Prognose nicht unwesentlich vom Zeitpunkt der Diagnosestellung ab, beim MS haben wir häufig differentialdiagnostische Schwierigkeiten.

Definition, klinische Befunde und allgemeine Charakteristika der ECF

Unter der ECF versteht man ein nicht traumatisches Abkippen bzw. Abgleiten des Hüftkopfes, d.h. eine Dislokation zwischen Hüftkopfkappe und Schenkelhals des Femur aufgrund einer pathologischen Resistenzminderung des Fugenknorpels. Die Inzidenz wird in der Literatur mit bis zu 10 auf 100.000 Jugendliche im kritischen Alter zwischen 10 und 17 Jahren angegeben (Henrikson 1969, Kelsey 1969, Rennie 1982). Die Störung tritt fast ausschließlich zum Zeitpunkt der Pubertät auf, bei Mädchen früher als bei männlichen Jugendlichen, die allerdings doppelt so häufig betroffen sind. Schon das Auftreten ausschließlich während der Pubertät deutet auf einen Zusammenhang mit der hormonellen Regulation während dieser Entwicklungsphase hin.

Die durchschnittliche Anamnesedauer beträgt ca. 4 1/2 Monate (Treibel 1985), bei der Lokalisation ist die linke Seite ca. dreimal so häufig betroffen (Gekeler 1977) und es werden 2 Erscheinungsformen unterschieden: Eine chronische fortschreitende ECF lenta und eine plötzlich auftretende ECF acuta im Verhältnis von 3 zu 1. Ein familiäres Auftreten ist bekannt (bei unserem Patientengut ca. 15%), es wird neben einer multifaktoriellen Genese auch ein autosomal dominanter Erbgang mit variabler Penetranz diskutiert.

Die Verdachtsdiagnose wird im allgemeinen klinisch gestellt, und sie wird dann radiologisch gesichert; die Therapie besteht in einer operativen Fixierung der Kopfkalotte mit verschiedenen Techniken, wobei die gefürchtetste Komplikation eine Zirkulationsstörung des Hüftkopfes darstellt.

Alle Untersuchungen weisen darauf hin, daß es sich pathogenetisch um eine noch nicht restlos aufgeklärte hormonell bedingte Dysregulation handelt (Harris 1950, Treibel 1985). Unsere anthropometrischen Untersuchungen dienen dem Ziel, die bekannten auffälligen Körperbautypen zu klassifizieren.

Ergebnisse bei ECF

In der Literatur wurden im wesentlichen 3 auffällige Körperbautypen beschrieben. Mit 18 anthropometrischen Parametern nach international üblicher Meßmethodik wurden 50 Patienten untersucht. Aus den im einzelnen dargestellten Ergebnissen lassen sich im Hinblick auf die Körperbautypen folgende Schlüsse ziehen:

Die in der Literatur beschriebenen 4 verschiedenen Körperbautypen

Typ I = Adiposohypogenitalismus
Typ II = Adiposogigantismus
Typ III = Eunuchoider Hochwuchs und
Typ IV = Indifferenztyp

lassen sich auf 2 neue Körperbauformen reduzieren, nämlich Typ I und II zusammen als einen "Adipösen Typ", insgesamt 1/3 aller Fälle, beim männlichen Geschlecht nahezu die Hälfte und einen Indifferenztyp als Zusammenfassung von Typ III und IV. Diese Einteilung richtet sich also ausschließlich nach dem Körpergewicht, d.h. innerhalb oder außerhalb der 97. Gewichtsperzentile, was sicherlich auch pathogenetische Bedeutung hat.

Die Abb. 1 faßt unsere Ergebnisse mit der prozentualen Häufigkeit noch einmal zusammen. Insgesamt ergibt sich beim Körperbau eine charakteristische Proportionsverschiebung, was vor allem durch ein verlängertes distales Extremitätenwachstum hervorgerufen wird. Sowohl ein erhöhtes Körpergewicht als auch ein

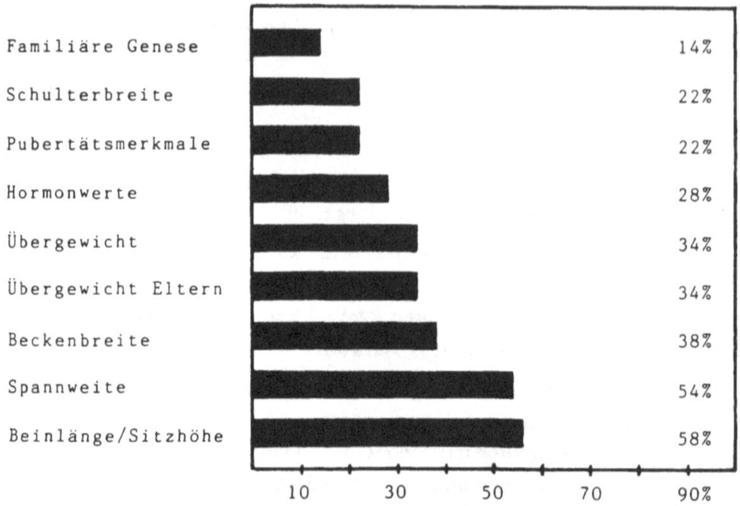

Abb. 1 Prozentuale Häufigkeit der auffälligen Ergebnisse

disproportionierter Körperbau können für die Diagnose einer ECF mitherangezogen werden, wenn in der Sprechstunde bei Jugendlichen in der Pubertät über Hüftgelenks- oder auch Kniegelenksbeschwerden berichtet wird.

Ergebnisse beim Marfan-Syndrom

Das Marfan-Syndrom als angeborene generalisierte Bindegewebsschwäche mit dringendem Verdacht auf eine formalgenetische Störung in der Kollagenbiosynthese geht bekanntlich ebenfalls mit typischen disproportionierten Skelettveränderungen einher. Eine Inzidenz dieser autosomal dominanten Erkrankung mit erheblicher variabler Expressivität und 15%iger Neumutation ist schwer zu ermitteln.

30 Patienten mit Marfan-Syndrom (16 männliche und 14 weibliche im Alter von 3-21 Jahren) wurden von uns anthropometrisch untersucht (Kunze et al. 1978). Das zusammenfassende Ergebnis stellt sich wie folgt dar: (Abb. 2)

Bedeutender als der Hochwuchs scheint auch beim Marfan-Syndrom eine Disproportionierung im Körperbau zu sein mit einer erhöhten Unterlänge zur Oberlänge und einer erhöhten Spannweite.

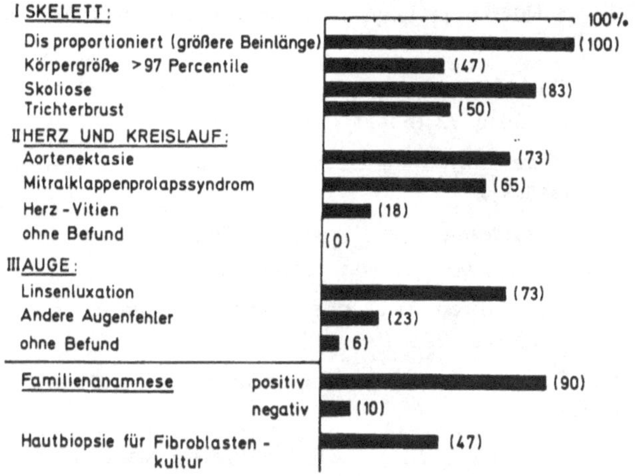

Abb. 2 Klinische Befunde beim Marfan-Syndrom, n=30

Das Mißverhältnis zwischen Sitzhöhe und größerer Beinlänge drückt sich deutlich in der Grenzwertberechnung beider Maße zueinander aus, d.h. Standardabweichung der Beinlänge minus Standardabweichung der Sitzhöhe ergibt Werte, die oberhalb des Normbereichs liegen und die Proportionsverschiebung beweisen. Auch ein erhöhter Metacarpalindex über 8,4 (nach Sinclair, Kitchin, Turner 1960) kann bei gleichzeitig bestehenden kardiologischen und ophthalmologischen Befunden zur DD eines Marfan-Syndroms mitherangezogen werden. Mehrere Patienten mit Homocystinurie, Klinefelter-Syndrom und XYY-Syndrom zeigten in unseren Untersuchungen keinen erhöhten Metacarpalindex, obwohl sich alle diese Krankheitsbilder durch einen disproportionalen Hochwuchs auszeichnen.

Zusammenfassend sollte dieser Beitrag darauf hinweisen, daß auch anthropometrische Befunde bei den verschiedenen Erkrankungen des Skelettsystems und des Bindegewebes differentialdiagnostisch mitherangezogen werden sollen und auch hilfreich sein können.

Literaturverzeichnis

Exner GU (1984) Growth and pubertal development in slipping of the capital femoral epiphysis. Pediatric Res 18:111

Gekeler J (1977) Die Hüftkopfepiphysenlösung. Bücherei des Orthopäden, Bd. 19, Enke, Stuttgart

Harris WR (1950) The endocrine basis of the slipping of the upper femoral epiphysis. J Bone J Surg 32 B:5-11

Henrikson B (1969) The incidence of slipped capital femoral epiphysis. Acta Orthop Scand 40:365-372

Kelsey JL (1969) An epidemiological study of slipped capital femoral epiphysis. Thesis, Yale University, New Haven, Connecticut

Kunze, D. et al. (1978) Anthropometrische Untersuchungen beim Marfan-Syndrom. Mschr Kinderheilk 126:281-283

Rennie AM (1982) The inheritance of slipped upper femoral epiphysis. J Bone J Surg 64 B:180-184

Sinclair RJG, Kitchin AH, Turner RWD (1960) The Marfan-Syndrome. Quart J Med 29:19-25

Treibel W (1985) Untersuchungen zur Epiphysiolysis cap. fem. unter besonderer Berücksichtigung von Körperbau, Hormonen und Reifung. Inaug Diss München

VIII Knochenregeneration und Knochenersatzmittel

Histo-morphometrische Untersuchung der Knochenregeneration unter dem Einfluß verschiedener Knochenersatzmaterialien

B.-D. Katthagen, H. Mittelmeier

Wir hatten uns die Aufgabe gesetzt, an einem möglichst einfachen Versuchsmodell diese verschiedenen Stoffgruppen zu testen und die unter ihrem Einfluß zu beobachtende Knochenregeneration histomorphometrisch zu beurteilen.

MATERIAL UND METHODE

Als Versuchstiere dienten Bastard-Kaninchen lokaler Züchter ohne Auswahl von Rasse und Geschlecht. Mit einem 6-mm-Bohrer wurde beidseits bei den Kaninchen ein Standard-Loch-Defekt in der distalen Femurcondyle angelegt. Nach definierten Zeiträumen zwischen 1 Woche und 8 Monaten wurden jeweils 2 Kaninchen getötet und die distalen Femurcondylen in Methyl-Metacrylat eingebettet. Von der distalen Femurcondyle wurden anschließend senkrecht zur Bohrrichtung Serien-Längsschnitte angefertigt und nach Masson-Goldner gefärbt. Die histo-morphometrische Auswertung erfolgte mit dem IBAs (Zeiss-Kontron). Zur Verbesserung des Grauwert-Kontrastes der mineralisierten Knochenbälkchen wurde ein Rotfilter zwischengeschaltet. Die Bohrlöcher wurden mit den entsprechenden Implantaten aufgefüllt bzw. leergelassen.

ERGEBNIS

Zunächst wurden zahlreiche Leerversuche durchgeführt, um die spontane Knochenregeneration des Bohrlochdefektes beurteilen zu können. Hier konnten 25 Versuche ausgewertet werden. 18 dieser Leerversuche zeigten eine Knochenregeneration des Defektes zwischen 0 und 10%, 4 Versuche zwischen 10 und 15%, 1 Versuch zwischen 15 und 20% und nur 2 Versuche zeigten eine Knochenregeneration über 20%. Trotz der bei biologischen Versuchen unausbleiblichen individuellen Schwankungen konnte doch eindeutig festgestellt werden, daß der 6 mm große Bohrlochdefekt der distalen Femurcondyle leergelassen nicht knöchern durchbauen kann und nur eine marginale Knochenregeneration unter Verstärkung der knöchernen Randstrukturen zeigt. Der Großteil des Knochendefektes bleibt aber ohne Auffüllung leer und zeigt nur ein fettzellreiches Knochenmark.

Bei den Matrix-Implantaten konnten 9 Versuche im Vergleich zu Leerhöhlen histo-morphometrisch ausgewertet werden. Dabei zeigten 5 Matrix-Implantationsversuche eine höhere Knochenregeneration als die leerbelassene Gegenseite, bei 4 Tierversuchen zeigte allerdings die Leerhöhle mehr Knochenregeneration als nach Matrix-Implantation.

Insgesamt waren die Matrix-Implantationsversuche im Hinblick auf die Knochenregeneration enttäuschend und zeigten im Vergleich zur Leerhöhle keinen signifikanten knochenregenerationsfördernden Effekt.

Bei 20 Versuchen mit Gelatine-Auffüllung des Knochendefektes konnte ebenfalls im Vergleich zu den Leerhöhlen keine Förderung der Knochenregeneration beobachtet werden.

Die vorzügliche Bioverträglichkeit des Calcium-Phosphates Hydroxyl-Apatit ist aus zahlreichen anderen Publikationen bekannt. Eigene Versuche konnten diese gute Bioverträglichkeit der Hydroxyl-Apatit-Keramik mit fugenloser Integration in den regenerierten Knochen bestätigen. Bei der mehr oder weniger porösen kompakten Hydroxyl-Apatit-Keramik "Ceros 80" bestätigte sich der gute Anbau des neugewachsenen Knochens an der Oberfläche des Implantates, jedoch wurde der Knochendefekt selbst mit neuregeneriertem Knochen nicht oder sehr verzögert gefüllt, da das Implantat selbst die Knochenregeneration wie eine Barriere behindert. Die Knochenregeneration folgt den einsprossenden Gefäßen und so ist es wichtig, daß ein Implantat zur lokalen Knochenregeneration das einwachsende Reparationsgewebe nicht behindert. Zu diesem Zweck ist eine feinpartikuläre Verteilung des Hydroxyl-Apatit in Form kleiner keramisierter Granula erforderlich, um einer Idee von Mittelmeier folgend, mit einer multizentrischen Knochenneubildung um diese feindispers verteilten Hydroxyl-Apatit-Keramik-Partikel die Knochenregeneration zu fördern. Zur Vermeidung der Ausschwemmung bzw. Sedimentation der Hydroxyl-Apatit-Partikel und zur Gewährleistung der feindispersen Verteilung wurden die kleinen Hydroxyl-Apatit-Partikel nach Mittelmeier im Collagen-Vlies eingebettet.

Das Collagen-Vlies selbst zeigte in Vorversuchen eine gute Verträglichkeit, jedoch keine Förderung der Knochenregeneration. Mit diesem Collapat genannten Collagen-Apatit-Mischpräparat konnten 11 Versuche im direkten Vergleich mit Leerhöhlen ausgewertet werden, im Durchschnitt fand sich eine 5-fach höhere Knochenregeneration unter dem Einfluß dieses Collagen-Apatit-Mischpräparates. Der Wilcoxon-Test bestätigte mit einer Signifikanz von $p < 0{,}001$ den knochenregenerationsfördernden Effekt des Collapat-Implantates.

Im direkten Vergleich mit autogener Spongiosa zeigte sich unter dem Einfluß von Collapat teilweise mehr Knochenregeneration als mit der autogenen Spongiosa, insgesamt waren aber bei der histo-morphometrischen Auswertung die Implantate Collapat und autogene Spongiosa im Hinblick auf die knöcherne Defektfüllung statistisch nicht verschieden. Inzwischen wurde dieses Präparat auch im klinischen Versuch bei über 250 Patienten getestet und zeigte dabei keine negativen Effekte, überwiegend aber eine gute Knochenregeneration. Aufgrund der weichen Konsistenz des Collagen-Apatit-Mischpräparates bleibt die Anwendung auf Knochenhöhlen und Knochenoberflächen bei erhaltener Formstabilität des Knochens beschränkt. Als besonders vorteilhaft hat sich der hämostyptische Effekt des Collagen-Vlies bei blutenden Knochenwunden erwiesen.

Für den Formaufbau schien ein weiteres, formstabiles Knochenersatzmaterial wünschenswert. In einer weiteren Versuchsserie konnte gezeigt werden, daß der günstige lokal-knochenregenerationsfördernde Effekt des Hydroxyl-Apatits auch dann zum Tragen kommt, wenn in einer hochporösen natürlichen Hydroxyl-Apatit-Keramik dem einwachsenden Granulationsgewebe und den Blutgefäßen genügend Raum gelassen wird. Nach einer Idee von Mittelmeier kann ein solches hochporöses Hydroxyl-Apatit-Verbund-Implantat aus natürlichem Knochen hergestellt werden. Durch ein spezielles Verfahren der Mazeration, Pyrolisierung und anschließenden Verfestigung der erhaltenen Strukturen durch ein Sinterverfahren gelang es, natürlichen xenogenen Knochen vollständig zu enteiweißen und lediglich die Mineralstrukturen zu erhalten. Dieser Mineralknochen wurde entsprechend dem Herstellungsverfahren "Pyrost" genannt. Der früher verwendete sogenannte Kieler Knochenspan beinhaltet im Unterschied zu dem Pyrost noch die collagene Grundsubstanz, welche für die in eigenen Versuchen festgestellte immunologische Abwehrreaktion verantwortlich ist.

Auch mit dem Pyrost konnte eine durchgreifende Defektfüllung mit regeneriertem, körpereigenen Knochen im Tierversuch nachgewiesen werden. Inzwischen liegen auch mit diesem Knochenersatzmaterial klinische Erfahrungen bei 150 Patienten vor, die keinerlei Abwehrreaktion, sondern überwiegend eine überzeugende Knochenregeneration zeigt. Die Anwendungsempfehlung des Collagen-Apatit-Mischpräparates und des Pyrost bleibt zunächst auf das ersatzstarke Lager beschränkt. Bei dem Pyrost konnte jedoch inzwischen durch Beimpfung mit autologem Knochenmark eine biologische Aktivierung erreicht und auch im ersatzschwachen Lager eine massive Knochenregeneration beobachtet werden (W. Mittelmeier, 1986).

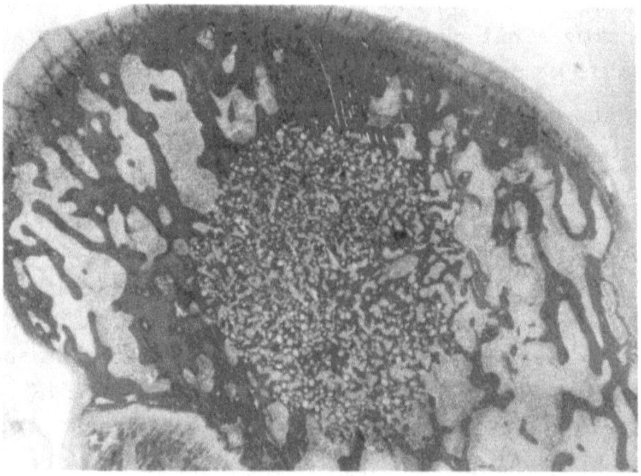

Abb. 1 Vollständige knöcherne Durchbauung des Defektes in der distalen Femurcondyle nach Auffüllung mit Collagenapatit. Der ehemalige Knochendefekt zeigt sogar ein dichteres Knochenmaschenwerk als die umgebenden unberührten Knochenstrukturen. Übersichtigsfoto distale Femurcondyle des Kaninchens, 6 Wochen, Masson-Goldner

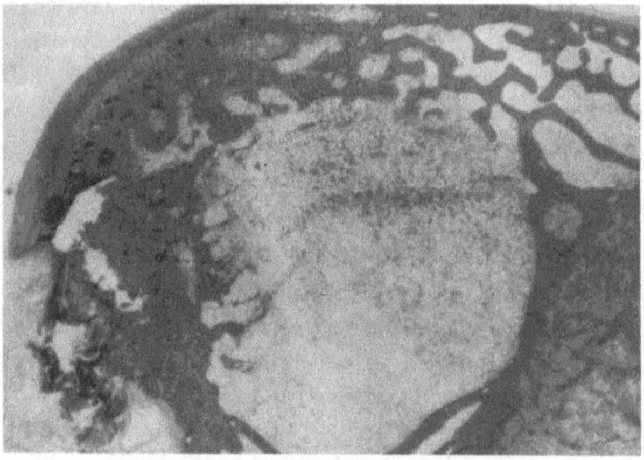

Abb. 2 Der leerbelassene Knochendefekt zeigt keine bzw. nur randständig eine minimale Knochenregeneration und wird lediglich mit fettzellreichem Knochenmark aufgefüllt.
Übersichtsfotografie, Kaninchen, 6 Wochen, Leerhöhle Masson-Goldner

ZUSAMMENFASSUNG

Im sogenannten ersatzstarken Lager kann mit feinpartikulärer Verteilung von Hydroxyl-Apatit-Partikeln eine massive Knochen-Regenerationsförderung beobachtet und histo-morphometrisch nachgewiesen werden.

Erforderlich ist hierzu allerdings eine Applikationsform, die dem einwachsenden Granulationsgewebe hinreichend Platz läßt und dieses nicht barriereartig behindert. Sowohl in der Applikationsform des Collagen-Apatit-Mischpräparates mit feinpartikulärer Verteilung der Hydroxyl-Apatit-Partikel als auch bei dem hochporösen Mineralknochen Pyrost kommt dieser knochenregenerationsfördernde Effekt zum Tragen.

Im Unterschied hierzu wurde sowohl mit dem Collagen-Vlies allein als auch mit der Knochenmatrix nach Urist und mit Gelatine keine histo-morphometrisch nachweisbare Förderung der Knochenregeneration beobachtet. Im ersatzschwachen Lager verlangt die Anwendung des Knochenersatzmaterials mit Hydroxyl-Apatit eine biologische Aktivierung, die am einfachsten mit autologer Knochenmarkbeimpfung erreicht werden kann.

Literaturverzeichnis

Katthagen, B-D (1986) Knochenregeneration mit verschiedenen Knochenersatzmaterialien im Tierexperiment, H. Unfallheilkunde. Springer, Berlin Heidelberg New York Tokio, S.178

Mittelmeier W (1986) Knochenregeneration mit und ohne autologe Markbeimpfung im ersatzschwachen Lager. Inauguraldissertation, Homburg

Chemische Untersuchungen zur Knochenbildung (Mineral- und Spurenelemente)

P. Quint

Obwohl schon viele Fakten über die Knochenbildung bekannt sind, ist es noch nicht gelungen, eine umfassende Theorie aufzustellen, die die einzelnen Abläufe, die regulierenden und kontrollierenden Faktoren, im Zusammenhang erklärt. Unter anderem sollen am Beispiel der Wachstumsfuge die Knochenbildungsvorgänge beschrieben werden. Genauere Informationen über die Teilschritte, die zum Hartgewebe führen, erhält man, wenn z.B. topologische Untersuchungen durchgeführt werden, bei entsprechender morphologischer Zuordnung.

MATERIAL UND METHODEN

Es wurden Wachstumsfugen der Ulna des Hausschweins (10 Wochen alt) untersucht. Unmittelbar nach Tötung der Tiere wurde die Ulna freigelegt, mit einer Bandsäge in Längsrichtung halbiert, in parallele Segmente zersägt und diese zu kleineren Blöckchen getrimmt.

Auf der linken Seite der Abb. 1 ist solch ein Segment schematisch dargestellt, mit hier 4 exemplarischen Mikrobereichen der Gewebeentnahme, z.B. für Spurenelementbestimmungen. Dabei wurden mit einem Quarzmesser jeweils ca. 50 µm in metaphysärer Richtung abgeraspelt. Dünnere Schnittreste wurden jeweils anschließend im Phasenkontrast beobachtet. In sukzessiver Folge wurden parallel dazu auch Cryotomschnitte mit HE bzw. Alizarinrot gefärbt. Auf der rechten Seite der Abb. 1 sind entsprechende Ausschnittsvergrößerungen wiedergegeben, mit A) der oberen Palisadenzone und den metaphysär folgenden hypertrophen

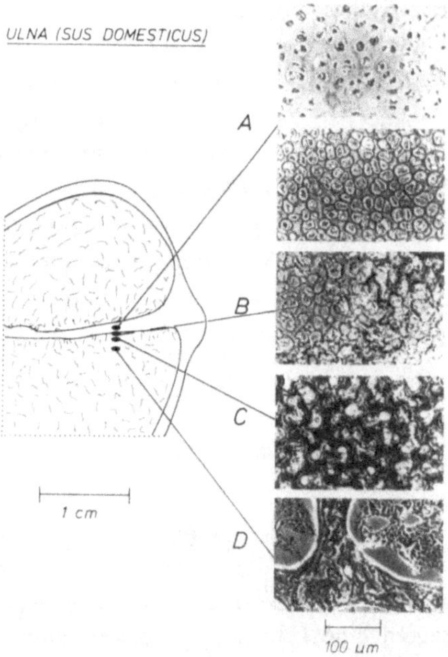

Abb. 1 Schematische Darstellung des Gelenkkopfes der Ulna (Ausschnitt) mit 4 Mikrobereichen der Gewebeentnahme (linke Seite) und Ausschnittsvergrößerung von Querschnitten dieser Regionen (rechte Seite)

Zellen, B) die Zone der beginnenden Zelldegeneration und der Mineralbildungsgrenze, C) die vollmineralisierten Septen, einem Teil der Primärspongiosa, und D) den trabekulären Knochen.

Für die Bestimmung der anderen Elemente und Enzyme wurden entsprechende Blöckchen im Cryostaten quergeschnitten - und in sich wiederholender Sequenz - u.a. die Elementgehalte ermittelt. In der folgenden Serie wurden die Schnitte mit Glycin-Puffer (pH 8) unter schonenden Bedingungen extrahiert und der Überstand bzw. der Rückstand entsprechend untersucht (Quint et al. 1982). Die laterale Auflösung betrug somit 100 µm (VK $\leq$20%):

Die Untersuchungen zur Osteotomieheilung erfolgten in einer Studie an 34 Schafen nach Querosteotomie des Radius und der Ulna und Belassung eines 1,6 mm breiten Spaltes, sowohl bei Kontrolltieren als auch bei solchen nach Applikation von sogenanntem dynamischen Interferenzstrom (DIC), (tierexperimentelles Vorgehen s. Laabs et al. 1982). Dabei entsteht der Interferenzstrom im Körper durch Überlagerung zweier Sinusströme von 4.000 und 4.100 Hz, die dem Körper über zwei auf der Haut liegende Elektrodenpaare nicht invasiv zugeführt werden, mit einer therapeutisch wirksamen Frequenz von ca. 100 Hz.

Bei der matrix-induzierten endochondralen Ossifikation wird Kollagen, das durch Entmineralisierung langer Röhrenknochen gewonnen wird, subkutan ins Bindegewebe von Ratten implantiert. Die Gewebepräparation führte Herr Dr. A.H. Reddi im NDIR, NIH, Bethesda, USA, durch (Reddi 1981).

Die Bestimmung der Spurenelemente der gefriergetrockneten Gewebe erfolgte inversvoltametrisch (n = 7) bzw. mit der AAS (Quint et al. 1984a).

ERGEBNISSE UND DISKUSSION

1. Knochenbildung im Bereich der Wachstumsfuge (WF)

Die Querschnitte beim Durchgang durch das in bis zu 11 verschiedene Zonen einteilbare Wachstumsorgan zeigen eine kontinuierliche Veränderung der Morphologie, entsprechend ändern sich die Gehalte verschiedener Elemente, wie z.B. von Ca, P und K (Quint et al. 1982). Die Extraktionsstudien ergaben, daß im Palisadenbereich Kalium mit höheren Gehalten in gebundener Form nachweisbar ist als an der Mineralbildungsgrenze. Elektronenoptisch ließ sich in der Grenzregion eine Anhäufung von K-Partikeln nachweisen (Barckhaus et al. 1985), ein Hinweis auf die größere Löslichkeit des K mit beginnender Zelldegeneration. Die Ergebnisse der weiteren Extraktionsstudien sind für charakteristische Zonen in Tab. 1 zusammengefaßt.

Tab. 1 Extrahierbare Komponenten in bestimmten Zonen der Wachstumsfuge, bezogen auf Feuchtmasse (1) bzw. Protein (2)

Zelldegeneration	Ca	120	mmol/kg	(1)
	Mg	15	mmol/kg	(1)
	P_o	80	mmol/kg	(1)
	APase	23	mU/mg	(2)
	P_i	40	mmol/kg	(1)
Primärcalcifizierung	P_i	250	mmol/kg	(1)
Knochenumbau	P_i	350	mmol/kg	(1)
Primärspongiosa	ac Pase	2,6	mU/mg	(2)

In der Region der lichtmikroskopisch sichtbaren ersten Verkalkung, der Zone der beginnenden Zelldegeneration und maximaler Hypertrophie, wurden Extremwerte für lösliches Ca, Mg und für Phosphatester (P_o) gefunden, ebenso für die Aktivität der alkalischen Phosphatase (APase), (Althoff et al. 1982). Dies bedeutet, daß für die APase, mit Mg und Ca als Cofaktor, große Mengen an Substrat vorliegen. Wird dieses Substrat gespalten, dann entsteht anorganisches Phosphat (P_i), welches mit dem Ca sofort Ca-Phosphat bilden kann. Möglicherweise sind zuvor Ca und P an das Enzym gebunden. Das molare Ca/P_o+P_i-Verhältnis ist entsprechend der Tab.1 gleich 1. Für das extrahierbare P_i finden sich zwei Maxima, eines im Bereich der voll mineralisierten Septen und eines in der Umbauregion vor dem trabekulären Knochen. Dazwischen befindet sich ein breites Maximum der Aktivität der sauren Phosphatase (ac Pase), ein Marker für die Umbauprozesse in diesen Regionen (Althoff et al. 1985).

Die Gehalte für verschiedene Spurenelemente in der WF sind in Abb. 2 zusammengefaßt dargestellt, wie sie beim Durchgang durch 7 Fugen, mit einer Einteilung in 6 verschiedene Zonen, erhalten wurden: 1. unmineralisierter Germinativ- und Palisadenbereich, 2. Mineralbildungsgrenze, 3. vollmineralisierte Septen, 4. vollmineralisierte Primärspongiosa, 5. Umbauzone und 6. trabekulärer Knochen (Region 7: Kompakta).

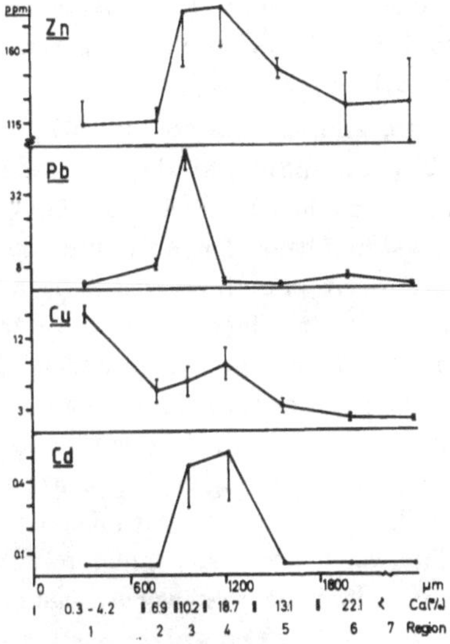

Abb. 2 Gehalte von Cd, Cu, Pb und Zn in verschiedenen Regionen der Wachstumsfuge (ppm = 10^{-6} g/g Trockenmasse)

Das hier gefundene Zn-Maximum im gesamten Bereich der Primärspongiosa korreliert mit dem ebenso breiten Maximum für die Aktivität der ac Pase. Charakteristische Carbonatgehaltsänderungen in diesen Regionen (Quint et al. 1982) sind ein Indiz für die hier erhöhte Aktivität der Zn-haltigen Carboanhydrase bei der Mineralbildung (Kakei und Nakahara 1983; Kumpulainen und Vää-nänen 1982).

Die hohen Cu-Gehalte in der Palisadenzone weisen hier auf die erhöhte Bildung der kollagenreichen Matrix und auf entsprechend erhöhte Zellaktivitäten hin.

Die Pb- und Cd-Gehalte sind in der Region der voll mineralisierten Septen mehr als zehnfach höher als in den unmineralisierten Regionen und im ausgereiften Knochen. Dabei besteht keine Korrelation mit dem Ca-Einbau bzw. -Gehalt.

2. Osteotomieheilung und endochondrale Ossifikation

Klinisch konnte bei allen mit DIC behandelten Tieren die Vollbelastung der operierten Extremitäten ca. 1 Woche früher als bei der Kontrollgruppe beobachtet werden (Laabs et al. 1982). Nach 40 Tagen war die knöcherne Konsolidierung der Kompakta nach DIC-Anwendung nahezu abgeschlossen. Ohne Behandlung erfolgte diese Entwicklung ca. 10 Tage später. Am Versuchsende nach 16 Wochen hatte sich bei allen Gruppen das periphere Kallusgewebe weitgehend zurückgebildet. Die Ca-Gehalte des Kallus über dem Osteotomiespalt nahmen nach der Stromapplikation nahezu kontinuierlich zu, im Gegensatz zu denen der Kontrolltiere. Entsprechend wies der Kallus der behandelten Tiere eine "Vollmineralisierung" in der 7. Woche mit 20,1 ± 0,5% Ca und 9,2 ± 0,5% P auf (Kontrollen: 13,2 ± 0,51% Ca und 6,1 ±0,45% P).

Die Zn-Gehalte nahmen, ähnlich wie bei der WF, mit Ausreifung des Kallus zu, und zwar auf 100,2 ± 3,0 ppm bei dem behandelten Tier und auf 76,3 ± 1,5 ppm bei dem unbehandelten in der 6. Woche. Entsprechendes gilt für die Cu-Gehalte in der intensivsten Phase der Kallusbildung mit 17,2 ± 1,2 ppm in der 3. Woche bei den Kontrollen und 20,1 ± 2,8 ppm in der 2. Woche nach Ostoetomierung bei den behandelten Tieren. Extremwerte für Cd und Pb wurden wie bei der WF in entsprechenden Stadien gefunden: So erfolgte diese Anreicherung bei der Bildung des Faserkallus nach Zelldegeneration der hypertrophen Chondrozyten des Kallus 3 Wochen nach der Osteotomie mit 2,0 ± 0,32 ppm Cd verglichen mit dem bindegewebsartigen Granulationsgewebe des Kallus nach 2 Wochen mit 0,2 ± 0,03 ppm bzw. mit den Umbauvorgängen, verbunden mit dem Wiederabbau 7 Wochen nach der Osteotomie mit 0,1 ± 0,02 ppm bei den behandelten Tieren. Bei den Unbehandelten wurden nahezu die gleichen Werte gefunden, jedoch mit der o.g. zeitlichen Verzögerung. Die Pb-Gehalte lagen bei ca. 5 ppm und nahmen in der Bildungsphase des definitiven Kallus auf 15,4 ± 0,8 ppm zu. Nach Ausreifung des knöchernen Gewebes in der 7. Woche wurde ein Minimalwert von 2,5 ± 0,3 ppm gefunden.

Bei der matrix-induzierten endochondralen Ossifikation werden im Verlauf von drei Wochen alle Stadien der Knochenbildung durchlaufen, nach der Bildung des

Mesenchyms, die Knorpeldifferenzierung, die Mineralisierung und die folgende Knochenbildung und Umbildung. Bei der Primärcalcifizierung am 9. Tag (3.20 ± 0,15% Ca) zeigten Cd mit 0,8 ± 0,10 und Pb mit 20,0 ± 1,8 ppm Maximalwerte an, verglichen mit dem unmineralisierten Gewebe am 7. Tag bzw. dem knöchernen Gewebe am 14. Tag. Die Cu- und Zn-Gehalte der Implantate lagen in der gleichen Größenordnung wie des Kallusgewebes, entsprechend dem jeweiligen Mineralisierungsgrad. Erhielten die Muttertiere eine Vitamin D- bzw. P-Mangeldiät, führte das im Implantat zu einem signifikanten Zn-Mangel mit nur 25 ppm Zn und mithin 1/3 des Gehaltes der Kontrolltiere am 14. Tag nach der Implantation (Quint, Reddi; unveröffentlichte Daten).

Es stellt sich die Frage, warum bei "normalen" Umweltbedingungen - sofern diese noch gegeben sind - beim wachsenden Organismus offensichtlich physiologische Anreicherungen der toxischen Elemente Cd und Pb vorkommen. Denn diese wurden bei der Primärcalcifizierung gefunden für 3 Modelle der Knochenbildung, 3 verschiedene Spezies, die in 3 verschiedenen Regionen aufgezogen wurden. Der drastische Gehaltsabfall nach Gewebsreifung läßt eine Akkumulation durch Umwelteinflüsse ausschließen. Nach Reichlmayr-Lais und Kirchgessner (1981) ist Blei - wenn auch im Schrifttum kritisiert - essentiell für das Wachstum.

Die Annahme, daß alle natürlich vorkommenden Elemente zur Evolution beitrugen, schließt somit ein, daß die beschriebenen Anreicherungsvorgänge von Cd und Pb durchaus mit einer funktionellen Rolle bei der Knochenbildung verbunden sein können. So kommt es nach Andrushaite et al. (1982) zu Interaktionen bei der Pb-Aufnahme im Knochen und Vitamin D_3. Erste in vitro Untersuchungen mit alkalischer Knochenphosphatase ergaben eine Aktivitätszunahme dieser APase durch Cd in Gegenwert von Zn (Quint et al. 1984b). Somit ergeben sich erste Hinweise auf einen möglichen Steuerungsmechanismus dieser Spurenelemente bei der Knochenbildung.

Literaturverzeichnis

Althoff J, Quint P, Krefting E-R, Höhling HJ (1982) Morphological Studies on the epiphyseal growth plate combined with biochemical and X-ray microprobe analyses. Histochem 74:541-552

Althoff J, Roessner A, Quint P, Höhling HJ, Grundmann E (1985) Biological characterization of human bone tumors V. Zonal characterization of osteosarcomas: topological biochemical analyses correlated with morphology. Path Res Pract 180:392-399

Andrushaite RE, Bauman VK, Valdman AR (1982) Lead accumulation in the chick body depending on vitamin D. Buill Eksp Biol Med 93:30-32

Barckhaus RH, Schmidt PE, Quint P, Höhling HJ (1985) Potassium concentration in membrane-associated particles in the epiphyseal growth plate. Cell Tissue Res 242:217-219

Kakei M, Nakahara H (1983) A light microscopic study of the localization of carbonic anhydrase activity in the developing dentin and enamel of the rat lower incisor. Jpn Oral Biol 25:374-377

Kumpulainen T, Väänänen HK (1982) Immunohistochemical demonstration of extracellular carbonic anhydrase in epiphyseal growth cartilage. Calcif Tissue Int 34:428-430

Laabs WA, May E, Richter K-D, Höhling HJ, Althoff J, Quint P, Hansjürgens A (1982) Knochenheilung und dynamischer Interferenzstrom (DIC). Erste vergleichende tierexperimentelle Studie an Schafen. Teil I: Experimentelles Vorgehen und histologische Ergebnisse, und Teil II: Physikalische und chemische Ergebnisse. Langenbecks Arch Chir 356:219-229 und 231-241

Quint P, Althoff J, Höhling HJ (1982) Untersuchung von regulierenden Komponenten bei der primären Mineral- und Knochenbildung im Bereich der Wachstumsfuge. In: Hackenbroch MH, Refior H-J, Jäger M (Hrsg.) Osteogenese und Knochenwachstum. Georg Thieme, Stuttgart New York, S. 7-13

Quint P, Geßler M, Althoff J, Höhling HJ (1984a) Polarographische Bestimmung von Cd, Cu, Pb und Zn im Verlauf der Knochenbildung bei histologisch-topologischer Zuordnung. Fresenius Z Anal Chem 317: 853-855

Quint P, Laabs WA, Richter K-D, Althoff J, Höhling HJ (1984b) Lokale Anreicherung von Cadmium und Zink bei der Knochenheilung: Eine tierexperimentelle Studie an Großtieren. In: Zumkley H (Hrsg) Spurenelemente in der inneren Medizin unter besonderer Berücksichtigung von Zink. Innovations-Verlags-Gesellschaft, Seeheim-Jugenheim, S. 96-110.

Reddi AH (1981) Cell biology and biochemistry of endochondral bone development. Cell Res 1:209-226

Reichlmayr-Lais AM, Kirchgessner M (1981) Zur Essentialität von Blei für das tierische Wachstum. Z Tierphysiol Tierernährg Futtermittelkde 46:1-8

Möglichkeit der Induktion von Knochenkallus durch Injektion von Hydroxylapatit-Suspensionen

J. Heisel, E. Schmitt, H. Mittelmeier

Umfangreiche tierexperimentelle Untersuchungen unserer Klinik haben die positive Beeinflussung der Osteogenese im ersatzstarken Lager durch Implantation künstlicher anorganischer Knochenersatzmaterialien auf der Basis des Hydroxylapatits bestätigt. Von Mittelmeier (1983) wurde die Vorstellung konzipiert, diese anorganische Substanz in Gelatinelösungen zu suspendieren, um es zur Förderung der Knochenneubildung an Knochendefekte injizieren zu können.

METHODIK

Tierversuche

Die insgesamt 64 Tierversuche wurden an Kaninchen durchgeführt. Einerseits wurden Injektionen der anorganischen Substanz in die Weichteile des Oberschenkels, darüber hinaus aber auch epiperiostale Applikationen am Femur vorgenommen. Kontrollversuche wurden am kontralateralen Oberschenkel unter ausschließlicher Verwendung der Suspensionslösungen durchgeführt.

Im Bereich der Tibia wurden komplette und partielle Osteotomien (s. Abb. 2b) gesetzt. Nach Schluß der Muskelfascie erfolgte die Injektion der APAGRAN^{R}-Suspension (Vollversuch) sowie vergleichende Leerversuche unter ausschließlicher Applikation der Trägerlösung, jeweils am gesetzten Knochendefekt.

Tab. 1 Applikationsort und Anzahl der Tierversuche

Applikationsort der Suspension	Test	Kontrollen
Oberschenkelweichteile	42	42
Epiperiostal	12	12
Komplette Tibiaquerosteotomie (Osteosynthese)	5	5
Partielle Tibiaquerosteotomie	35	19

Herstellung der Suspensionslösungen

Anorganisches Hydroxylapatit läßt sich in viskösen Gelatinelösungen (Haemaccel^R-35; Polygeline^R-10%) ausreichend lange und gleichmäßig suspendieren, was für seine Injizierbarkeit von grundlegender Bedeutung ist (500 mg Apagran^R in 1,0 ml Trägerlösung). Die Sedimentationsgeschwindigkeit nimmt mit steigender Konzentration der Trägerlösung ab. Eine Trockeninjektion erscheint wegen schlechter physikalischer Gegebenheiten (Gefahr der Verklumpung, großlumige Kanülen erforderlich) kaum praktikabel. Bei insgesamt 64 Versuchen wurden folgende Trägerlösungen für das Hydroxylapatit verwendet: Ringerlösung (10), venöses Eigenblut (2), Haemaccel-35 (42), Polygeline-10% (10).

Die Röntgendokumentation erfolgte in zweiwöchigen Abständen. In regelmäßigen postoperativen Intervallen von 1 - 12 Wochen wurden die Versuchstiere getötet, seziert und einer histologischen Aufarbeitung zugeführt (Fertigung unentkalkter Knochenschnitte mit einer Dicke von 5 um).

Ergebnisse der tierexperimentellen Untersuchungen

1.) Röntgenverläufe

Die verwendete Hydroxylapatit-Granula ist gut röntgenschattengebend, was ihre exakte Überprüfung am Applikationsort erleichtert. Im Bereich der Oberschenkelweichteile zeigte sich zwar nach 2 - 4 Wochen eine zunehmende Verdichtung und Homogenisierung der injizierten Substanz, was jedoch im wesentlichen der Resorption der Trägerlösung zuzuschreiben war. Verknöcherungen des Gewebes waren zu keinem Zeitpunkt nachweisbar (s. Abb.1a).

War der Heilverlauf im Bereich der Osteotomie komplikationslos, so war die Knochenbruchheilung im Falle der erfolgten Hydroxylapatitinjektion durch eine wolkige, manschettenartige Kallusbildung gekennzeichnet, die bereits nach 2 Wochen nachweisbar war (s. Abb. 1b). Bei den vergleichenden Leerversuchen zeigte sich eine nur zögernde Überbrückung der Osteotomiestelle im Sinne einer Spaltheilung ohne wesentliche Kallusbildung (s. Abb. 1c).

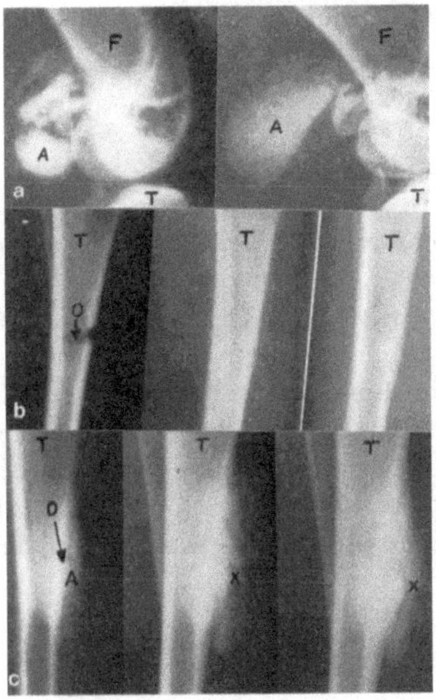

Abb. 1 Röntgenverlaufsdokumentation

a (oben) Tierversuch 31
Seitliches Bild des distalen Femur (F) intraoperativ und 6 Wochen postoperativ nach Injektion von 500 mg Apagran[R] suspendiert in 1,0 ml Haemaccel-35. Tibia (T). Keine Verknöcherung; Verdichtung und Homogenisierung des injizierten Granulates.

b (Mitte) Tierversuch 60
Seitliches Bild der Tibia (T) intraoperativ, rund 10 Wochen postoperativ nach partieller Querosteotomie (0) und Injektion von 1,0 ml Haemaccel-35 ohne Apagran-Zusatz (Leerversuch). Keine Ermüdungsfraktur während des Heilverlaufes. Typische Spaltheilung des Knochendefektes ohne wesentliche Kallusbildung.

c (unten) Tierversuch 31
Seitliches Bild der Tibia (T) intraoperativ, 2 und 4 Wochen postoperativ nach partieller Querosteotomie (0) und Injektion von 500 mg Apagran (A) suspendiert in 1,0 ml Haemaccel-35. Keine Ermüdungsfraktur während des Heilverlaufes. Deutliche wolkige Kallusbildung (x) im ventralen Anteil der Tibia (T) im Bereich des ehemaligen Knochendefektes.

Trat im weiteren Heilverlauf eine Spontanfraktur ein, so kam es sowohl in den Voll- wie in den Leerversuchen zu einer überschießenden kallösen Reaktion, die dann überwiegend auf den mechanischen Reiz, bedingt durch die Knocheninstabilität, zurückgeführt wurde.

2.) Makroskopische Sektionsbefunde

Die makroskopischen Sektionsbefunde belegten im wesentlichen die röntgenologischen Verlaufsbeobachtungen. Im Weichteilmantel des Oberschenkels war in keinem Fall eine Knochenneubildung festzustellen. Die kaum wegwischbare Hydroxylapatit-Granula lag unverändert in der Muskeltasche (s. Abb. 2a). Nach epiperiostaler Applikation im Bereich des Femur zeigte sich makroskopisch eine geringfügige Reizkallusbildung. Die Vergleichsversuche am kontralateralen Oberschenkel waren völlig unauffällig. Im Bereich der Osteotomie bestand bei den Vollversuchen ein deutlicher, überwiegend ventral liegender Kallus, bei den Leerversuchen (jeweils ohne Apagran^{R}-Zusatz) war lediglich eine kallusfreie Spaltteilung eingetreten.

Histologische Befunde

Nach Applikation der Suspension in die Muskulatur des Femur war zu keiner Zeit irgendein Hinweis für einen osteogenetischen Prozeß nachweisbar. Mit zunehmender Versuchsdauer zeigte sich eine histiozytäre Fremdkörperreaktion mit Riesenzellbildung sowie eine zunehmende Abscheidung kollagener Fasern, die die anorganische Substanz abkapselte (s. Abb. 3a). Diese Reaktion war bei tricalciumphosphatreichen Chargen sehr ausgeprägt vorhanden. Nach epiperiostaler Applikation ließen sich spärliche Knochenneubildungszeichen erkennen.

Im Bereich der tibialen Knochendefekte war nach Injektion von Apagran^{R} eine deutliche Osteogenese, überwiegend um die anorganische Substanz herum, nachzuweisen. Neugebildeter, mineralisierter Knochen stand - ohne abgrenzbare Membran - in direktem Kontakt zum vollständig integrierten Hydroxylapatit. Fremdkörperreaktionen fehlten (s. Abb. 3c, d, e). Die Leerversuche unter ausschließlicher Verwendung der Trägerlösung waren durch eine kallusfreie Spaltheilung gekennzeichnet (s. Abb. 3b). Die erheblich überschießende Kallusbildung sowohl in Voll- wie in Leerversuchen nach Auftreten einer Spontanfraktur ließ eine Differenzierung nicht zu, inwieweit hier die injizierte anorganische Substanz oder der Reiz der pathologischen Beweglichkeit verantwortlich war.

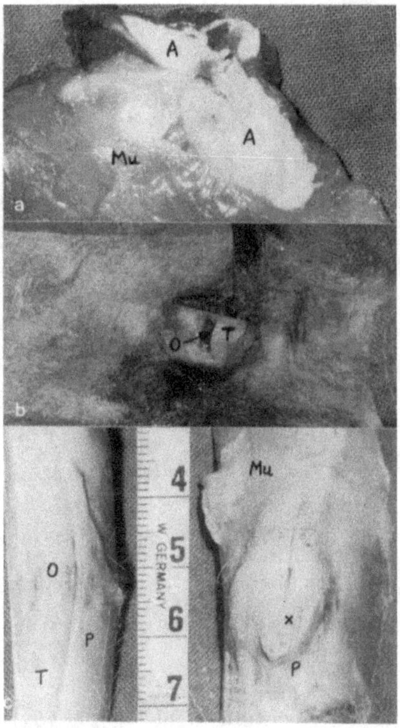

Abb. 2 Makroskopische Sektionsbefunde

a (oben) Tierversuch 32
Sektionspräparat der Oberschenkelmuskulatur (Mu) 2 Wochen nach Injektion von 500 mg Apagran[R] (A) suspendiert in 1,0 ml Haemaccel[R] -35. Keine Verknöcherung nachweisbar, keine Entzündungszeichen.

b (Mitte) Intraoperativer Situs nach Durchführung der Osteotomie (O) im ventralen Anteil der Tibia (T) vor Fascienschluß.

c (unten) Tierversuch 79 (links)
Sektionspräparat der Tibia (T) 6 Wochen nach partieller Querosteotomie und Injektion von 1,0 ml Haemaccel[R]-35 ohne Apagran-Zusatz (Leerversuch).
Keine Ermüdungsfraktur während des Heilverlaufes, nach Spaltung des Periostes (P) zeigt sich der ehemalige Osteotomiespalt (O) knöchern überbaut (Spaltheilung). Keine wesentliche Kallusbildung nachweisbar.

Tierversuch 80 (rechts)
Sektionspräparat der Tibia 4 Wochen nach partieller Querosteotomie und Injektion von 500 mg Apagran, suspendiert in 1,0 ml Haemaccel-35.
Keine Ermüdungsfraktur während des Heilverlaufes. Deutliche kallöse Knochenreaktion (x) im ehemaligen Osteotomiebereich.

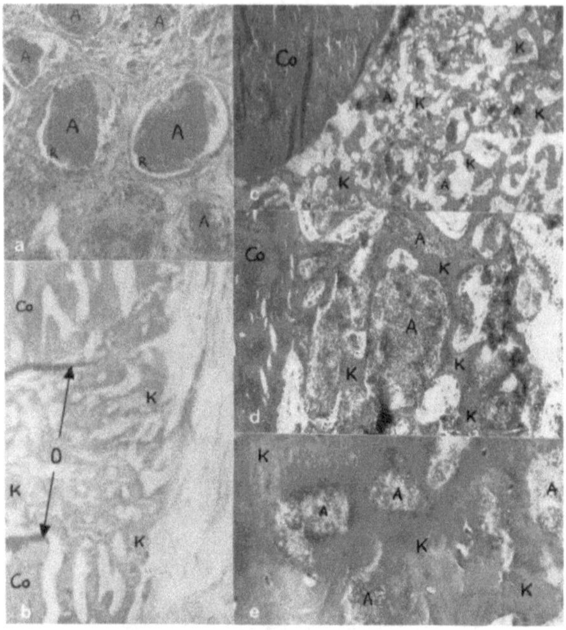

Abb. 3 Feingewebliche Befunde

a (oben links) Tierversuch 56

Querschnitt der Oberschenkelweichteile (Obj-Vergr.: 40x) 12 Wochen nach Injektion von 500 mg Apagran suspendiert in 1,0 ml Haemaccel-35.

Erhebliche zelluläre Fremdkörperreaktion mit Riesenzellbildung (R) um das einliegende Apatitgranulat (A). Deutliche bindegewebige Septenbildung aus kollagenen Fasern. Keine Anzeichen einer Knochenneubildung..

b (unten links): Tierverusch 89

Längsschnitt der Tibia (Obj.-Vergr.: 10 x) 2 Wochen nach partieller Querosteotomie und Injektion von 1,0 ml Haemaccel-35 ohne Apagran-Zusatz (Leerversuch). Keine Spontanfraktur während des Heilverlaufes. Der Osteotomiespalt (O) ist mit neugebildetem Knochen (K) ausgefüllt (Spaltheilung), eine wesentliche Kallusbildung besteht jedoch nicht. Keine Entzündungszeichen. Tibiacorticalis (Co).

c (oben rechts): Tierverusch 12

Querschnitt der Tibia (Obj.-Vergr.: 10 x) in Höhe der partiellen Querosteotomie 2 Wochen nach Injektion von 500 mg Apagran suspendiert in 1,0 ml Haemaccel-35. Keine Spontanfraktur während des Heilverlaufes. Ausgeprägte Knochenneubildung (K) um das Apatitgranulat (A). Tibiacorticalis (Co).

d (Mitte rechts): Tierversuch 12

Ausschnittvergrößerung (Obj.-Vergr.: 40 x). Der neugebildete Knochen steht in direktem Kontakt zum anorganischen Apatit (A) ohne abgrenzbare Membran. Keine Fremdkörperreaktion nachweisbar. Tibiacorticalis (Co).

e (unten rechts): Tierversuch 95

Längsschnitt der Tibia (Obj.-Vergr.: 100 x) 6 Wochen nach partieller Querosteotomie und Injektion von 500 mg Apagran suspendiert in 1,0 ml Polygeline-10%. Keine Spontanfraktur während des Heilverlaufes. Neugebildeter, vollständig mineralisierter Knochen (K) mit vereinzelten eingemauerten Osteoblasten steht in direktem Kontakt ohne abgrenzbare Membran zum einliegenden Apatitgranulat (A). Keine Fremdkörperreaktion.

SCHLUSSFOLGERUNGEN

Hydroxylapatit ist als wirksame Substanz mit der Fähigkeit der Stimulation von Osteogenese und Kallusbildung anzusehen. Für diesen Effekt ist ein direkter Kontakt zu osteogenetischen Zellen erforderlich (ersatzstarkes Lager). Bei epiperiostaler Applikation, vor allem aber bei Injektion an einen Knochendefekt mit eröffnetem Markraum, konnte diese Wirkung tierexperimentell belegt werden. Im ersatzschwachen Lager (Weichteilinjektionen) war eine osteogenetische Reaktion nicht nachweisbar. Offenbar zeigten die Fibroblasten des Bindegewebes unter Einfluß anorganischen Hydroxylapatits keine Differenzierungstendenz zu Osteoblasten.

Die Applikation von Hydroxylapatit als Suspension in einer hochmolekularen Gelatinelösung erscheint praktikabel, die Verwendung in der Humanmedizin denkbar.

Literaturverzeichnis

Heisel J (1985) Tierexperimentelle Untersuchungen zur Induktion von Knochenkallus durch Injektion von Hydroxylapatit-Suspensionen. Habilitationsschrift Homburg/Saar

Mittelmeier H (1983) Persönliche Mitteilung

Knochenersatzmittel
Ein Überblick der biologischen Wertigkeit

J.M. Rueger, H.R. Siebert, A. Pannike

Die immer größer werdende Zahl von Substanzen, denen Eigenschaften zukommen sollen, die sie als Knochenersatzmittel (KEM) geeignet erscheinen lassen, macht eine Klassifizierung derselben notwendig. In Anlehnung an ihr Vorkommen im Knochengewebe und den Herstellungsmöglichkeiten unterscheiden wir zwischen biologischen, organischen und synthetischen, anorganischen KEM. Erstere werden von Kollagenen, mineralisierten und demineralisierten Matrixextrakten und hier insbesondere von "demineralized allogenic bone powder" (DMBP) und Knochengelatine (KG), welche Bestandteile der organischen Phase des Knochengewebes sind und aus der Knochenmatrix gewonnen werden können, repräsentiert. Letztere, insbesondere die Calziumphosphatkeramiken, entsprechen weitgehend dem Knochenmineral Hydroxylapatit (HA) und Tricalziumphosphat (TCP) und lassen sich sowohl für die KEM-Forschung als auch bevorzugt für den kieferchirurgischen klinischen Einsatz aus den chemisch reinen Ausgangssubstanzen gewinnen.

Ein Knochenersatzmittel dient zur Defektauffüllung im Knochengewebe und soll die knöcherne Heilung begünstigen. Die Implantation eines KEM führt zumindest am Ort zu einer Veränderung der biochemischen, biologischen und der biophysikalischen Parameter. Über welchen Mechanismus das KEM wirksam wird, welcher Formenkreis primär verändert wird, ist letztendlich ungeklärt, was jedoch auch für die autogene Spongiosaplastik gilt.

Fünf Grundvoraussetzungen muß ein KEM, insbesondere beim Vergleich mit auto- und allogener Spongiosa, erfüllen:

1. Osteostimulation, i.e. vermehrte Knochenbildung nach orthotoper Implantation.
2. Osteoinduktion, i.e. Osteoneogenese nach heterotoper Implantation.

3. Platzhalterfunktion, i.e. Resorption, Einbau des KEM ebenso schnell wie der Aufbau regenerierenden Knochens.
4. Mechanische Stabilität, d.h. das KEM sollte auf interne oder externe Osteosynthesen verzichten lassen können.
5. Drug Delivery System, d.h. das KEM sollte als Träger für Antibiotika oder Chemotherapeutika geeignet sein.

Keines der auf dem Markt oder in Erprobung befindlichen KEM erfüllt alle Forderungen 1-5.

Durch die gemeinsame Implantation eines synthetischen mit einem biologischen KEM soll über Aktivierung verschiedener Mechanismen 1. die Potenz dieser KEM gesteigert werden, 2. der Prozeß der Knochenbildung beschleunigt und erleichtert und 3. die Menge des gebildeten Knochens vergrößert werden.

Synthetische Knochenersaztmittel

Calziumphosphatkeramiken in partikulärer und Block-Form dienen einsprossenden Gefäßen und regenerierendem Knochen als Leitschiene und erlauben die Bildung eines osseoimplantären Verbundes bei Implantation von HA. Die teilweise große biologische Löslichkeit (TCP, HA) soll andererseits die Mineralisation neugebildeten Knochengewebes erleichtern. Die biologische Wertigkeit einer Calziumphosphatkeramik ist abhängig von: 1. dem stöchiometrischen Ca/P Verhältnis, 2. der Reinheit und dem Wassergehalt des Ausgangsmaterials, 3. den angewandten Sintertemperaturen, 4. den entstehenden Kristallstrukturen, 5. der Mikro- und Makroporosität, 6. der biologischen Löslichkeit und 7. der Stimulation des Monozytären-/Makrophagozytären Systems beim Abbau im Organismus. Die angewandte Sintertemperatur bestimmt die Mikroporosität maßgeblich, Mikro-und Makroporosität ihrerseits beeinflussen Ab- und Einbau der Keramik am Implantationsort.

Biologische Knochenersatzmittel

Kollagenimplantate in den Knochen sollen ebenfalls als Leitschiene für sich regenerierendem, ortsständigen Knochen und als Mineralisationskeime dienen können. Die Beimischung von HA zu Kollagen soll zu einer multizentrischen, akzelerierten Knochenbildung führen.

Demineralisierte Matrixextrakte enthalten einen in der Knochenmatrix gebundenen Faktor - oder Faktoren? - (Bone morphogenetic protein, human sceletal growth factor, matrix factor), der nach Implantation in die Muskulatur durch Induktion ortsständiger oder Chemotaxie zirkulierender Zellen Osteoneogenese und nach Implantation in den Knochen Osteostimulation auslöst. Die gemeinsame Implantation von KG mit TCP oder HA in den Bauchmuskel der Ratte führt zu einem deutlichen Anstieg der Menge des induzierten Knochengewebes und beschleunigtem Ablauf des Induktionsvorganges bei Anstieg der osteoblastären Aktivität im Vergleich zu alleiniger Implantation von KG. Dies beruht auf einem Anstieg der lokalen CaP Konzentration, Erleichterung der Mineralisation induzierten Knochengewebes, pH-Verschiebung in das alkalische Milieu, optimale dreidimensionale Orientierung der KG am Implantationsort, Komplexbildung zwischen Ca-Ionen und dem aktiven Bestandteil der KG und weiterhin der langsamen Freisetzung und prolongierten Wirksamkeit dieses aktiven Proteins. Eine ausführliche Zusammenstellung der hier besprochenen Literatur findet sich bei Rueger et al.(1985).

MATERIAL UND METHODEN

Bei weit mehr als 400 Ratten, Nacktratten, Hunden und Schafen haben wir die auf ihre Osteoinduktivität und osteostimulative Eigenschaft zu überprüfenden Substanzen einerseits in Taschen der Bauch- und Beinmuskulatur implantiert, zum anderen wurden diaphysäre und metaphysäre Bohrdefekte (2x4mm) von Tibia und Femur und segmentale Defekte von Ulna und Femur mit den Substanzen aufgefüllt. Ausgewertet wurde durch Nativröntgen, intravitale Angiographie der Extremitäten bei den Großtieren, Licht- und Fluoreszenzmikroskopie histologischer Schnitte und Schliffe unentkalt PMMA eingebetteter Präparate, Kontaktmikroradiogrpahie, Bestimmung der alkalischen und sauren Phosphataseaktivität an Schnitten von in kaltpolymerisierendem PMMA eingebetteten unentkalkten Präparaten und durch Histomorphometrie.

In der Gruppe der biologischen KEM implantierten wir bovines Kollagen in zwei verschiedenen Formen, DMBP und KG von fünf verschiedenen Spezies sowohl auto- als auch homo- und heterolog. In der Gruppe der synthetischen KEM untersuchten wir drei Tricalziumphosphate verschiedener Hersteller in partikulärer, aber auch in Pulver- und Block-Form. Hydroxylapatit in Block- und unterschiedlicher Partikelform mit verschiedenen Porenvolumina und -größen als auch Kombinationen der Tricalziumphosphate mit Fibrinkleber und Prolaminlösung (Siebert et al. 1982). Weiterhin sechs Kombinationen von biologischen mit synthetischen KEM. Laufzeiten lagen zwischen 1 Tag und mehr als 18 Monaten.

ERGEBNISSE

Osteostimulation

Bei orthotoper Implantation in diaphysäre Bohrlöcher der Femura von Ratten kommt es nur bei der Verwendung des Gemisches KG/HA bereits nach 13 Tagen zur Entwicklung eines Composit. Nach 21 Tagen liegt jedoch der Wert für die Volumendichte des Knochens in der histomorphometrischen Analyse für die Kombination KG/TCP deutlich über dem der erstgenannten Kombination. Zu diesem Zeitpunkt ist die Volumendichte des Knochens von zehn von dreizehn implantierten KEM gleich oder niedriger als der Wert für den Leerdefekt.(Abb.1)

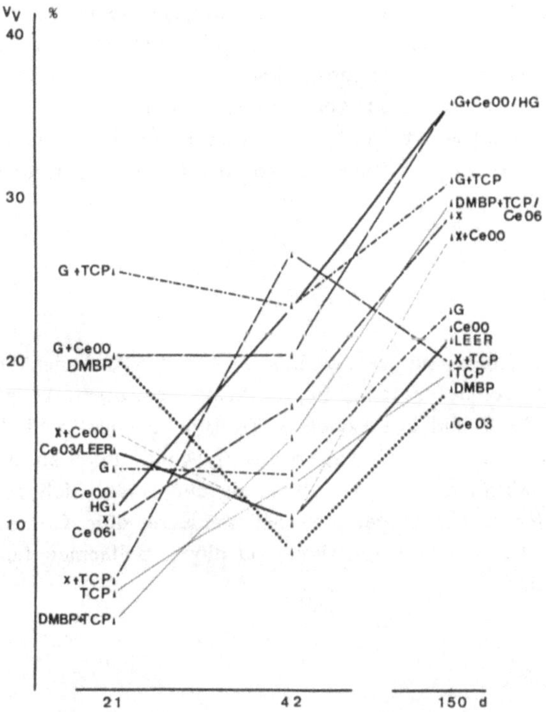

Abb. 1 Volumendichte Knochen. Orthotope Implantation in den Rattenfemur. G = allogene Knochengelatine. HG = xenogene (humane) Knochengelatine (implantiert in Nacktratten). OMBP = demineralized allogenic bone powder. X = bovines Kollagen. TCP = beta-Tricalziumphosphat. Ceros 00,03,06 = Hydroxylapatitpartikel unterschiedlicher Porenvolumina und Porendurchmesser. Leer = Leerdefekt.

Nach 150 Tagen zeigen die Kombinationen KG/TCP und KG/HA erneut höchste Werte für die Volumendichte des Knochens. Bei orthotoper Implantation von allogener KG und ihrer Kombination mit TCP in Mischlingshunde sind nach 90 Tagen drei von vier 0,8 cm langen segmentalen Ulnadiaphysendefekten überbrückt. Reste der KG und des TCP finden sich in den histologischen Schnitten der vitalen, normal strukturierten Knochen. Zu diesem Zeitpunkt und nach 180 Tagen ist weder hochdichtes TCP noch mikro-/makroporöses HA ein- oder abgebaut. Nach 18 Monaten orthotoper Implantation in Hausschafe finden sich im histologischen Schnitt bis auf eine gering verstärkte trabekuläre Zeichnung keine weiteren Auffälligkeiten. KG ist nicht mehr nachweisbar.

Osteoinduktion

Nur die Implantation von KG und ihrer Kombinationen führt bereits nach 21 Tagen zur Ausbildung von vitalen Ossikeln mit intensiver osteoblastärer und osteoklastärer Aktivität, Knochenmarksbildung, Inkorporation des TCPs in den induzierten Knochen und direkten Knochen-HA-Partikel Kontakt. Bei der histomorphometrischen Analyse ist die Kombination KG/TCP der von KG/HA und KG alleine deutlich bei der Bestimmung von Volumendichte des Knochens und Osteoid überlegen.

Platzhalterfunktion

KG, DMBP und die Kollagene werden innerhalb von 220 Tagen vollständig sowohl bei ortho- als auch bei heterotoper Implantation resorbiert. Es entstehen bindegewebige Narben. TCP und insbesondere HA Blöcke und Partikel sind bei beiden Implantationsformen bis zu 220 Tagen weitgehend unverändert nachweisbar. (HA >> TCP). Unabhängig von der Partikelgröße findet sich bei orthotoper Implantation in der Ratte nur in ca. 30% der Versuche eine Composit-Formation, wogegen die restlichen Implantatpartikel von einem zellarmen faserreichen Bindegewebe umgeben sind.

Mechanische Stabilität

KEM oder KEM-Kombinationen vermitteln bei orthotoper Implantation niemals eine ausreichende mechanische Stabilität.

Drug Delivery System

Es ist ohne weiteres vorstellbar, insbesondere KG und deren Kombinationen zusammen mit einem Antibiotikum zu implantieren. Voraussetzung wäre jedoch ein akzeptiertes Ostitis-/Osteomyelitismodell. Die Kombination von HA oder TCP mit Knochengelatine und hier insbesondere mit dem aktiven Bestandteil BMP (Urist et al. 1984, Rueger et al. 1985) erfüllt diese Anforderung an ein KBM jedoch offensichtlich schon, wenn man BMP als das Medikament sieht.

DISKUSSION

Mißt man die biologische Wertigkeit der verschiedensten KEM an den eingangs gestellten fünf Grundforderungen, so erfüllen nur KG und deren Kombinationen mit HA und TCP zwei bzw. drei dieser Forderungen. Die Kombinationen der KG in bezug auf Menge als auch Aktivität und Vitalität des neugebildeten oder stimulierten Knochens sind der KG alleine eindeutig überlegen. Der von Urist et al. 1984 gezeigte Rückgang der osteoinduktiven Eigenschaft von hochgereinigtem BMP kann auf einer, dem Protein-/Proteidgemisch Knochengelatine noch zuzuschreibender, bei der Reinigung jedoch verloren gegangener Antigenität der KG beruhen. Diese Antigenität läßt sich auch bei heterotoper Implantation bei Schaf und Hund zeigen (Ausbleiben der Osteoinduktion bei alleiniger Implantation von KG, Osteoinduktion bei gleichzeitiger Applikation von Cyclosporin (Thielemann 1985). Lymphoplasmazelluläre Reaktionen treten bei 90tägiger orthotoper Implantation bei Hunden auf, insbesondere in der Kombination von KG mit TCP. Bei orthotoper Implantation in Ratten finden sich diese Reaktionen bereits nach dem 9. Tag und scheinen hier - nur in der Kombination KG/TCP - die Osteostimulation zu behindern. Diese Reaktionen werden durch das allogene Proteingemisch KG ausgelöst und können durch die Resorption biologisch abbaubaren TCPs, nach Stimulation des Monozytären-Makrophagozytären Systems, noch gesteigert werden. Wege zur Reduktion der Antigenität der Knochengelatine bei erhaltener hoher osteoinduktiver Potenz scheinen daher nur in der Abspaltung der die Antigenität tragenden chemischen Gruppen (Zuckermoleküle?) zu liegen und in der Beschränkung auf HA als delivery system für Knochengelatine.

Literaturverzeichnis

Rueger JM, Siebert HR, Schmidt H, Pannike A (1986) Observation on bone-formation-sequence elicited by the implantation of bone gelatine together with calciumphosphate compounds. In: Proceedings of the ESB Conference, Paris. Elsevier, Amsterdam

Rueger JM, Siebert HR, Schmidt H, Pannike A (1985) Observation on bone-formation-sequence after implantation of bone gelatine and two competitive calciumphosphate compounds. Eur sur Res 17 Suppl 1:3

Siebert HR, Rueger JM, Pannike A (1982) Histomorphologische Verlaufsbeobachtung der Einheilung eines neuartigen KEM in Knochendefekte am Femur der Ratte. Langenbecks Arch Chir Suppl 147-150

Thielemann FW (1985) Persönliche Mitteilung

Urist MR, Huo KY, Brownell AG, Hohl WM, Buyske J, Tempsi P (1984) Purification of bovine morphogenetic protein by hydroxylapatite chromatography. Proc Nat Acad Sci USA 81:371-375

Urist MR, Lietze A, Dawson E (1984) Beta-Tricalciumphosphate delivery system for bone morphogenetic protein. Clin Orthop Rel Res 187:277-280

IX Osteosynthese – prothetischer Gelenkersatz

Funktionsabhängiger Knochenstrukturwandel und dessen Bedeutung für die Orthopädie

D. Stock, J. Gottstein, G. Heimke

Nur in einem biomechanisch begründbaren Endoprothesenkonzept sehen wir einen zuverlässigen Weg hin zum Langzeitersatz hochbelasteter Gelenke. Ziel diesbezüglicher Untersuchungen war das Auffinden ortsspezifischer Lösungen. Die in Frage kommenden Materialien setzen dabei unterschiedliche Grenzen und oft müssen physikalisch optimal erscheinende Lösungen aus anatomischen Gründen verworfen werden und umgekehrt. Basierend auf den Untersuchungen unserer Arbeitsgruppe entstanden Al_2O_3-Keramik-Hüftimplantate mit dem biomechanischen Konzept großer, belastungsgerecht zu positionierender, planer Flächen (Abb. 1). Das günstige Reibverhalten der Keramikimplantatpartner bei Vermeidung linearer oder gar punktueller Belastung, die zu einer Zerstörung der Gleitflächen führen würde, und die keramiktypische Eiweißbenetzbarkeit gewährleisten dabei den für die Langzeithaltbarkeit nötigen geringen Reibverschleiß. Der kleine Reibungswiderstand reduziert darüber hinaus Scherbelastungen und eliminiert schädliche Relativbewegungen zwischen Implantat und Knochen. So wächst das primär stabil fixierte Keramikimplantat ohne bindegewebige Grenzschicht knöchern fest ein. Die knöcherne Integration behält dann Stabilität, wenn an der Grenzzone mit zunehmender Belastung keine störenden Relativbewegungen auftreten. Sowohl hinsichtlich der Materialeigenschaften als auch hinsichtlich der Konstruktionsmerkmale wurden diese Feststellungen durch orthopädische und zahnmedizinische Erfahrungen in den zurückliegenden 12 Jahren bestätigt. Als bewiesen gilt, daß der postoperativ einsetzende Knochenumbau bei Verwendung eines inerten Materials, wie es die dichte, hochreine Al_2O_3-Keramik gleichermaßen wie Titan darstellt, von der ortsspezifischen Belastung gesteuert wird. Der Ablauf ist der Frakturheilung sehr ähnlich (Griss 1976). Um das zu sichern,

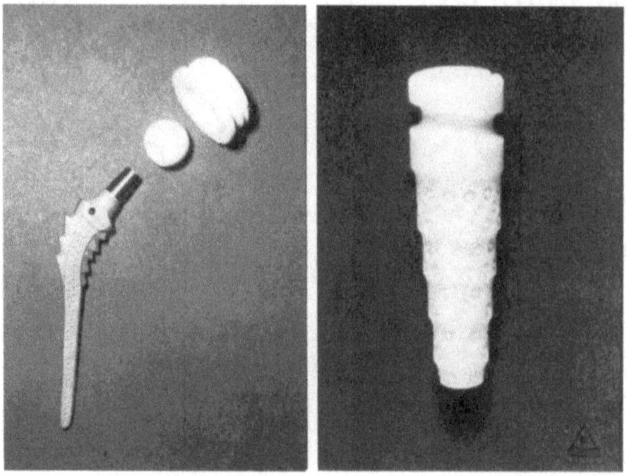

Abb. 1 Frialit-Al_2O_3-Kermaik-Implantate
a) Hüftimplantat für die Orthopädie
b) Das Tübinger-Zahnimplantat

sind aber bestimmte Konstruktionsvoraussetzungen unumgänglich. Dann entwickeln sich auf druckübertragenden Grenzflächen Knochenstrukturen, die belastungsfähig sind. Bei den grundlegenden Untersuchungen, die insbesondere der Zahnmediziner Schulte (1978) und der Pathologe Büsing (1979) durchführten, zeigte sich ein großer Gültigkeitsbereich für einige Grundprinzipien, die die Umstrukturierungsdynamik des Knochengewebes steuern. Gleichzeitig bestätigte sich die Fähigkeit ganzer Skelettabschnitte, sich an eine neue Situation anzupassen. Um die sichere Haftung einer Endoprothese zu erreichen, müssen dem umliegenden Knochengewebe mindestens drei unterschiedlich orientierte Kontaktflächen zur Verfügung gestellt werden. Zunächst galt als unumstößlich, daß eine sichere, zementfreie Implantathaftung nur zu gewährleisten ist, wenn das Implantat in corticalem Knochen verankert wird. Das trifft allerdings für Endoprothesen zu, die z.B. in herkömmlicher Weise mit Knochenzement verankert werden, einem Material, das nicht bioinert ist. Die stabile Primärverankerung geht durch zementbedingte Abgabe von toxischen Monomeren und durch thermische Reaktion wieder verloren. Die sich aufbauende bindegewebige Grenzschicht birgt die Gefahr einer progressiven Lockerung. Anders läuft der Einbau bei einer direkten, ebenfalls primär stabilen Verankerung, wie sie von dem zementfreien Implantat angestrebt wird. Durch spongiöse Reaktion und Anpassung der trabekulären Knochenformationen paßt sich der Knochen an ein solches Implantat an (Boutin 1979, Kawahara 1975, Heimke et al. 1983, Heimke und Stock 1982). Voraussetzung für diese Art der Integration ist die chemische Nichtlöslichkeit und die elektrische Neutralität der Komponenten, so daß eine Reizung des umliegenden Gewebes nicht eintritt. Dem kommen die speziellen Eigenschaften der Keramik entgegen. Deren ionische Strukturen gewährleisten eine Beschichtung mit körpereigenen Eiweißmolekülen, woraus eine Maskierung gegenüber Abstoßungsreaktionen und eine gleichzeitige Selbstschmierung der Gleitpartner resultiert (Hubert et al. 1971). Diese hochgradige Kompatibilität verhindert jedwede chemische Reaktion. In diesem Punkt ist Titan der Keramik sehr ähnlich. Aus Versuchen ist bekannt, daß Knochengewebe nach einer mechanischen Läsion seine mechanischen Eigenschaften ändert und insbesondere seine elastischen Eigenschaften verliert. Es geht in einen relativ weichen Zustand über (Heimke et al. 1983). Im Zusammenhang mit den auf ein Hüftgelenk einwirkenden dynamischen und statischen Kräften in der Größenordnung von etwa 200 kp führt dies an der Grenzfläche zu einem hydrostatischen Verhalten. Daraus ergibt sich ein konstanter Druck auf die Grenzfläche. Im weiteren Verlauf kommt es bei Gewährleistung der Stabilität und damit Ausschaltung von Relativbewegungen am Interface zu einer Umstrukturierung in belastungsfähige Strukturen. An Dentalimplantaten ließ sich zuerst ein Phänomen beobachten, das wir später auch an den orthopädischen Präparaten sahen: Die Implantatoberflächen weisen Lakunen auf. 15 in Tierversuchen 1/2 jährig belastete Implantate wurden histologisch aufgearbeitet. Dabei zeigte das Knochengewebe in unmittelbarer Nähe der belasteten Implantatanteile Knochenverdichtungen. Andererseits wiesen neun nicht belastete, aber knöchern voll integrierte Implantate in den Lakunen nicht sehr kompaktes, homogenes Knochengewebe auf. Diese Beobachtungen wurden von Büsing und Heimke 1979 mit Lastlinienschatteneffekt bezeichnet. Weitere Untersuchungen führte zu folgenden Feststellungen: Wird ein Implantat parallel zu seiner Hauptoberfläche belastet und weist diese Fläche Aussparungen auf, dann kommt es zunächst zu einer Knochenneubildung. Die belasteten Abschnitte erfahren sklerotische Verdichtungen und lamelläre Umstrukturierungen senkrecht zur lastübertragenden Oberfläche. Im Lastschatten fehlt diese Strukturierung. Unsere Arbeitsgruppe hatte diese Beobachtungen an der Hüfte gemacht, nachdem Pfanne und Hüftkopf langzeitig erfolgreich implantiert wurden. Erklärtes Ziel war nun die Übertragung auf das Schaftimplantat. Tierversuche mit entsprechenden Keramikimplantaten schlugen aufgrund der fehlenden Biegebelastbarkeit fehl. Wir wichen auf Titan aus. Das Konstruktionsprinzip des Schaftes ist letztlich das der Pfanne: Anpassung an die anatomischen Gegebenheiten, Anbieten großer, senkrecht zur Lasteinleitungsrichtung orientierte Flächen und Rotationssicherung am Schaft durch Schrägstellung von Stufen um bis zu 20°. Wir sehen seit 1983 an Pfanne und Schaft die gleichen Merkmale: Bündiges Anwachsen von Knochenstrukturen an die Implantate (Abb. 2). Im weiteren Verlauf kommt es mit zunehmender statischer Belastung zu Strukturverdichtungen, Umstrukturierungen der Spongiosazüge mit Orientierung auf die lastübertragenden Flächen. Im übrigen findet sich immer wieder das oben beschriebene Lastschattenphänomen (Abb. 3). Wir meinen, mit vorliegendem Implantat folgende Forderungen für die langzeitig funktionsstabile Hüftendoprothese zu

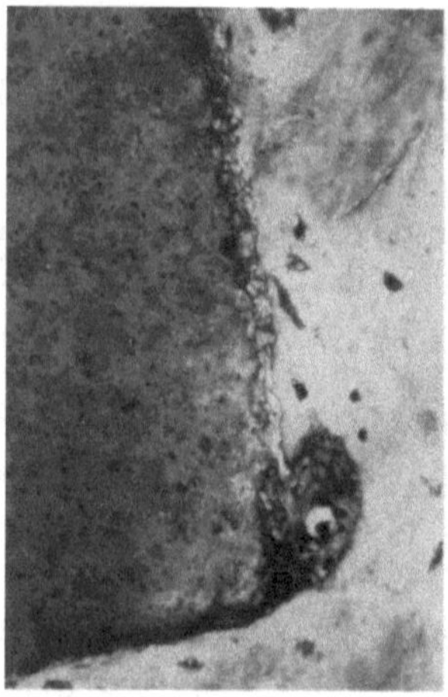

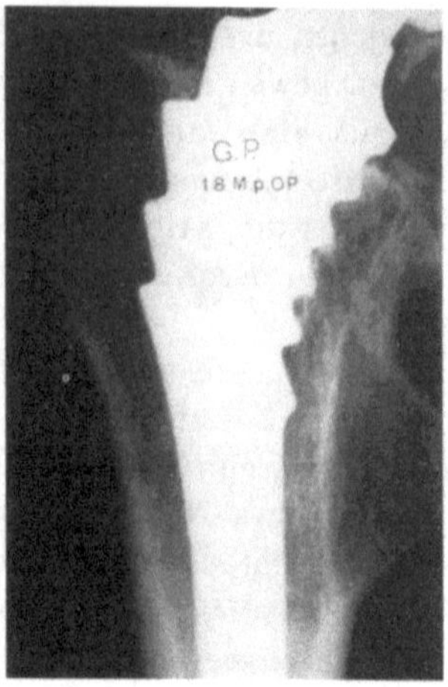

Abb. 2 Ausschnittvergrößerung eines 2 Jahre belasteten Kermaikimplantates und seines knöchernen Bettes: Man erkennt vereinzelte Osteozyten und Osteone mit einer Zentralarterie auf der Keramikoberfläche.

Abb. 3 Hüftschaftimplantat nach 1 1/2 Jahren Vollbelastung. Belastungsabhängige Strukturumwandlungen in den implantatnahen trabekulären Spongiosazügen sowie Lastschattenphänomen an den Stufenwinkeln.

erfüllen: Neben den zur Zeit nicht zu übertreffenden physikalischen Eigenschaften Implantation am physiologischen Ort. Insbesondere am proximalen Femur wird die Kraft anatomiegerecht eingeleitet, also im Bereich der trabekulären Spongiosazüge des proximalen Femur. Im Gegensatz dazu weisen andere Implantate eine Primärverklemmung vorwiegend im distalen Schaftabschnitt auf. Neueste Mitteilungen zeigen dann auch erste corticale Reaktionen in Form von belastungsabhängigen Corticalisverdichtungen. Bei erhaltener, distaler Verklemmung wären durch das Schwingverhalten des Femur Relativbewegungen nach proximal zu erwarten. Bei Unterstellung bisher gültiger Regeln müßte letztlich dann das ablaufen, was von den zementierten Hüften her bekannt ist: An der Grenzschicht Bildung eines desmalen Bindegewebssaumes mit nachfolgender desmaler Knochenneubildung und zunehmender Distanz zwischen Implantat und ursprünglichem knöchernen Lager. Die klinisch manifeste Auslockerung wäre dann nur noch eine Frage der Zeit.

Literaturverzeichnis

Boutin P (1979) Present problems and prospects on bioceramics. Vortrag, Faenza

Büsin CM, Schulte W, Heimke G, Lim W (1979) Gibt es ein Lastschattenphänomen? Aspekte bei Zahnimplantaten aus Al_2O_3-Keramik. Pathologe 1:61

Griss P (1976) Ceramic hip joint replacement, experimental results and early clinical experience. In: Schaldach M, Hohmann D (Hrsg.) Engineering in Medicine, Vol 2, Advances in artificial hip and knee joint technology. Springer, Berlin Heidelberg, S. 446-455

Heimke G, Stock D (1982) Rules controlling the reactions of bony tissue along inert implants. In: Lee AJC, Albrektson T, Branemark PJ (Hrsg.) Clinical applications of biomaterials. Wiley S. 37-44

Heimke G, Schulte W, Jentschura G, Büsing CM (1983) Möglichkeiten und Grenzen bei der Befestigung von Knochen-, Gelenk- und Dentalprothesen aus Aluminiumoxid. Ceramic Forum Internat, Berichte der DKG 60:1

Hubert SF, King jr FM, Klawitter JJ (1971) Initial surface interaction of blood and blood components with Al_2O_3 and TiO_2. J Biomed Mater Res Sympos 2:69-89

Kawahara H (1975) Biological problems of implant material. First Proc Jap Soc Implant Dentistry 205-246

Schulte W, Kleineikenscheidt H, Scheyka R, Heimke G (1978) Konzept und Prüfung des Tübinger Sofortimplantats. Dtsch zahnärztl Z 33:319

Tierexperimentelle Untersuchungen zur intraossären Verankerung von Exo-Prothesen

E. Schmitt, J. Heisel, H. Mittelmeier

Trotz aller Fortschritte der Unfall-, Gefäß- und Wiederherstellungschirurgie sind auch heute Amputationen nicht zu vermeiden. Die prothetische Versorgung erfolgt heute immer noch mit Prothesen, welche an den Amputationsstümpfen äußerlich mit Prothesenköchern und Schnürmanschetten befestigt werden, wobei die Kraftübertragung vom Amputationsstumpf auf die Prothese mittels der Stumpfweichteile erfolgt. Hierbei treten bekanntlich zahlreiche sogenannte Stumpfprobleme auf (kurze Prothesenstümpfe, ungenügende Muskelplastik, zu schlaffe Hautverhältnisse, Druckschäden an der Haut mit entzündlichen Prothesenrandknoten, Durchblutungsstörungen der Prothesenstümpfe, Druckerscheinungen auf dem Amputationsneurom, Druckbeschwerden an schlecht gepolsterten Skeletteilen, Hautekzeme u.a.), weshalb vielfach Nachamputationen oder Stumpfkorrekturen erforderlich sind. Oft sind auch wiederholte Prothesenanpassungen erforderlich, ohne daß schließlich das Problem bei manchen Fällen wirklich gelöst werden kann, so daß für diese Patienten das Tragen einer Prothese nicht mehr möglich ist.

Nach einer Idee von Mittelmeier erscheint es möglich, diese Probleme dadurch zu lösen, daß die Prothesenverankerung nicht mehr mittels der Weichteile durch Köcher und Manschetten erfolgt, sondern durch ossär befestigte, percutan herausgeleitete Verankerungsstiele, welche äußerlich mit einer speziellen Schnellverschlußvorrichtung mit der eigentlichen Exo-Prothese leicht und problemlos verbunden werden könnten. Auf diese Weise könnte eine wesentlich bessere und stabilere Führung unter Umgehung der bisherigen Weichteilprobleme erreicht werden. Dadurch würden die Stumpfweichteile von allen Prothesendruckproblemen befreit. Außerdem ist anzunehmen, daß durch die distale Krafteinleitung in den

Knochen derselbe von den bisher regelmäßig zu beobachtenden Inaktivitätsatrophien befreit wird und daß außerdem die Stumpfmuskulatur ungehindert von äußeren Schnürungen und Drucken besser arbeiten kann.

Problematisch erscheint dabei zunächst jedoch die Verankerung am Knochen einerseits und die Austrittsstelle der Stiele aus der Haut andererseits. Aussichtsreich erscheint hierfür vor allem eine intramedulläre Verankerung, evtl. mit zusätzlich verschraubbarer Lasche und Fixierung der abdeckenden Stumpfhaut auf einem am Verankerungsstiel befestigten subcutanen "Auflageteller", der eine Weichteilverschiebung auf dem Verankerungsstiel vermeidet, um eine verschiebefreie Abdichtung und damit Verhütung einer Infektion an der Perforationsstelle zu ermöglichen.

TIEREXPERIMENTELLE UNTERSUCHUNGEN

In entsprechenden tierexperimentellen Untersuchungen an Kaninchen und Hunden erfolgten zunächst Pilotversuche mit endomedullär mit Knochenzement fixierten, percutan vorstehenden Verankerungsstielen ohne Prothese, dann bei Kaninchen mit daran befestigtem kufenförmigen Prothesenfuß aus Plastikmaterial und bei Hunden schließlich mit provisorischer Prothese, welche am vorstehenden Verankerungsstiel durch einen von der Firma Osteo hergestellten Schnellschnappverschluß in einfacher Weise befestigt wurde.

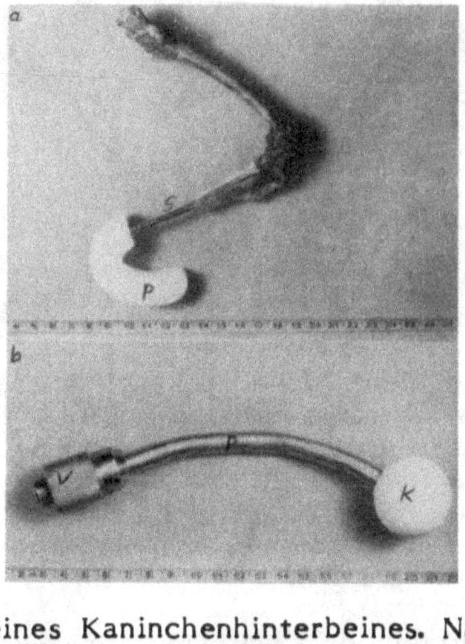

Abb. 1a Präparat eines Kaninchenhinterbeines. Nach Amputation des Unterschenkels wurde ein Verankerungsstiel (S) in den Knochen einzementiert, aus der Haut herausgeleitet und ein Prothesenfuß (P) daran fixiert.

Abb. 1b Exo-Prothese, welche für den Hundeversuch verwendet wurde. Die Prothese besteht aus einer Schutzkappe (K), mit der das Tier auf den Boden auftritt, einem gekrümmten Prothesenstiel (P) und einem speziellen Schnellschnappverschluß (V), mit dem die Prothese schnell und einfach an dem durch die Haut hervorstehenden Verankerungsstiel fixiert werden kann.

Abb. 2a Kaninchen, welches nach Amputation des linken Unterschenkels mit einer Exo-Prothese percutan verankert versorgt wurde. Der Prothesenfuß ist aus Polyaethylen hergestellt und auf den Verankerungsstiel aufgeschraubt. Gute Belastungsfunktion.

Abb. 2b Schäferhund mit intraossär verankerter Exo-Prothese versorgt. Sehr gute Belastungsfunktion.

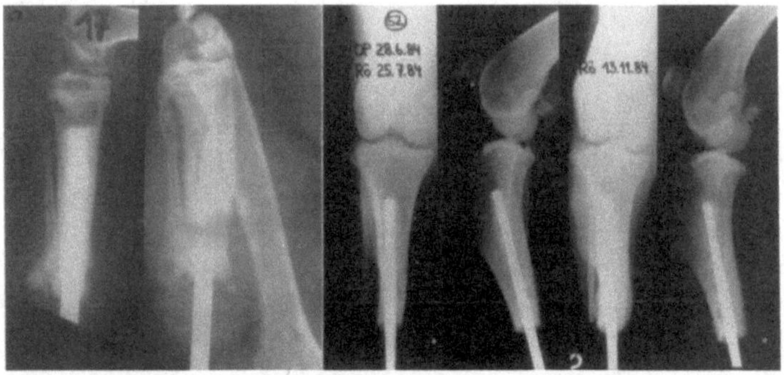

Abb 3a Röntgenkontrolle beim Kaninchen nach intraossärer Zementfixation eines Prothesenverankerungsstieles. 3 Monate postoperativ zeigen sich keine Lockerungszeichen, keine Zeichen für eine Osteomyelitis. Die am Stumpfende vorliegende Corticalisverdickung ist funktionell bedingt.

Abb. 3b Röntgenologischer Verlauf bei einem Hundeversuch. Ca. 4 Monate postoperativ keine Stiellockerungszeichen, keine Knochenatrophie, keine entzündlichen Veränderungen.

Neben der klinischen, röntgenologischen und fotographischen Verlaufskontrolle erfolgte auch eine Filmdokumentation und nach Tötung der Tiere (6 Wochen, 3 Monate und ein halbes Jahr nach Op.) die histologische Aufarbeitung der Stumpfpräparate.

ERGEBNISSE

Alle Tiere (20 Kaninchen, 5 Hunde) haben den operativen Eingriff der Amputation und Implantation des Tragstieles im Unterschenkelbereich gut überstanden und zeigten postoperativ die erhoffte Prothesenbelastung. Bei den 20 Kaninchen ergaben sich 15 Primärheilungen und 5 primäre Wundinfektionen; bei den 5 Hunden zeigten sich 3 Primärheilungen und 2 primäre Wundinfektionen. Die Fälle mit der Primärinfektion und nachfolgender Osteomyelitis und zunehmender septischer Lockerung wurden frühzeitig aufgegeben.

Bei den aseptischen Verläufen zeigte sich eine gute Belastungsfunktion der prothetisch versorgten Gliedmaße, was auch durch Videofilmaufnahmen eindeutig dokumentiert werden konnte. Röntgenologisch wurden keine Streßfrakturen oder aseptische Prothesenlockerungen beobachtet. In einigen Fällen zeigte sich eine durch den Operationsreiz und funktionell zu erklärende Corticalisverdickung am Amputationsstumpf.

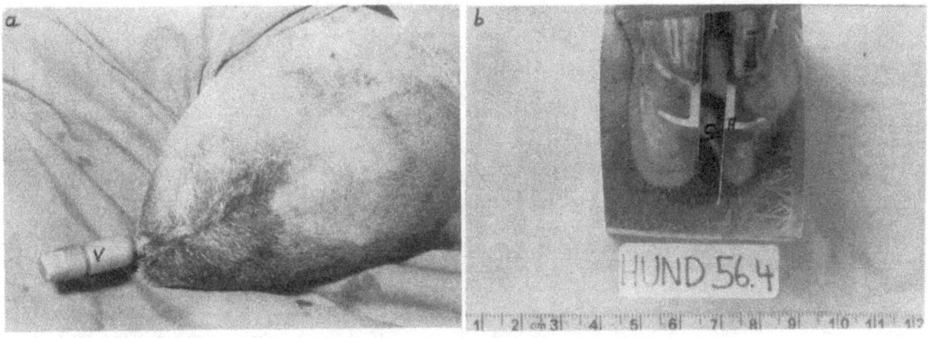

Abb. 4a Operationssitus. Aus der Amputationsstumpfkuppe ragt ein intraossär zementfixierter Verankerungsstiel mit einer Verschlußvorrichtung (V), an den die eigentliche Exo-Prothese (Abb. 1b) leicht und problemlos fixiert werden kann.

Abb. 4b Stumpfpräparat im Längsschnitt nach Versuchsdauer von 6 Monaten. Um den Verankerungsstiel (S) sitzt ein Polyaethylenabdichtungsring (A), welcher neben einer guten Abdichtung auch die mechanische Irritation des Gewebes an der Hautdurchtrittsstelle des Stieles vermindert.

Im weiteren Verlauf traten allerdings entzündliche Reizerscheinungen an der Stielaustrittsstelle im Sinne der Sekundärinfektion mit Sekretabsonderung und Granulombildungen auf. Nach einem halben Jahr waren die Amputationsstümpfe bei 5 Kaninchen und 2 Hunden aber noch völlig unauffällig ohne jegliche entzündliche Erscheinungen und die Gehfunktion völlig einwandfrei. Histologisch zeigte sich, daß das Epithel an der Durchtrittsstelle der percutan verankerten

Stiele durch die Haut etwas in die Tiefe wuchs und einen ringförmigen dichten Abschluß bildete (Abb. 4b).

SCHLUSSFOLGERUNGEN

Zusammenfassend zeigen diese Basisexperimente, daß zumindest im Tierversuch eine ossäre, percutane Verankerung von Exo-Prothesen möglich ist. Knochen und intraossäre Verankerung mittels Knochenzement hielten trotz ungünstiger Hebelverhältnisse den Belastungen stand. Während das Problem der Prothesenstielkonstruktion und des Prothesenanschlusses an den vorstehenden Stielstumpf technisch leicht lösbar ist, erscheint jedoch die Durchtrittsstelle des Verankerungsstieles durch die Haut problematisch, was aber ebenfalls lösbar erscheint, wie derzeit noch laufende, noch nicht abgeschlossene weitere Untersuchungen mit einem anderen Abdichtungsmechanismus zeigen. Es erscheint möglich, daß in absehbarer Zeit eine Übertragung auf Humanamputationen möglich ist, wobei natürlich zunächst an Fälle mit unzureichender konventioneller Prothesenversorgung, später an primäre Versorgung in diesem Sinne gedacht ist.

Biotechnische und klinische Untersuchungen am Verbundsystem zwischen Knochen und alloplastischen Materialien

K. Zak und H. Bartsch

Die untersuchten thematischen Schwerpunkte lassen sich unter den nachfolgenden zwei Problemkreisen zusammenfassen:

1. Prothetischer Gelenkersatz an der Hüfte
2. Alloplastische Kapsel-Band-Materialien aus PTFE

Bei den Hüftprothesen wurden die bekanntesten üblichen nachuntersucht (Zementprothesen, zementlose Prothesen, z.B. Schalenprothesen, Duokopfprothesen mit Aufsitzkragen, ohne Aufsitzkragen etc.). Für die Kapsel-Band-Alloplastik wurden das Gore-Tex-Kreuzband und Soft-Tissue getestet.

Ausgehend von den Grundlage-Parametern erfolgten umfangreiche biotechnische Experimente, die u.a. die Belastbarkeit der Prothesen, Zementprobleme, Prothesenkontur und spezielle Konstruktionsmerkmale wie die Valgisierung des Prothesenhalses als Faktoren des Verbundsystems analysierten, s. auch Tabelle.

Tab. 1 Biomechanische Grundlagedaten

Kritische E-Modul-Verteilung (E_i)	E_c = 10 - 20 kN/mm^2 - Kompakta E_s = 0,8 - 2 kN/mm^2 - Spongiosa E_z = ca. 4 kN/mm^2 - Knochenzement
Zugfestigkeit Knochenzement	F_z = 270-320 N/mm^2
Druckfestigkeit Knochenzement	F_d = ca. 90 N/mm^2
Deformation Knochenzement	f_z = ca. 0,2 mm

Die Konsequenzen auch eigener biomechanischer Voruntersuchungen hinsichtlich osteologisch relevanter Daten fanden insgesamt Bestätigung im klinischen Substrat von gelockerten Endoprothesen bei Revisionen (Zak und Gronert 1984). Auch Knochenzementexperimente im Langzeitverfahren zeigten Materialversprödung, Abschliff und Frakturen, so daß die Zementlösung als Verbund fraglich erscheinen muß (Zak und Weigert 1984).

Auch an unserer Klinik werden daher verstärkt zementfreie Prothesen neben Primäreingriffen auch sekundär nach Zementprothesenimplantation in ausgewählten Fällen eingesetzt. Biotechnische Voruntersuchungen und bisherige klinische Erfahrungen führen zu folgenden Folgerungen für Konstruktionsmerkmale und Verbundsystem.

1. Wahl einer biomechanisch optimaleren valg. Prothesenform
2. Prothesenkontur konisch, selbstverkeilend, kragenlos
3. E_i-Knochenzement erheblich unter E_c und E_s, s. Tab. 1
4. Lange Schaftdimensionierung
5. Geringer Zementspongiosakontakt
6. Optimierung des Temperaturverhaltens der Zementimplantation
7. Normierung von Prothesen (Kopf-Pfannendimensionen)

Das zweite Hauptthema befaßte sich nun mit der Implantation von Gore-Tex und Soft-Tissue-Prothesen. Auch dabei erfolgten zunächst umfangreiche biotechnische, tierexperimentelle und Histokompatibilitätstests vor dem klinischen Einsatz. Die aktuelle Indikation der Kreuzbandprothese oder einer Soft-Tissue-Plastik wurde nach harten Kriterien gestellt. In den meisten Fällen erfolgte der Einsatz nach alten fehlgeschlagenen Bandplastiken, Aplasien und auch Defektdeckungen. Am Haltungs- und Bewegungsapparat wurden die Polytetrafluoräthylen-Materialien dabei vielfältig eingesetzt, z.B. am AC-Gelenk, über die vordere Kreuzbandplastik bis hin zur Außenbandplastik des oberen Sprunggelenkes. Bis zur vorliegenden Veröffentlichung wurden von uns 74 Gore-Tex-Prothesen und etwa die gleiche Anzahl von Soft-Tissue-Plastiken seit 1983 nachuntersucht (s. Abb. 1).

Im klinischen Verlaufsspektrum erfolgte die umfangreiche Kontrolle mannigfaltiger Parameter. Neben computertomographischen Untersuchungen wie in Bild 1 erfolgten Rö.-Kontrollen, szintigraphische Nachuntersuchungen des Verbundes der Alloplastiken sowie auch laborchemische und z.T. sogar arthroskopische Datenerfassungen. Bei Revisionsoperationen konnten auch erste histologische Materialien gewonnen werden.

Hierbei zeigte sich ein guter bindegewebiger Verbund und z.T. beim Gore-Tex-Band auch knöcherne Ummauerung der Fremdmaterialien. Die Histologie zeigte keine Fremdkörper oder Entzündungsreaktionen bei Soft-Tissue oder Gore-Tex-Prothesen. Hier bestätigten sich die tierexperimentellen Daten auch beim Einsatz am Menschen. In der Klinik zeigten sich insgesamt in 10% aller Fälle Komplikationen, die von der Ruptur bis zur harmlosen gut therapierbaren Reizerscheinung reichten. Auch die funktionellen Ereignisse zeigten ein ähnliches Spektrum von optimaler Sportfähigkeit des operierten Fußballsportlers bis zur Verbundruptur bei Bagatelltrauma reichend (s. arthroskopisches Bild).

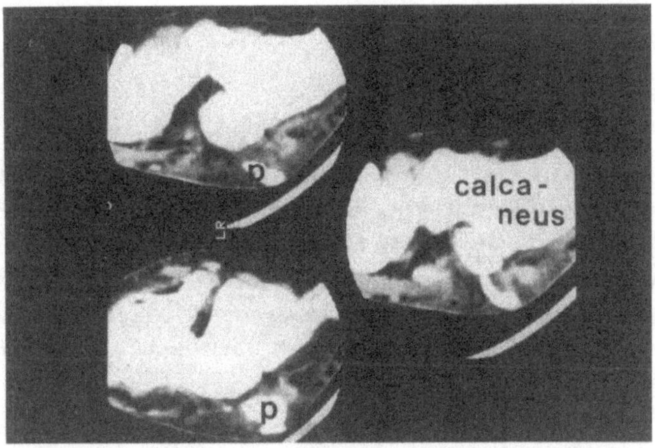

Abb. 1 CT-Nachuntersuchung einer Außenbandplastik am OSG (P = ST-Plastik)

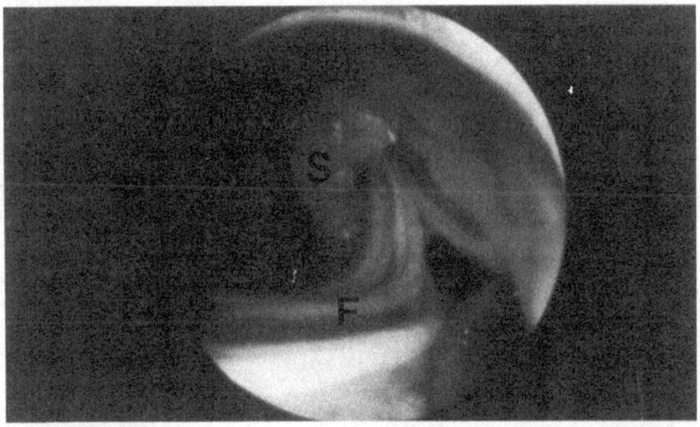

Abb. 2 Arthroskopiebefund einer intraartikulär zerrissenen Gore-Tex-Prothese

Man kann in dem hinteren cranialen Bereich der Prothese in der Abbildung einen umhüllenden Synovialschlauch erkennen, aus dem die rupturierten Fasern herausragen. (S = Synovialschlauch, F = Prothesenfasern)

In diesem Zusammenhang muß noch einmal Kritik an der Wertigkeit technischer Voruntersuchungen geäußert werden; die Untersuchungen sind zwar notwendig, erfassen aber oftmals nicht entscheidende aktuelle zufällige Überlastungsmechanismen.

Abschließend kann daher auch hinsichtlich des alloplastischen Kapsel-Band-Ersatzes immer wieder nur erneut daran appelliert werden, im Sinne der Patienten kritisch und verantwortungsbewußt beim Einsatz von Neuentwicklungen vorzugehen.

Literaturverzeichnis

Zak K, Gronert HJ (1984) Der Einfluß von Varisierung und Valgisierung des Endoprothesenhalses auf das Deformationsverhalten des menschlichen Femurs nach dem endoprothetischen Ersatz an der Hüfte. In: Hüftgelenksendoprothetik. Springer, Berlin Heidelberg New York, S. 91

Zak K, Weigert M (1984) Ziele, Ergebnisse und Konsequenzen von Langzeituntersuchungen des biomechanischen Verbundsystems - Prothese-Zement-Knochen - an der Hüfte. In: Willert, Knochenzement-Symposium, Göttingen

Die Therapie von Problemfrakturen und Pseudarthrosen durch Osteosynthese und adjuvante Gleichstromtherapie

P. Spich, C. Werhahn

Bei einer Reihe von Problemfrakturen, dies gilt z.B. für offene distale Unterschenkelfrakturen, sind vermehrt Komplikationen zu beobachten. Durchblutungsstörungen können trotz stabiler Osteosynthese und Spongiosaplastik zu verzögerter Konsolidierung und Pseudarthrosenbildung führen. Es stellt sich die Frage, wie die Kallusbildung gefördert werden kann.

Durch zahlreiche tierexperimentelle Studien wurde nachgewiesen, daß die Osteogenese durch Applikation von Strom angeregt wird. (Fukada und Yasuda 1957, Weigert 1973, Zichner 1978). Nach Implantation von Elektroden in den Knochen wird Gleichstrom angelegt. Die negative Polarisierung der Elektroden im Kathodenbereich, sinkender O_2-Partialdruck und das reduzierend wirkende Milieu bieten günstige Voraussetzungen für den anaeroben Reaktionsweg des Zellmetabolismus. Die Alkalisierung - durch Anstieg von OH-Ionen bewirkt - fördert die Mineralisierung des Knochengewebes.

Keinesfalls ersetzt jedoch die Applikation von Gleichstrom die operative Stabilisierung der Knochen mit bewährten Osteosyntheseverfahren der inneren oder äußeren Fixation. Der Strom wird lediglich "adjuvant" hinzugefügt.

Je nach Lokalisation werden bis zu vier Elektroden in den Knochen implantiert. Flexible Zuleitungen verbinden die Elektroden mit einem äußerlich befestigten Konstantstromgeber. Der Stromkreis wird über Hautkontakt mittels einer in das Halteband des Konstantstromgebers integrierten Hautanode geschlossen.

Durch diese Anordnung können die schädlichen gasförmigen Reaktionsprodukte, die im Knochengewebe zu Osteolysen und Nekrosen führen können, frei nach außen ablüften.

Im Tierversuch wurde bei einer Stromstärke von 0,4 mA/mm^2 Elektrodenoberfläche eine günstige Elektrokallusbildung hervorgerufen.

Im klinischen Verlauf zeigt sich bei entsprechender Stromstärke radiologisch eine deutliche Kallusbildung im Bereich der Elektroden.

Durch die Computertomographie konnte bei Tibiapseudarthrosen eine Auffüllung der aufgebohrten Markhöhle mit endostalem Kallus in der Umgebung der Kathoden nachgewiesen werden.

Unsere klinische Erfahrung basiert derzeit auf Anwendung der adjuvanten Gleichstromtherapie bei 110 Frakturen und Osteotomien von über 100 Patienten mit abgeschlossenen Verläufen. Ein Großteil beruht dabei auf der Therapie nach aufgetretenen Komplikationen mit ausbleibender Konsolidierung bei Unterschenkelfrakturen.

Nach Entfernung des Osteosynthesematerials werden Fragmente oder Pseudarthrose revidiert. Die Stabilisierung wird in der Regel durch einen Fixateur externe erreicht.

Der Elektrodenimplantation wird eine Beckenkammspan- und Spongiosaplastik hinzugefügt.

Eine deutliche Konsolidierung im Markhöhlenbereich läßt sich dokumentieren.

Die Behandlung der Navikularepseudarthrosen ist stets aufwendig und langwierig.

Nach Anfrischen der Pseudarthrose wird ein Knochenspan aus der Radiusbasis entnommen. Das Navikulare wird mit zwei Kirschner-Drähten fixiert und eine Elektrode implantiert (Abb. 1).

Eine äußere Ruhigstellung erfolgt für 6 Wochen in einem Oberarmgips, für weitere 6 Wochen durch einen Unterarmgips.

Wir konnten bisher sämtliche 21 operierten Navikularepseudarthrosen zur Ausheilung bringen. In einigen Fällen trat eine Konsolidierung bereits vor Ablauf von 12 Wochen ein.

Eine weitere Möglichkeit für die Anwendung der adjuvanten Gleichstromtherapie ergibt sich bei Refrakturen nach konventioneller Osteosynthese und Beckenkammspananlagerung.

Eine 1915 geborene Patientin wurde im Oktober 1978 wegen einer percondylären Trümmerfraktur mit einer Plattenosteosynthese versorgt. Nach der Materialentfernung im Dezember 1980 kam es zu einer Refraktur, die eine erneute Osteosynthese mittels einer Condylenplatte und eine Beckenkammspananlagerung notwendig machte. Im November 1982 war wiederum nach Materialentfernung eine Refraktur eingetreten. Wir führten eine erneute Osteosynthese mit Beckenkammspananlagerung durch. Nach der Implantation von vier Elektroden kam es innerhalb von 10 Wochen zu einer knöchernen Konsolidierung (Abb. 2).

In Einzelfällen wenden wir die adjuvante Gleichstromtherapie auch primär an.

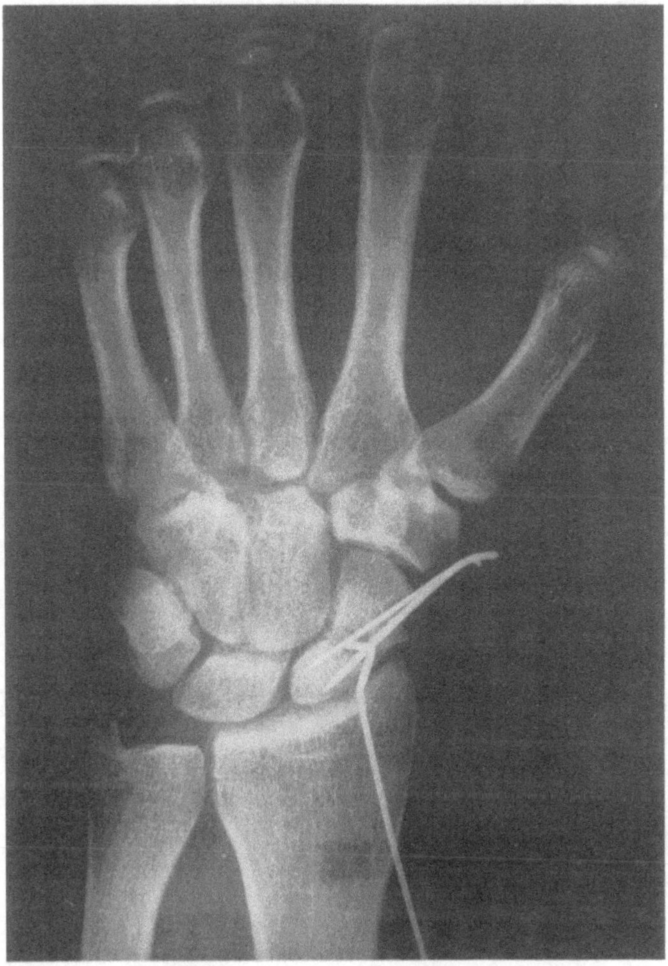

Abb. 1 Knochenspananlagerung und Kirschnerdrahtosteosynthese mit adjuvanter Gleichstromtherapie bei Navikularepseudarthrose.

Bei einem 10jährigen Mädchen lag als Grunderkrankung eine renale Rachitis vor (Abb. 3). Bei der doppelseitigen Femur- und Tibiaosteotomie wurden im April 1983 beiderseits Elektroden implantiert. Die Stabilisierung wurde an den Unterschenkeln mit einem Charnley-Spanner und an den Oberschenkeln mit Wagner-Apparaten durchgeführt. Nach 6 Wochen begann die Teilbelastung, die volle Belastung wurde nach 3 Monaten erlaubt.

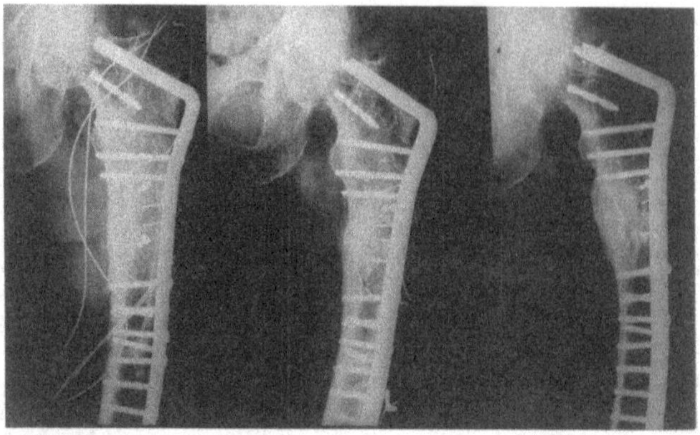

Abb. 2 Knöcherne Konsolidierung mit adjuvanter Gleichstromtherapie nach Reosteosynthese bei wiederholter Femurfraktur.

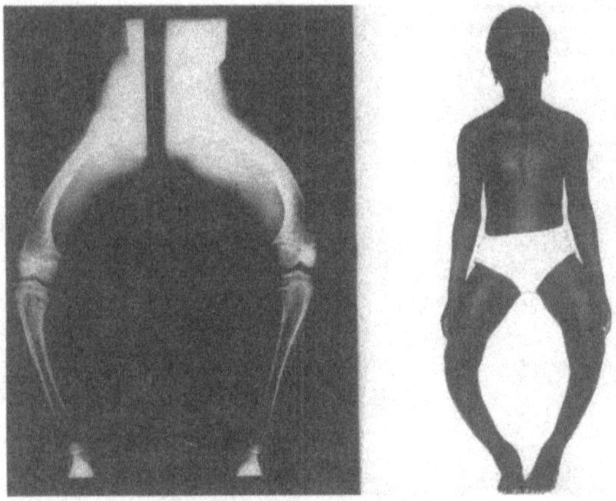

Abb. 3 Genua vara beidseits bei renaler Rachitis (praeoperativ).

Die Röntgenkontrolle zeigt den Zustand nach 5 Monaten. Das klinische Abschlußbild wurde 9 Monate nach der Operation aufgenommen (Abb. 4).

Nach unserer Einschätzung hat die adjuvante Gleichstromtherapie ihren Stellenwert bei der Behandlung von Problemfällen, bei denen eine mangelnde Kallusbildung zu erwarten ist.

Es sei jedoch noch einmal nachdrücklich darauf hingewiesen, daß die Therapie keine der bewährten Osteosyntheseverfahren und die Knochenspananlagerung ersetzen kann, sie ist nur im Zusammenhang mit den entsprechenden Verfahren anzuwenden.

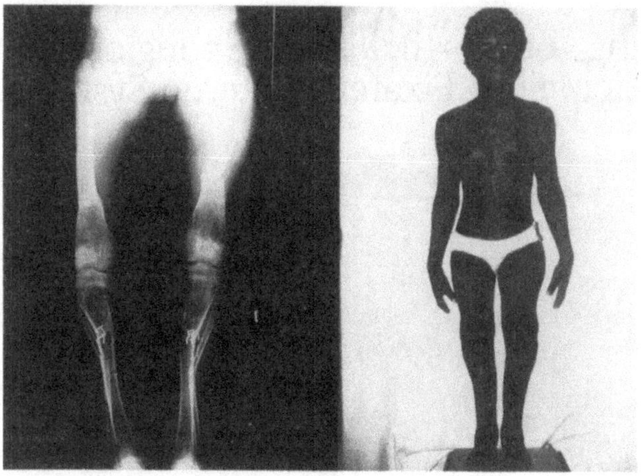

Abb. 4 Zustand nach Korrekturosteotomie (Fixateur externe und adjuvante Gleichstromtherapie).

Literaturverzeichnis

Fukada E, Yasuda I (1957) On the piezoelectric effect of bone. J Phys Soc Japan 12:1158-1162

Weigert M (1973) Anregung der Knochenbildung durch elektrischen Strom. Hft. Unfallheilkunde 115

Zichner L (1978) Anwendungsbereiche der Elektrostimulation in der Behandlung von Pseudarthrosen. MOT 98 Jahrg 2:57-61

Verformung von Kortikalis und Spongiosa im Verankerungsbereich eines Fixateur-Externe-Systems

J. Piehler, K. Lehrberger, F.-W. Hagena, C.-J. Wirth

Zur Überprüfung der Stabilität von Fixateur-externe-Systemen werden als Knochen-Modelle Balken bzw. Zylinder verwendet; zur Standardisierung der Rahmenbedingungen tragen entscheidend die isotropen Materialeigenschaften dieser Modelle bei.

Die klinische Anwendung verschiedener Fixateur-externe-Systeme zeigt, daß zur Stabilisierung der Kraftrichtung und Kraftgröße ein kontinuierliches "Nachstellen" erforderlich ist. Die Ursachen sind zum einen in Konstruktion und Materialauswahl der Fixateur-externe-Systeme selbst zu sehen, zum anderen tritt im Bereich einer Fraktur bzw. der Fixateurverankerungen eine Änderung des Spannungszustandes auf.

Mikromechanische Studien von Katz (1971), Katz und Ukraincik (1972) und Swedlow und Frasca (1973) belegen anisotrope Eigenschaften des Knochens. Knets und Malmeisters (1977), van Buskirk und Cowin (1981), Astman und Cowin (1984), Cezayirlioglu (1985) und Mahanian und Piziali (1985) weisen anisotrope Eigenschaften im Bereich der Kortikalis nach, Gibson (1985) kann aufgrund eines differenzierten anisotropen Verhaltens in der Spongiosa vier Spongiosa-Typen unterscheiden.

Perren und Boitzy (1978) weisen auf den Zusammenhang zwischen zunehmender Festigkeit im Frakturbereich und damit verbundenen Änderungen der Gesamtstabilität eines Fixateur-externe-Systems hin. Burny und Andrienne (1985) bestätigen diesen Zusammenhang anhand von Spannungsmessungen an Fixateur-externe-Systemen in der Klinik.

Ziel der vorliegenden Untersuchungen war die morphologische Darstellung der zeitabhängigen mechanischen Antwort von Kortikalis und Spongiosa im Verankerungsbereich eines Fixateur-externe-Systems.

MATERIAL UND METHODE

An 16 autopisch gewonnenen Präparaten mit übereinstimmender Altersgruppe, gleichen Ausmaßen und gleichem Gewicht wurden - nach Ausschluß systemischer Knochenerkrankungen durch histologische Kontrollen - in jeweils identischer Verankerungsposition Steinmann-Nägel mit einem Durchmesser von 5 mm und gleicher Länge montiert. Die identischen Verankerungspositionen wurden durch eine Bohr-Schablone gewährleistet, die Führung des Bohrgerätes erfolgte mechanisch, nicht von Hand.

An den Steinmann-Nägeln wird, jeweils in einem Abstand von 1,5 cm von der Kortikalis entfernt, nach stabiler Verankerung der Präparate bds. ein freihängendes Gewicht (40 N) angebracht (s. Abb. 1). Der gesamte Versuchsaufbau steht für 24 Stunden in einer Kammer, wobei ein Feuchtigkeitsgrad von 100% für die Versuchsdauer gewährleistet werden kann.

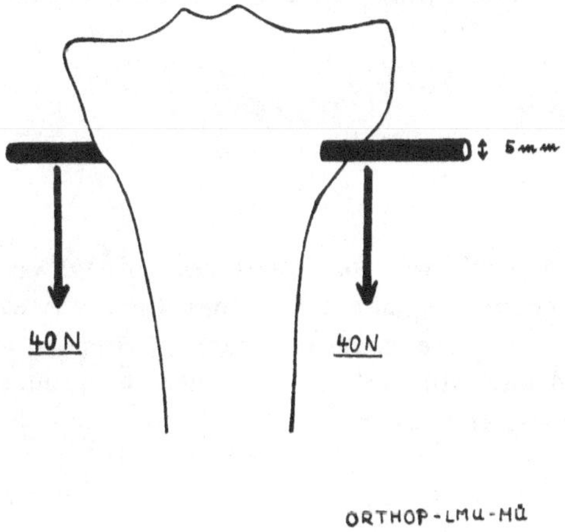

Abb. 1 Versuchsaufbau

Nach 24 Stunden werden die Steinmann-Nägel entfernt und die Verankerungsbereiche für die rasterelektronen-mikroskopischen Untersuchungen vor Ort präpariert:

1. Fixation mit 2,5%-igem Glutaraldehyd
2. Aufsteigende Äthanol-Reihe
3. Tieftemperatur-Bruch
4. Trocknung mit der Kritisch-Punkt-Methode
5. Bedampfung mit Gold

Die Präparate werden dann für weitere 48 Stunden hohem Vakuum ausgesetzt.

ERGEBNISSE

Nach statischer und axialer Belastung mit 40 Newton und einer Belastungsdauer von 24 Stunden zeigen sich im Verankerungsbereich folgende Veränderungen:

1. Im belasteten Kortikalisbereich des Bohrloches treten Risse auf.
2. Im belasteten Kortikalisbereich kommt es zu einer irreversiblen und diskontinuierlichen Verdichtung ("Sinterung"). Derartige Veränderungen sind im kranialen, nicht belasteten Bereich des Verankerungsloches nicht zu beobachten (Abb. 3).
3. Im vormals belasteten und komprimierten Spongiosa-Bereich kommt es nach Entfernung der Steinmann-Nägel zu einer Volumenzunahme.

ZUSAMMENFASSUNG

Anhand eines Versuchsmodells wird das mikromechanische Verhalten von Kortikalis und Spongiosa im Verankerungsbereich eines Fixateur-externe-Systems als zeitabhängige Größe dargestellt. Bereits nach 24 Stunden konstanter Belastung treten irreversible und diskontinuierliche Strukturveränderungen im Bereich von Kortikalis und Spongiosa auf.

Abb. 2 Präparat auf REM-Probenteller.
Pfeil A: Vergrößerter Ausschnitt.
Pfeil B: Belastungsrichtung.

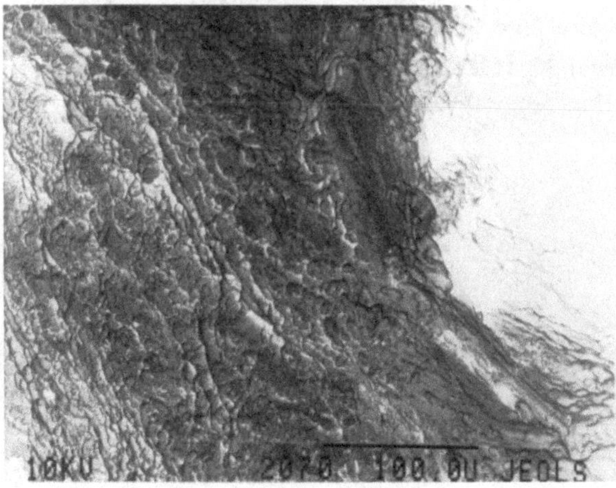

Abb. 3: 300-fache Vergrößerung (s. Abb. 2).

Literaturverzeichnis

Astman RB, Cowin SC (1984) A continuous wave technique for the measurement of the elastic properties of cortical bone. J Biomechanics 17:349-361

Burny F, Andrienne (1985) Fixateur-externe-Symposium, Fürth, Brüssel

Cezayirlioglu H (1985) Anisotropic yield behavior of bone under combined axial force and torque. J Biomechanics 18:61-69

Gibson LJ (1985) The mechanical behaviour of cancellous bone. J Biomechanics 18:317-328

Katz JL (1971) Hard tissue as a composite material-I. Bounds on the elastic behavior. J Biomechanics 4:455-473

Katz JL, Ukraincik K (1972) A fiber reinforced model for compact Haversian bone. 16th Annual Meeting of the Biophysical Society. Toronto, Canada.

Knets I, Malmeisters A (1977) Deformability and strength of human compact bone tissue. Mechanics of Biological Solids. In: Brankow G (Hrsg.) Euromechanics Colloquium 68, Varna, Academy of Sciences, Sofia.

Mahanian S, Piziali R (1985) Incompressibility in Bone. J Biomechanics 18:77-78

Perren SM, Boitzy A (1978) La differenciation cellulaire et la biomechanique de l'os au cours de la consolidation d'une fracture. Anatomia clin 1:13-28

Swedlow DB, Frasca P (1973) Scanning and transmission electron microscopy of calcified tissues. 5th Annual Clemson Biomaterials Symposium. "Prostheses and Tissue: The Interface Problem". J Biomed Mat Res

van Buskirk WC, Cowin SC (1981) Ultrasonic measurements of orthotropic elastic constants of bovine femoral bone. J biomech Engng 103:67-71

Ionentransfer auf das Implantatlager bei metallischen Kraftträgern in der Knochenchirurgie

F. Löer, J. Zilkens, R. Michel

Kobalt-Chrom-Basislegierungen und V4A-Stähle stellen die häufigsten, heute in der Knochenchirurgie benutzten Implantatmaterialien dar. Infolge der Wechselwirkungen mit den hoch aggressiven Körperflüssigkeiten kommt es selbst bei derartig korrosionsresistenten Materialien zu teilweise massivem Materialabtrag. Die Korrosions- und Abriebprodukte der Implantatmaterialien führen zu einer Gewebereaktion im Implantatlager, der sog. Metallose (Schuster, 1972; Zilkens, 1981). So beobachtet man am Knochen Mineralabbau, Rarefizierung der Knochenstruktur, Fibrosierung der Markräume und Nekrosen von Spongiosabälkchen, am Weichteillager die Ausbildung einer Bindegewebsschicht, das Auftreten von Makrophagen und Riesenzellen, Fibrosen und lokale Gewebenekrosen (Willert und Semlitsch, 1981).
Um die Korrosionsprodukte in den Geweben quantitativ zu erfassen, wurden die Lagergewebe von uns systematisch spurenelementanalytisch untersucht.

MATERIAL UND METHODEN

Untersucht wurden die Lagergewebe bei 44 Patienten mit Hüftgelenk-Totalendoprothesen (TEP) aus Kobalt-Chrom-Legierungen, von 9 Patienten mit Aluminium-Keramik-TEP sowie bei 10 Patienten mit Osteosyntheseplatten aus V4A-Stählen.

Der Nachweis der Metalle erfolgte im Rahmen einer Multielementanalyse mittels instrumenteller Neutronenaktivierungsanalyse (INAA), die einen umfassenden Status des Spurenelementhaushaltes erlaubt (Michel et al., 1978). Daneben wurden auch elektronenoptische Untersuchungen mit Röntgenfluoreszenz und dem Laser-Mikrosonden-Massen-Analysator durchgeführt, um die Korrosionsprodukte in den Geweben zu lokalisieren (vgl. Abb. 1).

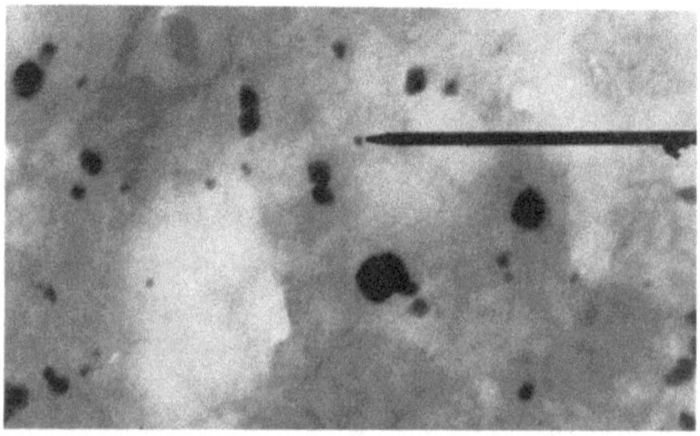

Abb. 1 Elektronenoptische Darstellung von Metallpartikeln in Histiocyten der Hüftgelenkkapsel bei Chrom-Kobalt-Totalendoprothesen (36.000-fach). Intrazellulär zeigen sich feinkörnige Metallpartikel. Der zur Mikroanalyse vorgesehene Bereich wird auf die Spitze der Sonde zentriert.

ERGEBNISSE

Mittels INAA fanden sich an maximalen Belastungen der Kontaktgewebe - bezogen auf Mittelwerte eines Normalkollektivs - bei Kobalt-Basis-Legierungen Erhöhungen der Gehalte bis zu einem Faktor von 4.000 für Kobalt, 1.350 für Chrom, 600 für Nickel, 6 für Eisen; Eisen-Basis-Legierungen zeigten Erhöhungen der Gehalte bis zu einem Faktor von 1.750 für Nickel, 350 für Kobalt, 300 für Chrom, 25 für Eisen (Zilkens et al., 1981; Löer et al., 1984). bei den Keramik-TEP zeigten sich extreme Gewebeanreicherungen mit Aluminium (Löer et al. 1985). bei zementierten TEP fanden sich außerdem extreme Anreicherungen der Lagergewebe mit den knochenzementspezifischen Metallen Zirkon und Barium (Löer et al. 1983).

Auffällig war, daß die Belastungen mit den verschiedenen legierungsspezifischen Elementen nicht im Verhältnis des Legierungsschlüssels der Implantatmaterialien erfolgt. Diese Befunde sind nach eigenen Untersuchungen einerseits auf ein selektives Lösungsverhalten beim Korrosionsvorgang zurückzuführen. Daneben konnte aber gezeigt werden, daß die unterschiedlichen Gewebekonzentrationen auch auf ein unterschiedliches Verhalten der Elemente im Implantatlager zurückzuführen sind (Hofmann et al. 1982).

DISKUSSION

Korrosions- und Abriebprodukte der metallischen Kraftträger in der Knochenchirurgie führen zu einer Belastung der Lagergewebe mit Fremdkörperpartikeln sowie mit Metallionen, die durch Störungen des Spurenelementhaushaltes den Metabolismus beeinträchtigen.

Allgemeine Dosiswirkungskurven für essentielle Spurenelemente zeigen, daß sowohl Mangel als auch übermäßige Zufuhr derselben Schäden zur Folge haben, die mit der zugeführten Dosis negativ bzw. positiv korreliert sind. Dabei wird mit wachsender Ausprägung von Mangel bzw. Überschuß eine zunehmende Funktionsbeeinträchtigung verursacht, so daß schließlich morphologisch sichtbare Störungen bis zur Zellnekrose eintreten. Veränderungen nicht legierungsspezifischer Elemente (Zink, Kalium) belegen, daß Auswirkungen der korrosiven Belastung des Gewebes mit körperfremden Spurenelementen sich auf andere, nicht spezifische Elemente ausdehnen können (Löer et al. 1984).

Die Einwirkungen der legierungsspezifischen körperfremden Spurenelemente auf die Lagergewebe können nach Luckey und Venugopal, 1977 als Recondite toxicity definiert werden.

ZUSAMMENFASSUNG

Durch Wechselwirkungen zwischen metallischen Implantaten in der Knochenchirurgie und den Geweben des Implantatlagers kommt es zu einer Metallose der Lagergewebe, die erstmalig quantitativ erfaßt und systematisch durch Anwendung der instrumentellen Neutronenaktivierungsanalyse untersucht werden konnte. Die Ergebnisse belegen eine massive Belastung des Implantatlagers mit den legierungsspezifischen Korrosionsprodukten, die zur Erklärung der morphologisch faßbaren Veränderungen der Lagergewebe beiträgt.

Literaturverzeichnis

Hofmann J, Wihel N, Michel R, Löer F, Zilkens J (1982) Neutron Activation Studies of the In-Body Corrosion of Hip-Joint Prostheses made of Co-Cr-Alloys. J. Radioanalytical Chemistry 70:85-107

Löer F, Zilkens J, Michel R, Freisem-Broda G, Bigalke KH (1983) Gewebebelastung mit körperfremden Spurenelementen durch Röntgenkontrastmittel der Knochenzemente Z. Orthop. 121:255-259

Löer F, Zilkens J, Hofmann J, Michel R (1984) Trace element burdening of human tissues due to the corrosion of hip-joint prostheses made of cobalt-chromium alloys. Arch Orthop Trauma Surg 103:85

Löer F, Zilkens J,. Schmitt M, Nolte M, Reich M, Michel R (in press) Release of Trace Elements from Ceramic-Metal Endoprostheses of the hip joint. Elsevier Science Publishers, Amsterdam

Luckey TD, Venugopal B (1977) Metal Toxicity in Mammals 1, Plenum Press, New York London

Michel R, Hofmann J, Zilkens J (1978) Influence of metal implants element contents in human and mammalian tissue and organs. International Symposium on Nuclear Activation Techniques in the Life Sciences

Schuster J (1972) Die Metallose. Chirurg 43:114

Willert HG, Semlitsch M (1981) Orthopädische Implantate und Biomaterialien. In: Orthopädie in Praxis und Klinik, Bd. II, S.221-2245

Zilkens J (1981) Metallose - eine erweiterte Definition. Thieme, Stuttgart New York

Zilkens J, Löer, F, Michel R, Hofmann J (1981) Tierexperimentelle Untersuchungen zur Frage der Gewebebelastung mit Korrosionsprodukten bei Verwendung von V4A-Implantaten. Z. Orthop. 119:760-763

Autorenverzeichnis

Stichwortverzeichnis

FSC
www.fsc.org
MIX
Papier | Fördert gute Waldnutzung
FSC® C083411

Kolibri 360 GmbH
Ferdinand-Jühlke-Straße 7
99095 Erfurt, Deutschland
produktsicherheit@kolibri360.de